이기동 교수의

유학
오천 년

이기동 교수의

유학
오천 년

제2권

중국 유학의 전개

이기동 지음

성균관대학교
출판부

유학 오천 년

나는 『유학 오천 년』(전5권)을 집필하면서 유학의 거대한 사상체계를 포괄적으로 이해함이 얼마나 중요한지 더욱 절감하게 되었다.

『유학 오천 년』 집필을 통해 많은 것을 알게 되었다. 높은 산에서 출발하여 여러 갈래로 뻗어 있는 길고 긴 산맥에는 수많은 산이 있고, 그 산들에는 온갖 종류의 나무들이 있다. 각각의 산에 있는 나무들을 단편적으로 조사하기만 하면, 무한히 복잡하여 가닥을 잡을 수 없다. 같은 나무라 하더라도 산맥에 따라 다르고 산에 따라 다르므로, 산맥 전체에 흐르는 산의 윤곽을 모르면 각각의 산에 있는 나무들을 체계적으로 이해한다는 것은 불가능하다.

동아시아 대륙에서 출발한 유학은 중국·한국·일본·베트남이라는 산맥으로 뻗으면서 오천 년을 이어왔다. 유학자의 유학사상은 수많은 산에 서식하고 있는 나무들과 같아서, 단편적인 연구를 통해서는 제 모습을 알기 어렵다. 먼저 각각의 유학사상이 소속되어 있는 유학의 산맥을 조망한 뒤에라야 유학의 산이 보이고, 그 산에 들어 있는 유학의 나무들이 제대로 보인다.

『유학 오천 년』이란 제목에서 알 수 있듯이, 유학은 공자에서 비롯된 것이 아니다. 먼 옛날 오천 년 전, 동아시아 대륙에서 시작된 사상이 이천오백 년 후 공자에게서 정리된 뒤에 중국·한국·일본·베트남으로 퍼져나갔다. 그러니 유학의 거대한 사상체계를 이해하기 위해서는 발원했을 당시의 원형을 이해하는 것이 중요하다. 놀랍게도 유학의 발원지는 중국이 아니라 고대 동이족이 살던 지역이었다. 따라서 발원지의 사상적 특징을 이해하고, 공자에 의해 정리된 유학의 체계를 이해하면, 그 뒤에 여러 갈래로 뻗어나간 유학의 흐름을 일목요연하게 간파할 수 있다.

그러나 지금까지의 유학 연구에서는 유학의 발원지를 찾아내지 못했고, 발원지에서부터 이어지는 흐름을 제대로 정리하지 못했다. 그러다 보니 후대로 이어지는 유학사상들이 뒤엉켜 난해하게 되었다. 유학사상의 원형에서 강조하는 것은 하나인 본질과 그 본질이 내포하고 있는 세 요소인, 마음과 기운과 몸이다. 유학사상의 원형은 공자와 맹자에게는 이어졌지만, 후대의 중국에서는 세 요소가 리(理)와 기(氣)의 두 요소로 정리됨으로써 많은 혼선이 생겼고, 태극(太極)과 음양(陰陽)을 둘러싼 이기논쟁은 아직도 논란거리가 되고 있다.

한국의 유학은 한국 고유의 사상과 중국에서 수입된 유학이 절묘하게 융합하여 하나의 체계로 흐름을 형성하여 흘러왔는데도, 후대의 학자들이 중국 유학을 기준으로 하여 무리하게 정리함으로써 많은 혼란이 일어났다. 화담 서경덕의 철학이 기(氣) 철학으로 호도되었고, 퇴계와 율곡의 이기설이 평면적인 분석을 통해 곡해되었다. 뿐만 아니라 오늘날의 학자들 다수가 조선 후기의 성리학을 주리(主理)·주기(主氣)로 나누어 정리함으로써 한국 유학을 난해하게 만들어버렸다. 일본 유학의 연구도 많이 왜곡되었다. 일본 유학의 흐름이 주자학, 양명학, 고학으로 이어지는 것은 요지부동의 정설이 되어 있지만, 이 또한 잘못된 학설이다. 베트남의 유학 역시 베트남에 흐르는 유학의 산맥을 바탕으로 살펴보지 않으면 제대로 이해할 수 없다. 오직 '유학 오천 년'의 흐름 속에서 유학의 산맥과 산을 통해 조망해야 비로소 이러한 난관을 해소할 수 있다.

'유학 오천 년'은 한 편의 거대한 대하드라마라고 생각한다. 그것은 사상가들이 뿜어내는 개개의 사상들을 소재로 엮어낸 하나의 길고 긴 이야기로 구성되어 있다. 사상가들의 사상 하나하나는 결코 개별적으로 존재하지 않는다. 사상가들의 사상 하나하나는 유학이라는 산맥과 산을 이어가는 요소들이므로, 유학의 흐름 속에서 바라볼 때 드디어 그 역동적인 모습을 드러낸다.

이 드라마는 오늘에 이르러 끝나는 것이 아니다. 미래의 역사는 과거의 역사를 이어 흐른다. 역사라는 드라마는 그 역사 속에 살아가는 사람들이 엮어낸다. 미래의 역사 흐름은 과거의 흐름을 이어서 흐르는 것이지만, 흐름의 방향이 결정되어 있지는 않다. 미래의 역사 흐름은 오늘날을 사는 사람들의 노력에 따라 결정된다. 역사의 흐름을 제대로 이해하기 위해서는 역사 흐름의 밑바닥에 흐르는 철학사를 이해해야 한다. 철학의 흐름이 역사의 흐름을 견인하기 때문이다. 이것이 『유학 오천 년』이 철학의 흐름을 이해하는 데 주력한 이유다.

지금의 역사 흐름은 서구 중심으로 바뀌었다. 작은 시냇물의 흐름이 합류를 거듭하면서 거대한 강물의 흐름을 이루듯이, 과거 지구상의 작은 지역들에 흐르던 흐름이 합류를 거듭하다가 서구의 흐름에 합류하여 하나의 거대한 흐름이 되었다.

철학의 흐름에 문제가 생기면 역사의 흐름이 정체되고, 역사의 흐름이 정체되면, 사람들의 마음이 피폐해지고 세상은 혼란해진다. 세상의 혼란함은 새로운 철학이 합류하여 정체된 역사에 새로운 길을 열 때 해결된다. 로마 초기의 혼란이 기독교의 유입으로 해결되었고, 중국 위진남북조의 혼란이 불교의 유입으로 해결된 것이 그 예이다. 지금 한 줄기가 되어 흐르는 세계의 역사는 침체하기 시작했고, 사람들은 방향을 잃고 우왕좌왕하고 있다. 사람들의 마음이 계속 피폐해지고, 지구가 몸살을 앓고 있다. 이제 새로운 철학이 합류하지 않으면 정체된 세계의 역사가 돌파구를 찾을 수 없을 것이다. 이제 오천 년 전에 발원했던 유학이 원형을 회복하여 서구문화에 유입된다면, 지금 침체의 늪에 빠져들고 있는 서구 중심의 역사에 새로운 전기가 마련될 수 있을 것이다. 이를 위해서는 유학이 원형을 회복하여 오늘날의 실정에 맞는 새로운 철학으로 거듭나야 할 것이다. 이것이 유학이 짊어진 선결과제이다. 유학이 맞이한 선결과제를 해결하기 위해서 이 책이 조그만 역할이라도 할 수 있기를 기대한다.

『유학 오천 년』 집필에 도움을 주신 분들이 많다. 학생 시절부터 많이 이끌어주신 은사 성락훈 선생님, 류승국 선생님과 안병주 선생님, 일본의 타카하시 스스무 선생님께 감사드리고, 오랜

기간 아낌없이 뒷바라지해주신 재일교포 형님, 이완기·모문자 내외분께도 고마움을 표한다. 자료를 보내주신 조남욱 선배님, 친구 천인석 님, 허광호 님, 후배 최영성 님, 이상익 님, 정혜선 님, 호밀밭출판과 류영진 님, 소명출판과 김성범 님, 제자 엄석인 박사, 이은영 박사, 유현주 박사, 심순옥 박사, 이공찬 박사에게도 고마움을 표한다. 결혼한 뒤 대학의 교수직을 그만두고 오직 남편 뒷바라지에만 전념해온 아내 이정숙 님에게는 늘 미안한 마음이 앞선다. 이 지면을 통해 다시 한 번 감사드린다.

　이 저술은 하서학술재단과 동아꿈나무재단의 지원으로 이뤄졌으며, 특히 하서학술재단의 김재억 감사님은 기획 단계부터 탈고에 이르기까지 세심하게 협의해주셨다. 재단의 여러분과 김 감사님께 감사드린다.

2022년 여름, 오류동 우거에서
이기동 씀

목차

제 1 부

진의 통일과 멸망

제1장

■

진의 통일과 진 문화의 성격

진시황(秦始皇: 기원전 259~210)은 성이 영(嬴)이고 이름이 정(政)이다. 기원전 247년에 부친 장양왕이 죽은 뒤 열세 살의 어린 나이로 즉위했다. 처음에는 승상(丞相) 여불위의 보필을 받았으나 장성하여 여불위를 제거하고 강력한 통치력을 발휘했다. 그의 정치력을 강력하게 발휘할 수 있었던 것은 그가 서부 지역 출신으로 순자와 한비자의 철학에 심취할 수 있었고, 순자와 한비자의 철학이 사람들의 지지를 받고 있었기 때문이었다.

진시황은 여섯 제후국을 차례로 점령하여 기원전 221년에 중국을 통일한 뒤, 자기의 덕이 삼황(三皇)을 겸하고 공이 오제(五帝)보다 뛰어나다고 자찬해서 삼황의 황과 오제의 제를 따서 황제라는 호칭을 처음으로 사용했다. 진시황은 자신이 시황제(始皇帝)가 되고 자손들이 2세 황제, 3세 황제 등으로 영원히 이어가기를 기원했다.

순자의 철학이 사람들의 지지를 받았지만, 진시황이 정치적으로 활약할 때 순자가 이미 죽고 없었으므로, 진시황은 그의 제자인 이사(李斯)를 등용하여 승상으로 삼고, 순자 이론을 바탕으로 정치를 추진했다. 진시황이 한비자의 저술을 접한 뒤로는 한비자에 심취하여 한비자를 진나라로 초빙했다. 한비자가 진나라로 오고 있을 때 이사는 자기가 이인자로 밀릴까 우려하여 한비자를 모함하여 살해했다. 한비자가 살해되었지만, 진시황의 정치철학은 한비자의 이론으로 기울어졌다.

한비자는 왕권을 강화하기 위해 감정 노출을 하지 말 것, 의사 표시를 하지 말 것, 신하를 관찰하여 세력이 커지는 신하를 제거할 것 등의 이론을 주창했고, 진시황은 한비자의 이론들을 정치에 반영했다. 당시의 사람들에게 순자와 한비자의 사상이 지지를 받고 있었기 때문에 진시황은 성공할 수 있었다.

제1절
진의 통일과 중앙집권제의 확립

진시황은 중국을 통일한 뒤 나라의 문물제도를 정비하는 일부터 시작했다. 우선 지방마다 제후를 봉하여 자치적으로 정치하도록 맡긴 봉건시대의 방식에서 군현제를 바탕으로 한 중앙집권제를 시행했다. 전국을 36군(郡), 1,400여 개의 현(縣)으로 편성하고, 각 군에는 태수를 파견하고, 각 현에는 현령을 파견하여, 거대한 규모의 중앙집권을 강력히 추진했다. 문자와 화폐, 도로, 도량형 등을 통일하여 국가체제를 정비하였다.

또한 북방에 있는 이민족들의 침입을 막기 위해 전국시대의 조(趙)나라·연(燕)나라 등이 부분적으로 축조한 북방의 장성(長城)들을 바탕으로 증·개축을 하여 만리장성의 상당한 부분을 완성했다. 황제의 권위와 위엄을 과시하기 위해 아방궁이라 이름 붙인 거대한 규모의 궁전을 건축하고, 자신의 무덤도 거대한 규모로 만들었다.

제 2 절
진나라 문화의 성격

진나라의 정치철학은 순자의 예치와 한비자의 법치가 바탕이 되었으나, 여섯 나라를 통일하고 이질적인 나라들을 통합하는 과정에서, 한비자의 법가사상을 중심으로 한 강력한 법치를 추구했다. 신나라는 옛 화하족의 전통을 이어받아 물질적 요소를 숭상하고 무력을 강화했다. 한비자의 철학에 따르면, 사람의 힘은 한계가 있으므로 힘으로 넓은 국토와 많은 사람을 지배할 수 없다. 황제가 넓은 영토를 통치하기 위해서는 권위와 위엄을 갖추어야 했고, 법을 강화해야만 했다.

제 3 절
분서갱유로 인한 동이족 문화의 말살

시황제가 전국을 통일하여 군현제를 시행한 지 8년이 된 어느 날, 군현제를 반대한 순우월의 건의를 둘러싼 논란이 일자, 서적을 불태우는 일이 있었다.

진나라 시황이 함양궁에서 술잔치를 열었는데, 박사 70인이 앞에서 축수했다. 복야 주청신이 앞에 나아가 칭송하며 말하기를, "전에는 진나라 땅이 천 리에 지나지 않았으나, 폐하의 신통하고 영험하며, 밝고 성스러운 덕으로 해내(海內)를 평정하고, 오랑캐를 몰아내신 덕에 힘입어, 해와 달이 비치는 곳이면 복종하지 않은 곳이 없습니다. 제후의 나라들을 군현으로 삼으시니, 사람들이 안락하고 전쟁의 환란이 없어져 만세에 전하게 되었습니다. 상고로부터 그 누구도 폐하의 위대한 덕에 미치지 못합니다" 하자, 시황이 기뻐했다. 박사 중에 제나라 사람 순우월이 나아가 말하기를, "신은 들으니, 은나라와 주나라가 천여 년 동안 왕국을 이어오면서 자제와 공신을 봉하여 나뭇가지 역할을 하게 하고 그들의 보필을 받았습니다. 지금 폐하께서는 해내를 소유하시면서 자제들을 필부로 삼으시니, 졸지에 전상이나 육경 같은 신하가 생겨나 보필을 받을 수가 없게 되었습니다. 어떻게 서로 구할 수가 있겠습니까? 옛일을 본받지 않고 오래갈 수 있다는 말은 들어보지 못했습니다. 지금 청신이 또 보는 앞에서 아첨하여 폐하의 허물을 무겁게 하고 있으니, 충신이 아닙니다." 시황이 신하들에게 논의하게 하니, 승상 이사가 말하기를, "오제(五帝)가 반복하지 않았고, 삼대(三代)가 답습하지 않았습니다. 각각 나름대로 다스렸으니, 그 전과 반대로 한 것이 아니라, 때가 바뀌고 달라졌기 때문입니다. 지금 폐하께서 대업을 창업하시어 만세의 공을 세우셨으니, 본시 어리석은 선비가 알 수 있는 것이 아닙니다. 또한 순우월이 말한 것은 삼대의 일이니 어찌 본받을 것이 있겠습니까? 전에는 제후들이 다투었으므로 학자들을 후대하고 초빙했으나, 지금은 천하가 이미 안정되어 법령이 한 군데서 나오게 되었습니다. 백성들은 집에서 농사와 공업에 힘쓰고, 선비들은 법령이나 벽금을 학습합니다. 지금 여러 생도가 지금을 받들지 않고 옛것을 배워서, 지금 세상을 비난하여 백성들을 어지럽히고 있습니다. 승상인 신, 사(斯)는 죽음을 무릅쓰고 말씀드립니다. 옛날 천하가 어지러워 통일하지 못한 까닭은 제후들이 다 같이 들고일어나 말이 모두 옛것을 따르고 지금을 비난하며, 헛된 말을 꾸며 실질을 어지럽혔기 때문입니다. 사람들은 사적으로 배운 것을 좋게 여겨 윗사람이 세운 것을 비난했습니다. 지금 황제께서 천하를 병합하시고 흑백을 가려서 하나로 만들어 안정시켰습니다. 만약 사사로운 학문을 높여 서로 법률교육을 비난하게 되면, 사람들이 명령이 하달되는 것을 들으면 각각 자기가 배운 것을 두고 논의하여, 집에 들어가면 마음속에서 비난하고 밖에 나가면 길거리에서 비방하며, 임금에 대해 지나치게 악평하는 것을 명예롭게 여기고 기이한 취향을 고상하게 여기며, 아랫사람들을 인솔하여 비방하는 풍조를 만듭니다. 이와 같은 것을 금하지 않으면 위에서는 임금의 위세가 떨어지고 아래에서는 파당이 조성될 것이니, 금지하는 것이 좋겠습니다. 신은 사관에게 청하여 진나라에 관한 기록이 아니면 모두 불태우고, 박사의 관직에 있지 않으면서 세상에 감히 『시경』과 『서경』 및 백가의 글들을 가진 자는 모두 관아에 가지고 가서 태우게 하시고, 우연히 『시경』이나 『서경』을 감히 말하는 자가 있으면 처형하여 시장에 버리시고, 옛것을 기준으로 지금을 비난하는 자는 족형을 처하시며, 관리가 알면서도 들추어내지 않는 자는 같은 죄에 처하시며, 명령이 하달되어 삼십 일이 되어도 태우지 않은 자들은 묵형을 하여 성단으로 삼으십시오. 제거하지 말아야 할 것은 의서·약서·점복서·농사에 관한 것입니다. 오직 법령을 배우고자 하는 관리를 스승으로 삼으십시오." 시황은 "그렇게 하라" 하고 재가했다.[1]

순우월은 제나라 사람이었다. 제나라는 중국의 가장 동쪽에 위치한다. 동쪽은 옛 은나라의 유민들인 동이족들이 많이 사는 곳이다. 동이족들은 하늘을 중시하고 한마음을 회복하기 위한 수양을 강조한다. 동이족 사상이 가장 잘 정리된 것은 맹자의 사상이다. 맹자의 사상에서 보면 지금 사람보다 옛사람들이 더 훌륭했으므로, 옛사람과 옛 정치를 더 높이는 경향이 있다. 그들의 역

---

1. 始皇置酒咸陽宮 博士七十人前爲壽 僕射周靑臣進頌曰 他時秦地不過千里 賴陛下神靈明聖 平定海內 放逐蠻夷 日月所照 莫不賓服 以諸侯爲郡縣 人人自安樂 無戰爭之患 傳之萬世 自上古不及陛下威德 始皇悅 博士齊人淳于越進曰 臣聞殷周之王千餘歲 封子弟功臣 自爲枝輔 今陛下有海內 而子弟爲匹夫 卒有田常六卿之臣 無輔拂 何以相救哉 事不師古而能長久者 非所聞也 今靑臣又面諛以重陛下之過 非忠臣 始皇下其議 丞相李斯曰 五帝不相復 三代不相襲 各以治 非其相反 時變異也 今陛下創大業 建萬世之功 固非愚儒所知 且越言乃三代之事 何足法也 異時諸侯並爭 厚招游學 今天下已定 法令出一 百姓當家則力農工 士則學習法令辟禁 今諸生不師今而學古 以非當世 惑亂黔首 丞相臣斯昧死言 古者天下散亂 莫之能一 是以諸侯並作 語皆道古以害今 飾虛言以亂實 人善其所私學 以非上之所建立 今皇帝幷有天下 別黑白而定一 尊私學而相與非法教 人聞令下 則各以其學議之 入則心非 出則巷議 夸主以爲名 異取以爲高 率群下以造謗 如此弗禁 則主勢降乎上 黨與成乎下 禁之便 臣請史官非秦記皆燒之 非博士官所職 天下敢有藏詩書百家語者 悉詣守尉雜燒之 有敢偶語詩書者棄市 以古非今者族 吏見知不擧者與同罪 令下三十日不燒 黥爲城旦 所不去者 醫藥卜筮種樹之書 若欲有學法令 以吏爲師 制曰可(『史記』秦本紀).

사관은 복고주의적인 경향이 농후하다. 이에 비해 서부 지역의 사람들은 화하족의 사상을 이어받고 있으므로 몸과 물질을 중시한다. 물질은 시대에 따라 발전하므로, 옛것보다는 지금의 것이 낫고, 지금 것보다는 미래의 것이 더 낫다. 이러한 이유로 그들의 역사관은 진보주의적인 색채가 농후하다.

순우월은 복고주의적 정서로 진나라 정책의 잘못을 지적했지만, 복고주의적인 정서는 당시의 주류가 아니었다. 당시는 화하족이 지배하는 형하판 철학의 시대이었으므로, 순우월의 건의는 부정될 수밖에 없었다. 이에 진시황은 이사의 건의를 받아들여 당시의 책들을 수거하여 불태웠는데, 불태워진 책들은 거의 복고주의적인 색채가 강한 형상판 철학서들이었다. 그중에서도 『시경』과 『서경』은 옛깃을 찬양하는 내용으로 채워져 있다. 공자와 맹자는 『시경』과 『서경』을 통해 옛것을 찬양한 것이 많았다. 이에서 보면 진나라 때 불태워진 서적은 공맹사상을 중심으로 한 형상판의 철학서들이 대부분이었다는 것을 알 수 있다.

진나라가 중국을 통일한 뒤로 동부 지역 사람들의 반발이 어느 정도 예상되지만, 그 반발은 분서를 계기로 상당히 위축되었다.

시황제는 아방궁의 공사를 끝낸 뒤에 방사들을 불러들여 후대했는데, 그들 중 노생과 후생을 특히 신임했다. 두 방사는 많은 재물을 사취한 뒤 시황제를 비난하며 종적을 감추었다.

시황제가 진노하고 있던 차에 시황제를 비방하는 관리들을 체포하여 심문하고는 연루된 자 460명을 모두 구덩이에 파묻어 죽였다. 이 일을 가리켜 '갱유(坑儒)'라 한다.

분서갱유의 대상은 순자와 한비자에게 비판받을 만한 서적과

선비들이었다. 그것은 동이족 문화 말살의 하나로 이해해도 좋을
것이다.

제2장

■

역사의 꽃샘추위 법칙과 진의 멸망

제1절
역사의 꽃샘추위 법칙

사계절의 순환에서 보면 꽃샘추위라는 현상이 있다. 겨울이 지나 꽃 피는 봄이 올 때쯤 잠시 도로 추워지는 때가 있는데 이를 꽃 피는 것을 시샘해서 추워진다고 해서 꽃샘추위라 부른다. 꽃샘추위가 오는 이유는 겨울을 좋아하고 봄을 싫어하는 세력 때문이다. 대다수의 사람은 추운 겨울이 지속되면 봄을 그리워하지만, 겨울의 추위로 인해 먹고 사는 일부의 사람들은 겨울이 계속되기를 바라기도 한다. 일부의 사람들이란 난로 장사, 외투 장사, 스키장 주인, 스키나 스케이트 제조업자 등이다. 봄이 올 때쯤이면 그들이 있는 힘을 다해 저항하므로, 그로 인해 다시 추위가 오지만, 그 추위는 오래가지 못한다. 봄을 저항하는 소수 사람의 힘이 얼마 가지 않아 소멸하면, 본격적으로 봄이 온다. 이 꽃샘추위는 역사의 흐름에도 존재하는 것으로 보인다.

제 2 절
진의 멸망과 초한의 쟁패

진나라의 통일은 거대한 역사의 변화다. 전쟁이 너무 오래 지속되었기 때문에 살 수가 없었던 전국시대 때의 사람들은 평화가 오는 날을 손꼽아 기다렸다. 이에 부응하여 통일을 이루고 평화의 세상을 만든 사람이 진나라의 시황제이었다. 그러나 진나라 시황제는 무력을 사용하여 통일하기는 했으나 세상을 유지하기 위한 통치 경험이 없었다. 세상을 통치하는 비결은 백성들의 희망에 지속해서 부응하는 것이다. 시황제의 통일정책은 통일을 바라는 백성들의 염원과 일치하는 것이었지만, 통일한 다음에는 백성들의 염원을 외면했다. 세자를 책봉하여 세자의 위치와 세력을 굳건히 하는 것이 나라를 유지하는 비결 중의 하나이지만, 그런 것도 하지 못했다.

백성들이 오랫동안 평화의 날이 오기를 기다렸던 것은 평화의 날이 오면 농사에 전념하여 행복하게 살 수 있으리라는 기대 때문이었다. 그러나 그런 날은 오지 않았다. 시황제가 아방궁을 짓고, 만리장성을 쌓고, 전국 도로를 정비하는 등에 사람들을 동원하였으므로, 백성들은 노역에 시달리느라 행복한 삶을 살 수 없었다. 게다가 엄청난 세금과 혹독한 법망 때문에 백성들의 삶은 나날이 피폐해졌다.

기원전 210년 시황제가 지방을 순행하던 중 병을 얻어 죽었다. 그의 나이 50이었다. 그가 죽자 환관 조고(趙高)가 농간을 부려 시황제의 태자인 부소(扶蘇)를 죽이고 18남인 호해(胡亥)를 황위에 올려 허수아비 노릇을 하게 했다.

진시황이 죽은 이듬해 백성들의 원성이 폭발하기 시작했다. 진승과 오광이 농민들을 규합하여 반란을 일으켰고 많은 사람이 가담했다. 진승은 초나라의 수도였던 진(陳)을 도읍으로 하고 국호를 장초(張楚)라 하여 스스로 왕위에 올랐으나, 그의 군대는 실전 경험이 없는 농민군이었으므로, 6개월을 버티지 못하고 멸망했다. 환관 조고는 부소를 살해하고, 다른 왕자들과 승상 이사까지 제거한 뒤, 기원전 207년, 군대를 이끌고 들어가 호해를 자결케 하고, 부소의 아들 자영을 왕으로 세웠지만, 자리를 지키지 못하고 제거되었다. 자영은 왕이 된 지 40여 일 만에 함양에 들어온 유방에게 항복함으로써 기원전 206년 진나라는 그 최후를 맞이했다. 통일을 이룬 지 불과 15년 만의 일이었다.

진나라의 혼란을 틈타 반기를 든 사람 중에 전국시대의 귀족들이 있었다. 그들은 진나라가 통일하기 전까지 기득권을 누리고 있었으나, 진나라의 통일로 인해 기득권을 상실했으므로 불만을 가진 사람들이었다. 그들 중의 대표적인 인물로 항우(項羽)라는 장군이 있었다. 항우의 할아버지 항연은 초나라 대장군이었는데, 진나라와의 전투에 패배하여 자결했기 때문에 불만을 가진 항우는 진승과 오광의 반란으로 진나라가 혼란에 빠지자, 숙부인 항량(項梁)과 함께 봉기하여 진나라에 대한 반기를 들었다. 농민이었던 유방(劉邦)도 진나라가 혼란한 틈을 타서 반기를 들고 일어나 천하가 항우와 유방의 대결로 인한 혼란에 빠졌다. 그들은 진나라의 통일에 불만을 품고 결집한 불만분자들이었다.

이 혼란은 오래가지 않았다. 진나라에 의해 전국이 통일된 것은 대부분의 백성이 좋아하는 이론이 있었기 때문이었다. 대부분의 백성이 좋아하는 이론이 있으면 혼란이 끝나는 대로 바로 안정을 찾을 수 있다. 항우와 유방의 전쟁에 의한 혼란은 진나라의 통일에 불만을 품은 자들에 의해 주도된 역사의 꽃샘추위에 불과하다. 꽃샘추위가 오래가지 않는 것처럼, 항우와 유방의 전쟁으로 인한 혼란도 오래가지는 않는다. 둘 중 하나가 승리 하고 나면 승리한 쪽에서 대다수의 백성이 좋아하는 이론으로 통치하면 될 것이기 때문이다.

항우와 유방의 싸움은 유방의 승리로 끝이 났다. 기원전 202년 유방이 제위에 올라, 한(漢) 왕조를 세웠다.

제 2 부

한나라의 성립과 한대의 유학사상

제1장

■

한나라 문화의 특징

기원전 202년 유방은 항우와의 전쟁에서 승리하여 장안에 도읍하고 한(漢)나라(기원전 221~기원후 220)를 세웠다. 한나라의 통치조직은 기본적으로 진나라의 군현제를 이어받았으나, 한 왕조 건설에 공이 큰 공신들을 제후로 임명하고 열후(列侯)로 봉함으로써 군현제와 봉건제를 병합시킨 군국제의 방식을 택했다. 유방 생전에 제후로 봉해진 공신들이 모두 멸망한 뒤, 제후로 봉해지는 왕은 모두 유씨로 한정되었다.

유방이 한나라를 건국한 뒤에도 백성들은 여전히 순자와 한비자의 이론을 좋아했으므로, 유방은 나라를 안정시키는 데 어려움이 없었다. 순자와 한비자의 이론으로 통치하기만 하면 백성들이 추종할 것이고, 나라는 저절로 안정될 것이기 때문이었다.

한나라는 당시의 백성들이 좋아한 순자와 한비자의 이론으로 통치를 하기 시작했지만, 진나라가 가혹한 법으로 통치하다가 나라를 잃었다는 것을 알았기 때문에, 한비자의 법가사상에서 순자의 예치사상으로 상당 부분 회귀했다. 순자의 예치는 외형상으로 유학이었으므로 순자 사상으로 회귀한 것은 유학을 장려하는 분위기가 되살아난 것을 의미한다. 한나라 혜제 때 책을 가지고 다니는 것을 금지하는 협서률(挾書律)이 폐지되자, 유학을 장려하는 분위기가 되살아났다. 진나라 초기에는 가혹한 법령으로 인해 피폐해진 백성들을 위로하기 위해 가혹한 법령을 어느 정도 완화했으므로 노장(老莊)적인 분위기가 일부 일어나기도 했지만, 한나라의 정치이념이 순자와 한비자의 철학인 것에는 변함이 없었다. 사람들이 한 번 지지하게 된 이론은 좀처럼 바뀌지 않는 것이고, 통치자들의 통치이념 또한 잘 바뀌지 않는다. 어떤 이론이나 원리가 사람의 의식 속에 자리 잡으면 웬만해서는 바뀌지 않기 때문이다.

한나라의 정치이념이 순자 철학과 한비자의 철학이었으므로 한나라의 문화는 몸을 중시하는 물질주의적 경향이 짙었다. 몸을 중시하면 힘을 숭상하게 되므로 문보다 무력을 더 중시하게 된다. 마음의 본질을 추구했던 사(士)의 의미가 무사라는 뜻으로 바뀐 것도 그 때문이다. 힘을 중시하는 사회에서는 힘을 가진 자를 중심으로 서열이 형성된다. 이러한 분위기에서 나타난 것이 중화사상이다. 중화사상은 중국이 중심이 되어야 한다는 중국 중심주의 사상이다.

중국 중심주의가 팽배하게 되면 영토 확장정책이 뒤를 따른다. 한나라는 7대 무제 때 수많은 전쟁을 통하여 국토를 최대로 넓혔다. 북으로는 흉노 세력을 고비사막으로 내쫓았고, 동북으로는 조선의 땅에 한사군을 설치하였으며, 서방으로는 장건을 보내 서역의 여러 제국을 복속시키고, 실크로드를 개척했다.

몸을 중시하는 분위기에서는 의학과 과학이 발달하게 된다. 한나라 때 의학의 교과서인 『황제내경(黃帝內經)』이 출간되었다. 음양오행설이 발달하여 과학적인 지식이 널리 보급되었고, 나침판과 종이가 발명되었다. 몸을 중시하면 사람들은 물질적 가치를 먼저 차지하기 위해 경쟁하게 되어 사회가 혼란할 수 있으므로, 이를 방지하기 위한 예의범절을 중시하게 된다. 한나라 때 『예기』가 정리된 것도 이 때문이다.

물질주의가 발달한 사회에서는 역사를 중시하고, 사람들에게 교양을 요구한다. 한나라 때 사마천에 의해 『사기』가 저술되고, 문장력과 서예 등이 발달한 것도 이 때문이다.

몸을 중심으로 하는 철학이 지배하는 사회에서는 사람의 가치를 몸을 기준으로 판단하기 때문에, 불로장생을 추구하는 노력이 일반화된다. 역대 왕들이나 귀족들이 도사들의 불로장생약을 복용하는 것이 유행처럼 되었다. 불로장생약에는 다량의 수은이 들어 있었으므로, 불로장생약을 복용하다가 사망한 사람 중에는 수은 중독자가 많았다. 마왕퇴에 매장된 주인공도 수은 중독에 의해 사망한 것으로 밝혀졌다.

몸이 살아가는 데 필요한 것이 물질적 가치이므로, 몸을 중시하는 사회에서는 이익을 추구하는 풍조가 일어난다. 한나라때는 이익을 추구하기 위해 길흉화복을 점치는 점술과 참위설 등이 유행하기도 한다.

제2장

■

한나라 초기 맹자 유학의 미동

한나라가 출범 초기부터 순자 철학을 정치이념으로 삼았기 때문에 이에 반발한 은나라 유민을 중심으로 한 동부 지역 사람 중에 맹자유학을 들고 나오는 학자가 있었다. 그러나 한나라의 시대사조를 움직이는 주류가 순자 철학이었으므로 맹자유학은 미미한 움직임이었을 뿐 결코 주류가 되지는 못했다.

제1절
육가의 유학

육가(陸賈: 기원전 240~170)는 초나라 출신으로 전한 초기에 정치에 참여한 학자였다. 유방을 섬기면서 항상 『시경(詩經)』과 『서경(書經)』의 내용을 진언하고, 늘 인의(仁義)의 정치를 해야 한다고 주장했으며, 통치하는 근본방식으로 문과 무의 조화를 강조했다. 『신어(新語)』를 저술하여 유방의 통치에 도움을 주고자 했다. 유방이 진(秦)의 멸망 원인과 한(漢)의 성공 원인에 대해 논하라는 명령에 응하여 1편씩 지어 바쳤는데, 그때마다 칭찬을 받았다고 하는 책이다. 『신어(新語)』의 내용 중에는 덕에 의한 왕도정치를 중시하고 힘에 의한 패도정치의 배격을 주장하는 것이 많다. 육가는 탁월한 웅변으로 남월왕(南越王) 위타(慰佗)를 항복시켰는데, 그 공으로 태중대부(太中大夫)에 임명되었다. 유방의 사후 여태후가 전횡을 하자, 정계를 은퇴했다. 혜제(惠帝) 때 태위 강위와 승상 진평에게 서로 힘을 합하도록 주선하여 여씨로부터 유씨 황실을 지켜내는 데 큰 역할을 했다. 저술을 『육자(陸子)』 또는 『신어(新語)』라 한다.

『신어』 「무위편(無爲篇)」에 들어 있는 "도(道)는 무위(無爲)보다 더 큰 것이 없고, 행(行)은 근경(謹敬)보다 더 큰 것이 없다"라는 문구에서 보면, 육가에게는 무위를 정치의 이상으로 하는 사상이 흐르고 있다. 이는 『논어』에 있는 순 임금의 무위 정치를 설명한 것으로 보이야 할 것이다. 육가는 무위의 정치로 천하를 다스려 성공한 요순(堯舜)과 가혹한 법령과 형벌로 다스려 실패한 시황제를 대비하여 정치의 성패에 대해서 논하고 있다. 이 밖에도 정치 원리로서 윗사람의 덕치를 강조하기도 했다.

제 2 절
가의의 유학

가의(賈誼: 기원전 200~168)는 전한(前漢)시대의 천재 학자로 알려진 인물이다. 가의는 어려서부터 시문에 능하고 제자백가 사상을 두루 섭렵했다. 그는 문제(文帝) 때에 최연소 박사가 되었고, 박사가 된 지 1년 만에 태중대부(太中大夫)가 되어, 진(秦)나라 때부터 내려

傅有賈

가의

온 법률·관리제·예악 문화 등의 문물제도를 개정하고, 황제에게 국가의 관직과 제도 등의 정비를 위한 많은 정책을 건의했다.

가의는 맹자의 사상을 바탕으로 진나라의 멸망 원인을 가혹한 법치 때문이라고 설파하고, 가혹한 법치 대신 덕치를 해야 나라를 안정시킬 수 있다고 주장했다. 당시 한나라 사람들은 진나라가 망한 원인을 알고 있었기 때문에 가의의 주장은 상당한 설득력이 있었고, 한나라의 정치가 법치에서 순자의 사상으로 회귀하는 데도 일익을 했지만, 순자 철학으로 무장된 한나라 전체의 분위기와 흐름을 바꾸기에는 역부족이었다. 가의는 한나라 정치를 좌우하는 실세들의 미움을 받아 조정에서 쫓겨나, 장사왕(長沙王)의 태부(太傅)로 좌천되었다. 가의는 좌천된 지 4년 만에 문제(文帝)의 막내 아들인 양왕(梁王)의 대부(太傅)가 되었으나 왕이 갑작스럽게 죽었으므로, 너무 슬퍼하다가 1년 뒤에 죽었다. 저술은 『가자(賈子)』 또는 『신서(新書)』라 한다.

『신서』에 들어 있는 저술 중의 으뜸은 「과진론(過秦論)」이다. 「과진론」의 내용을 후대의 사람들은 세 편으로 나누었다. 상편에서는 춘추전국시대부터 진나라가 중국을 통일하기까지의 역사와 진나라 멸망의 주요 원인을 총괄적으로 분석했다. 중편에서는 통일 후 진시황의 잘못된 노선과 정책을 비판하고, 뒤를 이은 2세 호해(胡亥) 황제의 포악무도한 정치로 인해 민심이 진나라 황실에 철저하게 등을 돌렸음을 논했다. 하편에서는 백성들의 봉기와 각지 군웅들의 반란으로 황실이 무너지고, 새로 등극한 군주 자영(황제가 아닌 진왕(秦王)이라는 호칭을 사용)은 다시 진나라를 일으켜 세울 만한 능력이 없었음을 설명했다.

가의는 이 글에서 아무리 강대한 제국이라 할지라도 가혹한 형벌과 포악무도한 정치로는 권력을 유지할 수 없다고 주장했다. 「과진론(過秦論)」은 민심을 얻지 못한 권력은 백성들의 저항과 반란 앞에 모래성처럼 허무하게 무너질 수 있음을 경고한 글이다.

한나라 초기에 등장한 육가와 가의의 유학은 맹자 사상에 바탕을 둔 것이었으므로, 한나라의 정치를 한비자의 법치에서 순자의 예치로 회귀시키는 데는 상당한 역할을 했지만, 당시의 분위기를 쇄신하거나 흐름을 바꿀 수는 없었다.

제 3 절
한나라 정치에 대한 백성들의 반발

전국시대 말기부터 사람들의 지지를 가장 많이 받은 순자와 한비자의 이론은 전쟁으로 혼란해진 세상을 안정시키는 데 목적을 두고 전개되었는데, 그 핵심은 왕권을 강화하는 것이었다. 왕권을 강화하는 것은 왕의 소원이기도 했지만, 당시 백성들의 염원이기도 했다. 백성들의 염원에 힘입은 진시황이 강화된 왕권을 바탕으로 전국을 통일했고, 유방 역시 강력한 왕권으로 한나라를 건국했다. 백성들이 강력한 왕권을 희망한 까닭은 나라의 안정을 바랐기 때문이다. 유방이 한나라를 안정시킨 뒤에는 왕권이 강력해야 할 이유가 없으므로, 왕 스스로가 왕권을 약화하고 많은 권력을 백성들에게 돌려주어야 하지만, 인류 역사에서 왕 스스로가 그렇게 하는 경우는 매우 드물다.

왕권이 강력해야 했던 이유는 나라를 안정시킨다는 막중한 일을 해결하기 위해서였으므로, 이미 나라가 안정되고 난 뒤에는 왕은 할 일이 없어진다. 강력한 왕권을 가지고 있으면서 할 일이 없어진 왕이 하는 일은 대부분이 주색과 유흥에 빠지는 일이다.

한나라를 건국한 유방은 바로 장락궁과 미앙궁을 지었다. 장락(長樂)이란 길이 즐긴다는 뜻이고, 미앙(未央)은 아직 절반도 되지 않았다는 뜻이다. 유방이 항우를 이기고 한나라를 세운 것은 즐거운 일이지만, 그 즐거움은 아직 반도 되지 않았으니 앞으로 길이 즐겨야 한다는 뜻으로 붙인 이름이다. 천추만세 장락미앙(千秋萬世 長樂未央)이란 문구는 장안의 유적지에서 발견되는 막새기와에 많이 보인다.

황제가 즐기는 일을 많이 할수록 백성들의 세금이 불어난다. 거기다가 국토를 확장하는 전쟁까지 하면 비용은 산더미처럼 불어날 수밖에 없다. 문제 때부터는 주금률을 시행하여, 매년 8월 종묘에 제사 지낼 때 지방의 제후들로부터 주금(酎金)이라는 이름의 헌금을 받았는데, 무제 때는 바친 주금의 양과 질이 부족하여 폐위된 왕과 후가 100여 명에 이를 정도였다.

일반 백성들의 세금도 나날이 증가했는데. 특히 소작인들은 정부에게 내는 세금 외에 토지 주인에게 내는 세금이 50퍼센트에 이를 정도였다. 이외에 잡세를 걷었는데, 수레와 배를 가진 자들로부터 수레와 배에 대한 세금을 걷었고, 공업품과 상품 등에 대해서도 세금을 내게 했다. 이 외에도 국가재정을 충당하기 위해 매관매직을 공공연하게 실시하고, 새로운 세를 만들어 징수하며, 새 화폐를 발행하고, 소금·철·술을 전매하는 등 여러 가지 수탈의 방법을 동원했다.

세금이 많아질수록 백성들의 불만은 커질 수밖에 없고, 백성들의 불만이 커지면 반란이 일어난다. 농민의 반란이 빈번하게 일어나자, 그에 따라 법률이 가혹해졌다. 무제 때에 만들어진 견지법(見知法)은 죄지은 사람의 범죄사실을 알거나 보고도 검거하지 않는 자를 범죄자와 같이 처벌하는 법이었다. 이 법으로 인해 혹독한 관리들이 속출했는데, 의종(義縱), 왕온서(王溫舒) 등은 하루에 수백 명을 죽이거나, 천여 집을 파괴한 기록도 있다. 법이 가혹해진다고 해서 백성들이 법을 지키고 나라가 안정되는 것이 아니다. 법이 가혹해질수록 백성들의 불만이 쌓여서 반발과 반란이 늘어난다. 백성들의 반발이 전국적으로 일어났지만, 그중에서도 산동 지역에서 가장 치열하게 일어났다. 무제 때 산동에서 수천 명 또는 수백 명이 무리를 지어 지방 관아의 무기를 탈취하여 관리를 죽이고 죄수를 풀어주는 일이 빈번하게 일어났다. 산동 지역에서 대규모의 반발이 일어난다는 것은 서부 지역 중심의 정치에 대한 동부 지역의 반발과 무관하지 않다.

백성들의 불만과 반란이 늘어날수록 한나라 정부는 백성들이 가장 많이 지지했던 이론을 찾게 된다. 과거 혼란했던 전국시대에 백성들이 가장 많이 지지했던 이론은 순자의 유학이었으므로, 한나라 정부는 순자의 유학을 좋아하지 않을 수가 없었다. 순자 유학의 핵심은 왕권을 강화하는 것이었으므로, 한나라 때는 왕권 강화를 위해 순자의 명분론을 강화했는데, 명분론의 연원이 공자에서 비롯된 것이므로, 명분론을 강화하기 위해 공자의 신격화를 추진하기도 했다. 한나라 때 공자의 신격화를 위해서 경전을 응용하는 연구가 일어났는데, 그것을 경학(經學)에 대비하여 위학(緯學)이라 불렀다. 무제는 유학 이외의 학술을 모두 배격하고 유학을 장려하여 유학의 거장인 동중서(董仲舒)를 등용했다. 동중서의 등장으로 인해 유학은 일대 전환기를 맞이하게 된다.

제3장

■

한나라의 유학사상

제1절
동중서의 등장과 삼강의 세뇌정치

동중서(董仲舒: 기원전 176?~104)는 중국 전한 중기의 대표적 유학자이다. 현재의 하북성에 속하는 신도국(信都國) 광천현(廣川縣) 출신이다. 무제에게 총애를 받아 유교를 강화함으로써 유교가 관학이되었다. 유교가 관학이 되었다는 것은 유교를 국교로 삼았다는것을 말한다. 동중서는 백성들에게 천자의 명령을 따르게 할 수있도록 치밀한 학설을 만들어낸다.

제1항 천인합일설

순자의 사상에서는 인간존재의 본질을 몸으로 보았기 때문에 인간의 존엄성을 찾기 어려웠지만, 인간의 몸 하나를 유지할 수 없는 극한상황에서는 존엄성을 논할 상황이 아니었으므로 순자의사상이 백성들에게 지지받는 데는 문제가 되지 않았다. 그러나 나

동중서

라가 안정되고 난 뒤에는 사람들에게 존엄성을 부여하지 않고는 지지받기 어렵다. 이에 동중서는 사람들에게 존엄성을 부여하는 수단으로 천인합일설을 주창한다.

몸은 하늘과 같다. 사람의 수가 하늘과 서로 같기 때문에 사람의 명이 하늘과 연결된다. 하늘은 한 해의 수로 사람의 몸을 만들었다. 작은 뼈마디가 366개인 것은 일 년의 날 수에 따른 것이고, 큰 뼈마디가 12개인 것은 달의 수에 따른 것이다. 속에 오장이 있는 것은 오행의 수에 따른 것이고, 밖에 사지가 있는 것은 사시의 수에 따른 것이다. 눈을 떠서 보기도 하고 눈을 감기도 하는 것은 밤낮을 따른 것이고, 굳세기도 하고 부드럽기도 한 것은 겨울과 여름을 따른 것이다. 슬퍼하기도 하고 즐거워하기도 한 것은 음양을 따른 것이고, 마음에 계산하고 헤아리기도 하는 것은 도수를 따른 것이고, 행위에 윤리가 있는 것은 천지를 따른 것이다.[1]

동중서의 천인합일설은 몸의 요소와 자연의 수를 끼워 맞춘 것이다. 이는 동중서가 순자의 사상을 이어받았으면서도 사람들에게 존엄성을 부여하기 위해 만들어낸 억지이론에 불과하다. 동중서가 천인합일설을 만들어 사람들을 기쁘게 한 것은 사람들을 천

---

1. 身猶天地 數與之相參 故命與之相連也 天以終歲之數成人之身 故小節三百六十六副日數也 大節十二分副月數也 內有五藏副五行數也 外有四肢副四時數也 乍視乍瞑副晝夜也 乍剛乍柔副冬夏也 乍哀乍樂副陰陽也 心有計慮副度數也 行有倫理副天地也(『春秋繁露』人副天數 第56).

자에게 순종하도록 유도하기 위해서였다. 사람을 설득하기 위해서는 먼저 즐거운 분위기를 만들어야 효과가 있기 때문이다. 동중서가 사람들을 설득하기 위해 본격적으로 들고 나온 이론은 명분론이었다.

제2항 명분론

백성들의 반발과 반란을 법으로 진압하는 것만으로는 한계가 있다. 반발하는 백성들을 진압하는 것보다 더 좋은 방법은 백성들 스스로가 반발하지 않도록 백성들이 신봉하는 이론을 개발하는 것이다. 이러한 시대적 상황을 배경으로 하여 등장한 어용학자가 동중서이다. 동중서의 목적은 백성들 스스로가 정부에 저항하지 않도록 하는 이론의 개발이었다. 동중서는 첫 번째로 명분론을 들고 나온다.

명분론에 따르면, 천자는 하늘의 아들이고,[2] 백성들은 사람의 아들이다. 사람의 아들이 하늘의 아들에게 반발하면 안 된다. 동중서의 명분론은 처음에는 사람들에게 약간의 설득력을 가질 수 있었지만, 백성들의 불만이 쌓이면 설득력을 잃는다. 이에 동중서는 명분론이 자신의 이론이 아닌 공자의 이론임을 주장하여, 공자의 권위를 이용했다. 전국시대 이래 순자가 지지를 받았지만, 순자는 언제나 공자의 그늘에 있었다. 유학의 세 요소인 공자·맹자

---

2. 聖人正名 名不虛生 天子者則天之子也(『春秋繁露』郊祭 第67).

·순자에서 보면 공자의 정신철학이 맹자에게 계승되고, 물질주의 철학이 순자에게 계승되는 것이므로, 맹자와 순자는 언제나 공자의 권위 안에 있다. 맹자 사상이 득세할 때도 공자의 권위 아래에 있고, 순자가 득세할 때도 공자의 권위 아래에 있다. 한나라에서 순자의 사상이 득세하고 있을 때도 권위의 정점은 여전히 공자였으므로 동중서가 필요로 했던 것은 공자의 권위였다. 공자가 『춘추』를 저술하여, 예를 기준으로 옛사람들의 진위를 심판했던 것에 착안하여, 동중서는 『춘추번로(春秋繁露)』를 저술하여 명분론을 강화했다. 동중서의 목적은 왕권을 강화하여 백성들을 제압하기 위한 것이었다.

백성들에게 좋아하는 것이 없으면 임금이 권위를 가질 수 없고, 백성들에게 싫어하는 것이 없으면 임금이 백성들을 두렵게 할 수 없다. 권위를 가지지 못하고 백성들을 두렵게 할 수 없으면, 백성들을 제압할 수 없다. 제압할 수 없으면 어깨를 나란히 하고 세력을 함께 하므로 귀하게 될 수 없다. 그러므로 성인이 나라를 다스리게 되면, 천지의 성질과 사람의 욕심을 근거로 존비의 제도를 만들고, 귀천의 차등을 정하며, 관부를 설치하고 녹을 정했다. (…) 백성들을 이끌어 좋아하는 바가 있도록 하는데 힘쓴 것이니, 반드시 좋아하는 바가 있게 된 연후에야 백성들을 움직일 수 있다. 그러므로 상을 주어 권하는 것이다. 좋아하는 바가 있으면 반드시 싫어하는 바가 있게 되니, 싫어하는 바가 있게 된 연후에야 두렵게 하는 것이 가능하다. 이미 권할 수 있게 되고 또 두렵게 할 수 있게 된 연후에는 제압

할 수 있다.[3]

　동중서는 백성들을 제압하기 위해 왕권 강화의 방법을 제시했다. 순자가 살았던 전국시대는 혼란한 세상을 안정시킬 필요가 있었으므로 백성들이 왕권 강화를 희망했지만, 한나라는 안정된 나라였으므로 왕권이 강화될수록 백성들은 반발한다. 동중서는 왕의 권위를 더욱 강화하기 위해 '왕권은 하늘에서 받은 것'이라는 왕권수천설을 제기한다.

제3항 왕권수천설과 재이설

동중서는 가로의 세 획을 상하로 관통한 왕(王)이라는 글자의 모양에서, 가로의 세 획은 천·지·인이고 상하로 관통한 것은 천지인의 도를 하나로 통한 것으로 해석하여, 왕을 천지인을 관통한 완전자로 설명함으로써 왕권수천설(王權受天說)의 근거로 삼았다. 왕권수천설이 성립되면, 사람들이 왕의 명령을 따르는 것을 절대적인 진리로 받아들일 수밖에 없다.

　오직 천자만이 하늘에서 명을 받았으므로 천하는 천자에게 명령을 받아야 하고, 일국은 임금에게서 명령을 받아야 한다. 임금의 명이 순하면 백성들은 순명을 가지고, 임금의 명이 거스

---

3. 『春秋繁露』 保威權 第20.

르면 백성들은 역명을 가지게 된다. 그러므로 한 사람에 경사가 있으면 만인이 이에 힘입는다고 했다.[4]

동중서에 따르면, 오직 천자만이 하늘에서 명령을 받아 백성들에게 전달하는 것이므로, 일반 백성들은 천자의 명령을 따르는 것만이 유일한 도리가 되고 진리가 된다. 동중서는 백성들이 천자에게 복종하도록 왕권천수설을 제기한 것 외에도 천인상응설과 재이설(災異說)을 제기한다. 동중서의 천인상응설은 하늘이 사람의 일에 응하여 재이(災異)를 일으킨다는 설이다.

형벌이 정확하지 않으면 사기가 발생하는데 사기가 아래에서 쌓이고 미워함이 위에서 쌓이면, 음양이 얽히고 어긋나서 요괴한 일이 생긴다. 이것이 재이가 일어나는 까닭이다.[5]

무릇 재이의 근본은 모두 국가의 실책에서 생긴다. 국가의 실책이 생기기 시작하면, 하늘이 재해를 일으켜 경고하고, 경고해도 알지 못하면, 이에 변괴를 일으켜 놀라게 한다. 놀라게 해도 두려워할 줄 모르면, 재앙이 이에 이른다.[6]

---

4. 唯天子受命於天 天下受命於天子 一國則受命於君 君命順則民有順命 君命逆則民有逆命 故曰一人有慶萬民賴之(『春秋繁露』爲人者天地 第41).
5. 刑罰不中則生邪氣 邪氣積於下怨惡畜於上 上下不和則陰陽繆戾而妖孽生矣 此災異所緣而起也(『漢書』 권56 董仲舒傳).
6. 凡災異之本 盡生於國家之失 國家之失 乃始萌芽而天出災害以譴告之 譴告之而不知變 乃見怪異以驚駭之 驚駭之 尚不知畏恐 其殃咎乃至(『春秋繁露』 必仁且智).

재이가 일어나는 것을 사람들의 실책에 대한 하늘의 경고로 본
다면, 사람들의 실책 중에 가장 큰 것은 왕에게 있으므로, 재이설
은 왕의 책임을 묻는 것이 되지만, 동중서의 재이설은 그와 반대
이다. 동중서는 임금과 신하의 관계를 마음과 몸의 관계로 보고,
마음이 온전하지 못한 까닭은 몸이 잘못되었기 때문이듯이, 임금
이 온전하지 못한 까닭을 신하의 잘못으로 간주하기 때문이다.[7]

백성들을 설득하기 위한 동중서의 이론은 그의 삼강론(三綱論)
에서 절정에 달한다.

제4항 삼강 윤리의 세뇌

삼강(三綱)이란 『예위함문가(禮緯含文嘉)』에 나오는 '군위신지강(君爲
臣之綱), 부위자지강(父爲子之綱), 부위부지강(夫爲婦之綱)'이란 말에서
유래하는데, 동중서는 이 삼강을 자신의 윤리사상으로 강화했다.

> 임금과 신하, 아버지와 아들, 남편과 부인의 의리는 모두 음양의
> 도에서 취한 것이니, 임금은 양이고 신하는 음이며, 아버지는
> 양이고 아들은 음이며, 남편은 양이고 부인은 음이다. 음의 도
> 는 홀로 행할 수 없으니, 시작할 때도 홀로 일어날 수 없고 마칠
> 때도 공을 나누어가질 수 없다. 함께하는 의리가 있을 뿐이다.

---

7. 君臣之禮若心之與體 心不可以不堅 君不可以不賢 體不可以不順 臣不可以不
   忠 心所以全者體之力也 君所以安者臣之功也(『春秋繁露』天地之行 第78).

이 때문에 신하는 임금과 공을 함께하고 아들은 아버지와 공을 함께하며, 부인은 남편과 공을 함께하고, 음은 양과 공을 함께하며, 땅은 하늘과 공을 함께한다. (…) 이 때문에 인의제도(仁義制度)의 수는 모두 하늘에서 취한 것이다. 하늘은 임금을 위해 덮어주고 이슬을 내려주며, 땅은 신하를 위해 붙들어주고 실어준다. 양은 남편을 위해 낳아주고 음은 부인을 위해 도와주며, 봄은 아버지를 위해 낳아주고 여름은 아들을 위해 길러준다. 가을은 죽은 자를 위해 관을 만들고, 겨울은 아픈 자를 위해 없애주니, 왕도의 삼강을 하늘에서 구할 수 있다.[8]

강(綱)은 벼리이다. 벼리란 고기 잡는 그물 중에 굵은 밧줄이다. 고기 잡는 그물은 굵은 밧줄 하나에 가는 코를 촘촘히 얽어서 만드는데, 굵은 밧줄을 강(綱)이라 하고 가는 코를 목(目)이라 한다. 그물 중에서 가는 코는 몇 개 끊어져도 큰 문제가 되지 않지만, 굵은 밧줄이 끊어지면 전체를 못 쓰게 되므로, 굵은 밧줄이 끊어질 것 같으면 가는 코를 잘라서라도 묶어야 한다. 이것이 강과 목의 차이이다. 임금이 신하의 강이라는 뜻은 임금이 위태로우면 신하들은 목숨을 바쳐서라도 임금을 살려야 한다는 뜻이다. 아버지가 위태로우면 아들이 목숨을 바쳐서라도 살려야 하고, 남편이 위

---

8. 君臣夫子夫婦之義 皆取諸陰陽之道 君爲陽 臣爲陰 父爲陽 子爲陰 夫爲陽 妻爲陰 陰道無所獨行 其始也不得專起 其終也不得分功 有所兼之義 是臣兼功於君 子兼功於父 妻兼功於夫 陰兼功於陽 地兼功於天 〈中略〉是故仁義制度之數盡取之天 天爲君而覆露之 地爲臣而持載之 陽爲夫而生之 陰爲婦而助之 春爲父而生之 夏爲子而養之 秋爲死而棺之 冬爲痛而喪之 王道之三綱可求于天(『春秋繁露』基義 第53).

태로우면 부인이 목숨을 바쳐서라도 살려야 한다. 삼강의 윤리가 강화되면 부자연스러운 일들이 많이 일어난다. 임금을 구하기 위해 목숨을 바친 신하는 충신이 되어 큰 상을 받고 자손 대대로 영광을 누린다. 아버지를 구하기 위해 목숨을 바친 아들은 효자가 되어 나라에서 상을 받고 동네에 효자문이 세워져 대대로 영광을 누린다. 남편이 위태로울 때 목숨을 바친 부인은 열녀가 되어 나라에서 상을 받고 동네에 열녀문이 세워져 대대로 영광을 누린다. 이런 일들이 일반화되면 과잉으로 충성하는 신하가 넘쳐나고, 과잉으로 효도하는 효자들이 넘쳐나며, 지나친 열녀들이 넘쳐난다. 아버지가 위태로울 때 허벅지 살을 베어 국을 끓여드리는 효자도 나오고, 돌아가신 부모의 무덤가에 여막을 치고 3년간 시묘하는 효지도 나오며, 위독한 남편의 입에 손가락을 잘라 피를 넣는 부인도 있고, 심지어는 가슴을 잘라 피를 넣는 부인도 있다. 왕을 위해 목숨을 바치는 충성 게임인 장기는 한나라와 초나라의 전쟁을 배경으로 하는 것이다. 장기를 두어 이기기 위해서는 왕이 위태로우면 아무리 중요한 차·포·마·상이라도 왕을 위해 희생시킨다. 게임을 통해 세뇌된 충성심은 위력이 있다.

동중서의 삼강은 한나라의 정권 유지에 상당한 효력이 있었기 때문에 한나라 조정에서는 유학을 국교로 만드는 데까지 이르렀고, 유학을 연구하는 박사 제도가 생겨 경전을 연구하는 박사들은 우대를 받고 권위를 갖게 되었다. 그러나 엄밀히 말해서 동중서의 삼강은 유학이 아니다. 공자와 맹자의 유학은 더더욱 아니다. 순자의 유학이 왕권 유지를 위해 변질하여 나타난 형태일 뿐이다. 후대에 일어난 유학에 대한 비판은 거의 삼강의 내용에 대한 비판이므로, 엄밀한 의미에서 유학 비판 중에는 잘못된 비판이 많다.

제2절
금고문 논쟁

무제 때 동중서의 출현으로 유학을 국교로 삼으면서 임금에 대한 충성심을 강조했지만, 그 효과가 오래 갈 수는 없었다. 백성들의 불만이 커지는 것과 궤를 같이하여 동중서의 유학에 대한 불만이 재야의 양심적인 학자들 사이에 팽배해지기 시작했다.

한나라 혜제 때 협서률이 폐지되면서 유학 연구가 일부 장려되었는데, 주로 진나라 때 분서갱유로 인해 소실된 경전들을 정리하는 일에서부터 시작되었다. 한나라 때의 유학은 진(秦)나라 때부터 살아남은 박사와 유학자들에 의해 암송되어 오던 것을 기록하여 책으로 정리하는 작업이 중심이었다. 그때 정리한 경전의 내용을 예서(隷書)로 써서 묶었는데, 그것을 금문경(今文經)이라 부른다.

고문경(古文經)은 서한 말년에 탄생했다. 고문 경학에서 다루는 주요 경전이 진(秦) 이전에 유행된 고문으로 쓴 것이기 때문에 고문경이라 부른다. 고문 경전은 세 가지 경로로 전해졌다. 하나는 한 무제(漢武帝) 때 노공왕(魯恭王) 유여(劉余)가 공자의 옛집을 허물 때 옛집의 벽에서 얻은 『일례(逸禮)』와 『고문상서(古文尙書)』이고, 두 번째는 한 성제(漢成帝) 때 궁중의 비밀 장서를 정리하면서 발견한 『좌씨춘추』이며, 세 번째는 민간에서 얻은 것으로 노(魯)나라의 환공(桓公), 조(趙)나라의 관공(貫公), 교동(膠東)의 용생(庸生)이 소장했던 고문 경전이다. 새로 발견된 고문 경전은 글자체가 금문경과 달랐을 뿐만 아니라, 금문경에 없는 것이 들어 있기도 하고, 금문경에 있는 것이 빠진 것도 있다.

금문경을 연구하는 학자들은 동중서처럼 통치계급의 요구에 맞추려는 어용의 성격이 짙었다. 그들은 그들의 목적을 위해 음양, 명가, 법가의 사상 등도 경전의 해석에 응용했으므로, 연구나 해석이 몹시 번쇄해져, 『한서』「유림열전」에서 말한 것처럼 "한 가지 경이 백만여 어(語)가 되고, 그것을 연구하는 거장들이 천여 명에 달했다"라고 할 정도가 되었다. 금문 경학의 연구자가 많은 이유는 그들이 조정으로부터 연구비를 받기도 하고, 명예와 권위를 가질 수 있기도 했기 때문이다.

그러나 고문경을 연구하는 학자들은 이와 반대였다. 그들은 정치에 가담하는 어용의 성격을 가지지 않은 양심적인 연구자였다. 그들은 경전의 내용을 정치적으로 이용할 목적으로 응용하지 않고 엄격하게 그 자체를 지켰다. 그렇다고 해서 그들이 맹자의 유학처럼 정신주의적 경향을 띠지는 않았다. 그들 역시 순자 철학의 성향으로 경전의 명물이나 훈고에 주력하며, 경전의 본래 모습을 회복하기 위해 힘썼다. 금문 경학자와 고문 경학자의 가장 큰 차이점은 공자에 대한 정의에서 나타난다. 금문 경학자들은 공자를 정치적으로 이용하기 위해 공자를 높여 소왕(素王)으로 여기고, 육경(六經)을 대부분 공자의 저작으로 여겼으며, 경전의 내용 중에서 정치에 써먹을 수 있는 사례(史例)를 찾는 데 주력했다. 그러나 고문 경학자들은 공자를 선사(先師)로 모시고, 그를 역사적 인물로 인정하며, 예악을 제정한 주공(周公)을 숭상하여, 주공을 문명의 창시자로 여겼다.

금문 경학자와 고문 경학자의 공통적인 바탕은 역시 한나라 전체의 시대사조인 순자 철학이었다. 순자 철학은 몸을 중시하는 물질주의 철학으로서, 당시의 혼란을 극복하기 위해 왕권 강화론을 주창했고 사람들에게 지지를 받았다. 그러나 금문 경학자의 상황은 다르다. 몸을 중시하는 물질주의 철학과 왕권 강화론을 제기하는 것은 순자와 다를 것이 없지만, 제후국들의 전쟁으로 혼란했던 순자 때의 상황과 통일된 왕국이었던 한나라의 상황이 달랐기 때문에, 백성들의 지지는 정반대였다. 백성들은 강화된 왕권을 가진 왕들의 횡포에 시달리고 있었기 때문에 금문 경학자들을 지지할 수 없었다. 금문 경학자들이 왕권 강화를 제기한 것은 자기들의 이익을 위한 어용의 차원에서였다. 반면 순자의 철학을 바탕으로 한 고문 경학자가 왕권 강화를 주장하지 않았던 까닭은 당시의 시대 상황을 직시하고 있었기 때문이었다. 그렇다 하더라도 고문 경학자들이 금문 경학자와 대립한 것은 경전 해석을 둘러싸고 벌인 논쟁에 지나지 않은 것이어서, 백성들의 희망에 부응하여 왕권의 약화를 주창하는 수준에는 도달하지 못했다. 그러기에는 세 가지 정도의 어려움이 있었다. 첫째는 강력한 왕권에 의해 희생될 것이기 때문이고, 둘째는 강력한 왕권에 의해 유지되고 있는 기득권자들의 세력이 너무 컸기 때문이며, 셋째 일반 백성들의 의식 속에 여전히 순자 철학이 자리 잡고 있어서, 왕권의 약화를 희망하는 백성들의 세력이 주류를 이루지 못했기 때문이었던 것으로 이해할 수 있다.

첫 번째의 금고문 논쟁은 애제(哀帝) 건평(建坪) 6년에 유흠(劉歆)에 의해 제기되었다. 유흠은 왕궁의 장서실에서 고문으로 된 『춘추좌씨전(春秋左氏傳)』을 발견하고, 고문 경학 연구의 필요성을 주창하며 금문 경학에 도전했지만, 정권 유지를 옹호하는 목적으로 연구되는 금문 경학의 세력을 당할 수는 없었다.

고문 경학을 통해 정권에 도전하는 것 외에도 지식인들 사이에서는 한나라 황제가 퇴위해야 한다는 이론을 제기하는 일이 종종 있었다. 소제(昭帝) 때의 휴맹(休孟)은 황제가 양위해야 한다고 주장하기도 하고, 선제(宣帝) 때의 개관요(盖寬饒)는 황제가 천하를 사유화하는 것이 옳지 않다고 주장하기도 했다. 성제(成帝) 때의 곡영(谷永)은 천하는 천하 사람들의 천하이므로 한 사람이 소유하면 안 된다고 주장하기도 했다. 지식인들의 반발심이 학문으로 승화되어 정리되기도 했는데, 양웅의 유학사상이 그 대표적이었다.

제3절
양웅의 유학사상

제1항 양웅의 생애

양웅(揚雄: 기원전 53~기원후 18)은 중국 전한 말기의 사상가이며 문장가이다. 자는 자운(子雲)이다. 지금의 사천성인 촉군의 성도(成都)에서 태어났다. 그의 집안은 촉군으로 이사와 농업으로 생계를 유지하고 있었다. 양웅은 어릴 때부터 욕심이 적었다. 부귀영화를 추

像 雄 揚

양웅

구하지 않고 묵묵히 여러 서적을 읽으면서 학문에 정진했다.

한나라는 순자의 사상이 지배하는 시대였기 때문에 학자들의 사상이나 철학보다도 문장력을 평가하는 분위기가 일반화되어 있었다. 민물고기는 민물을 마실 수밖에 없듯이, 순자 사상이 지배하는 분위기에서 자라면 처음에는 그 분위기에서 벗어나기 어렵다. 양웅도 당시에 높이 평가되는 문장가의 길을 추구했다. 양웅은 당시 문장가로 명성을 떨치고 있었던 사마상여의 영향을 받아 뛰어난 문장가가 되었다. 양웅은 자기의 저술인 「반이소(反離騷)」, 「우렵부(羽獵賦)」, 「촉도부(蜀都賦)」, 「광소(廣騷)」 등이 유명해지자, 42세의 나이에 성제(成帝)의 초청으로 장안에 가서 왕망·유흠 등과 함께 황문급사랑(黃門給事郎)이 되었다. 정치를 풍자하기 위해 「장양부(長楊賦)」, 「감천부(甘泉賦)」 등을 지어 성제에게 칭찬을 받고 문장가로 이름을 떨쳤다.

양웅은 유명해질수록 자기 속에 있는 정신철학이 꿈틀거리기 시작했다. 양웅은 공자가 분류한 사람의 유형에서 보면 인자의 유형에 속하는 사람으로 보인다. 그에게는 형이상학을 지향하는 형상판의 정서가 깔린 것으로 보인다. 형하판이 깔린 시대에 형상판의 철학자는 처음에는 형하판의 철학을 따르지만, 결정적인 순간이 오면 형상판의 철학으로 회귀한다. 양웅은 문장가로 살아가는 자신의 삶이 잘못이라는 것을 깨닫게 되었다. 문장을 꾸며 남에게 과시하는 삶은 참된 삶이 아니다. 그것은 껍데기에 불과한 삶이고 가짜배기 삶이다. 양웅은 본질적인 삶에 관심을 가지기 시작했고, 본질을 논한 서적이라면 빠짐없이 읽었다. 특히 경전 공부에 주력했고, 옛날 단군조선에서 유행했던 『천부경』과 『삼일신고』도 읽었던 것으로 보인다. 단군조선의 언어에 관해서도 연구하여, 그의 저서 『방언(方言)』에 수록했다. 이를 보면 양웅은 단군조선에 관심을 가지고 연구한 것이 확실하다. 『천부경』에는 본질인 하나를 끝까지 포기하지 않는 철학이 들어 있다. '하나 철학'은 노장철학과 공맹철학을 관통한다. 본질인 하나로 모든 것을 관찰하고 판단하는 철학이 노장철학이고, 본질인 하나를 잃고 고통 받으면서 살던 자신을 반성하고 본질인 하나를 회복함으로써, 자신이 고통에서 벗어나고 남들을 고통에서 벗어나도록 깨우치는 철학이 공맹철학이다. 본질인 하나를 중시한다는 점에서는 공맹의 사상과 노장의 사상이 통한다. 양웅은 공맹과 노장을 다 받아들였다. 그렇지만 자신은 순자 사상이 지배하는 시대에 살았다. 순자의 철학에는 하나로 통하는 존재의 본질이 없다. 양웅은 본질을 잃고 사는 것이 얼마나 잘못된 것인지를 알고, 본질 회복을 위해 노력한 사람이었으므로, 자신이 이상적으로 받아들인 철학은 노장의 철학이 아니라 공맹의 철학이었다.

당시 학자들의 주류는 금문 경학을 연구하는 어용학자들이었다. 양웅은 그것에 염증을 느껴서 고문 경학 쪽으로 기울었다. 양웅은 공자를 따르고자 했으므로, 자신을 맹자로 자부했다. 그리고 순자, 한비자, 법가, 명가, 참위설, 음양가 등등을 매섭게 비판했다. 맹자가 양주와 묵적을 물리치고 공자를 수호하기 위해 생애를 걸었듯이, 양웅도 공자 사상을 수호하기 위해 생애를 걸었다. 양웅은 공자 학문의 핵심인 『논어』와 『주역』 같은 책을 저술하여 당시의 사람들을 깨우쳐야 했다. 공자 유학의 기본 경전 중의 대표는 『논어』와 『주역』이다. 『논어』는 수기치인의 내용을 위주로 문답 형식으로 되어 있는 서적이고, 『주역』은 우주 자연의 변화원리에 맞게 살 수 있는 지혜를 담고 있는 서적이다. 양웅도 공자처럼 『논어』에 해당하는 책과 『주역』에 해당하는 책을 저술했다.

양웅은 먼저 공자가 『주역』을 정리한 것을 본받아 『태현(太玄)』을 저술했고, 공자가 제자들과 진리에 관해 문답한 것을 본받아 『법언(法言)』을 정리했다. 『주역』의 괘가 『태현』에서는 수(首)라는 용어로, 효가 찬(贊)이라는 용어로 쓰이고 있다. 『주역』 64괘는 각각 여섯 개의 기호로 되어 있고, 각각의 기호를 효라고 하므로, 모든 괘는 육효로 구성되어 있지만, 『태현』 81수는 각각 네 개의 기호로 되어 있고, 네 개의 기호 전체에 아홉 개의 찬을 붙였으므로 『태현』 81수에는 729찬이 있다.

『태현』은 너무 어렵고 심오했으므로 당시의 사람들에게 주목을 받지 못했다. 『한서(漢書)』 「양웅전」에 따르면, 유흠이 『태현』에 대해 양웅에게 말하기를, "쓸데없이 왜 고생하는가! 요즘의 학자들은 녹봉을 받고 일하면서도 『주역』을 잘 모르는데, 또 무슨 『태현』이란 말인가! 나는 후인들이 그것을 장독 덮는 데 쓸까 걱정이네"라고 하니, 양웅은 웃기만 하고 아무 말도 하지 않았다고 한다.

『태현』은 너무 난해했기 때문에 세상 사람들에 의해 제대로 평가받지 못하고, 조롱을 당하기도 했다. 이에 양웅은 「해조(解嘲)」를 지어, 당세에 알아주지 않는 것은 당연할 것이라고 하고, 후세에 알아주는 사람이 나올 것이라는 자부심을 표현하기도 했다. 『태현』을 후대의 사람들이 중시하여 『태현경』으로 칭하게 되었고 몇몇 주석도 있다.

『태현경』이 어렵고 심오한 이유는 옛날 조선에서 유행하고 있었던 『천부경』과 『삼일신고』의 영향을 많이 받았기 때문일 것이다. 많은 사람이 현(玄)이라는 글자를 『노자』에서 취한 것으로 알고 있지만, 현(玄)은 최치원 선생이 "우리나라에 현묘(玄妙)한 도가 있었다"라고 한 것에서 보면 『천부경』과 『삼일신고』를 위시한 단군조선의 철학을 표현하는 대표적인 말이었을 것으로 추정할 수 있다. 『천부경』은 일(一)에서 시작한다. 일은 하나이고 하나는 모든 것이 분화되기 이전의 현묘한 본질로서, 하늘로 표현되기도 한다. 양웅이 현수서(玄首序)에서 "현묘한 본질에 동화되어 혼연일체의 움직임이 무궁한 것은 하늘을 본받은 것이다"라고 했다. 이는 『천부경』의 내용에 있는, 하나의 상태를 유지하면서 분화되지 않은 채 혼연일체로 존재하는 것이 천·지·인 삼위일체의 상태임을 알면 쉽게 이해할 수 있다. 하나는 혼연일체의 상태로 존재하면서 음양의 작용을 한다. 양웅은 이를 표현하여 『태현경』의 맨 아래 기호를 음양으로 분리했다. 하나[一]가 음양의 작용을 하여 제 삼의 요소를 창조하면 어느덧 세 요소가 된다. 양웅은 이를 표현하여 맨 아래 기호를 셋으로 분리했다.

『천부경』에서는 우주 자연의 운행을 세 요소의 4배수로 보았다. 일 년이 석 달씩 묶은 계절의 4배수로 운행되는 것도 이러한 이치이다. 4배수는 공간적인 존재 원리에서도 적용된다. 예를 들면, 사람의 몸 하나를 1로 보면 사람의 몸 하나가 기호 넷으로 표현한 수(首)의 전체라면, 제일 위의 기호는 머리, 가슴, 배, 사지를 표현하는 것이고, 그 아래의 기호는 각각의 부위에 들어 있는 작은 기관들이고, 또 그 아래에 있는 기호는 각각의 기관들에 포함된 조직들이고, 제일 아래의 기호는 각 조직을 구성하고 있는 세포들로 보면 된다. 제일 아래의 기호가 움직일 때는 음양의 움직임을 하므로 기호를 둘로 나누었다. 음양의 움직임을 하면 바로 새로운 요소를 창조하여 세 요소가 된다. 양웅은 그것을 표현하여 아래 기호를 셋으로 나누었다. 세 요소가 성립되면 움직임이 완결되어 상부 조직을 자극한다. 상부 조직이 자극을 받으면 상부 조직이 변화를 시작하므로 아래 기호는 움직임이 일어나기 전의 상태로 돌아가고, 상부 조직인 그 위의 기호가 음양의 두 요소로 나누어진다. 상부 조직의 움직임은 느리다. 원점으로 돌아갔던 아래의 기호가 다시 움직임을 시작하여 둘로 나뉘고, 다시 새로운 요소를 창조하면 셋으로 나누어진다. 아래의 기호가 셋으로 나누어지면 움직임이 완결되고 상부 조직을 자극한다. 상부 조직은 움직임을 시작하고 있다가 아래의 자극을 받아 움직임에 탄력을 받게 되어 셋으로 나누어진다. 이런 방식으로 진행하면 81수가 될 때 모든 움직임이 완결되므로, 『태현경』의 수는 81수로 구성된다.

『태현경』의 81수는 『천부경』의 81자와 무관하지 않은 것 같다. 『태현경』의 각 수에 9찬을 달아놓은 것은 『천부경』의 일(一)에서 쌓아가다가 십에서 깎아 내려온다는 설명에서 힌트를 얻었을 것이다. 『천부경』에서 십에서 깎아 내려온다고 했지만, 사실 십은 없는 숫자이다. 하나도 0에서 시작하는 것 같지만, 0은 개념만 있고, 실재하지 않는 것처럼, 10도 마찬가지다. 1의 범위 중에서 가장 낮은 것이 0에 닿아 있고, 9의 범위 중에서 가장 높은 것이 10에 닿아 있다. 숨 쉬는 것도 그렇다. 허파에 공기가 거의 없는 상태에서 숨을 들여 쉬기 시작하여 허파에 숨이 가득한 상태 직전까지 갔다가 다시 숨을 내쉬기 때문에 들이쉬는 숨은 하나에서 시작하여 아홉에서 끝나는 것이다. 『태현경』에서 각 수에 아홉 개의 찬을 달아놓은 것도 이와 같은 이치로 이해할 수 있다. 『태현경』에서는 1은 初1, 2는 次2, 3은 次3, 4는 次4, 5는 次5, 6은 次6, 7은 次7, 8은 次8, 9는 上9로 설정한다. 상구는 10이 되기 직전까지이다. 원래 수는 9까지만 있다. 10은 1이 시작되기 전의 0이다. 거의 10이 되면 줄어들기 시작한다. 그러다가 0으로 돌아간다.

　『태현경』의 첫 번째 수인 중(中)은 분리되기 이전의 상태인, 하나를 놓치지 않고 있을 때의 존재 원리이다. 초일은 혼륜의 상태로 일체가 분리되지 않고 뒤섞여 있어 그윽하고 깊은 상태다. 차이는 현의 상태에서 두 요소의 대립이 시작되어 음양의 움직임이 일어난 상태다. 차삼은 용이 하나인 본질에서 모습을 드러내어 머리와 꼬리가 분명해진 것이니, 완연한 움직임을 하게 된 상태이다. 본질에서 모습을 드러낸 것은 사람이 '나'의 삶을 시작했다는 뜻이다. 대개 사람들이 '나'의 삶을 시작하면 남과 분리되어 고립되지만, 하나를 잃지 않은 상태에서는 '나'라는 것이 성립되었어도 하나에서 벗어난 것이 아니다. 그런 상태의 삶을 사는 사람을 용으로 표현했다. 차사는 '나'의 삶이 어느 정도 익어가지만, 아직 낮은 자리에 있고 실세가 아니기 때문에 외롭다. 삶이 충실해져 크게 성명을 받았지만, 실세가 아니기 때문에 일을 추진하기 어렵다. 차오는 실세가 되었다. 태양이 하늘에 떠 있는 것과 같다. 때와 상황을 봐서 주인이 되는 것이 좋다. 주인이 되면 자기가 하늘의 본질을 회복한 것처럼 남들도 하늘의 본질을 회복할 수 있도록 깨우치게 된다. 차육은 달이 이지러지듯이, 중심의 위치에서 물러나기 시작하는 형국이다. 중심에 있기 위해 버티면 안 된다. 태양이 물러나는 곳이 서쪽이다. 태양이 서쪽으로 물러가듯이, 물러나는 곳으로 가는 것이 지혜롭고 현명하다. 차칠은 중심에서 벗어나고 몸이 노쇠했지만, 마음은 성숙하고 완숙해졌다. 마음의 불길이 활활 타올라 마음의 양식을 충분히 섭취했다. 물은 불의 원수다. 불은 물을 만나면 꺼진다. 그러나 진리를 얻고 나면 원수가 없다. 원수가 모두 은인이다. 늙어 죽어야 할 때는 병균도 고마운 존재가 된다. 자기의 자리를 노리는 자들이 모두 원수로 보이지만, 마음이 원숙해지면 그런 것이 다 제대로 된 것으로 보인다. 그러므로 마음의 불이 잘 타오른 뒤에는 물을 받아들여 끌어안고 가만히 있으면 된다. 그러면 물이 모든 것을 잘 이끌고 갈 것이다. 뜨거운 여름에 불길이 타오르면 물이 필요하다. 사람들은 물에 뛰어든다. 불은 물에 양보하면 되는 것이다. 차팔은 병이 들었을 수도 있고 병이 안 들었을 수도 있지만, 몸이 노쇠한 것은 틀림없다. 온 세상이 가을빛으로 물들었듯이, 몸이 가을빛으로 물이 들었다. 그러나 그것이 슬픈 일이 아니다. 하나를 붙잡고 있으면 변함이 없다. 늙어도 늙은 것이 아니라 늘 변함이 없다. 상구는 죽음을 맞이하는 상황이다. 영혼이 하늘로 올라가고 기와 몸은 원래의 모습으로 되돌아간다. 신령한 마음은 하늘과 하나로 이어져 있다. 몸에 있는 신령한 마음과 하늘에 있는 신령한 마음은 하나다. 죽음을 맞이한다는 것은 몸에 있는 신령한 마음이 원래의 하늘마음으로 되돌아가고, 몸에 있는 기와 몸의 형질 또한 원래의 모습으로 되돌아가는 것이다. 사람의 몸은 하늘의 기와 땅의 기가 합해져 있는 것이므로, 죽음이란 하늘의 기가 하늘로 돌아가 혼(魂)이 되고, 땅의 기가 땅으로 돌아가 백(魄)이 된다. 몸은 우주에 빈틈없이 존재하는 정(精)이 잠깐 모여 있는 것이다. 죽음을 맞이하면 모여 있던 몸이 원래의 정으로 돌아간다. 죽음이란 없어지는 것이 아니라 원래의 모습으로 돌아가는 것이므로 고향 가는 것과 같다. 그것은 물에서 생긴 얼음이 녹아서 원래의 형태인 물로 되돌아가는 것과 같다. 고향으로 되돌아가는 것은 기쁜 것이다. 죽음이란 삶을 끝마치는 것이 아니다. 본질에서 보면 마치는 것이 아니라 변함없는 그대로이다. 『천부경』에서 '하나는 마치지만 마치는 것이 없다. 원래의 하나 그대로일 뿐이다'라고 한 내용과 일치한다. 이렇게 이해하고 보면 『태현경』은 『천부경』의 내용을 바탕으로 하고 『주역』의 체제를 형식으로 하여 완성된 것임을 알 수 있다.

『태현경』과 달리 『법언』은 출간 당시부터 상당한 관심을 받았다. 진리는 감동을 준다. 『논어』에 '덕이 있는 사람은 반드시 공감하는 사람이 있으므로 외롭지 않다'라고 했다. 고전을 공부하여 진리를 체득한 양웅의 말은 울림이 있었다. 『법언』은 출간 당시부터 공감하는 사람들이 많았다. 특히 순자의 시대에 숨죽이고 있던 형상판의 철학자들이 주목한 것이다. 공자가 말년에 후세를 위해 경전을 정리했듯이, 양웅도 조용히 서적들을 정리하여, 『훈찬(訓纂)』, 『방언(方言)』 등의 책을 출간했다.

공맹철학은 수기치인의 철학이다. 수기를 통해 자기의 참된 삶을 확립한 뒤에, 교육을 통해 다른 사람을 참된 삶을 살 수 있도록 깨우치고, 정치를 통해 온 세상이 참된 세상으로 바뀌도록 노력하는 철학이다. 양웅의 철학도 이에서 벗어나지 않았다. 수기를 통해 진리를 얻었고, 『법언』 등의 서적을 출간하여 다른 사람이 진리를 얻을 수 있도록 노력했지만, 세상을 바꾸는 꿈은 이루기 어려웠다. 순자 철학을 바탕으로 하는 정치관이라 양웅은 출세할 수가 없었다. 이상적인 정치는 맹자가 말하는 왕도정치이다. 패도정치를 바탕으로 하는 한나라의 정치풍토를 왕도정치로 바꾸는 일은 양웅 혼자서 꿈꿀 수 있는 일이 아니었다. 그러나 그때 기회가 찾아왔다. 자기와 뜻이 잘 통했던 왕망이라는 인물이 정치의 실세가 된 것이다. 『법언』의 마지막에 "주공 이래로 아직 한공처럼 훌륭한 인물은 없었다. 부지런히 힘쓴 공으로 보면 이윤보다도 뛰어나다"[9]라고 했고, "한나라가 일어난 지 210년이 되어 태양이 하늘의 한 가운데 떴으니 근사하게 될 것인가 보다"[10]라고 했다. 한공(漢公)은 왕망이고 아형은 이윤이다. 이윤은 신하이면서 임금답지 않은 임금 태갑을 추방했고, 태갑이 니중에 반성히여 훌륭한 자질을 회복하자 다시 그 임금을 맞아들여 훌륭한 나라로 만들었다. 이윤은 탕왕이 건국한 상나라 때 사람이었다. 이미 훌륭한 나라가 건설되어 있었으므로, 임금을 바로잡기만 하면 나라는 바로 이상적인 상태로 유지할 수 있었다. 그러나 한나라는 한 임금의 문제로 해결되는 것이 아니었다. 한나라가 일어난 지 210년이나 되었지만, 줄곧 패도정치로 일관해왔다. 나라를 바로잡는 일은 한 임금을 바로잡는 것으로 되는 일이 아니었다. 훌륭한 임금이 나타나 정치체제 전체를 바꾸지 않으면 안 되었다. 양웅이 보기에 그런 사람이 나타났다. 왕망이 임금이 되었으므로 임금만

---

9. 周公以來 未有漢公之懿也 勤勞則過於阿衡(『法言』孝至).
10. 漢興二百一十載而中天 其庶幾乎(『法言』孝至).

바로잡는 것이 아니라 세상을 바꿀 수 있게 된 것이다. 왕망과는 오래전에 함께 근무했으며 뜻이 잘 통하던 사이였다. 양웅은 왕망의 사람됨을 알고 있었다. 왕망이 왕도정치를 할 수 있을 것으로 생각했기 때문에 양웅에게도 꿈을 이룰 수 있는 절호의 기회가 왔다. 왕망은 낮은 관직에 있던 양웅을 태중대부로 직급을 높였고, 천록각교서(天祿閣校書)에 임명했다. 양웅은 왕망의 정치를 찬양하는 「극진미신(劇秦美新)」이란 글을 남겼다. 양웅은 이로 인해 후대의 사람들로부터 '지조도 없이 왕망에게 아첨하여 부귀를 탐했다'라는 혹평을 받게 되지만, 이는 한 번 섬긴 임금을 끝까지 섬겨야 한다는 삼강의 윤리에 오염된 사람들의 왜곡된 평가일 뿐이다. 간절한 꿈을 이룰 수 없을 것 같을 때는 다급해진다. 공자도 세상을 바로잡으려는 꿈을 이룰 수 없을 것 같을 때 다급해진 적이 있었다. 반란을 일으킨 공산불요와 필힐이 공자를 만나려고 했을 때 공자는 그들과 만나고 싶어 했다. 이상세계를 만들고 싶어 했던 공자의 꿈이 그렇게 다급하게 만든 것이다. 공맹철학을 배워 실천하려 했던 양웅이 다급해졌을 때 왕망의 등장은 중천에 떠오른 태양처럼 느껴졌다.

왕망에 대한 양웅의 기대는 오래가지 않았다. 왕망이 초심을 유지하지 못하는 것을 본 양웅은 정치에 관여하지 않고 학문에만 전념했다. 양웅은 말년에 노나라로 돌아가 경전을 정리한 공자의 심정이 되기도 했고, 어쩔 수 없는 세상을 두고 볼 수 없어 멱라수에 몸을 던진 굴원의 심정이 되기도 했다. 왕망이 신나라를 건국한 지 2년이 되던 해에 제자인 유분의 죄에 연루되자 누각에서 몸을 던졌지만 죽지 않았고, 왕망의 지시로 사면되었다. 그 뒤 양웅은 가난한 상태로 조용히 지내다가 72세의 나이로 생을 마감했다.

제2항 양웅의 사상

1. 학문의 목표

양웅의 목표는 학문을 통해 공자처럼 되는 것이 목표였다. 공자 사상의 두 후계자인 맹자와 순자 중에 양웅은 맹자로 자부했다. 맹자가 양주와 묵적을 몰아내는데 주력했던 것처럼, 양웅은 한나라 때 유행했던 도참설, 법가, 음양가 등등의 학설을 몰아내는 데 주력했다. 그것은 『법언』의 서문에서 밝힌 다음의 말에서 알 수 있다.

> 내가 제자(諸子)들을 보니, 각각 자신이 아는 것만을 가지고 어긋난 이론을 전개하여, 거의 성인을 헐뜯으며 괴이하고 우활한 주장을 했다. 지리멸렬한 궤변과 거짓된 논리로 세상의 일을 흔들고 있으니, 비록 하찮은 이론이지만, 마침내 대도를 파괴하고 백성들을 미혹시켜, 백성들이 들은 말에 빠져 스스로 잘못된 것인 줄 알지 못하게 했다. 태사공이 『사기』를 저술함에 이르러 육국에서부터 초와 한을 거쳐 한 무제 때까지 기록했는데, 성인과 시비를 달리하여 참된 판단에서 벗어났다. 그러므로 사람들이 때로 나에게 묻는 것이 있으면 항상 진리의 내용으로 응답해주었었는데, 그것을 잘 다듬어서 열세 권을 만들고, 『논

어』를 본떠서 『법언』이라 이름 붙였다.[11]

양웅은 학문의 목표를 공자처럼 되는 것으로 삼고, 당시의 잘못된 이론들을 물리치는 자신의 사명을 맹자의 사명에 비유하기도 했다. 양웅이 맹자로 자부한 것은 순자를 공격하는 것을 의미하는 것이기도 했다. 그러나 양웅은 학문의 내용에서는 순자에 대해 비판하지만, 순자를 정면에서 비판하지는 않았다. 온 세상이 순자의 사상으로 무장되어 있었기 때문에 순자를 정면에서 비판하는 것은 시대가 용납하지 않았기 때문이었다. 그것은 오늘날 대한민국에서 민주주의 정치체제를 비판하는 것이 용납되지 않는 것과 같은 맥락이다.

양웅이 말하는 학문의 내용은 외부에 있는 것을 알아서 채우는 것이 아니라, 원래 자기에게 있는 것을 갈고 닦는 것이었다. 사람은 본성적으로 바른 마음을 가지고 있다. 바른 마음을 가지고 있으므로. 바르게 보고 바르게 들으며 바르게 말하고 바른 용모를 가지며 바른 생각을 할 수 있지만, 갈고 닦지 않고 방치하면 '내 것 챙기려는 잘못된 생각'에 의해 비뚤어지므로 바른 것을 간직하지 못한다. 배움이 필요한 것은 이 때문이다. 어떤 사람이 "배워도 타고난 바탕이 바뀌지 않으므로 배움이 무익하다"고 물었을 때, 양웅은 칼은 날카로움을 가지고 있지만, 갈아야 하고, 옥은

---

11. 雄見諸子 各以其知舛馳 大氐詆訾聖人 卽爲怪迂 析辯詭辭 以撓世事 雖小辯 終破大道而惑衆 使溺於所聞而不自知其非也 及太史公記六國 歷楚漢 訖麟止 不與聖人同是非 頗謬於經 故人時有問雄者 常用法應之 譔以爲十三卷 象論語 號曰法言(『法言』序文).

아름다움을 가지고 있지만, 연마해야 하는 것처럼, 사람이 배우면 원래의 바탕이 빛을 발할 수 있는 것이라고 설명한다.

2. 천인일체의 인간 존재론과 인의예지신

양웅사상의 바탕에는 하늘이 자리 잡고 있었다. 공자와 맹자를 계승하는 양웅의 입장에서는 너무도 당연했지만, 그 당시로서는 엄청난 도전이었다. 당시는 순자 사상의 영향을 받아서 하늘은 사람들에게 권위의 상징으로만 잠재해 있을 뿐, 사람과 연결하는 일은 거의 없었다. 동중서의 천인상응설도 하늘의 권위를 이용하기 위해 제기한 것일 뿐, 인간존재의 본질로서의 하늘의 의미는 거기에 없었다. 그런 시대적 분위기에서 양웅은 하늘을 인간존재의 본질로 삼는 형상판의 철학을 들고나온 것이다. 공자와 맹자의 철학은 하늘과 사람이 하나로 연결되어 있음을 밝힌 철학이다. 나무의 잎과 가지가 뿌리와 연결되어 있듯이, 사람은 하늘과 하나로 연결된 존재이다. 하늘이 뿌리에 해당한다면 사람은 잎과 가지에 해당한다. 잎과 가지가 잎과 가지로만 존재하는 것이 아니라, 뿌리에 연결되어 뿌리의 요소를 가지고 있는 것처럼, 사람은 하늘과 하나로 연결되어 하늘의 요소를 가지고 있다. 하늘과 사람을 하나로 연결하는 양웅의 철학도 공맹의 철학과 일치한다. 맹자는 사람에게 들어 있는 하늘의 요소를 인의예지로 설명했지만, 한나라 때는 인의예지에 신(信)을 더하여 인의예지신으로 일컬어졌으므로, 양웅은 사람에 들어 있는 하늘의 요소를 인의예지신으로 설명한다.

어떤 사람이 인의예지신의 작용에 관해 묻자, 양웅이 대답했다.

"인은 집이고, 의는 길이며, 예는 옷이고, 지는 등불이며, 신은 부절이다. 집에 살면서 길로 다니고, 옷을 바로 입고, 불을 밝히며, 부절을 가지고 사는 것이니, 군자가 움직이지 않을 수는 있지만, 움직인다면 반드시 인의예지신을 실천한다."[12]

인의예지신에 관한 양웅의 설명은 기본적으로 맹자의 설명과 같지만, 맹자는 "인은 사람의 편안한 집이고, 의는 사람의 올바른 길이다"[13]라고 하여 인과 의에 관해 정의하는 데 그쳤으므로, 양웅은 예·지·신에 대한 설명을 덧붙여 인의예지신 전체의 정의를 내렸다. 사람은 본래의 마음과 욕심을 가지고 있다. 본래의 마음을 한마디로 대표하자면 인이다. 사람의 몸이 들어가 살아야 하는 집과 살지 않아야 하는 집이 있듯이, 사람의 마음도 본래마음에 자리 잡고 있어야지 욕심에 자리 잡고 있으면 안 된다. 인은 본래부터 가지고 있는 마음이므로 인에 머물러 있으면 고향 집에 머물러 있는 것처럼 편안하므로 맹자는 편안한 집으로 설명했고, 양웅은 그냥 집으로만 설명했다. '편안한'이라는 수식어를 쓰지 않은 것은 이미 맹자가 설명했기 때문에 생략한 것이다. 나머지 정의도 마찬가지다. 양웅이 인의예지신이 사람이 가지고 있는 하늘의 마음이라는 설명을 하지 않은 것은 이미 맹자가 설명했기 때문이다.

---

12. 或曰仁義禮智信之用 曰仁宅也 義路也 禮服也 智燭也 信符也 處宅由路正服明燭執符 君子不動 動斯得矣(『法言』 修身).
13. 仁 人之安宅也 義 人之正路也(『孟子』 離婁上).

3. 양웅의 인성론

양웅이 맹자의 이론을 계승했으면서도 인성론에 관해서는 독특한 이론을 제창했다. 양웅은 사람의 본성에는 선과 악이 섞여 있다는 선악혼효설을 주창했다.

> 사람의 성에는 선악이 섞여 있다. 선을 닦으면 착한 사람이 되지만, 악을 닦으면 악한 사람이 된다.[14]

『중용』에 있는 「천명지위성(天命之謂性)」이란 말을 근거로 하면 성선설만이 옳다. 하늘의 마음이 사람의 성이므로 성은 착한 마음일 수밖에 없다. 그러나 성(性)을 하늘의 마음으로 정의하지 않고 사람이 태어날 때 타고난 본성으로 정의한다면 문제는 달라진다. 사람이 태어날 때 선한 하늘마음을 타고 나지만, 동시에 조상으로부터 이어져 오는 악한 마음도 유전 받아 태어나기 때문에, 선과 악을 동시에 가지고 태어난다. 물론 부모의 부모, 또 그 부모의 부모로 거슬러 올라가면 최초의 사람은 착한 마음만 가지고 태어났다. 그러나 사람이 살면서 악행을 하여 악한 마음이 생기면 그 악한 마음이 자손에게 유전되기 때문에, 현재 태어나는 사람은 선과 악을 동시에 타고 태어난다는 말은 설득력이 있다.

양웅이 선악혼효설을 주창한 것에는 당시의 분위기와도 연관될 수 있다. 당시의 사람들은 순자의 사상으로 살고 있었기 때문에 맹자의 사상을 강조하고 순자의 성악설을 정면에서 부정하면

---

14. 人之性也 善惡混 修其善則爲善人 修其惡則爲惡人(『法言』修身).

아마도 받아들여지지 않았을 것이기 때문이다. 양웅의 성설은 송나라 때의 주자학에 영향을 준 것이 확실하다. 주자학에서는 성을 본연지성과 기질지성으로 나누어 본연지성은 선하지만, 기질지성에는 선과 악이 섞여 있다는 것으로 정리했는데, 기질지성에 관한 설명은 양웅의 학설과 유사하다.

4. 양웅의 수양론

양웅에게는 학문이 수양이고 수양이 학문이었다. 학문의 목표는 공자처럼 되는 것이고, 공자처럼 되는 학문의 중요한 방법이 수양이었다. 양웅의 수양 중에서 중요한 것은 마음을 몰입하는 것이다. 양웅은 마음의 몰입을 통해서 신통한 본래 경지를 회복할 수 있음을 밝히고 있다.

> 어떤 사람이 물었다. "신통한 경지란 어떻게 도달하는 것입니까?" "마음을 몰입하는 것이다." "더 듣기를 청합니다." "하늘처럼 되는 데 마음을 몰입하면 하늘이 되고, 땅처럼 되는 데 마음을 몰입하면 땅처럼 된다. 천지는 신통하고 밝아 헤아릴 수 없지만, 마음을 몰입하면 헤아릴 수 있으니 하물며 사람에 있어서야. 하물며 사리에 있어서야." "감히 성인이 되는 데 마음을 몰입하는 것을 묻겠습니다." "옛날 공자는 문왕이 되는 데 마음을 몰입하여 도달했고, 안연은 공자가 되는 데 마음을 몰입했으나 조금 미달했다. 신통한 경지는 마음을 몰입하는 데 있다.[15]

신통한 경지란 하늘과 하나 되는 경지이다. 하늘은 인간의 의식으로 헤아릴 수 없지만, 마음을 몰입하여 '나'라는 의식에서 벗어나면 하늘과 하나가 될 수 있다. 하늘은 머리로 아는 것이 아니라 마음을 통해 하나가 되는 것이다. 양웅이 말하는 수양의 핵심은 마음을 몰입하는 것이다. 양웅이 마음을 몰입하는 방법으로 기(氣)를 제시하고 있다.

기란 선악으로 갈 때 타고 가는 말과 같을 것이다.[16]

맹자가 수양의 방법으로 양호연지기(養浩然之氣)를 강조한 이래 기(氣)의 문제가 다시 양웅에게 등장했다. 인간의 마음에는 선도 있고 악도 있다. 선도 기(氣)에 실려 있고, 악도 기에 실려 있으므로, 선을 할 때도 기를 통하고, 악을 할 때도 기를 통한다. 선을 찾을 때도 기를 통하고 악을 찾을 때도 기를 통한다. 기가 맑으면 선한 마음이 실리고 기가 탁하면 악한 기가 실린다. 양웅이 수양의 방법으로 마음의 몰입을 이야기하고 또 마음의 선악을 싣고 있는 것으로 기를 말한 것을 보면, 마음을 몰입하는 방법 역시 기를 통하는 것으로 이해할 수 있다. 기를 통해 몰입하는 방법 중에 옛 단군조선 때의 조식(調息)이 있다. 양웅이 『법언』의 수신편에서 기를 들고나온 것을 보면 단군조선시대의 조식이 맹자를 거쳐 양웅에게 전달된 것으로 보인다.

---

15. 或問神 曰心 請聞之 曰 潛天而天 潛地而地 天地神明而不測者也 心之潛也 猶將測也 況於人乎 況於事倫乎 敢問潛心于聖 曰 昔仲尼潛心於文王矣 達之 顏淵亦潛心於仲尼矣 未達一聞耳 神在所潛而已矣(『法言』問神).
16. 氣也者 所適善惡之馬也歟(『法言』修身).

5. 인간의 조건

오늘날 사람들이 말하는 인간의 조건은 직립하는 것, 언어를 사용하는 것, 이성을 가진 것, 손을 사용하는 것 등이지만, 양웅이 말하는 인간의 조건은 이와 다르다. 양웅은 맹자의 사상을 이어받았으므로, 인간의 조건을 말할 때도 맹자가 말하는 인간의 조건을 이어받았다. 맹자는 사단을 가지고 있지 않으면 인간이 아니라고 했다. 사단이란 인의예지가 왜곡되지 않고 발휘된 인간의 감정을 말한다. 인간의 감정은 인간의 몸을 통해서 나타나므로, 양웅은 인간의 조건을 인간의 감정에서 판단하는 것보다 더 구체적으로 인간의 감정이 나타난 몸의 양상에서 판단했다.

> 어떤 사람이 물었다. "어떻게 해야 사람이라고 할 수 있습니까?" "네 가지 중후함을 가지고 네 가지 경박함을 피하면 사람이라 할 수 있다." "어떤 것을 네 가지 중후함이라고 합니까?" "말을 중후하게 하는 것, 행동을 중후하게 하는 것, 용모를 중후하게 가지는 것, 좋아하는 것을 중후하게 추구하는 것이다. 말이 중후하면 말에 법도가 있고, 행동이 중후하면 덕이 있으며, 용모가 중후하면 위엄이 있고, 좋아하는 것이 중후하면 볼 것이 있다." "감히 네 가지 경박한 것에 관해 묻겠습니다." "말이 경박하면 걱정이 따르고, 행동이 경박하면 허물이 따르며, 용모가 경박하면 치욕이 따르고, 좋아하는 것이 경박하면 어지러움이 따른다."[17]

사단은 하늘마음에서 나온 마음이므로 크고 심오하다. 사단으로 사는 사람의 말은 하늘처럼 중후하고, 움직임이 하늘처럼 중후하며, 용모 또한 하늘처럼 중후하고, 좋아하는 모습도 하늘처럼 중후하다. 욕심은 사람의 몸에 갇혀 있는 마음이므로, 비좁고 가볍다. 욕심으로 사는 사람은 말이 경박하고 움직임이 경박하며, 용모가 경박하고 좋아하는 모습 또한 경박하다. 양웅이 말하는 인간의 조건 역시 마음에서 추구하지만, 다만 마음이 표현된 몸의 상태에서 판단하는 점이 맹자와 다를 뿐이다. 맹자가 말하는 인간의 조건이 마음을 기준으로 하므로 막연하고 애매한 점이 있지만, 양웅이 말하는 인간의 조건은 훨씬 구체적이고 분명하다. 다만 양웅이 말하는 조건은 몸으로 드러난 것을 기준으로 판단하는 것이기 때문에 거짓으로 위장할 수가 있다. 자세히 살피지 않으면 안 된다.

6. 군자의 삶

양웅의 학문의 목표 역시 군자가 되는 것이다. 학문을 하고 수양을 해서 군자가 된 뒤에는 군자의 모습으로 살기만 하면 된다. 군자의 삶은 욕심이 없는 삶이고 하늘같은 삶이다. 욕심이 없는 사람은 '내 것 챙기는 마음'이 없고 '나'라는 것이 없다. 욕심 없는 사람의 삶은 물과 같은 삶이다. 양웅은 바람직한 삶을 물처럼 사는 것으로 설명한다. 물은 조금도 쉬지 않고 흐른다. 웅덩이가 있으면 건너뛰

---

17. 或問 何如斯謂之人 曰 取四重 去四輕 則可謂之人 曰 何謂四重 曰 重言 重行 重貌 重好 言重則有法 行重則有德 貌重則有威 好重則有觀 敢問四輕 曰 言輕則招憂 行輕則招辜 貌輕則招辱 好輕則招淫(『法言』修身).

지 않고 채운 뒤에 나아간다. 물의 흐름은 성실함 그 자체이다. 물의 흐름처럼 성실하게 사는 삶이 참된 삶이다. 삶이 참되지 않으면 살아도 사는 것이 아니다. 양웅은 다음과 같이 말한 적이 있다.

글이 참되지 않으면 글이 아니고 말이 참되지 않으면 말이 아니다. 말과 글이 참되지 않으면 많으면 많을수록 군더더기일 뿐이다.[18]

참된 사람만이 삶의 가치가 참되다. 사람마다 삶의 기준이 다르다. 돈이 삶의 기준이 된 사람은 돈이 있는 곳으로 달려가고, 권력이 삶의 기준이 된 사람은 권력을 향해서 달려가며, 명예가 삶의 기준이 된 사람은 명예가 있는 곳으로 달려간다. 삶에서 중요한 것은 기준을 바로 가지는 것이다. 기준이 잘못되면 잘못된 방향으로 달려가 결국 불행에 빠지고 만다. 양웅은 삶의 가치를 진리에 두었고, 역사적 인물로는 주공이나 공자에 두었다. 명예가 기준이 된 사람은 공자보다 유명한 사람을 부러워하고, 돈이 기준이 된 사람은 공자보다 돈이 많은 사람을 부러워하며, 권력이 기준이 된 사람은 공자보다 높은 권력자를 부러워하지만, 그런 것은 잘못이다. 참되지 않은 것만을 추구하면 결국은 불행에서 벗어날 수 없다. 참으로 가치 있는 사람은 군자이고, 참으로 가치 있는 삶은 군자의 삶뿐이다.

군자의 삶의 절정은 성인의 삶이다. 성인은 군자 중에서 최고의

---

18. 書不經 非書也 言不經 非言也 言書不經 多多贅矣(『法言』 問神).

경지에 이른 자이다. 양웅은 성인에 대해 다음과 같이 설명한 적이 있다.

> 성인은 정신을 보존하고 지극한 경지를 구하여 천하에서 가장 순조로운 삶을 이루고, 천하에서 가장 이로운 사업을 하며, 하늘과 사람의 사이를 조화시켜 하나가 되게 하여, 하늘과 사람이 사이가 없이 하나가 되도록 하는 자이다.[19]

양웅은 하늘과 사람이 원래 간격이 없이 하나로 연결된 관계이지만, 사람이 하나임을 잊어버렸기 때문에 다시 하나 되는 삶을 회복하게 하는 것이 성인의 가장 위대한 역할임을 밝혔다. 양웅이 말한 천인무간(天人無間)은 뒷날 한국의 목은 사상의 핵심으로 자리 잡게 되면서 한국 유학의 중심이 되었다.

제4절
전한의 멸망과 왕망의 신

제1항 전한의 멸망과 신의 건국

왕망(王莽: 기원전 45~기원후 23)은 산동(山東) 출생이었다. 왕망의 고모

---

19. 聖人存神索至 成天下之大順 致天下之大利 和同天人之際 使之而無間者也
(『法言』問神).

인 왕정군(王政君)이 황후에 오르면서 왕씨 일가가 크게 득세하기 시작했지만, 왕망은 아버지 왕만(王曼)과 형 왕영(王永)이 일찍 사망했으므로 불우하게 자랐다. 왕망은 어려서부터 인품이 공손하고 검소했다. 진참(陳參)에게 예경(禮經)을 배워 몸가짐이 조신했으며, 유생의 복장을 하고 배움을 넓혔다. 백부인 대장군 왕봉(王鳳)에게 인정받았고, 왕상(王商)과 왕근(王根)의 추천과 백모인 황태후의 후원으로 순조롭게 출세했다. 기원전 8년에 38세의 나이로 대사마(大司馬)가 되었다. 잠시 외척의 압박을 피해 정계에서 물러났다가 태황태후 왕씨와 쿠데타를 일으켜 대사마에 복귀했다. 아홉 살 된 평제(平帝)를 옹립하여 황제로 즉위시키고 자신의 딸을 황후로 삼아, 자기에게 안한공(安漢公)·재형(宰衡)이라는 칭호를 붙여 실권을 잡았다.

실권을 잡은 뒤의 왕망은 권력을 유지하기 위해 많은 저항에 부딪힐 수밖에 없었다. 왕망의 정치는 그가 산동 사람인 것에서도 짐작할 수 있듯이, 인자의 유형 즉 형상판의 철학을 깔고 있는 사람으로 봐야 모든 것이 풀린다. 그의 등장은 순자 사상으로 성립한 한나라에서는 혁명적인 것으로 볼 수 있다. 그는 한나라의 정치체제에 불만을 품고 있었던 고문 경학파의 지지를 받을 수 있었다. 고문 경학의 대가인 유흠(劉歆)을 고관으로 임명하고, 맹자 사상의 부활을 시도한 대 유학자 양웅의 지지를 받았다. 왕망은 사사로움을 초월한 공평한 정치를 하기 위해 노력했다. 심지어는 차남 왕획을 노복(奴僕)을 죽인 죄로 체포하고, 장남 왕우에게 모략 죄를 적용하여 감옥에 가두었다가 모두 자결하게 했다. 5년에 14살이 된 평제가 사망하자 유현(劉顯)의 아들 유영(劉嬰)을 후계자로 추대하고, 자기는 가황제(假皇帝)·섭황제(攝皇帝)가 되어 섭정을 시작했다.

8년에 왕망은 애장(哀章)이라는 사람이 고조의 예언서라고 위조해 바친 「금궤도(金匱圖)」와 「금책서(金策書)」를 근거로 스스로 황제에 즉위함으로써 전한은 막을 내리고 신(新, 9~23)이라는 나라가 건국되었다.

황제가 된 왕망은 공맹 유학을 중시하고 주나라 초기의 이상 세계를 회복하기 위해 노력하기도 했다. 지방호족의 대토지소유를 제한하고 군소 농민의 빈민화를 막기 위해 정전법(井田法)을 토대로 한 토지개혁을 단행했다. 사대제도(賒貸制度)를 실시하여 가난한 농민에게 싼 이자의 자금을 빌려주기도 했고, 노비의 매매를 금지하기도 했다. 화폐제도를 개혁하고, 평준(平準)·균수(均輸) 등의 상공업 통제책을 실시하기도 했다. 이러한 정책들은 후대에도 높이 평가되는 혁신적인 정책들이었다.

제2항 왕망의 한계와 신의 멸망

정치의 진행은 한 사람의 소신에 의해 결정되는 것이 아니다. 맹자가 말한 것처럼, 하늘을 따르는 자는 살지만, 하늘을 거스르는 자는 망한다. 하늘의 요소 중에 중요한 것은 분위기와 흐름이다. 왕망이 신을 건국한 당시는 한나라의 왕권에 대한 백성들의 상당한 반발이 있었지만, 그것이 전체의 분위기를 주도하는 데까지 진전되지 않았다. 분위기는 여전히 순자 사상이 지배하는 분위기였고,

시대의 흐름도 여전히 순자의 사상으로 흘러가고 있었다. 만약 한나라에 대한 백성들의 반발이 극에 달할 정도의 분위기가 되었다면 왕망의 정치는 성공할 수 있었을 것이다. 당시의 백성들은 한나라의 정치에 상당한 문제가 있음을 알고 있었지만, 춘추전국시대의 혼란기에 있었던 아픔이 워낙 컸었기 때문에 한나라를 지지하는 세력이 여전히 주도하고 있었고 춘추전국시대의 혼란을 극복한 순자 사상이 여전히 시대의 흐름을 주도하는 시대사조가 되어 있었다. 왕망은 전체의 분위기를 보지 못했고 큰 흐름을 읽지 못했다. 왕망은 이러한 분위기와 흐름에서 지방 호족을 중심으로 한 기득권 세력의 저항을 막아내기 어려웠다.

왕망이 백성들의 지지를 받기 위해서는 당시의 분위기를 주도하는 세력들에게 끌려가지 않을 수 없었다. 각종의 개혁정책이 아무리 우수하다 하더라도 기득권 세력들이 받아들이지 않으면 무용지물이다. 세종대왕이 한글을 창제했더라도 당시의 기득권 세력들이 수용하지 않아서 위력을 발휘할 수 없었던 것을 보면 쉽게 이해할 수 있는 일이다. 왕망은 정권을 유지하기 위해 기득권 세력들을 대변하는 인물들을 등용할 수밖에 없었고, 그들의 정책에 끌려갈 수밖에 없었다. 왕망의 개혁 정신을 정책 담당자들이 수용하지 못했으므로 신나라의 정치가 갈팡질팡하게 되었다. 화폐의 유통도 정지되고 각종의 경제정책도 효력을 잃어버렸기 때문에 백성들의 생활은 한나라 때보다 더 곤궁해졌다. 일관성을 잃어버린 외교정책은 한나라 때보다 중화사상의 색채가 더 강화되었다. 백성들의 지지를 끌어내는 방법 중에는 외국을 적대시하는 것이 있다. 외국을 적대시하면 백성들은 정부를 중심으로 뭉칠 수밖에 없기 때문이다. 중국이 백성들의 지지를 받기 위해 이용하는 효과적인 것 중에는 중화사상을 부각해 외국을 적대시하는 것이 있다. 신나라의 외교담당자들은 흉노·선비·고구려 등을 적대시하고, 특히 고구려왕의 칭호를 하구려후(下句麗侯)로 부르게 했다. 외국과의 관계 악화로 인해 외국의 반발이 심해지고, 전매제도의 실패로 경제가 피폐해지자, 마침내 농민들이 신 왕조에 저항하여 반란을 일으키기 시작했다. 기원후 18년에는 각지에서 일어난 반란으로 인해 나라가 혼란에 빠졌다. 기원후 23년 장안에 반란군이 진입하여 혼란에 빠지자, 왕망이 부하인 두오(杜吳)에게 살해당하고 신(新)이 멸망했다. 여러 반란군 중에서 세력이 가장 컸던 유수(劉秀)가 한나라를 회복하고 황제에 즉위하여 광무제가 되었다. 한 왕조의 혈통을 이은 유수가 한나라를 다시 세운 것은 한나라를 따르고 지지하는 분위기가 여전히 이어지고 있었음을 증명하는 것이다.

제5절
광무제의 동한과 금문 고문 경합

광무제가 신을 멸망시키고 한나라를 건국하여 수도를 동쪽에 있는 낙양으로 옮겼는데, 신나라 이전을 전한 또는 서한(221~8)으로 부르고, 신나라 이후의 한나라를 후한 또한 동한(25~220)으로 부르게 되었다.

한나라의 지식층들이 중심이 되어 일으킨 논의 중의 핵심은 서

한에서 시작한 금문과 고문 논의였다. 정권에 협력하는 유학자들이 금문 경학자들이었고, 정권에 저항하는 유학자들이 고문 경학자들이었다. 왕망이 고문 경학자들의 지지를 바탕으로 정권을 잡았으므로, 신에서는 고문 경학자들이 세력을 가질 수 있었다. 왕망이 『모시』, 『일례』, 『고문상서』, 『좌씨춘추』, 『주례』에 박사관을 둔 이래로 고문 경학이 상당히 발전했다. 신이 망한 뒤에 박사관이 폐지되기는 했으나, 고문 경학자들의 세력이 상당히 커져 있었으므로, 광무제는 민심을 수습하는 일환으로 금문 경학자들과 고문 경학자들을 고루 지원했고, 심지어 참위학 연구자들에게도 지원을 했다. 이로 인해 금고문논쟁이 다시 일어났다. 기원전 25년에 당시 상서령(尙書令)이었던 고문 경학가 한흠(韓歆)이 비씨역(費氏易)과 좌씨춘추(左氏春秋)에 박사를 세우기 위해 논의를 일으켰는데, 광무제가 금문 경학자들과 고문 경학자들에게 회의하게 하고 자기도 회의에 참가하여 결재했다. 금문학자 범승이 박사관을 세우는 일의 부당함을 논하자, 진원이 유흠의 논리를 가지고 반박했다. 이들의 논쟁이 10여 차례 계속된 뒤에 『좌전』이 학관에 세워지게 되었으나, 유학자들의 논란이 끊이지 않았으므로, 담당 박사 이봉(李封)이 죽은 것을 계기로 다시 폐지되고 만다.

금문 경학자들과 고문 경학자들은 광무제 이후 평형을 유지하여 오다가 장제(章帝) 때에 이르러 다시 큰 논쟁을 벌이게 되었다. 건초(建初) 4년에 낙양(洛陽)의 백호관에서 장제가 새로운 통치이념을 정립하기 위해 학자들을 불러 토론하게 하자, 한 달여에 걸친 토론으로 도출해낸 통일된 결론을 모아 『백호통(白虎通)』이라는 책자로 정리했다. 백호관 회의가 소집된 직접적인 계기는 장제가 등극하여 얼마 되지 않은 건초 원년에 발생한 가규(賈逵)와 이육(李育)의 논쟁에서 비롯되었다. 고문 경학자인 가규는 『좌전』을 격상시켜, 군신 간의 위계질서를 강화하고 국가 기강을 확립할 것을 강조했는데, 그 주장이 왕권의 강화를 위한 토론회의 목적에 부합했기 때문에 가규의 주장이 우위를 차지할 수 있었다. 이에서 보면 고문 경학자들도 왕망에게 지원을 받기 시작한 이래로 제도권에 들어가 기득권자가 되었기 때문에, 권력에 저항적인 기존의 분위기에서 벗어나 정치권력을 옹호하는 세력으로 변질했다.

한나라 때 순자의 사상이 정치이념이 될 수 있었던 이유가 순자의 왕권 강화론이 혼란한 사회를 안정시킬 수 있는 강력한 이론으로 받아들여졌기 때문이었으므로, 강화된 왕권에 의해 사회가 안정된 뒤에는 순자 사상의 설득력이 약화할 수밖에 없고, 그에 따라 사회가 다시 혼란에 빠지기 시작한다. 이러한 때 등장할 수 있는 것은 순자 사상을 부정하고 맹자의 사상으로 되돌아가자는 이론과 여전히 순자 사상의 바탕에서 사회를 혼란하게 만드는 이론들을 비판하는 비판철학이다. 전자의 이론으로 등장한 사상가가 양웅이었으나, 양웅의 등장이 시기상조인데다가 순자 철학에 물들어 있었던 당시의 사람들을 설득하기에 역부족이었기 때문에 성공하지 못했다. 그러자 이번에는 순자의 철학을 가지고 사회를 혼란케 하는 이론을 비판하는 비판철학자가 등장했는데, 왕충이 대표였다.

제6절
왕충의 유학사상

왕충(王充: 27~99?)의 자는 중임(仲任). 회계군(會稽郡) 상우(上虞: 현재의 절강성에 속함) 출신이다. 젊었을 때 낙양(洛陽)으로 이사와 반표(班彪: 반고의 아버지)에게 배웠다. 가난하여 책을 사지 못하고, 서점에서 많은 책을 읽었는데, 읽으면 바로 기억할 정도로 기억력이 좋았다고 한다. 제자백가의 사상을 두루 읽었을 정도로 광범하게 독서했고, 독서 한 내용을 기억했다. 그 뒤 현(縣)이나 군 등의 지방 관청에 근무했으나, 뜻이 맞지 않아 사직하고 향리의 자제를 가르쳤다. 60세 때 자사(刺史) 동근(董勤)에게 초빙되어 주종사(州從事)가 되었고, 이어 치중(治中)이 되었다가 62세 때 스스로 사직하고 저술에 전념하여 『논형(論衡)』을 저술했다.

　왕충은 깊이 파고들어 심오한 경지를 터득한 철학자가 아니라, 널리 글을 읽어 많은 것을 기억한 박학다식한 학자였다.

제1항 왕충 사상의 기초

왕충 사상의 전반에 깔린 철학적 바탕은 순자의 천인분리사상이었다. 맹자와 순자가 학술적인 토론을 한다고 가정할 때 그 토론을 지켜보는 사람 중에 존재의 심층에 대해 깊이 음미해보았거나, 또는 그런 사람들의 영향을 받은 사람들이 아니라면 대부분 순자의 주장에 공감하기 쉽다. 대밭에서 자라고 있는 대나무는 여러 그루로 자라고 있지만, 지하에서는 한 뿌리로 연결되어 있다. 이런 대나무를 보고 맹자가 지하의 한 뿌리를 중시하여 한 그루라고 주장한다면, 순자는 지상의 대나무를 보고 여러 그루라고 주장할 것이다. 만약 지하의 한 뿌리를 파서 확인할 수 없는 상황에서라면 보통의 상식을 가진 대부분의 사람은 순자의 주장을 옳은 것으로 받아들일 것이다. 지하의 뿌리는 지상의 모든 대나무를 하나로 이어주는 보이지 않는 본질이다. 하늘과 만물의 관계도 이처럼 이해할 수 있다. 하늘은 만물을 하나로 연결하는 보이지 않는 본질이다. 존재의 본질에 대해 골똘하게 파고 들어가 보았거나, 또는 그런 사람에게 영향을 받은 사람이 아닌 많은 사람은 하늘을 만물의 본질로 설명하는 맹자의 주장에 공감하기 어렵다. 대부분의 한나라 사람들에게 하늘이란 사람과 연결된 존재가 아니라 사람 밖에 있으면서 사람의 삶에 영향을 주는 권위의 상징으로 이해되었다. 사람 밖에 있으면서 사람에게 영향을 준다고 생각되는 것들은 많다. 귀신·맹수·각종의 자연재해·전염병·은혜를 베풀거나 재앙을 주는 각종의 동식물 등등 수많은 것들이 있지만, 그중에서 최고의 영향을 가진 존재로 판단되는 것이 하늘이다. 이와 달리 맹자에게서의 하늘은 만물의 본질이면서 동시에 자기 자신의 본질이었으므로, 순자 사상으로 살고 있었던 당시의 사람들에게 맹자의 사상은 받아들여지기 어려웠다. 왕충은 순자 사상에 바탕을 두고 있었지만, 사회가 혼란해지는 원인이 강화된 왕권에서 오는 것이었으므로, 순자의 왕권 강화론을 지지할 수는 없었다. 그렇다고 해서 왕권에 대한 도전을 할 수 있는 역량이 있는 것도 아니었으므로, 왕충은 단지 왕권을 옹호하는 금문 경학을 비판하는 정도로 그쳤다. 그는 순자의 이론을 바탕으로 자신의 판단기준을 정하고, 그 기준으로 기존의 이론들을 두루 비판하는 비판철학을 수립했다.

제2항 순자의 천인분리사상 계승

왕충 사상의 바탕에 있는 것은 순자의 천인분리사상이다. 『논형』에 다음의 말이 있다.

> 봄에는 따뜻하고 여름에는 더우며 가을에는 시원하고 겨울에는 춥다. 임금은 일이 없고, 사시는 저절로 그렇게 운행한다. 사시는 정치가 그렇게 하는 것이 아니다. 그런데도 추워질 때와 따뜻해질 때가 유독 정치에 영향을 준다고 말한다. 정월이 지날 때 온갖 형벌을 단행하고, 입춘 즈음에 감옥이 텅 빈다. 그러나 한 번 추워지면 한 번 따뜻해진다. 추울 때 어떤 형벌을 왜 단죄하는가? 따뜻해질 때 무슨 상을 왜 베푸는가? 이로써 말하자면 추워지고 따뜻해지는 것은 천지의 절기일 뿐이다. 사람이 그렇게 만드는 것이 아님이 분명하다.[20]

---

20. 春溫夏暑秋涼多寒 人君無事 四時自然 夫四時非政所爲 而謂寒溫獨應政治 正月之後 立春之際 百刑皆斷 囹圄空虛 然而一寒一溫 當其寒也 何刑何斷 當其溫也 何賞何施 由此言之 寒溫天地節氣 非人所爲 明矣(『論衡』寒溫篇).

왕충은 순자의 천인분리사상을 그대로 이어받았다. 하늘이란 자연일 뿐이므로 사람의 일과 관계없이 자체적으로 진행된다. 사람이 형을 집행하고 상을 주는 것은 하늘과 상관이 없는 일이므로 하늘의 운행에 맞출 필요가 없다는 것이다.

제3항 왕충의 판단기준

맹자는 사람의 마음을 강조했다. 마음의 본질은 모두가 다 같이 가지고 있는 한마음이고 한마음이 하늘마음이므로, 사람은 하늘마음을 통해 모두 하나가 된다. 사람이 서로 사랑해야 하는 이유도 이 때문이었다. 그러나 마음보다 몸을 강조하는 순자 철학에서는 하늘마음을 이해할 수 없으므로, 하늘과 사람을 분리할 수밖에 없다. 몸을 중심으로 판단하면 물질적 가치가 중요하게 되므로, 왕충은 물질적 가치를 실질적 가치로 보고, 명분보다 실질적인 효과를 중시했다. 왕충이 실질적인 효과가 있는지 어떤지를 가치판단의 기준으로 삼는 이유가 여기에 있다. 왕충은 다음과 같이 말한다.

> 무릇 일을 논하는 자가 실질을 벗어나면 효험을 볼 수 없다. 비록 달콤한 논의와 화려한 설명을 하더라도 대중들은 믿지 않는다.[21]

---

21. 凡論事者 違實不引效驗 則雖甘義繁說 衆不見信(『論衡』知實篇).

왕충은 물질주의를 바탕으로 한 실질과 효험을 가치판단의 기준으로 정하여 기존의 이론들을 두루 비판했다. 왕충의 비판은 오늘날 과학적 상식을 가진 일반인의 시각으로 매우 이해하기 쉬운 이론으로 보인다. 왕충은 자신이 정한 판단기준으로 설명할 수 없는 것에 대해서는 상식선에서 해결하고 만다. 예컨대 명(命)과 성(性)에 관한 논의는 지극히 상식적인 선에서 멈춘다. 왕충은 부귀빈천 등을 명으로 설명하지만, 그것은 무리한 억측으로 보인다.

사람들이 우연히 기회를 얻거나 거듭 해를 입는 것은 명에 의한 것이다. 살고 죽는 것과 오래 살고 일찍 죽는 데도 명이 있고, 귀하게 되거나 천하게 되는 것, 가난하게 되고 부자가 되는 것에도 명이 있다. 왕공에서 서인에 이르기까지, 성현에서 어리석은 사람에 이르기까지, 머리와 눈이 있고 혈기를 지닌 존재라면 명을 가지고 있지 않음이 없다. 빈천해질 운명에 있는 사람은 비록 부귀하게 해주어도 화를 당하고, 부귀해질 운명에 있는 사람은 비록 빈천하게 되도록 해도 좋은 복을 만난다. 그러므로 귀하게 될 운명에 있는 사람은 비록 천한 지위에 있어도 저절로 출세하고, 비천하게 될 운명에 있는 사람은 비록 부귀한 지위에 있어도 저절로 위태로워진다. 그러므로 부귀에는 마치 신령의 도움이 있는 것 같고, 빈천에는 귀신의 재앙이 있는 것 같다. 귀하게 될 명을 가진 사람은 남들과 같이 배워도 혼자 벼슬하게 되고, 같이 벼슬해도 혼자 승진한다. 부자가 될 명을 가진 사람은 남들과 함께 구해도 혼자 얻게 되고, 같이 일을 해도 홀로 성공한다. 빈천하게 될 명을 가진 사람은 이와 반대가 된다. 출세하기 어렵고 승진하기 어려우며, 성공하기 어렵다. 잘못을 저질러 벌받고 질병으로 유산을 잃게 되어, 부귀함을 지키지 못하고 빈천해진다. 그러므로 재주가 고상하고 행실이 후덕한 사람이라도 반드시 부귀해진다는 보장이 없고, 지혜가 모자라고 덕이 천박한 사람이라도 반드시 빈천해진다는 확신이 없다.[22]

　물질을 중시할수록 사람의 목적이 부귀영화로 귀결된다. 물질을 중시하는 사람은 가난해도 좋고 죽어도 행복할 수 있는 정신적 가치를 추구하기 어렵다. 왕충의 관심은 부귀영화로 귀결되지만, 부귀영화는 각자가 타고난 명에 달린 것으로 설명하고 만다. 이런 측면은 순자의 철학보다 후퇴한 것이다. 왕충의 이론보다는 부지런히 노력하는 사람을 하늘이 가난하게 할 수 없고, 게으른 사람을 하늘이 부유하게 할 수 없다는 순자의 이론이 더 정교하다. 다만 순자가 주장한 명분론은 신분 계급과 위계질서를 강화하여 사회의 질서를 지키기 위한 것이었다. 그러나 왕충의 운명론은 순자의 명분론보다 더 강화된 것이지만, 사회의 질서를 지키기 위한 목적이 아니다. 오랫동안 지속된 한나라의 고정된 사회질서의 틀을 바꿀 수 없는 자신의 처지를 자위하기 위한 것으로 이해할 수밖에 없다.

　왕충의 운명론을 제외하면 왕충의 논의들은 과학적 실증주의의 차원에서 기존의 논의를 비판하는 것으로 채워진다.

22.『論衡』命祿篇.

제4항 비판철학의 내용

왕충 철학의 특징은 비판에 있다. 그는 두루 섭렵한 과거의 수많은 기록을 들추어내어 그것이 사실이 아님을 자기의 기준을 가지고 비판했다. 왕충의 비판은 오늘날 상식을 가진 일반인들의 판단에서 가장 이해하기 쉬운 철학일 것이다.

1. 맹자 비판

왕충은 『맹자』에 기록된 맹자의 말들을 뽑아 그 부당함을 비판적으로 분석하지만, 대개 맹자의 말이 뜻하는 심오한 진리를 음미하지 않은 채 상식적인 판단과 논리에 의한 비판으로 일관한다.

> 맹자가 양혜왕을 만나자, 왕이 "어르신께서 불원천리하고 와주셨으니 무엇으로 우리나라를 이롭게 해주실 수 있으신가요?"라고 말했다. 이에 맹자는 "인과 의가 있을 뿐입니다. 하필이면 이로운 것을 말씀하십니까?"라고 대답했다. 이로운 것에는 두 가지가 있다. 재화의 이로움이 있고 편안하고 길한 이로움이 있다. 양혜왕이 "무엇으로 우리나라를 이롭게 해주실 수 있으신가요?"라고 물은 것은 '어떻게 내가 편안하고 길한 이로움을 바란다는 것을 아셨습니까?'라는 뜻이었는데, 맹자가 바로 재화의 이로움을 말하는 것으로 비난한 것이다.[23]

---

23. 『論衡』 刺孟篇.

왕충이 맹자의 말을 잘 음미했더라면, 나라를 편안하게 하는데는 인의의 마음으로 정치하는 것이 가장 이로운 것이 된다는사실을 알 수 있을 것이지만, 왕충은 맹자의 인의에 대해서 음미하지 않았으므로, 가장 귀한 가치를 이익에 두고, 이로움의 종류를 달리하여 맹자를 비판한 것이다. 왕충의 맹자 비판은 거의 이러한 방식에 의한다.

2. 한비자 비판

왕충은 순자 사상을 이어받아 예의를 중시했다. 예의를 중심으로보면 인의를 중시한 맹자도 비판의 대상이 되지만, 법을 강조한한비자도 비판의 대상이 된다.

한비자는 유학을 비판하여 이로운 것은 없고 해로운 것만 있다고 했다. 속된 유자(儒者)는 행실에 지조 있는 거동이 없고, 혼란하면서도 예의를 중시하지 않는다. 유자로 불리면서도 행실이속되고, 실제적인 학문을 한다고 하면서 설명이 거짓되며, 관직을 탐내고 영화로움을 높이기 때문에 귀할 것이 없다. 뜻이 고결하고 행실이 뚜렷하며 작위와 녹봉을 따르지 않으면서 경상(卿相)의 높은 지위도 신발을 벗듯 버릴 수 있는 사람은, 자신의자리에서 일을 처리하여 공을 세우지 못하더라도 예의를 지키는 사람이다. 나라에서 보존해야 할 것은 예의다. 백성에게 예의가 없으면, 나라가 기울고, 임금이 위태로워진다. 지금 유자의행실이 예를 중시하고 의리를 사랑하여, 예의 없는 선비를 예의를 가지도록 인도하고, 의리 없는 사람을 의리 있도록 격려하

여, 사람들이 선을 행하고 윗사람을 사랑하게 된다면, 이 또한 도움이 되는 것이다.[24]

왕충의 사상을 전체적으로 보면, 왕충이 순자의 사상을 가장 잘 계승한 학자로 보인다. 유가와 노장의 경계선에 있는 사상가가 맹자이고, 유가와 법가의 경계선에 있는 사상가가 순자이므로, 양웅은 맹자를 가장 잘 계승한 사상가이고, 왕충은 순자를 가장 잘 계승한 학자이다.

3. 각종 전설과 기록에 대한 비판

우의 어머니가 의이를 삼키고 우를 낳았고, 설의 어머니가 제비의 알을 삼키고 설을 낳았으며, 후직의 어머니는 거인의 발자국을 밟고 후직을 낳았고, 요의 어머니는 들에 나가서 붉은 용과 교미하여 요를 낳았다는 등의 전설들이 허망한 이야기임을 밝히고 있다. 이 외에도 수많은 전설이나 신화를 일일이 열거하여 상식적으로 받아들일 수 없다는 의미로 비판한다.

왕충은 여러 경전에서도 서로 모순되는 기록이 있는 것에 착안하여 서적에 기록된 내용 중에 믿을 수 없는 것이 많다고 주장하기도 하고, 자연의 변괴나 기이한 일들에 대한 기록들 또한 믿을 것이 못 된다고 주장하기도 한다.

왕충은 요 임금이 해를 쏘아 맞혔다는 이야기, 하늘이 선한 자에게 복을 주고 악한 자에게 재앙을 준다는 이야기, 한여름에 천

---

24. 『論衡』非韓篇.

둥과 번개가 치는 것은 하늘이 용을 데리러 온 것이라는 이야기, 한여름에 벼락이 치는 것은 하늘이 용을 데리고 가는 것이라는 이야기, 등등 수많은 이야기 등을 열거하여 그 허망함을 논리적으로 비판한다.

대개 이런 이야기들은 단지 이야깃거리일 뿐 심각하게 받아들이는 사람들도 거의 없다. 특히 철학적인 사색을 하는 사람들은 더욱 그렇다. 왕충이 그런 것들을 열거하여 비판하는 것은 그에게 철학적 열정이 없다는 증거이기도 하다. 공자는 사람들을 이리저리 비평하고 있는 자공을 꾸짖은 적이 있다. 학문을 이루기 위해서는 절차탁마하지 않으면 안 된다.

왕충의 사상과 이론은 당시의 사람들에게 별로 받아들여지지 않았다. 당시는 강화된 왕권에 반발하는 분위기가 고조되고 있있기 때문에 왕권을 강화하는 이론적 기반이 되는 순자의 사상에도 싫증 나기 시작했기 때문이다.

제7절
한나라 말기의 금고문 논쟁과 순자 철학의 한계

제1항 금고문 논쟁의 변질

한나라의 지식인들 사이에 논쟁의 중심이 되었던 것이 금고문논쟁이었다. 정권 유지의 이론적 기반을 마련하기 위한 금문 경학과 그에 반대하는 고문 경학간의 논쟁은 고문 경학자들이 기득권자가 되어 정권 유지의 이론제시로 돌아섰기 때문에 지식인들로부터도 외면당할 수밖에 없었다.

이러한 이유로 금고문논쟁은 그간의 논쟁방식에서 벗어나 정치색을 벗어나 순수하게 훈고학적 관심으로 돌아섰다.

이전의 경학 논쟁들은 정치적 이념 논쟁의 성격이 강했다. 역대의 황제들이 백성들의 지지를 받을 목적으로 논쟁의 배후에서 지원하는 형식을 취했으나, 한나라 말기에 들어와서는 상황이 달라졌다. 황제들이 금고문 논쟁에 관심이 없어졌다. 그 까닭은 지식인들을 포함한 백성들이 왕권을 유지하는 이론에 관심이 없어졌기 때문이다. 그러므로 영제(靈帝) 건녕(建寧) 원년에 일어난 하휴(何休)와 정현(鄭玄) 사이의 제4차 금고문 논쟁은 그전의 논쟁과는 달리 정치색을 완전히 벗어나 학문 내부에서 벌인 학술논쟁이었다. 후한 말기에 접어들면서 환관들이 정권을 장악하여 그에 반발하는 청렴한 관료들과 태학생들을 탄압하는 당고의 옥(黨錮之獄) 또는 당고의 금(黨錮之禁)이라는 사건이 발생했다. 후한 말기에 어린 황제가 외척 세력을 축출하기 위해 끌어들인 환관이 세력을 키워 권력을 장악하고 국정을 농단하자, 이에 반발한 이응을 대표하는 청류당으로 일컬어지는 청렴한 관료들과 태학의 학생들이 환관 세력에 저항하다가 변을 당한 사건이었다.

당고(黨錮)의 금에 의해 수많은 학자와 관료들이 박해를 받으면서 학문 자체의 성격과 방향이 급격히 변화되었다. 학자들사이에 현실 정치를 외면한 채 오로지 실증적이고 고증적인 방법으로 경전의 내용을 분석하고 정리하는 경학의 학풍이 일어났다. 당시의 학풍은 금고문 경학의 논쟁을 지양하고 금고문 경학의 장점을 결합하고 단점을 보완해서 경학을 하나의 체계로 종합하려는 것이었다. 이러한 연구를 위해서는 자료수집·정리·교감 등의 절차가 선행되어야 했기 때문에 고문 경학의 실증적인 연구 방법이 중심이 되었다. 이에 비해 금문 경학은 단지 명맥을 유지하는 정도로 그치고 있었다.

하휴(129~182)는 경학 토론회의인 백호관 회의 이후 50여 년이 지난 순제(順帝) 때 이후에 활동하면서 공양학의 이론을 보완하고 새롭게 정리하여 위상을 높이려 했다.

이에 비해 정현(127~200)은 금고문 경학을 통합해 후한 경학계의 대표적인 학자로 평가받는 인물이 되었다. 정현은 금고문 경학의 장점을 흡수하여 하나의 체계로 통합하고 집대성함으로써 마침내 금고문 경학의 대립을 종결지었다. 정현의 금고문 통합방법은 고문 경전을 주 교재로 삼고, 금문 경전의 장점을 흡수하는 것이었다.

제2항 순자 철학의 한계와 쾌락주의의 등장

1. 말세적 허무주의와 예의 부정

한나라의 정치이념은 순자 사상이었고, 정치의 주된 내용은 강력한 왕이 등장하여 예의 시행을 통해 사회를 안정시키는 것이었다. 사회가 혼란하여 내일의 생존을 기약할 수 없을 때의 사람들은 먼 훗날을 생각할 여유가 없다. 당장의 생존을 위해 혼란한 사회를 안정시키는 가장 좋은 방법은 예를 지키는 것이기 때문에, 사람들은 예를 지키기 위해 목숨을 바칠 정도로 예를 중시했다. 하지만, 사회가 안정되면 사람의 생각이 달라진다. 사회가 안정되고 생활이 안정되면 사람들에게는 먼 훗날에 대해 생각할 여유가 생긴다. 먼 훗날의 삶을 생각하다 보면 조만간 죽어서 사라질 자신의 인생을 생각하지 않을 수 없다. 지난 세월이 몇 달을 지난 듯 빨리 지나간 것처럼, 여생도 금방 끝나고 말 것이므로, 인생이 허망하다는 생각에서 벗어날 수 없다. 순간을 살다 사라져 갈 자기의 삶을 직시할수록 사람들은 허무주의에 빠져들게 되고, 허무주의에 빠져들수록 삶을 구속하는 것에 대한 거부반응을 일으킨다. 한나라 말기에 이런 현상들이 표면에 나타나기 시작했다.

순자 철학의 핵심은 예에 있다. 예는 인간의 삶과 나라의 안정에 필수적인 요소이다.

> 예란 분별의 지극한 경지이고 나라를 부강하게 만드는 근본이며 위엄 있는 행위의 방식이고 공업과 명예의 총체이다. 왕공은 그것을 통하여 천하를 얻을 수 있으나 그것을 통하지 않는다면 사직을 잃게 된다. 그러므로 견고한 갑옷과 날카로운 병기로도 이길 수 없고, 높은 성과 깊은 연못으로도 견고하게 할 수 없으며 엄한 명령과 번다한 형벌로도 위엄을 세울 수가 없다. 제대로 된 방법으로 하면 예가 행해지지만 그렇지 않으면 예가 폐해질 것이다.[25]

한나라는 예를 지키는 것이 정치의 목표처럼 되었다. 예는 기본적으로 사람을 구속하는 것이다. 그런데도 사람들이 예를 중시한 까닭은 살아남기 위해서였다. 예가 삶을 위해 필요할 때는 예를 지키는 것이 구속이 아니라 구원으로 다가온다. 하지만 사회가 안정되어 생존의 위협이 없어지면 구속하는 성격을 가진 예는 귀찮은 존재로 다가온다.

한나라 말기에 접어들면서 사람들은 예를 지키지 않는 풍조가 일어나기 시작했다. 이런 풍조가 학문의 영역으로 정리된 것이 위진(魏晉) 시대의 현학이지만, 현학의 조짐은 이미 한나라 말기에 나타났다. 『열자(列子)』[26] 양주편(楊朱篇)에는 다음 문장이 있다.

만물이 서로 다른 것은 살아 있을 때이다. 죽으면 모두 같아진다. 살아 있을 때는 어질고 어리석고 귀하고 천함이 있어 다른 바기 되지만 죽으면 썩이 없어지니 모두 같아진다. (…) 십 년을 살아도 죽고 백 년을 살아도 죽는다. 어질고 성스러운 사람도 죽고 흉악하고 어리석은 자도 죽는다. 살아 있을 때의 요순(堯舜)도 죽으면 썩은 뼈다귀일 뿐이고, 생전의 걸주(桀紂)도 죽으면 썩은 뼈다귀일 뿐이니 썩은 뼈다귀라는 점에서는 모두 같다. 누가 그 차이를 알겠는가.[27]

---

25. 禮者 治辨之極也 强國之本也 威行之道也 功名之摠也 王公由之 所以得天下也 不由 所以隕社稷也 故 堅甲利兵 不足以爲勝 高城深池 不足以爲固 嚴令繁刑 不足以爲威 由其道則行 不由其道則廢(『荀子』「議兵篇」).
26. 『열자(列子)』는 전한(前漢)시대에 편집되었으나 유실되었다가 진(晉)나라 때에 가필되어 오늘에 전한다. 『노자』, 『장자』 등의 사상과 후한에서 진에 이르기까지의 학설이 실려 있다.
27. 萬物所異者 生也 所同者 死也 生則有賢愚貴賤 是所異也 死則有臭腐消滅 是所同也(…)十年亦死 百年亦死 仁聖亦死 凶愚亦死 生則堯舜 死則腐骨 生則桀紂 死則腐骨 腐骨一矣 孰知其異(『列子』 楊朱篇).

만물은 다양한 방식으로 각각 삶을 영위하고 있고 인간도 또한 현명함과 어리석음, 귀하고 천함 등의 차이가 있지만, 일단 죽고 나면 모두가 썩어 없어져 똑같은 상태로 돌아간다. 이처럼 생사에 대한 유물론적 해석을 전제한다면, 도덕률, 명예 등 인간사회에서 귀하게 다루어지는 삶의 요소는 그 가치의 근거를 잃고 만다. 그 결과 나타나는 인간의 삶의 방법은 쾌락주의로 전락한다.

2. 쾌락주의의 등장과 마약의 만연

사람이 허무주의에 빠지면 지켜야 할 아무 원리도 존재하지 않는다. 법을 지키면서 산 사람이나 법을 어기고 산 사람이나 죽고 난 뒤에는 아무 차별이 없으므로, 굳이 지켜야 할 이유를 찾을 수 없다. 명예롭게 산 사람이나 불명예스럽게 욕을 먹으며 산 사람이나 잠시만 지나면 아무 차별이 없이 똑같아지므로, 굳이 명예롭게 살아야 할 이유가 없다. 사람이 지켜야 할 것이나 추구해야 할 그 무엇도 존재하지 않는다. 이럴 때 어쩔 수 없는 것은 쾌락이다. 사람에게는 강렬하게 가지고 있는 욕구가 있다. 식욕과 성욕 등이 그것이다. 식욕이나 성욕은 이유가 있는 것이 아니라 저절로 가지고 있는 것이므로 그것을 추구하는 것은 이유가 없다. 허무주의에 빠진 사람은 지켜야 할 것이나 챙겨야 할 것이 없지만, 자연히 솟아나는 식욕이나 성욕을 참아야 할 이유를 찾을 수 없으므로 마음대로 추구하여 쾌락에 빠진다. 쾌락에 빠진 사람은 쾌락을 추구하는 것이 좋아서 추구하는 것이 아니다. 쾌락을 추구하지 않아야 할 이유가 없어서 추구한다.

천하의 아름다움은 순 임금, 우 임금, 주공과 공자에게 돌려지고, 천하의 악함은 걸이나 주에게로 돌려진다. (…) 무릇 네 사람의 성인들은 생전에 하루도 기쁜 날이 없었지만, 죽어서 만세의 명망을 얻었다. 명망이란 실제로 취해지는 것이 아니다. 비록 칭송을 받아도 알지 못하고 상을 받아도 알지 못하니 나무 그루터기나 흙덩이와 다를 바가 없다. (…) 저 두 명의 흉악한 사람들은 살아서는 하고 싶은 대로 즐겼지만 죽어서는 어리석고 포악하다는 이름을 얻었다. 실질이란 이름이 주는 것이 아니다. 비록 아름다운 이름이 붙었어도, 고통으로 세상을 마쳤고 똑같이 죽음으로 돌아갔다. 저 두 명의 흉악한 사람들은 비록 악한 이름이 붙었지만 즐거움으로 세상을 마쳤고 똑같이 죽음으로 돌아갔다.[28]

즉, 순 임금·우 임금·주공·공자는 천하의 아름다운 자로 되어 있고, 걸과 주는 천하의 악인으로 되어 있다. 그런데 네 성인은 사후에 만세의 명예를 얻었지만, 생전에는 고생을 하여 단 하루의 즐거움도 없었다. 그러나 걸(桀)과 주(紂) 두 사람은 사후에 포악하다는 불명예를 얻었지만, 생전에는 욕망을 마음대로 한 즐거움이 있었다. 사후의 명예, 불명예는 생전의 살았던 내용과는 아무런

---

28. 天下之美 歸之舜禹周孔 天下之惡 歸之桀紂(…)凡彼四聖者 生無一日之歡 死有萬世之名 名者 固非實之所取也 雖稱之 弗知 雖賞之 不知 與株塊無以 異矣(…)彼二凶也 生有從欲之歡 死被愚暴之名 實者 固非名之所與也 雖 美之所歸 苦以至終 同歸於死矣 彼二凶雖惡之所歸 樂以至終 同歸於死矣 (『列子』 楊朱篇).

관계도 없다. 왜냐하면 죽은 후에는 칭찬하는 것이나 상 주는 것, 헐뜯는 것이나 비난하는 것 등을 알 수 없기 때문이다. 다시 말하면 죽은 후의 일은 생전에 살아 있었을 때의 내용과는 아무 관계도 없고, 죽고 나면 모두 마찬가지가 되고 말기 때문에, 생전에 고생하여 단 하루의 즐거움도 없었던 네 성인보다는 생전에 오로지 쾌락만을 추구했던 두 흉인의 삶이 오히려 더 좋은 삶이라는 것이다.

　몸을 중시하는 물질주의적 삶이 지속되면 종착역은 허무주의와 쾌락주의이다. 몸을 중심으로 판단하면 사람은 죽음을 피할 수 없다. 당장 배가 고파 죽을 지경이 되면 다른 생각을 할 수 없지만, 몸이 안정되면 인생을 생각하게 되고, 인생을 생각해보면 모든 삶은 죽음으로 끝나버리는 허망한 삶이다. 죽음을 전제하면 삶의 현상에서 나타나는 요소들은 모두 순간적인 것이 되어버린다. 산다는 것은 도무지 허망하다. 살면서 꼭 이루어야 할 가치는 아무것도 없다. 모든 가치를 부정하고 난 뒤에 남는 것은, 살아 있을 때의 가장 기본적인 육체적 욕구밖에 없다. 즉흥적인 육체적 욕구를 절제할 이유가 없다. 『열자(列子)』에 있는 다음의 인용문은 이를 여실히 말해준다.

　　안평중이 관이오에게 양생에 관하여 물었다. 관이오가 말했다. "마음대로 하여 막힘이 없고 장애가 없어야 한다." "그 조목이 어떠합니까?" 이오가 말했다. "귀가 듣고 싶어 하는 것을 듣게 하고, 눈이 보고 싶어 하는 것을 보게 하며, 코가 맡고 싶어 하는 것을 맡게 하고, 입이 말하고자 하는 것을 말하게 하며, 몸이 편안한 대로 따라주고, 뜻이 하고자 하는 대로 따라 주는 것이다. 대체로 귀가 듣고자 하는 것은 음성인데, 들을 수 없다면 그것을 일러 알총(關聰)이라 한다. 눈이 보고 싶어 하는 것은 미색인데, 볼 수 없다면 그것을 일러 알명(關明)이라 한다. 코가 지향하는 것은 아름다운 향기인데, 맡을 수가 없다면 그것을 일러 알전(關顫)이라 한다. 입이 말하고자 하는 것은 시비인데, 말할 수 없다면 그것을 알지(關智)라 한다. 몸이 목적하는 것은 아름다움과 두터운 것인데 따를 수 없다면, 그것을 알적(關適)이라 한다. 뜻이 추구하는 것은 방일인데, 추구하지 못하는 것을 알성(關聖)이라 한다. 무릇 이러한 알(關)은 사람의 삶을 버리게 하고 학대하는 주범이다.[29]

귀가 듣고 싶어 하는 것을 듣고, 눈이 보고 싶어 하는 것을 보며, 코가 맡고 싶어 하는 것을 맡고, 입이 말하고자 하는 것을 말하며, 몸이 편안한 대로 하고, 마음이 하고 싶은 대로 하는 것이 참된 삶임은 확실하다. 그러나 그것은 욕심이 하나도 없는 사람의 경우에만 해당한다. 욕심이 가득한 사람이 하고 싶은 대로 하면 욕심을 채우고 쾌락을 추구하는 삶이 되고 만다. 사람이 허무주의에 빠질수록 쾌락을 추구하지 않아야 할 이유를 찾을 수 없으

---

29. 晏平仲問養生於管夷吾 管夷吾曰 肆之而已 勿壅勿關 晏平仲曰 其目奈何? 夷吾曰 恣耳之所欲聽 恣目之所欲視 恣鼻之所欲向 恣口之所欲言 恣體之所欲安 恣意之所欲行 夫耳之所欲聞者音聲 而不得聽 謂之關聰 目之所欲見者美色 而不得視 謂之關明 鼻之所欲向者椒蘭 而不得嗅 謂之關顫 口之所欲道者是非 而不得言 謂之關智 體之所欲安者美厚 而不得從 謂之關適 意之所欲爲者放逸 而不得行 謂之關聖 凡此諸關 廢虐之主(『列子』楊朱篇).

므로, 한나라 말기에 이르러 지식인들에게 쾌락주의적인 삶이 유행하기 시작했다. 쾌락주의가 유행하면 마약이 만연하게 된다.

한나라 말기에 오석산(五石散)이란 가루로 된 마약이 만들어져서 유행했다. 한식산(寒食散)으로 불리기도 했다. 재료가 다섯 가지 광물이기 때문에 오석산이라는 이름이 붙었다. 오석산의 재료는 석유황·석종유·자석영·적석지·백석영 등의 다섯 가지 광물이다. 석유황이 비소를 함유하고 있고, 황화수은의 주성분인 주사나 단사가 들어가는 경우도 많다. 오석산을 뜨거운 술에 넣어 마시면, 알코올 기운과 마약 기운을 받아 해롱해롱한 상태가 된다. 후한 말기의 지식인 중에 오석산을 마시고 놀며 다니는 것이 유행했다. 심지어는 오석산이 최음제로 쓰이기도 했다.

한나라 말기에 팽배한 허무주의와 쾌락주의로 인해 예를 지키는 분위기가 무너진 것은 한나라의 정치기반이 무너진 것을 의미한다. 한나라의 정치를 받치고 있는 기반인 예가 무너진 것은 한나라의 정치를 이끌어갈 동력을 상실한 것을 의미한다. 한편 민간 차원에서는 정권에 대항하기 위해 도교라고 하는 종교집단이 출현한다.

제8절
황건적의 난과 한나라 멸망

후한시대에 들어오면서 농민의 반란은 점점 더 치열해졌다. 특히 산동과 하북에서는 대규모의 반란이 끊임없이 일어났다. 여파(呂

婆), 번숭(樊崇), 적미(赤眉), 왕랑(王郞) 등을 비롯한 수많은 농민이 반란을 일으키면서 반란의 규모가 점점 더 커지다가 후한 말기에 이르러 황건적의 난으로 일컬어지는 대규모의 반란이 일어났다.

수많은 반란이 성공하지 못하고 진압되는 것은 조직과 세력이 약하기 때문이었다. 조직과 세력을 강화한 대규모의 반란은 종교적 성격을 띠고 등장한다. 종교적 성격으로 사람을 모으는 가장 빠른 방법 중에 병을 고치는 것이 있다. 후한 말에 장각(張角)이란 사람이 나타나 자신을 대현량사(大賢良師)라 칭하고 태평도교(太平道敎)를 창립했다. 장각은 부적을 손에 잡고 주문을 외우며 병자를 치료하기도 하고, 주문을 불어넣은 물을 마시게 하여 병을 치료하기도 하면서 수많은 신도를 모았다. 장각 자신은 천공장군이라 칭하고, 동생 장보와 장량을 각각 지공장군, 인공장군으로 부르며 반란을 일으켰다. 병사들이 모두 머리에 황색 띠를 둘렀기 때문에 사람들은 그들을 황건적(黃巾賊)이라 불렀다. 황건적의 난은 184년에 일어났으나 그해 11월에 평정되었다. 황건적이 일어나던 해에 장릉(張陵) 역시 병자를 치료하는 방법으로 사람을 모았는데, 그는 병자를 치료할 때 쌀 다섯 말을 받았기 때문에 장릉의 종교집단을 오두미교(五斗米敎)라 불렀다. 오두미교는 장릉의 아들 장형과 손자 장로가 교단을 계승하고 세력을 확산시켜 때로는 농민반란을 일으키기도 했지만, 교리가 발전하면서 오늘날까지 이어져 중국 도교의 맥을 잇고 있다.

황건적이 패한 이래 일어난 수많은 민란을 조정이 진압할 수 없게 되었으므로 한나라는 멸망할 수밖에 없었다. 208년에 승상이 된 조조가 한나라의 권력을 독점했다. 213년에 헌제가 기주(冀州)

지역을 위국(魏國)으로 이름하고 조조를 위공(魏公)으로 봉한 이래로 한나라 권력의 실세는 조조에게 넘어갔다. 220년에 조조가 죽고 그의 아들 조비가 헌제의 양위를 받아 황제가 되어 국호를 위(魏)라 칭하면서 한나라는 막을 내렸다. 한나라가 망하고 위나라가 뒤를 잇자, 그간 세력을 쌓아왔던 유비가 촉(蜀)나라를 세워 황제에 즉위하고, 손권은 오(吳)나라를 세워 처음에는 위나라의 제후국 형태를 취하다가 7년 뒤에 황제를 칭했다. 이로써 한나라가 망한 이후 삼국시대로 돌입했다가 위나라에 의해 통일되었지만, 그 뒤 400여 년에 걸친 혼란기에 접어들었다.

한나라가 추구했던 것은 몸을 중시하는 물질주의였다. 판 이론으로 보면 형하판의 철학을 추구한 것이었다. 형하판의 철학에서는 하늘이 부정된다. 하늘이 부정되는 것은 나무의 뿌리가 부정되는 것과 같다. 뿌리는 잎과 가지의 생명을 총괄하는 바탕이다. 뿌리가 있으면 잎과 가지가 망가져도 다시 싹이 터서 생명을 이어갈 수 있지만, 뿌리가 없어지면 잎과 가지는 생명을 이어갈 방법이 없다.

사람의 한마음은, 나무의 뿌리와 같아서, 모든 사람의 삶을 조화롭게 유지하는 바탕이다. 한마음은 하늘마음이다. 순자가 하늘을 부정한 이래로 한나라에서는 한마음을 챙기는 분위기가 없어졌다. 뿌리가 없어지면 잎과 가지를 하나로 총괄하는 생명의 바탕이 없어지는 것처럼, 한마음을 챙기지 못하면, 사람의 삶 전체를 하나로 이어주는 바탕이 없어지므로, 사람들은 각각의 삶을 각각의 방식으로 사는 개별적 존재가 된다. 사람들이 개별적 존재로 각각의 삶을 살면 나라가 혼란해지므로, 한나라에서는 이를 방지하기 위해 예법을 만들어 시행하도록 했다. 한나라 말기에 이르러, 사람들이 예법 지키기를 거부하고 쾌락주의에 빠진 것은 한나라를 지탱하는 근거를 상실한 것을 의미한다. 사람들의 삶의 방법을 하나로 통합하는 이론이 사라지면 사람들의 정신이 분열될 수밖에 없다. 개인의 정신이 분열되면 개인의 삶이 혼란해지는 것처럼, 시대의 정신이 분열되면 시대가 혼란해진다. 한나라 말기에 시작된 혼란은 시대정신의 분열에 기인한다. 한나라 말기에 시대정신이 분열한 것은 형하판의 철학이 더는 역할 할 수 없게 된 것을 뜻한다. 형하판의 철학이 역할을 하지 못하게 되면 형상판의 철학으로 철학의 판 갈이를 해야 한다. 철학의 판 갈이를 하는 데는 많은 시간이 걸린다. 먼저 사람들의 분열된 마음을 통합할 수 있는 위대한 형상판의 철학이 출현해야 하고, 새로 출현한 철학이 다수의 사람에게 공감받아야 비로소 안정될 수 있다.

한나라 말기에는 형하판의 철학이 철학으로서의 약효가 떨어졌다. 형하판의 철학에 한계가 왔다는 것은, 한나라 정치의 바탕이 무너졌음을 의미한다. 한나라는 위나라 조비에 의해 멸망했지만, 그것은 한나라가 멸망한 직접적인 원인은 되지만, 근본 원인은 아니다. 한나라는 멸망할 수밖에 없었기 때문에 멸망한 것이다. 한나라는 조비가 아니었더라도 다른 누군가에 의해 멸망했을 것이다. 다수의 사람이 공감하는 형상판의 철학이 출현하지 않으면 안정된 통치를 할 수 없다. 위나라도 곧 진나라에게 멸망하고, 진나라도 곧 멸망하여, 위·진·남북조라고 하는 긴 혼란기가 이어진다.

제9절
위진남북조시대의 혼란

제1항 위진시대의 현학과 죽림칠현

후한(後漢)의 정치이념이었던 순자의 유학에 반발해서 나타난 현학은 후한 말기부터 시작해서 위진시대에 전성기를 이루었다. 심오한 진리를 담고 있는 책이라는 의미에서 『노자』, 『장자』, 『주역』 등의 책을 삼현(三玄)이라 칭하는데, 삼현을 중시한 데서 현학이란 명칭이 생겨났다. 왕필은 『노자』와 『주역』을 연구하여 각각에 주석을 달았고, 곽상은 『장자』를 연구하여 주석을 달았다.

현학에는 물질적 가치를 중시하는 순자 철학의 한계를 넘어 심오한 정신철학을 추구하는 형이상학적 성격과 당시에 팽배했던 허무주의적 성격이 혼재해 있다. 위진시대의 현학을 대표하는 학자는 하안(何晏), 왕필(王弼), 향수(向秀), 곽상(郭象), 배위(裴頠), 완적(阮籍), 혜강(嵆康) 등이다.

위나라 말기에는 세속적인 가치를 버리고 세상을 초월하여 대나무 숲에서 유유자적하게 살아가는 7인의 현인이 등장하는데 사람들은 그들을 죽림칠현이라 부른다. 죽림칠현의 이름은 완적(阮籍)·혜강(嵆康)·산도(山濤)·향수(向秀)·유령(劉伶)·완함(阮咸)·왕융(王戎)이다. 그들은 예를 지키며 살아야 한다는 세속적인 삶에서 초월하여 자연과 하나 된 삶을 추구한다. 완적은 그의 「대인선생전」에서 다음과 같이 말한다.

너희 군자들의 예법은 진실로 천하의 잔인하고 위태로우며 사람을 죽이는 방법이다. 그런데도 (그것을) 아름다운 행동 방식으로 알고서, 다른 것과 바꿀 수 없는 도리라고 생각하고 있으니, 이 또한 잘못된 것이 아닌가! 지금 나는 천지의 밖에서 표연히 다니면서 조화옹과 벗이 되어 아침에는 탕곡에서 밥을 먹고, 저녁에는 서해에서 물을 마신다. (그리하여) 변화하고 행동하는 것이 도(道)에 합치된다. 이것이 어찌 만물을 두텁게 여기는 것이 아니겠는가! 고로 자연에 통하지 않은 자에게는 도를 말할 수 없고 진리에 어두운 자와는 밝은 지혜를 함께 할 수 없다고 하니 바로 자네를 두고 말하는 것이다.[30]

혼란한 세상을 바로잡는 방법 중에서 가장 으뜸인 것이 예를 지키는 것이었지만, 세상이 안정된 뒤에도 예만을 강조한다면, 그 예는 사람을 구속하는 굴레가 된다. 완적이 예를 헐뜯은 것은 예에 구속되는 세속적인 삶에서 의미를 찾을 수 없었기 때문이었다.

죽림칠현 중의 한 사람인 유령(劉伶)은 머슴을 시켜 술 한 단지와 괭이를 가지고 늘 취한 상태로 다니면서 자기가 죽거든 그 자리에 묻어달라고 했을 정도로 취생몽사(醉生夢死)의 삶을 살았다.

지식인들이 예를 지키는 규칙적인 삶을 거부하고 취생몽사의 삶을 사는 것을 고상하게 생각하는 풍조가 일반화되면 세상은 혼

---

30. 汝君子之禮法 誠天下殘賊亂危死亡之術耳 而乃目以爲美行不易之道 不亦過乎 今吾乃飄颻於天地之外 與造化爲友 朝餐湯谷 夕飮西海 將變化遷易與道周始 此之於萬物 豈不厚哉 故不通於自然者 不足以言道 闇於昭昭者 不足與達明 子之謂也 阮籍(『阮步兵集』「大人先生傳」).

란해질 수밖에 없다.

제2항 위진남북조시대의 혼란

지식인들이 규칙적인 삶을 거부하고 취생몽사의 삶을 추구하는
것은 일견 세속을 초탈한, 차원 높은 것으로 보일 수도 있으나, 사
실은 삶에 대한 비관이 내재해 있다. 삶이란 짧은 시간을 살다가
허무하게 사라지고 마는 허망한 것이라는 비관이 세속을 초월하
게 만든 것이다. 허무주의에 사로잡히면 착실하게 살아야 할 이유
도 찾을 수 없고, 일해야 하는 이유도 찾을 수 없다. 취생몽사의
삶을 살면 그만이라는 생각에서 벗어나기 어렵다.

이러한 분위기가 확산하면 사람들은 정부의 명령을 따르지 않
을 것이고, 열심히 일하지도 않을 것이므로 어떤 사람이 정치를
하더라도 나라를 안정시킬 수 없다. 나라가 안정되기 위해서는 먼
저 다수의 사람이 좋아하는 이론이나 사상이 있을 때 가능하다.
다수의 사람이 좋아하는 이론이 있으면 순발력이 있는 정치인이
나타나 그 이론으로 정치하겠다고 선언할 것이고, 사람들은 그 정
치인을 따를 것이기 때문에 나라는 안정된다.

위진남북조시대(220~589)는 그 이전까지의 사람들이 좋아하던
순자 철학의 효력이 소멸하였고, 다수의 사람이 좋아하는 새로
운 이론이 나타나지 않았으므로, 아무리 뛰어난 정치가가 등장
하더라도 정치를 할 수 있는 이론이 없으므로 정치적으로 성공하
기 어렵다. 유비와 제갈량 같은 현인이 등장해도 정치적으로 성공

하지 못한 까닭이 여기에 있다. 위진남북조시대의 혼란은 다수의 사람이 좋아하는 이론이나 사상이 나타날 때까지 계속될 수밖에 없다.

위진남북조시대의 긴 혼란기에 다수의 사람이 좋아하게 된 이론으로 불교가 등장했다.

제3항 불교의 등장과 유행

1. 석가모니의 고통

석가모니의 성은 고타마이고 이름은 싯다르타이다. 후에 깨달음을 얻어 붓다라 불리게 되었다. '붓다'란 '깨달은 자'란 뜻이다. 붓다가 한자로 불타(佛陀)가 되었고, 우리말에 부처님이 되었다. 붓다를 석가모니라고도 부른다. 석가는 붓다가 속해 있는 부족의 이름이고, 모니는 성자를 의미하는 말이다. 사찰이나 신도들 사이에서는 진리의 체현자(體現者)라는 의미로 '여래(如來)'라고 불리기도 하고, 붓다의 존칭으로 '세존(世尊)' 또는 '석존(釋尊)' 등으로 불리기도 한다.

붓다는 기원전 563년 무렵 인도의 북부에 있었던 카필라 왕국의 슈도다나 왕과 왕비인 마야부인 사이에서 태어났다. 그의 출생 연도에 대해서는 기원전 624년 또는 463년 등, 이설이 많아 단정하기 어렵다.

어린 싯다르타는 궁궐에서 아무 걱정 없이 잘 자랐다. 그러던 어느 날 싯다르타는 스승과 함께 백성들이 사는 성 밖으로 나가는 일이 있었다. 그때 싯다르타는 처음으로 심한 충격을 받았다. 처참하게 살아가는 백성들의 모습을 보았다. 늙은이와 병든 이도 보았다. 죽은 이가 상여에 실려 가는 것도 보았다. 상여를 본 싯다르타는 물었다. "저것은 무엇인가요?" "상여입니다." "상여란 무엇인가요?" "죽은 자를 화장터로 싣고 가는 것입니다." "사람은 죽는 것인가요?" "늙으면 죽습니다." "저도 죽는 것인가요?" "왕자님께서도 늙으면 죽습니다." 싯다르타는 충격을 받았다. 그때까지 싯다르타는 죽는다는 것을 알지 못했다. 사람이 사는 것은 잠깐이다. 사람은 잠깐 살다가 죽어 없어진다. 그것을 알고 나면 고통스럽다. 늙는 것도 고통스럽고, 병드는 것도 고통스럽고, 죽어 없어지는 것을 생각하면 더욱 고통스럽다. 그날 이후, 싯다르타는 '어떻게 하면 이 고통에서 벗어날 수 있을까?' 깊은 생각에 빠졌다. 싯다르타는 16세가 되어 야소다라 라는 여인을 맞아 결혼했고 아들도 낳았다. 그러나 싯다르타의 시름은 점점 깊어갔다. 잠깐 살다가 사라지고 마는 인생. 영광스러운 일도 잠시 뒤에 사라지고 마는 물거품 같은 것임을 실감하고 있는 싯다르타는 의미 있는 일을 찾을 수 없었다. 그런데 당시에 의미 있는 삶을 산다고 알려진 사람들이 있었다. 여섯 스승으로 알려진 육사(六師)들이 그들이었다. 여섯 스승은 각자 지혜로운 삶의 방법을 가르치고 있다고 했다. ① 자이나교의 창시자인 니간타 나타푸타, ②유물론자인 아지타 케사캄발리, ③회의론자 또는 불가지론자(不可知論者)인 산자야 베라티풋타, ④도덕부정론자인 푸라나 카사파, ⑤결정론자인 마칼리 고살라, ⑥불멸론자인 파구타 카차야나가 그들이었다. 어떻게 살아야 할지 몰라 헤매고 있었던 싯다르타는 그들에게 관심을 가졌다. 그들은 살아야 하는 참다운 삶의 의미를 알고 있을지도 모른다. 그들의 가르침을 육사외도라 한다. 외도(外道)는 내도(內道)라고 하는 불교의 진리와 구별하여 붙인 이름이다. 싯다르타는 그들의 가르침에 귀를 기울였다. 그러나 싯다르타는 그들에게서 해답을 얻지 못했다. 그들이 말하는 지혜로운 삶의 내용은 다 달랐지만, 모두가 죽음의 고통을 풀지는 못했다.

니간타 나타푸타는 계율을 엄격히 지킬 것과 고행할 것을 강조한다. 사람은 죽는다. 죽은 뒤에는 윤회의 사슬에서 벗어나지 못하는 경우와 윤회의 사슬을 끊고 극락에 가는 경우로 분류한다. 그는 윤회의 사슬을 끊기 위해 미세한 업의 물질이 영혼에 부착하는 것을 막아야 한다고 주장한다. 그는 업을 끊을 수 있는 중요한 방법으로 불살생과 무소유를 강조한다. 그의 가르침을 따르는 자들은 땅바닥에 있는 벌레를 밟지 않기 위해 빗자루로 길을 쓴 뒤에 다니기도 하고, 맨발로 다니기도 한다. 공기 중의 미생물이 코로 들어와 죽는 것을 방지하기 위해 마스크를 쓰고 다니기도 한다. 무소유를 실천하기 위해 옷을 입지 않고 다니기도 한다.

아지타 케사캄발린은 유물론자였다. 사람이 사는 것은 지(地), 수(水), 화(火), 풍(風)이 결합해 있는 것이고, 죽는 것은 지, 수, 화, 풍이 해체되는 것일 뿐이다. 그는 내세라는 것을 부정한다. 산자야 베라티풋타는 회의론자였다. 그는 불가지론을 주장한다. 내세가 있는지, 영혼이 있는지, 선행을 하면 복을 받고 악행을 하면 화를 받는다는 인과응보설 또한 알 수 없는 것으로 주장한다. 푸라나 카사파는 도덕을 부정하는 사람이었다. 그는 죽으면 아무것도 없다고 주장한다. 인과응보론도 부정한다. 살생이나 도둑질 간음

거짓말 등이 악이 아니고, 보시를 하는 것, 제사를 지내는 것, 진실하게 사는 것도 선행이 아니라고 주장한다. 그는 죽으면 아무것도 없으므로 죽을 때까지 최대한 우유를 외상으로 사 먹고 죽는 것이 현명하다고 주장하기도 한다. 마칼리 고살라는 결정론자였다. 그는 사람이 자유의지로 사는 것이 아니라, 처음부터 주어져 있는 숙명에 따라 결정된 길로 갈 뿐이라고 주장한다. 파구타 카차야나는 불멸론자였다. 지, 수, 화, 풍, 고, 낙, 영혼의 일곱 요소는 불멸하는 독립적인 존재라고 주장한다. 사람을 칼로 베어도 칼은 일곱 요소 사이를 통과하는 것일 뿐이므로, 사람을 죽이는 것이 아니라고 주장한다.

싯다르타가 육사외도의 가르침들에서 해답을 얻을 수 없었던 것은 그 가르침들은 죽음의 문제를 풀지 못했기 때문이다. 싯다르타는 죽는다는 것 자체가 고통이었기 때문에 어떤 가르침도 받아들일 수 없었다. 싯다르타는 죽음 그 자체가 싫었다. 고통 중에서도 죽어서 없어진다는 것으로 인한 고통은 도저히 견딜 수가 없었다. 싯다르타는 그 고통을 해결하고 싶었다. 그는 보리수나무 밑에 앉아서 생각에 잠겼다. 죽지 않을 수는 없는 것일까? 생각 끝에 그는 죽지 않는 방법을 찾아내었다. 그가 찾아낸 방법은 불사약을 찾는 것과는 달랐다. 모든 문제에는 원인이 있다. 죽게 되는 것에도 원인이 있을 것이다. 석가모니가 찾은 방법은 원인을 찾아서 없애는 방법이었다.

2. 12연기에 의한 해탈

모든 것에는 원인이 있다. 그 원인 중에는 근본적인 원인이 있고 외적 조건이 있다. 근본적인 원인은 인(因)이고 외적 조건은 연(緣)이다. 사람이 죽는 데도 인과 연이 있다. 사람이 죽는 것은 여러 가지 원인이 있다. 굶어도 죽고, 병이 들어도 죽는다. 흉기에 찔려 죽기도 하고, 사고가 나서 죽기도 한다. 그런 것은 모두 연(緣)이다. 사고를 당해서 죽은 사람은 사고를 당하지 않았으면 죽지 않을 것 같지만, 그는 다른 이유로 또 죽게 되어 있다. 죽게 되는 연(緣)을 해결하는 것만으로는 완전한 해결이 될 수 없다. 완전한 해결은 근본 원인인 인(因)을 해결했을 때만 가능하다. 사람이 죽게 된 근본 원인은 태어났기 때문이다. 그것이 인(因)이다. 사람이 태어난 이상 어떤 것이 연이 되건 죽게 마련이다. 죽음을 완전히 해결하는 방법은 인을 제거하면 된다. 인을 제거하면 죽음이라는 현상 자체가 사라진다. 싯디르타는 모든 문제의 근본 해결책은 근본 원인인 인(因)을 제거하는 것임을 알았다. 태어나지만 않으면 죽음은 없다. 죽음을 해결하는 문제는 이제 태어남을 해결하는 문제로 바뀌었다.

어떻게 하면 태어나지 않을 수 있을까? 태어나는 것에도 인(因)이 있을 것이다. 그 인(因)은 무엇일까? 사람이 갑자기 태어나는 것이 아니다. 어머니 뱃속에서 10개월간이나 있었다. 뱃속에서 10개월간 있지 않았다면 태어나지 않았을 것이다. 그러므로 사람이 태어나지 않으려면, 10개월간 뱃속에 있지 않으면 된다.

사람이 10개월간 뱃속에 있게 된 데도 근본 원인이 있다. 그 원인을 찾아 제거해야 한다. 사람이 10개월간 뱃속에 있게 된 근본 원인은 무엇일까? 그것은 집착 때문이다. 집착이 생기면 가지고 싶은 욕구가 일어난다. 내가 가지고 있는 모든 것은 가지고 싶은 집착이 있어서 가지게 된 것이다.

뱃속에 아이를 가지는 것도 아이를 가지고 싶은 집착의 결과다. 그 집착만 없었다면 아이를 뱃속에 가지지 않았을 것이다. 그렇다면 집착은 왜 생겼을까? 집착이 일어난 근본 원인은 어디서 생기는 것일까? 그것은 사랑 때문이다.

사랑은 애착이다. 애착이 생기면 가지고 싶은 집착이 생긴다. 물건도 그렇다. 사랑스러운 물건이 있으면 애착이 생기고 애착이 생기면 가지고 싶어진다. 돈도 그렇고, 권력도 그러하며, 명예도 그렇고 직업도 그렇다. 애착이 생기면 가지고 싶어진다. 사람과 사람 사이의 사랑도 그렇다. 남자가 여자를 사랑하고 여자가 남자를 사랑하면 애착이 생긴다. 애착이 생기면 둘만 있고 싶어지고 둘만 있으면 둘만의 아이를 가지고 싶어진다. 사람이 어머니 뱃속으로 들어간 것은 사랑에서 비롯된 집착 때문이다. 집착이 생긴 원인은 사랑하기 때문이다. 사랑이 일어나지만 않았다면 아무 문제가 일어나지 않았을 것이다. 그렇다면 사랑은 왜 생겼을까? 사람이 아무렇게나 사랑하지는 않는다. 느낌이 있어야 사랑한다. 모든 사랑을 가능하게 하는 까닭은 느낌이 일어났기 때문이다.

느낌은 왜 일어나는가? 느낌만 일어나지 않았다면 사랑은 일어나지 않는다. 어떤 사람을 사랑한 까닭은 그 사람에 대한 느낌이 일어났기 때문이다. 그 사람에 대한 느낌만 일어나지 않았다면 사랑하지 않았을 것이고, 사랑하지 않았다면 아무 일도 일어나지 않았을 것이다. 그렇다면 이제 문제는 느낌이 일어나지 않게 하는 것으로 집중된다. 느낌이 일어나지 않도록 하기 위해서는 느낌이 일어나는 원인을 찾아서 제거하면 된다. 느낌이 일어나는 원인은 만났기 때문이다. 만남이 있는 한 느낌이 일어나는 것을 막을 방법이 없다. 사람이 애착하게 된 것도 그렇고, 집착하게 된 것도 그렇다. 사람이 사람을 만나면 느낌이 일어나고, 그 느낌 때문에 사랑하게 된다.

사람과 사람의 만남이 불가피한 것이라면 문제는 해결되지 않는다. 만남이라는 현상이 일어나지 않게 하는 방법은 없는 것일까? 싯다르타는 생각했다. 만남이 성립되지 않기 위해서는 만남이 성립되는 근본 원인을 찾아야 한다. 싯다르타는 골똘히 생각하다가 그 근본 원인을 찾았다. 그것은 감각기관이 작동했기 때문이다.

사람의 감각기관이 작동하지 않는다면 만남은 일어나지 않는다. 기차를 타고 갈 때 잠이 들어 감각기관이 작동하시 않으면 옆자리에 앉은 사람과의 만남은 일어나지 않는다. 그러므로 만남이 이루어지지 않게 하는 방법은 감각기관이 작동하지 않게 하면 된다. 그런데 사람이 감각기관을 작동시키지 않고 살 수 있을까? 이문제를 해결하는 것은 참으로 어렵다. 사람이 눈을 막고 살 수 없고, 귀를 막고 살 수도 없으므로 감각기관을 작동하지 않게 한다는 것은 참으로 어렵다. 석가모니는 골똘히 생각하다가 그 방법을 찾아내었다. 사람의 감각에는 두 가지가 있다. 만남을 가능하게 하는 감각과 만남을 가능하게 하지 않는 감각이 있다. 이 중에서 만남을 가능하게 하는 감각만 작동하지 않으면 아무리 감각을 하더라도 만남은 일어나지 않는다. 만남을 가능하게 하는 감각이 일어나는 원인은 무엇일까? 석가모니가 찾아낸 해답은 나에게 '나'라는 몸이 있고 '나'라는 마음이 있기 때문이었다.

나에게 몸과 마음이 있어서 감각 작용이 일어난다. 만약 '내 몸'이라는 것이 없고 '내 마음'이라는 것이 없다면 내가 내 눈에 비치는 어떤 것을 보아도 그냥 바라보기만 할 뿐, 보는 것과 보이는 것의 구별이 일어나지 않으므로, 만남이 일어나지 않는다. 내가 내 귀에 들리는 어떤 것을 들어도 그냥 듣기만 할 뿐, 듣는 것과 들리는 것의 구별이 일어나지 않으므로 만남이 이루어지지 않는다. 나에게 '내 몸'과 '내 마음'이라는 것이 없으면 어떤 사람이 나를 때리려고 해도 그냥 달아나기만 할 뿐, 그와 나의 만남은 이루어지지 않는다.

그렇다면 '내 마음'이라는 것과 '내 몸'이라는 것은 왜 생겼을까? 그 원인을 알아야 '내 마음'과 '내 몸'을 제거할 수 있다. '내 마음'과 '내 몸'은 '나'에서 비롯되었다. '나'의 요소가 '내 마음'과 '내 몸'이다. '나'라는 것, '내 마음'이라는 것, '내 몸'이라는 것이 생긴 원인은 무엇일까? 그것을 찾아서 제거하지 않으면 안 된다. 싯다르타는 생각하고 또 생각했다. 골똘히 생각하다가 싯다르타는 원인을 찾았다. '나'라는 것은 의식이 만들어낸 것이다. '내 마음'도 의식이 만들어낸 것이고, '내 몸'이라는 것도 의식이 만들어낸 것이다. 의식이 없었다면 '나'는 없는 것이다. 사람은 감각을 하면서 어렴풋이 '감각 주체'를 의식하게 되었다. 보고 있을 때는 보는 주체가 있고, 들을 때는 듣는 주체가 있다. 그 보고 듣는 주체를 '나'라는 것으로 착각하기 시작했다. 또 사람은 감각을 하면서 경험을 하고, 경험한 내용을 기억이라는 형태로 저장한다. 그리고 그 저장한 기억 덩어리를 다시 '나'라는 것으로 착각하면서 어렴풋하던 '나'라는 것이 확고해진다. 이에서 보면 '나'라는 것은 의식에서 만들어진 것임이 틀림없다.

나에게 의식이 없었다면 '나'는 만들어지지 않았을 것이고, '나'라는 것이 만들어지지 않았다면 나의 모든 고통은 없었을 것이다. '나'는 왜 만들어진 것일까? 어머니 뱃속에 있는 아이에게는 의식이 없고, 갓난아이에게도 의식이 없다. 의식이 없으므로 '나'라는 것도 없고, '너'라는 것도 없다. '나'라는 것이 없으므로 늙는 내가 없고, 병드는 내가 없고 죽는 내가 없다. 모든 것은 '나'라는 것에서 비롯된 것이다. '나'라는 것은 의식이 만들어낸 것이지만, 의식은 원래 없었던 것이므로 의식이 하는 일은 참이 아니다. 의식이 참이 아니므로 의식이 만들어낸 '나'라는 것도 참이 아니다. 의식을 만들어내고, '나'라는 것을 만들어 낸 뒤로, 나는 의식을 가지고 나의 삶을 살게 되었지만, 그것은 모두 허상이다.

의식은 저절로 생긴 것이 아니다. 내가 의식을 집어넣었기 때문에 만들어진 것이다. 몸은 카메라에 비유된다. 몸에 의식을 집어넣은 것은 카메라에 필름을 집어넣은 것과 같다. 사람의 감각기관은 카메라의 셔터와 같고, 감각기관이 감각 작용을 하는 것은, 카메라의 셔터를 누르는 것과 같다. 카메라의 셔터를 눌렀을 때 사진이 찍히는 것은 카메라에 필름을 넣었기 때문이다. 카메라에 필름을 넣지 않았다면 아무리 셔터를 눌러도 사진은 찍혀지지 않는다. 사진은 모두 가짜다. 실제의 모습을 사진으로 찍을 수는 없다. 실재하는 모든 것은 정지하고 있는 것이 없다. 모든 것은 쉬지 않고 움직인다. 아무리 가만히 앉아 있어도 계속 늙어간다. 멈추어 있는 것은 없다. 그러나 사진은 움직이는 것을 찍을 수 없다. 달리는 말을 찍어도 멈추어 있는 장면만 찍힌다. 무비카메라로 찍으면 움직이는 것이 찍히는 것처럼 생각되지만 그렇지 않다. 정지된 장면을 여러 장 찍어서 빠르게 돌리는 것이다. 빠르게 돌리면 사람들은 그것이 움직이는 것으로 착각한다. 의식이 사물을 인식하는 것도 그렇다. 사람이 보고 들은 것을 의식 속에 기억하지만, 의식에서는 카메라의 필름처럼 항상 정지하고 있는 것을 그려 넣는다. 모든 사진이 가짜이듯이, 사람이 의식하고 있는 모든 것도 가짜다. 사람이 의식을 만들고, 의식 속에 나를 만들어 나의 삶을 사는 것은 가짜다. 사람이 가짜의 삶을 살게 된 근본 원인은 의식을 집어넣었기 때문이다. 생각을 거듭하던 싯다르타는 그것을 알았다.

사람이 왜 의식을 집어넣었을까? 의식을 집어넣지 않았더라면 의식 없이 보고 의식 없이 들으며 의식 없이 먹었을 것이다. 그랬더라면 아무런 문제가 일어나지 않았을 것이다. 고향 사람들은 인정이 많다. 서로 싸우지도 않는다. 사람이 고향에서 살았을 때는 각박하게 싸우는 일도 없었고, 외로움에 시달리는 일도 없었다. 그러므로 고향에 머물러 살았더라면 좋았다. 그런데 왜 사람들이 고향을 버리고 타향으로 왔을까? 타향살이하면서 온갖 스트레스에 시달리다가 문득 깨달을 때도 있다. 내가 바보였다. 고향에 머물러 살면 좋았을 것을 바보여서 고향을 버렸다. 사람이 의식을 집어넣은 것도 이와 같다. 고향을 본래 모습이라면 타향은 본래 모습을 잃은 것이다. 본래 모습을 버린 것을 카메라에 필름을 넣은 것에 비유할 수 있다. 필름을 넣었기 때문에 사진이라는 가짜를 만들고, 가짜를 만든 뒤에는 그 가짜에 끌려 다닌다. 젊었을 때의 사진을 볼 때면 늙은 지금의 모습이 슬퍼지기도 한다. 젊을 때의 사진을 보고 젊을 때의 모습을 기억하지 않는다면 지금의 자기 모습이 늙은 모습이 아니다. 의식을 넣지 않았고, 의식 속에 자기의 모습을 그려 넣지 않았다면 슬픔은 없다. 의식은 가짜이고, 의식 속에 그려 넣은 '나'도 가짜다. 사람의 모든 고통은 그 가짜를 넣었기 때문에 생겨난 것이다. 그렇다면 사람은 왜 의식을 넣었을까? 싯다르타는 깨달았다. 현명하지 못했기 때문이다.

무명(無明). 싯다르타가 찾아낸 근본 원인은 무명이다. 현명하지 못했다는 것은 멍청했다는 것을 뜻한다. 사람이 무명했기 때문에 의식을 집어넣었다. 이제 '내가 왜 무명했을까?'라는 근본 원인을 찾지 않아도 된다. 무명했다는 것을 깨닫는 순간 무명에서 벗어나기 때문이다. 무명에서 벗어나면 무명의 원인을 찾을 필요가 없다.

무명을 깨닫고 무명에서 벗어나면 의식이 일어나지 않는다. 의식이 일어나지 않기 때문에 눈으로 볼 때도 의식 없이 보고, 들을 때도 의식 없이 듣는다. 의식 없이 보는 것은 보는 것이 아니고 의식 없이 듣는 것은 듣는 것이 아니다. 그냥 자연이다. 의식이 '나'를 만들어내지 않기 때문에 나는 내가 아니고 자연이다. '나'라는 것이 없으면 '너'라는 것이 없다. '너'라는 것이 없으면 내가 너를 만나도 만나는 것이 아니다. 내가 너와 함께 있는 것도 만난 것이 아니라 그냥 자연이다. 남자와 여자가 만나는 것도 만나는 것이 아니라 자연이다. 남자와 여자가 만나서 느낌이 생겨도 느낌이 생기는 것이 아니라 자연이다. 사랑해도 사랑하는 것이 아니라 자연이다. 사랑해서 아이를 가져도 아이를 가지는 것이 아니라 자연이다. 아이를 낳아도 아이를 낳는 것이 아니라 자연이다. 사람이 태어나는 것이 태어나는 것이 아니라 자연이다. 죽는 것도 죽는 것이 아니라 자연이다. 무명을 깨달은 뒤에는 모든 사건이 사라진다.

모든 것은 자연일 뿐이다. 무명을 깨달은 싯다르타는 모든 고통에서 벗어났다.

스물아홉 살쯤에 시작한 싯다르타의 노력은 6년이 지난 35세쯤 되었을 때 무명을 깨달음으로써 열매를 맺었다. 싯다르타의 몸은 일어날 수 없을 정도로 쇠약해 있었다. 수자타가 준 우유죽을 먹고 겨우 일어났다. 수자타가 우유죽을 끓일 때 손으로 저으니 '만(卍)'자와 같은 문양이 나타났다. 그 뒤로 '만(卍)'자가 불교의 상징이 되었다.

무명을 깨달은 싯다르타는 붓다가 되었다. 붓다는 무명에서 벗어나지 못해서 헤매고 있는 중생들을 그냥 볼 수 없었다. 붓다는 그들을 인도하지 않으면 안 되었다. 사람은 자기가 터득한 방식대로 남을 가르친다. 붓다는 자신이 깨달은 방식으로 사람들을 깨우치기 시작했다.

3. 불교의 유행과 정착

한나라 말기에 시작된 지식인들의 허무주의는 죽음을 전제하고 나타난 것이다. 허무주의에 빠진 지식인들은 쾌락을 추구하며 내키는 대로 살았다. 그러나 허무주의에 빠진 지식인들이 석가모니의 말을 들으면 아찔해질 수밖에 없다. 죽음이라는 것이 아예 없는 것임을 알면 죽음을 전제하고 사는 것은 잘못된 삶이다. 인생이 허무하다는 생각도 잘못된 생각이고 쾌락을 추구하며 내키는 대로 사는 것도 잘못된 삶이다. 자기의 삶이 잘못된 것일지도 모른다고 생각하게 되면 석가모니의 가르침에 관심을 가질 수밖에 없다.

유학에도 죽음을 극복하는 철학이 없는 것은 아니다. 공자와 맹자의 철학에는 죽음을 극복하는 철학이 들어 있지만, 죽음의 극복이 철학의 핵심과제가 될 수 없었던 까닭은 학문을 통해서 도를 터득하면 죽음의 고통은 저절로 해결되기 때문이다. 공자가 아침에 도를 알면 저녁에 죽어도 좋을 것이라고 한 것이 바로 그런 뜻이다. 도를 알기만 하면 죽음의 문제는 저절로 해결되기 때문에 죽음의 문제가 철학의 핵심과제로 드러나지 않았다. 그리고 한나라 때의 유학은 순자 유학이었기 때문에 한나라 때의 유학을 통해서는 죽음의 문제를 해결할 수 없다. 이런 이유로 해서 한나라 말기에 허무주의에 빠진 지식인들은 석가모니의 가르침에 귀를 기울일 수밖에 없었다. 불교는 후한 명제 때 들어왔지만, 위진남북조시대에 급속도로 유행하기 시작했다. 불교 서적을 번역하기만 하면 불티나게 팔렸다. 처음에는 불교를 번역할 때 노장사상을 바탕으로 접근했다. 그런 불교를 격의불교(格義佛敎)라 한다. 격(格)은 다가간다는 뜻이고 의(義)는 뜻이므로, 노장의 뜻으로 불교에 다가가는 불교란 뜻이다. 불교의 공(空)을 노장의 무(無)로 번역하는 것 등이 그러한 예이다.

지식인을 중심으로 유행하기 시작한 불교가 다수의 사람에게 전파되어, 다수의 사람이 불교를 좋아하게 되면 순발력이 있는 사람이 등장하여 불교사상을 앞세우고 통치하게 될 것이고, 사람들은 그를 지지하고 따르게 될 것이므로 혼란은 끝이 난다. 위진남북조시대의 말기에 불교가 유행하자, 불교사상으로 정치하여 혼란을 마감하고 안정시킨 사람이 나타났다. 수(隋)나라를 세운 수문제 양견(楊堅)이었다.

제 3 부

수·당시대의 유학

제1장

■

수나라 문제의 불교 장려와 수나라 건국

581년에 북주(北周)의 대승상 양견이 북주의 정제(靜帝, 579~580 재위)의 양위를 받아 황제가 된 뒤 나라 이름을 수(隋)로 하고, 연호를 개황(開皇)으로 바꾸었다. 수나라는 그 뒤 589년에 진(陳)을 멸망시키고 위진남북조시대의 대혼란을 종식했다.

수 문제(文帝)는 순발력이 있는 정치가였다. 그는 다수의 사람이 좋아하는 불교를 앞세웠기 때문에 정치적으로 성공할 수 있었다. 수 문제는 585년에 불교를 장려하여 천자 보살이라고 불리기도 했다. 601년에는 회갑을 맞아 불교를 선양하기 위한 포고문을 반포했다. 수나라(581~617)가 전국을 통일할 수 있었던 근본 원인은 절대다수의 사람이 좋아하는 사상인 불교가 있었기 때문이었다. 절대다수의 사람이 불교를 좋아하지 않았더라면 수 문제가 불교를 선양하는 것으로 사람들의 지지를 받을 수가 없었을 것이다.

604년 수 문제의 병이 깊어졌을 때 태자인 둘째 아들 양광(楊廣)이 문제를 죽이고 황제가 되었다. 양광이 수나라 2대 황제인 양제였으나, 수나라는 오래가지 못했다. 수나라가 오래가지 못한 것은 역시 역사의 꽃샘추위 법칙이 작동한 결과로 볼 수 있다. 수나라는 안정된 나라를 다스린 경험이 없었다. 수나라는 무력으로 통일한 나라였으므로 무리하게 전쟁을 일삼아 피폐해졌고, 거기다가 혼란했을 때의 기득권 세력들의 반발이 심해서 견디지 못했다. 수나라는 617년 이연(李淵)에 의해 멸망했다.

■

제2장

당나라의 건국과 불교문화의 개화

제1절
당나라의 정치이념과 불교의 개화

617년에 수나라를 멸망시킨 이연은 618년에 당나라(618~907)를 세웠다. 이미 절대다수의 사람이 좋아하는 불교가 있었기 때문에 당나라는 성공할 수 있었다. 이연은 불교를 장려했고, 그로 인해 많은 백성이 따랐으므로 나라를 안정시킬 수 있었다. 거기다가 이연은 수나라가 망한 원인을 잘 알기 때문에, 불교를 장려하면서도 수나라가 망한 전철을 밟지 않을 수 있었으므로, 오랫동안 안정된 나라를 유지할 수 있었다.

위진남북조시대에는 격의불교가 성행했지만, 당나라에 들어오면서 불교는 격의불교에서 벗어나 직접 인도에 가서 인도불교 자체를 수입하기에 이르렀다.

현장(玄奘: 602?~664)은 직접 인도에 가서 불교를 공부한 뒤 많은 서적을 가지고 돌아왔는데, 조정과 민간으로부터 많은 환영을 받았다. 당 태종(太宗)은 현장을 지원하여 74부 1,335권에 달하는 불교 경전을 한문으로 옮기게 했다. 불경이 대대적으로 번역되면서 불교는 당나라에 급속도로 유행하고, 당나라의 종교문화가 활짝 개화했다.

제2절
유교의 지위 상실과 공영달의 오경정의

당나라 때도 유학은 여전히 연구되었고, 국자감에서 유생들 교육도 계속되었지만, 일반인들의 정신적 관심을 불교에 내어주었으므로, 학문연구가 활발하지 못하고 훈고학적인 경전 연구에 머물렀다. 당나라를 대표하는 유학자는 공영달(孔穎達: 574~648)이었고, 공영달의 대표 업적은 오경정의(五經正義) 170권의 저술이었다. 물론 오경정의를 공영달 혼자서 완성한 것은 아니다. 여러 학자의 공동 작업으로 찬술된 것이고, 공영달이 그 대표 저자였다.

제3장

■

불교의 폐단과 유학의 반성

제1절
불교의 폐단

당나라의 정권은 불교계의 지지를 기반으로 성립된 것이므로, 당나라의 조정은 불교를 장려하지 않을 수 없었다. 불교사원을 건축할 때는 재정적 지원을 했고, 불교사원에 대해 면세혜택을 주었다. 불교사원은 소비단체일 뿐 생산단체가 아니다. 불교사원이 많아질수록 유지를 위해 막대한 비용이 들어갈 뿐 경제적으로 생산되는 것은 없었다. 불교사원이 불어나면 그만큼 조정의 재정이 빈약해지고, 백성들의 세금이 불어날 수밖에 없다.

불어난 세금을 감당하기 어려워진 백성들은 세금을 내기보다는 절에 가서 일하는 것이 훨씬 수월하므로 절에 들어가는 사람이 늘어나고, 그에 따라 절이 비대해지면서, 절의 수 또한 급격히 불어나고, 일반백성들의 세금은 더욱 많아졌다. 국가재정이 파탄나고 백성들의 세금이 증가하자, 세금을 감당하지 못한 백성들이 각지에서 반란을 일으켰는데, 그중에서도 황소(黃巢)의 난은 많은 백성이 호응할 정도로 거대한 규모로 일어났다. 황소의 난은 당나라가 멸망하게 된 직접적인 계기가 되었다.

　당나라가 멸망하게 된 원인은 여러 가지가 있지만, 근본 원인은 불교계의 타락으로 인한 민심의 이탈과 불교사원의 급증으로 인한 재정의 파탄이었다.

제2절
유학 측의 반성

불교가 당나라 후기에 이르러 많은 문제점을 노출하여 백성들로부터 호응을 받지 못하고 나라가 망할 지경이 되었을 때 지식인들 사이에 불교를 배격하는 움직임이 일어났다. 불교는 외래사상이므로 불교를 배격하기 위해서는 전통사상이 나설 수밖에 없다. 당나라 말기에 중국 전통사상인 유학이 불교 공격의 포문을 열었다. 불교를 공격하기 위해서는 이론이 필요했다. 불교는 치밀한 이론을 가지고 있으므로 불교를 공격하기 위해서도 그만큼 치밀한 이론이 필요했다. 유학사상을 대표하는 세 사람은 공자·맹자·순자이다. 공자 사상의 핵심은 중용이다. 공자는 중용의 정신으로 모든 것을 폭넓게 포용하므로 하나의 이론체계로 모든 것을 설명하지 않는다. 맹자는 성선설을 바탕으로 모든 것을 일관되게 설명하고, 순자는 성악설을 바탕으로 모든 것을 일관되게 설명하지만, 공자는 성선설적 요소와 성악설적 요소를 다 받아들이므로, 하나의 이론으로 체계를 갖추는 일관성을 가지지 않는다. 따라서 치밀한 이론체계를 가지고 있는 불교를 공격하기 위해서는 공자의 중용사상보다 이론체계가 치밀한 맹자와 순자의 이론이 더 효력이 있다. 당나라 말기에 일어난 유학의 불교 공격은 맹자와 순자의 이론으로 무장한 이고(李翺)와 한유(韓愈)가 등장하여 각각의 이론을 바탕으로 불교를 협공하는 형태로 전개되었다. 먼저 불교 공격의 포문을 연 사람은 한유였다.

제1항 한유의 배불 유학

1. 한유의 불교 배격 사상

일반적으로 한유(韓愈, 768~824)는 문장가로 널리 알려졌지만, 그는 또 「원도(原道)」, 「원성(原性)」, 「원인(原人)」, 「논불골표(論佛骨表)」 등을 저술하여 중국 전통사상을 옹호함과 동시에 불교의 배격에 힘씀으로써 신유학 형성의 선구자적 위치를 점하여 유학사상사에서 하나의 획을 그었다. 그의 불교 배격 이론은 주로 「원도」와 「논불골표」에 나타나 있다. 특히 「논불골표」는 당시의 군주인 헌종이 부처의 뼈를 영입할 때 그 부당함을 건의한 상소문인데, 이로 인해 한유는 헌종의 노여움을 사 조주 자사로 좌천되었다. 한유는 불교가 일세를 풍미한 시대에 감히 그것에 대항했으므로, 한유의 역할이, 양주와 묵적의 배격에 힘썼던 맹자의 역할에 버금간다고 평가되었다.[1]

「논불골표」의 개략적인 내용은 다음과 같다.

> 신, 유는 아룁니다. 엎드려 생각건대 불교는 오랑캐의 한 법일

뿐입니다. 후한 때에 중국에 유입되었습니다. 상고에는 일찍이 있지 않았습니다. 옛날 황제(黃帝)는 제위에 있는 것이 100년이고 나이가 110세이었으며 (…) 무왕은 나이가 93세이었습니다. 목왕은 제위에 있는 것이 100년이었습니다. 이때 불법은 아직 중국에 들어오지 않았습니다. 이는 모두 부처를 섬겼기 때문에 그렇게 된 것이 아닙니다. 한 명제 때 처음으로 불법이 있었습니다. 명제는 제위에 있는 것이 18년뿐이었습니다. 그 후 혼란과 멸망이 계속되고 운수와 복이 길지 못했습니다. 송·제·양·진·원위 이하 부처를 섬기는 데 힘쓸수록 연대는 더욱 짧았습니다. 오직 양의 무제만은 제위에 있는 것이 48년이었으나 전후 세 번 몸을 바쳐 부처를 섬기었으니, 종묘의 제사에도 고기를 쓰지 않았으며, 하루 한 끼만 먹는 데도 채소와 과일을 먹는 정도이었습니다. 그 후 결국 후경에게 쫓겨나 대성에서 굶어 죽었고, 나라도 따라서 멸망했습니다. 불교를 섬겨 복을 구했으나 오히려 다시 화를 입게 된 것이었습니다. 이로써 보면 부처는 섬길 수 없는 것임을 알 수 있습니다. (…) 지금 들으니, 폐하께서는 여러 중에게 부처의 뼈를 봉상에서 맞아들이게 하고, 누각에 나아가 보시며 받들어 대궐 안으로 들여오고, 또 여러 절이 번갈아 가며 맞이하여 공양토록 하고 계십니다. 신은 비

---

1. 自晉汔隋 老佛顯行 聖道不斷如帶 諸儒倚天下正議 助爲怪神 愈獨喟然引聖 爭四海之惑 雖蒙訕笑 跲而復奮 始苦未之信 卒大顯於時 昔孟軻拒楊墨 去孔子才二百年 愈排二家 乃去千餘歲 撥亂反正 功與齊而力倍之 所以過況雄爲不少矣 自愈沒 其愈沒 其言大行 學者仰之 如泰山北斗云(『新唐書』卷一百七十六 列傳第一百一).

한유

록 지극히 어리석지만, 반드시 폐하가 부처에 미혹되어서 그렇게 받들고 복상을 비는 것이 아님을 알고 있습니다. 다만 해가 풍년이 들고 사람들이 즐거워하므로, 사람들의 마음에 따라 서울의 백성들을 위하여 괴이한 구경거리와 갖고 노는 노리개를 장만하는 것일 뿐일 것입니다. (…) 그러나 백성은 어리석어 미혹되기 쉽고 깨닫기 어렵습니다. 폐하가 이렇게 하는 것을 보면 또한 진심으로 부처를 섬긴다고 생각하여 모두 '천자인 큰 성인도 한마음으로 섬기는데 아무것도 아닌 백성들이야 어찌 신명을 아껴서 되겠는가!'라고 할 것입니다. 그리하여 이마를 태우고 손가락을 지지며 100으로 10으로 무리를 지어 옷을 벗고 돈을 흩으며 아침부터 저녁까지 서로 본받아, 오직 때에 늦을까를 걱정하여 노소가 분주하게 다니면서, 자신들의 하던 일을 관둘 것입니다. 만약 바로 금지하지 아니하면 다시 여러 절을 돌아다니며 반드시 팔을 자르고 몸을 저며서 공양을 하는 자가 있을 것입니다. 이는 풍속을 그르치고 사방에 웃음거리를 전하게 될 것이니 작은 일이 아닙니다. 대저 부처는 본래 오랑캐로서 중국과 말이 통하지 않고, 의복도 달리 만들며, 입으로 선왕의 말을 말하지 않고, 몸은 선왕의 옷을 입지 않으며, 군신의 의와 부자의 정도 알지 못합니다. 가령 그 몸이 지금에 이르기까지 살아 있어서, 국명을 받들어 서울에 온다면, 폐하는 그를 맞아들여 정치적 회담을 한 번 하고 잔치를 한 번 베풀어 주며, 옷 한 벌을 주고서 호위하여 국경 밖으로 내보냄으로써 백성들이 미혹되지 않도록 하면 될 것입니다. 하물며 그 몸이 죽은 지 이미 오래되어 말라붙은 뼈의 때 묻은 찌꺼기들을 어찌 궁중에 넣을 수 있겠습니까. 공자는 귀신을 공경하여 멀리하라고 했습니다. 옛날 제후가 자기 나라에서 죽은 자를 문상할 때도 무당에게 먼저 복숭아 가지나 갈대 줄기로 상서롭지 못한 것을 물리치게 한 연후에 나아가 문상했습니다. 지금 까닭 없이 썩고 때 묻은 물건을 가져오게 하여 직접 가서 보시며, 무당을 앞세우지도 않고, 복숭아 가지나 갈대 줄기도 쓰지 않으시며, 신하들도 그 잘못을 말하지 않고, 어사도 그 실책을 거론하지 않습니다. 신은 참으로 이를 부끄러워합니다. 바라건대 이 뼈를 가지고 유사에게 부탁하여 물이나 불에 던져, 길이 근본을 끊고 천하의 의심을 단절하여, 후대의 미혹됨을 단절시킴으로써 천하의 사람들에게 큰 성인의 처리하심이 보통과 다름을 알게 하시면 어찌 좋지 않겠습니까.[2]

이 「논불골표」의 논술에서 보면, 한유의 배불논리는 대체로 다음과 같이 정리할 수 있다.

① 중국에 불교가 수입되기 이전에는 역대의 군주가 다 장수했고, 국가가 태평하고 백성들이 즐겁고 편안하며 오래 사는 행복한 시대이었으나, 불교 수입 이후의 중국은 불교가 융성한 결과 어지럽고 재앙이 많은 시대이었다.
② 부처는 오랑캐이고 불교는 오랑캐의 가르침이기 때문에 중국과는 언어와 풍속이 다르다.

---

2. 『昌黎先生集』 卷三十九 原文은 생략함.

③ 불교는 군신 간의 의(義)나 부자간의 정(情)과 같은 일상적인 윤리를 알지 못한다. 그뿐만 아니라 이마를 불태우고 손가락을 지지는 등 몸을 아끼지 않고 또 경제관념도 엉성하여 생업에도 종사하지 않게 된다.

④ 죽은 자의 뼈 등은 삶에 있어서 아무런 의미도 없다. 오히려 멀리해야 할 것이다.

불교 수입 이래의 중국은 재앙이 많은 시대이었다고 지적하는 데서부터 시작되는 한유의 배불론은 몸을 중시하는 순자의 물질주의에 바탕을 두고 있다.

중국인이 아니라 오랑캐로서 중국의 말을 쓰지 않고 중국의 옷을 입지 않기 때문에 불교를 인정할 수 없다고 하는 중화사상, 부처는 예법을 모르는 자이기 때문에 인정할 수 없다고 하는 윤리의식, 그리고 신체의 존속과 생업을 중시하는 몸 중심의 물질주의 등이 모두 순자 사상의 핵심이다.

2. 한유의 유학사상

한유는 순자의 유학을 계승한 순자 철학자이지만, 순자 이외에 성악설을 주장하는 학자는 없다. 극도로 혼란하지 않을 때 성악설을 말하면 그 말을 듣는 사람도 악한 사람이 되므로, 사람들이 수용하지 않는다. 그러므로 순자 사상을 계승하는 사람들도 성설에서는 성악설을 비껴간다.

(1) 성삼품설

"성은 사람이 생겨나면서 갖추고 태어난 것이다"[3]라고 한 한유의 말에 따르면, 성은 사람이 태어나면서 갖게 되는 후천적인 것, 결국 성질이나 성품 등과 같은 것으로, 몸이 가진 속성이 된다. 성을 천명으로 이해하면 사람이 태어나기 전에도 성은 존재하는 것이 되지만, 사람이 생겨나서 갖추게 된 것을 성으로 이해하면 성의 선천적인 요인이 사라진다.

　사람의 몸은 각각 다르므로, 성을 몸의 속성으로 본다면 성 또한 각기 다르다. 한유는 각각 다르게 가지고 있는 성을 상품, 중품, 하품의 세 범주로 분류했다. 마치 크기가 다 다른 과일을 큰 것, 중간 것, 작은 것으로 분류하는 것과 같다. 한유는 성을 상·중·하의 삼품으로 분류한 뒤 상품은 선, 중품은 선악혼효, 하품은 악이라 규정했다. 이는 외형상으로는 맹자의 성악, 양웅의 선악혼효, 순자의 성악을 종합한 것으로 볼 수 있다. 한유 자신도 세 성설을 종합한 것으로 설명하고 있다.

　　맹자는 성에 대하여 말하기를 인간의 본성은 선하다고 했고, 순자는 인간의 성이 악하다고 했으며, 양자는 선악이 섞여 있다고 했다. 무릇 처음엔 선하다가 악으로 바뀐 것, 처음엔 악했으나 뒤에 선으로 바뀐 것, 그리고 처음에는 섞여 있다가 지금은 선과 악이 드러난 것 등은 모두 중품의 것만 거론하고 상하의 것은 거론하지 않은 것이니, 하나를 얻고 둘을 잃은 것이다.[4]

---

3. 性也者, 與生俱生也」(「原性」).

한유의 성설은 외형적으로는 맹자·순자·양자의 것을 종합한 것처럼 보이지만, 실상은 그렇지 않다. 사람의 성은 나눌 수 없다. 나눌 수 없는 성을 상·중·하로 나눈 것은 사람의 종류를 상·중·하로 분류한 것과 같다. 사람의 성은 구분할 수 없지만, 몸은 구분할 수 있다. 한유가 성을 구분한 것은 몸을 구분한 것과 같은 차원이므로 물질적이다. 한유의 성설은 기존의 성설을 물리적으로 종합한 것에 지나지 않는다.

(2) 인의예지신

한유는 성의 내용으로 인의예지신을 들어, 상품의 성은 인의예지신을 온전히 갖추고 있는 것, 중품의 성은 부분적으로 갖추고 있는 것, 하품의 성은 이에 반대되는 것, 즉 불인(不仁)·불의(不義)·불례(不禮)·부지(不智)·불신(不信)한 것이라고 설명한다.[5]

물론 그것은 한나라 때의 오상설을 수용한 것이다.

(3) 수양의 의미

인간존재의 선험성을 인식하지 못하고 몸을 바탕으로 한 물질적 요소를 존재의 근거로 파악한 한유에게 학문의 목적은 사람의 내면에 있는 선험적인 본질을 회복하는 것이 아니라, 개인적으로는

---

4. 孟子之言性曰 人之性善 荀子之言性曰 人之性惡 揚子之言性 曰人之性善惡混 夫始善而進惡 與始惡而進善 與始也混而今也善惡 皆擧其中 而遺其上下者也 得其一而失其二者也(『韓昌黎集』卷十一 雜著「原性」).
5. 其所以爲性者五 曰仁 曰禮 曰信 曰義 曰智 上焉者之於五也 主於一而行於四 中焉者之於五也 一不少有焉 則少反焉 其於四也混 下焉者之於五也 反於一而 悖於四(「原性」).

한 몸을 존속하는 원리를 찾아내는 것이고, 사회적으로는 사회의 안정과 질서를 유지하기 위한 정치적 실천원리를 도출하는 것이다. 한유는 다음과 같이 말한다.

전(傳)에 이르기를, 옛날 천하에 밝은 덕을 밝히고자 하면, 먼저 자기 나라를 다스리고, 자기 나라를 다스리고자 하면 먼저 자기 집을 안락하게 하고, 자기 집을 안락하게 하고자 하면, 먼저 자기 몸을 닦고, 자기 몸을 닦으려고 하면 먼저 자기 마음을 바르게 하고, 자기 마음을 바르게 하려고 하면 먼저 자기의 뜻을 정성스럽게 해야 한다고 했다. 그러므로 옛날의 이른바 마음을 바르게 하여 뜻을 정성스럽게 하는 것은 좋은 정치를 하기 위해서이다.[6]

『대학』에서 팔조목을 설명할 때는 평천하로부터 격물치지에 이르는 과정과 격물치지에서 평천하에 이르는 과정이 동시에 설명되어 있다. 평천하로부터 시작하는 것은 정치를 잘하기 위해 그 원리를 찾아가는 것이고, 격물치지로부터 시작하는 것은 수양의 결과 나타나는 효과에 관한 것이다. 정치를 잘할 수 있는 출발점은 개인의 수양에 있고, 개인의 수양이 완성되면 저절로 정치가 잘 실행된다. 『대학』의 이 설명 중에서 한유는 앞부분인 정치를

---

6. 傳曰 古之欲明明德者於天下者 先治其國 欲治其國者 先齊其家 欲齊其家者 先修其身 欲修其身者 先正其心 欲正其心者 先誠其意 然則 古之所謂正心而 誠心者 將以有爲也(「原道」).

잘하기 위한 원리에 관해 설명한 것만 인용하고, 뒷부분인 수양의 결과 나타나는 효과에 관해 설명한 것은 인용하지 않았다. 게다가 정치의 원리 중에서도 격물치지는 생략하고 있다. 이는 인간 존재에 관한 그의 관점에서 보면 쉽게 이해할 수 있다. 즉 한유는 학문의 목적을 개인의 선험적인 본질을 회복하는 것에 두지 않고, 정치적 실천원리를 도출하려 하는 것이기 때문에 뜻을 정성스럽게 한다는 실천방안까지는 소급하지만, 격물치지 즉, 존재의 본질을 인식하는 수양 원리는 의미가 없으므로 생략한 것으로 보인다. 순자는 사회의 안정을 위한 정치에는 관심이 있지만, 존재의 본질을 회복하는 수양에는 관심을 가지지 않는다. 한유가 '마음을 바르게 하고 뜻을 정성스럽게 하는 것은, 좋은 정치를 하기 위해서이다'라고 말한 것에서 우리는 한유가 순자의 철학을 그대로 이어받은 것임을 알 수 있다. 『대학』에서 말한 뜻은 사람이 수신하면 저절로 제가·치국·평천하가 된다는 것이었지만, 한유는 제가·치국·평천하를 하기 위해 수신하는 것으로 바꾸어 설명했다.

(4) 실천의 문제

유학에서 이상적인 인격체로 상정하는 것은 성인(聖人)이다. 맹자가 말하는 성인의 실천내용과 순자가 말하는 실천내용은 반대이다. 맹자가 말하는 성인은 본마음을 회복하여 본마음을 실천하는 사람이지만, 순자가 말하는 성인은 세상의 질서를 확립하기 위해 예를 제정하여 실천하는 사람이다. 한유가 말하는 성인의 실천내용은 순자의 설명을 따른 것으로 이해할 수 있다.

한유에 따르면, 성인은 인간의 몸이 살 수 있도록 인도한 임금과 스승이다. 그 구체적인 내용은 다음과 같다.

옛날에는 사람을 해치는 것이 많이 있었다. 성인이 나온 뒤에 서로 협력해서 살아가는 방법을 가르쳤다. 임금이 되고, 스승이 되어 벌레·뱀·금수 등을 몰아내고 나라 안에 사람을 살게 했다. 추위를 느낀 뒤에 옷을 마련하고, 배고픔을 느낀 뒤에 음식물을 마련했다. 나무 위에서 살다가 굴러떨어지고, 땅굴 속에서 살다가 습해서 병이 난 뒤에, 집을 짓게 하였다. 공업을 일으켜 공구를 넉넉하게 생산케 하고, 장사하는 방법을 마련해 있는 것과 없는 것을 교환해 쓰게 하고, 의약품을 만들어 일찍 죽는 것을 방지하고, 장례·매장·제사 지내는 제도를 만들어 부모의 은혜와 사랑을 길이 사모하게 하고, 예를 만들어 앞사람과 뒷사람 사이의 질서가 있게 하고, 음악을 만들어 마음의 울적함을 풀게 하고, 정치하는 제도를 만들어 게으른 사람을 일깨워 일하게 하고, 형벌 제도를 만들어 거칠고 사나운 사람을 제거했다. 사람들이 서로 속이므로 신표·도장·말·저울 등을 만들어 믿게 하고, 서로 약탈하므로 성곽을 쌓고 무기와 갑옷을 만들어 지키게 했으니, 재해가 닥치면 방비하고 환난이 생기면 막았다.[7]

즉, 성인은

① 짐승과 벌레·뱀 등을 몰아내어 살 수 있는 공간을 확보하고
② 옷을 짓게 하여 추위를 막으며

③ 음식을 만들어 굶주림을 해결하고

④ 집을 지어 주거를 해결하고

⑤ 공업을 가르치어 기계들을 풍부히 하고

⑥ 상업을 가르치어 유통을 원활하게 하고

⑦ 의약을 만들어 일찍 죽는 것을 방비하고

⑧ 매장·제사 등의 의식을 만들어 부모의 은혜를 갚도록 가르치고

⑨ 예를 제정하여 사회의 질서를 보존하고

⑩ 음악을 만들어 음울한 감정을 조화롭게 하고

⑪ 정치를 행하여 태만과 권태를 다스리고

⑫ 형벌을 제정하여 강포한 사람을 제거하고

⑬ 신표·도장·말·저울 등을 만들어서 서로 속이는 것을 막고

⑭ 성곽과 병력을 두어 적을 막을 수 있게 했다.

요컨대 성인은 의식주를 비롯한 의약·공업·상업 등 인간 생활을 위한 기본적인 조건을 마련하고, 예악과 형벌을 확립하여 사회의 질서와 안정을 도모한 사람이다.

이상의 내용에서 보면 한유의 유학사상은 순자의 유학을 계승한 것임이 확실하다. 다만 순자는 당시의 혼란을 극복하기 위해

---

7. 古之時 人之害多矣 有聖人者立 然後敎之以相生養之道 爲之君 爲之師 驅其蟲蛇禽獸 而處之中土 寒然後爲之衣 饑然後爲之食 木處而顚 土處而病也 然後爲之宮室 爲之工 以贍其器用 爲之賈 以通其有無 爲之醫藥 以濟其夭死 爲之葬埋祭祀 以長其恩愛 爲之禮 以次其先後 爲之樂 以宣其湮鬱 爲之政 以率其怠倦 爲之刑 以鋤其强梗 相欺也 爲之符璽斗斛權衡 以信之 相奪也 爲之城郭甲兵 以守之 害至而爲之備 患生而爲之防(「原道」).

왕권의 강화를 주장했지만, 당나라 때는 왕권이 강화되어 있었으므로 왕권을 강화할 필요가 없었다. 다만 불교의 결함인 세속적 삶의 조건에 집중한 것이 그 특징이다.

제2항 이고의 유학적 해탈론

1. 이고의 유학적 해탈론

한나라 때 수입된 불교는 중국인에게 삶에 대한 무상감, 죽음에 대한 공포감 등을 불러일으키면서 중국적 전개를 계속하여, 수·당에 이르러서는 중국을 대표하는 사상으로까지 발전했다. 그러나 당나라 말기에 이르러 재정이 고갈되고 세금이 급등하는 문제점을 노출하면서 유학에 의한 반발이 점차 나타나게 되었다. 그 하나는 전술한 바와 같이 순자 사상에 바탕을 둔 한유의 배불론이고, 다른 하나는 이고(李翶: 774~836)에 의해 전개된, 맹자 사상에 바탕을 둔 유학적 해탈론의 성립이다.

이고는 맹자 사상을 계승했다. 맹자의 사상은 몸을 안정적으로 유지하기 위한 것보다 본래의 마음을 회복하여 행복하고 참된 삶을 사는 것으로 집중된다. 본래의 마음을 회복하여 마음의 평화를 유지한다는 목적에서 보면 불교는 매우 매력이 있지만, 현실적으로 많은 문제를 일으켜 사람이 살 수 없는 지경이 되었으므로 갈등하지 않을 수 없다. 맹자 사상을 잇고 있는 이고는 이런 갈등에서 벗어날 수 없었다. 예를 들어 아들이 결혼을 허락받기 위해 결혼 상대를 데리고 왔을 때, 그 결혼 상대에게 심각한 문제가 있음을 알고 반대하면 큰 싸움이 일어나기만 할 뿐 쉽게 해결되지 않는다. 이때의 가장 좋은 해결책은 아들이 그 상대를 좋아하게 된 원인을 찾아내는 것이다. 만약 그 원인이 아들이 예쁜 사람을 좋아하고, 그 상대가 예쁘기 때문이었다는 것을 알게 되었다면, 문제는 쉽게 해결된다. 아들에게 아무 말도 하지 않고 그냥 더 예쁜 사람을 찾아 아들의 눈에 띄게 하면 된다. 아들도 그 상대에게 문제가 있다는 것을 알고 있지만, 그 상대의 매력 때문에 뿌리칠 수 없었던 차에, 더 매력이 있으면서 문제가 없는 사람을 보면 자기 스스로 바꿀 것이다.

이고가 찾아낸 것도 이러한 방식이었다. 이고는 불교의 매력에 끌려 불교를 포기하기 어렵지만, 현실적으로 심각한 문제가 있어 받아들이기 어려웠다. 이런 갈등 속에서 이고가 찾아낸 방법은 유학에 불교의 해탈론 이상의 이론이 있는지 찾아보는 것이었다. 만약 유학에 불교 이상의 해탈론이 있기만 한다면, 굳이 문제 많은 불교에 미련을 가지지 않아도 될 것이기 때문이었다. 이고의 이러한 발상은 매우 뛰어난 것이었다. 당시의 사람들이 생각하는 유학은 한나라 이래의 순자 유학이었으므로, 유학에 죽음을 해결할 수 있는 이론이 있을 것이란 생각을 하지 못했다. 그러나 이고는 심한 갈등 끝에 유학에도 혹시 불교의 해탈론에 해당하는 이론이 있을지도 모른다고 생각했다. 만약 유학에 불교의 해탈론에 해당하는 이론이 있기만 하면, 불교의 매력을 유학으로 대치할 수 있으므로 불교에 대한 미련을 버릴 수 있고, 불교에 대한 미련을 버릴 수 있으면 불교를 물리치는 것은 어렵지 않다. 생각이 여기에 이른 이고는 유학의 서적들을 뒤지기 시작했고, 결국 찾아내었다.

유학의 서적들을 두루 읽은 끝에 『논어』, 『맹자』, 『주역』, 『예기』의 「대학」편과 「중용」편 등에 불교의 해탈론에 해당하는 이론들이 많이 들어 있음을 알았다. 그중에서도 『예기』의 「중용」에 해탈론에 해당하는 이론이 듬뿍 들어 있음을 알았다. 이고는 매우 기뻤을 것이다. 이고는 불교의 해탈론에 해당하는 유학의 이론을 「복성서」란 이름으로 정리했다. 이고는 기뻤지만, 세상사람 중에 알아주는 사람이 거의 없었다. 이고는 안타까운 심정을 다음과 같이 토로한 적이 있다.

> 아! 성명(性命)을 기록한 책이 있다 해도 배우는 자들이 능히 밝히지 못하니 이 때문에 모두 장자·열자·노자·석가에게로 간다. 알지 못하는 자들은 공자의 제자들[유학자]을 통해서는 성명의 도를 궁구할 수 없다고 말한다. 그리고 이를 믿는 자들은 모두 그것을 옳다고 생각한다. 나에게 묻는 자가 있어 내가 알고 있는 것을 전하고, 마침내 책에 써서 성명(誠明)의 근원을 열어나가려 한다. 끊어지고 폐기되어 선양되지 못한 도가 이로써 거의 전해질 수 있으리라.[8]

이고가 말한 성명을 기록한 책은 유학의 여러 책이지만, 그중에서도 『예기』에 들어 있는 「중용」이 으뜸이었다. 「중용」은 '하늘

---

8. 烏乎 性命之書雖存 學者莫能明 是故皆入於莊列老釋 不知者謂夫子之徒 不足以窮性命之道 信之者皆是也 有問於我 我以吾之所知而傳焉 遂書于書 以開誠明之源 而缺絶廢棄不揚之道 幾可以傳于時(『李文公集』 권2, 「復性書」上).

의 명을 성이라 한다[9]는 말로 시작한다. 하늘의 명은 하늘의 작용이고, 성은 사람의 마음속에 있는 마음의 본질이다. 하늘의 명이 성이라는 말의 뜻은, 사람의 마음속에 있는 본질이 하늘의 작용이라는 의미이다. 하늘은 무한하고 영원하다. 「중용」첫 구절은 무한하고 영원한 하늘의 요소가 사람 속에 있다고 선언한 것이다. 사람이 사람 속에 있는 하늘의 요소를 찾아서 회복하기만 하면, 무한하고 영원한 삶을 살 수 있다. 이 이론은 불교에서 말하는 해탈론과 다르지 않다. 이고에 따르면, 사람에게 있는 성을 회복하여 실천한 사람이 성인이고, 성인은 하늘과 하나 된 사람이다.

> 『주역』에 이르기를 무릇 성인은 천지와 덕을 함께 하고, 일월과 밝음을 함께 하며, 사시와 흐름을 함께 하고, 귀신과 길흉을 함께 하니, 하늘보다 먼저 하면 하늘이 그를 어기지 않고, 하늘보다 나중에 하면 하늘의 작용을 받든다. 하늘도 그를 어기지 않는데 하물며 사람이 그를 어기며, 하물며 귀신이 그를 어기겠는가! 이는 밖에서부터 얻은 것이 아니다. 능히 자기의 성(性)을 다했을 따름이다.[10]

성인은 외부에서 큰 사업을 한 사람이 아니다. 자기 속에 있는 하늘의 요소를 회복한 사람이다. 우주의 생명력이 하늘이다. 모

---

9. 天命之謂性(『中庸』第1章).
10. 易曰 夫聖人者與天地合其德 日月合其明 四時合其序 鬼神合其吉凶 先天而天不違 後天而奉天時 天且弗違 而況於人乎 況於鬼神乎 此非自外得者也 能盡其性而已矣(『李文公集』권2, 「復性書」上).

든 존재는 우주의 생명력으로 존재한다. 우주의 생명력에서 벗어나지 않으면 자신의 존재는 우주에 충만해 있는 생명력 그 자체이다. 그러나 사람들은 '나'라는 허상을 만들어 '나'의 삶을 삶으로써 우주와 하나이었던 본래의 모습을 잊어버렸다. 그렇지만 잊어버린 본래의 모습이 자기에게서 완전히 사라진 것이 아니라 어딘가에 남아 있으므로, 남아 있는 본래의 모습을 회복하기만 하면, 다시 우주와 하나가 된다. 성인은 다른 사람이 아니다. 자기에게 남아 있는 자기의 본질을 회복한 사람이다.

『중용』에 따르면, 자기에게 남아 있는 본질이 성(性)이다. 그 성을 회복한 사람이 성인이다.

사람이 성인이 될 수 있는 근거는 성(性)이다. 사람의 성을 미혹시키는 것은 정이다. (…) 정이 일어나지 않는다면 성이 가득 찰 것이다.[11]

이고에 따르면, 자기에게 남아 있는 본질이 성(性)인데, 성을 미혹시키는 것이 정(情)이므로, 정을 없애기만 하면 성을 회복할 수 있다. 여기서 말하는 정은 불교에서 말하는 '무명번뇌'에 해당하고, 성은 '정명원각의 본심'에 해당한다. '무명번뇌'를 제거하여 그것에 덮여있는 '정명원각의 본심'을 밝힘으로써 중생이 부처가 되는 불교의 성불론을 이고는 정을 없애고 성을 회복함으로써 성인

---

11. 人之所以爲聖人者 性也 人之所以惑其性者 情也(…)情不作 性斯充矣(『李文公集』권2, 「復性書」上).

이 되는 유학의 이론으로 대치했다. 이고는 유학에서 불교의 성불론에 해당하는 이론은 찾아낸 것이다.[12]

2. 이고의 복성성성론(復性成聖論)

(1) 드러난 죽음의 문제

이고는 말한다.

> 내가 살아온 햇수는 29년이다. 열아홉 살 때를 생각해보면 아침에 있었던 일 같고, 아홉 살 때를 생각해 봐도 또한 아침에 있었던 일 같다. 사람의 수명은 아무리 길어도 70, 80, 90년에 지나지 않는다. 100년을 사는 사람은 드물다. 100살이 되어 아홉 살 때를 보더라도 내가 오늘 지난 일을 생각하는 것과 차이가 크게 있을 것인가. 그 또한 아침에 있었던 일과 차이가 있겠는가. 그렇다면 사람이 살아서 100년을 누리더라도 우레와 번개가 서로 치는 것과 같고, 바람이 회오리쳐서 도는 것과 같을 것임을 알 수 있다. 하물며 천사람 백사람 가운데 한 사람도 100살을 살 수 없는 데서야.[13]

즉, 이고가 스물아홉 살이 되어, 열아홉 살, 아홉 살 때를 생각

---

12. 馮友蘭, 『中國哲學史』, 805~809쪽 참조.
13. 吾之生二十有九年矣 思十九年時 如朝日也 思九年時 亦如朝日也 人之受命 其長者 不過七十·八十·九十年 百年者 則稀矣 當百年之時而視乎九年時也 與吾此日之思於前也 遠近其能大相懸耶 其又能遠於朝日之時耶 然則人之生 也 雖亨百年 若雷電之驚相激也 若風之飄而施也 可知耳矣 況千百人而無一 及百年者哉(『李文公集』 권2, 「復性書」下).

해보니, 그것은 오늘 아침에 있었던 일처럼 생생하게 느껴졌다. 따라서 비록 100살까지 산다고 하더라도 남은 인생이 우레나 번개 또는 회오리바람처럼 순식간에 지나가 버릴 것이다. 이렇게 생각해보면, 인생의 덧없음에 고뇌하지 않을 수 없다. 이고는 이런 고뇌를 극복하지 못할까 두려웠다.

> 그러므로 나는 종일 도덕에 뜻을 두었어도 오히려 미치지 못할까를 두려워하고 있다.[14]

이고가 말하는 도덕은 사회윤리나 생활 도덕을 의미하는 것이 아니라, 본래마음을 회복했을 때의 삶의 방식과 능력을 말한다. 본래마음을 회복하면 생시를 초월하는 영원의 삶을 살 수 있으므로, 인생에 대해 허무한 마음이 들면 들수록 이고는 반드시 도덕을 회복해야만 했다. 도덕을 얻은 사람은 죽음을 초월한다. 이고는 공자와 같은 성인을 불교에서 말하는 부처님에 해당하는 것으로 받아들였으므로, 성인이 되는 것을 성불하는 것으로 이해했다. 공자는 도덕을 얻었으므로 죽음을 초월한 사람이다. 공자뿐만이 아니라 공자의 뛰어난 제자들은 모두 죽음을 초월한 사람들이다. 이고는 다음과 같이 말한다.

> 자로가 죽을 때를 보자. 석걸맹염이 창을 가지고 공격하여 갓끈을 자르니, 자로는 '군자는 죽어도 갓을 벗지 않는다'라고 말하면

---

14. 故吾之終日 志於道德 猶懼未及也(『李文公集』 권2, 「復性書」下).

서 갓끈을 맨 뒤에 죽었다. 자로는 용기를 좋아하여 겁이 없었던 것이 아니다. 그 마음이 고요하여 동요하지 않았기 때문이다. 증자는 죽을 때, '내가 무엇을 구하겠는가. 나는 바른 것을 얻어서 죽으면 그만이다'라고 했다. 이는 본질과 천명을 바로 알고 한 말이다. (…) 자사는 중니의 손자인데 자기 할아버지의 도를 얻어서 『중용』 47편을 저술하여 맹자에게 전했다. 맹자는 '나는 마흔 살에 마음이 동요하지 않게 되었다'라고 했다.[15]

자로가 전쟁터에서 적의 공격을 받아 갓끈이 끊어졌을 때, 죽음을 두려워하지 않고 태연히 갓끈을 맨 뒤에 죽었는데, 이 사실을 보고, 이고는 자로가 용맹해서 그런 것이 아니라 득도했기 때문이라도 판단했다. 그리고 죽음에 임하여 살기를 추구하지 않고 태연했던 증자의 마음과 동요함이 없었던 맹자의 마음 등도 죽음을 초월한 마음으로 보았다. 말하자면, 자로·증자·맹자의 부동심의 경지가 바로 이고가 추구한 도덕을 터득한 경지이다. 이고는 '죽으면 어디로 갑니까?'라는 물음에 대하여 다음과 같이 대답하고 있다.

성인이 책에 기록하지 아니한 바이다. 『주역』에서는 처음을 근원하여 마지막을 돌이켜보면 죽음과 삶의 이치를 알 수 있고,

---

15. 子路之死也 石乞孟黶 以戈擊之斷纓也 其心寂然不動故也…子思 仲尼之孫 得其祖之道 述中庸四十七篇 以傳于孟軻 軻曰 我四十不動心(『李文公集』 권2, 「復性書」上).

정기는 물체가 되고 유혼은 변하기 때문에 귀신의 정상을 알수 있다고 했는데, 이것이 극진한 말이다. 공자는 '아직 삶을 알지 못하는데 어찌 죽음을 알겠는가'라고 했으니, 그 처음을 살펴 마지막을 돌이켜보면 삶의 이치를 다 알 수 있는 것이다. 삶의 이치를 다 알게 되면 죽음의 이치는 배우지 않고도 저절로 통하는 것이다.[16]

이고는 '사람이 죽으면 어디로 가는가?'라고 하는 질문을 설정하고 그에 관한 해답을, 『주역』 「계사전」의 말을 인용하여 설명했다. 공자가 '아직 삶을 알지 못하는데 어떻게 죽음을 알 수 있겠는가'라고 하여 문제의 초점을 죽음에서 삶으로 환원시킨 것에 대하여, 이고는 삶을 알지 못하기 때문에 죽음을 알지 못한다는 의미로 해석함으로써 삶 속에서 죽음의 문제를 해결할 수 있다는 뜻으로 이해했다.

죽음의 문제를 극복하기 위해 고뇌하던 이고에게 『주역』 「계사전」에 있는 '처음을 살펴 마지막을 돌이켜보면 죽음과 삶의 이치를 알 수 있다'라는 이 말은 놓칠 수 없는 귀중한 자료로 이해되었다. 이고는 이 문장을 근거로 죽음의 문제를 해결하는 이론의 구축을 시도했다.

이고의 따르면, 죽음의 문제를 완전히 해결한 사람이 성인이므

---

16. 曰敢問死何所之耶 曰聖人之所不明書於策者也 易曰 原始反終 故知死生之
說 精氣爲物 遊魂爲變 是故知鬼神之情狀 斯盡之矣 子曰 未知生 焉之死 然
則原其始而反其終 則可以盡其生之道 生之道旣盡則死之說不學而自通矣
(『李文公集』 권2, 「復性書」中).

로, 성인에 관한 이고의 언급을 살펴보면 죽음의 문제를 해결하는 방법과 해결한 뒤의 삶의 모습을 알 수 있다.

(2) 성인의 모습

죽음의 문제를 완전하게 해결한 사람을 유학에서는 성인으로 간주한다. 이고는 성인을 다음과 같이 설명한다.

> 성인이란 고요하여 동요하지 않고, 가지 않으면서 이르며, 말하지 않아도 신기하게 통하고, 빛내려 하지 않아도 빛난다. 제작함은 천지에 참여하고 변화함은 음양에 합치된다. 비록 정이 있지만, 일찍이 정을 쓰지 않는다.[17]

성인은 조용하게 마음의 평정을 보존하므로 흔들리거나 동요함이 없다. 간다는 의식, 말한다는 의식, 빛낸다는 등의 의식을 하지 않으면서 저절로 이르고, 저절로 통하며, 저절로 빛남으로써, 인간사회의 작위적인 제작 활동에 참여하지 않고, 천지자연과 혼연일체가 되어 무위자연을 실천하는 자유인이다. 정이 있으므로 움직임이 있지만, 움직임을 의식하지 않으므로, 무정하게 움직이는 것처럼 보인다.

이고는 성인에 대해 다음과 같이 말하기도 했다.

---

17. 聖人者 寂然不動 不往而到 不言而神 不耀而光 制作參乎天地 變化合乎陰陽
雖有情也 未嘗有情也(『李文公集』 권2, 「復性書」上).

성인의 움직임은 자연의 움직임이다. 요순이 열여섯 재상을 등용했지만 기뻐서 한 것이 아니고, 공공을 유배시키고, 환두를 추방하며, 곤을 처형하고, 삼묘를 물리쳤지만, 성나서 한 것이 아니라 저절로 절도에 맞게 움직였을 뿐이다. 그 모든 것이 저절로 절도에 맞게 된 까닭은 온 세상을 자연의 모습으로 되돌려 놓았기 때문이다. 『주역』에서 말하기를 "변화의 도를 아는 자는 신(神)이 하는 바를 알 것이다"라고 했고, 『중용』에서 말하기를 "희로애락의 정이 나타나기 이전의 마음을, 속에 있는 마음이란 뜻에서 중(中)이라 하고, 속마음이 나타나 모두 절도에 맞는 것을, 조화로움이라고 한다. 중은 모든 것의 본질인 하나의 큰 뿌리이고, 조화로움은 세상 어디에서나 통하는 도리이니, 중과 화를 이루면 하늘과 땅이 제 지리에 위치하고 만물이 제대로 길러진다"라고 했다. 『주역』에서 말하기를 "오직 깊으므로 천하의 뜻에 통할 수 있고, 오직 기미를 보고 미리 행동하기 때문에 천하의 일을 이룰 수 있으며, 오직 신령스러우므로 서두르지 않아도 빠르고, 가지 않아도 이른다"라고 했다. 이 모두는 성인을 일러 말하는 것이다.[18]

성인은 인간사회에서 행위는 하지만 그 행위가 자기의 의지에

---

18. 聖人至誠而已矣 堯舜之與十六相 非喜也 流共工 放驩兜 極鯀 竄三苗 非怒也 中於節而已矣 其所以皆中節者 設敎于天下故也 易曰 知變化之道者 其知神之所爲乎 中庸曰喜怒哀樂之未發謂之中 發而皆中節謂之和 中也者 天下之大本也 和也者 天下之達道也 致中和 天地位焉 萬物育焉 易曰 唯深也 故能通天下之志 唯幾也, 故能成天下之務 唯神也 故不疾而速 不行而至 聖人之謂也(『李文公集』 권2, 「復性書」中).

의한 개인적인 행위가 아니다. 천지자연과 혼연일체가 되어 움직이므로, 그 움직임 자체가 자연이다. 성인의 감정은 천지자연과 하나가 된 상태에서의 감정이므로 개인의 이해득실에 따라 변하는 감정이 아니다. 이고가 설명하는 성인의 모습은 다음과 같이 정리할 수 있다.

① 고요히 마음의 평정을 유지하여 흔들리지 아니하는 자,
② 무위자연의 실천자,
③ 정에 속박되지 아니하는 자유인,
④ 천지자연의 변화를 아는 자,
⑤ 천지만물과 일체가 되는 자이다.

이고가 묘사한 성인은 한유가 말하는 성인과 다르다. 이고가 말하는 성인은 몸을 살리는 사람이 아니라, 천지만물과 하나인 본래의 모습으로 사는 사람이다. 이고의 학문적 과제는 성인이 되는 것으로 귀결된다. 성인이 되는 방법은 자기가 본래부터 가지고 있었던 성을 회복하는 데 있다.

(3) 복성론(復性論)

성(性)은 모든 사람이 다 함께 가지고 있는 존재의 본질이다.

물어 말하기를 "범인의 성은 성인의 성과 같습니까?" 대답하기를, "걸주의 성도 요순의 성과 같다."[19]

이고에 따르면, 성은 선인·범인·백성·악인·성인을 포함한 모든 사람이 다 함께 가지고 있는 인간존재의 본질이다. 그렇지만, 성이 정에 의해 가려졌으므로, 성을 회복하지 않으면 성에 따르는 삶을 살 수 없다.

사람이 성인이 될 수 있는 근거는 성이다. 사람의 성을 미혹시키는 것은 정이다. 희로애구애오욕의 일곱 가지는 모두 정의 작용이다. 정이 혼미해지면 성은 곧 감추어진다. 성의 잘못이 아니다. 이 일곱 가지의 정이 번갈아 다가오기 때문에, 성이 채워질 수 없다. 물이 혼탁해지면, 그 흐름이 맑지 못하게 된다. 불에 연기가 나면, 그 빛이 밝지 못하게 된다. 물이 맑지 못하고, 불이 밝지 못한 것이 물과 불의 잘못이 아니다. 모래가 혼탁하게 하지 않으면 물의 흐름은 곧 맑아지고, 연기가 가리지 않으면 불의 빛은 곧 밝아지듯이, 정이 일어나지 않으면 성은 곧 채워진다.[20]

인간은 누구나 성을 회복하면 성인이 된다. 그러나 인간이 성인이 되지 못하는 이유는 성이 정에 의해 미혹되기 때문이므로, 정을 없애기만 하면 성을 회복할 수 있다.

---

19. 問曰 凡人之性猶聖人之性 故曰 桀紂之性猶堯舜之性也(『李文公集』 권2, 「復性書」中).
20. 人之所以爲聖人者 性也 人之所以惑其性者 情也 喜怒哀懼愛惡欲七者 皆情之所爲也 情旣昏 性斯匿矣 非性之過也 七者循環而交來 故性不能充也 水之渾也 其流不淸 火之煙也 其光不明 非水火淸明之過 沙不渾 流斯淸矣 煙不鬱 光斯明矣 情不作 性斯充矣(『李文公集』 권2, 「復性書」上).

정이란 망령된 것이고 사악한 것이다. 사악하고 망령된 것은 정해진 출처가 없다. 망령된 정이 소멸하면 본성이 청명하여져 우주에 두루 흐른다. 이것이 성을 회복할 수 있다고 하는 근거이다.[21]

이고의 학문적 목적에서 보면, 그가 정을 망령되고 사악한 것으로 보는 이유를 알 수 있다. 삶에 대한 무상감이나 죽음에 대한 공포로 흔들리는 심리상태는 모두 정에서 기인하는 것이고, 흔들리지 않는 심리상태는 성에 기인하는 것이기 때문에, 성은 회복해야 하는 청명한 것이지만, 정은 극복해야 하는 망령되고 사악한 것이 된다. 성을 가로막는 것이 정이므로, 성을 회복하는 이고의 목적은 다시 정을 없애는 것으로 귀결된다.

어떤 사람이 물었다. "사람이 혼미하게 된 지 오래되었으므로, 자기의 성을 회복하고자 한다면 반드시 점차적인 방법으로 해야 할 것인데, 그 방법을 묻겠습니다." "헤아리지 않고 생각하지 않으면 정이 생기지 않는다. 정이 생기지 않으면 바르게 생각할 수 있다. 바르게 생각한다는 것은 헤아림이 없고 생각함이 없는 것이다. 『주역』에 이르기를 '천하에 무엇을 생각하고 무엇을 헤아리리오'라고 했고, 또 '간사함을 막고 진실함을 보존한다'라고 했다. 『시경』에서는 '생각함에 사악함이 없다'라고 했고, 또

---

21. 情者 妄也 邪也 邪與妄則無所因矣 妄貞滅息 本性淸明 周流六虛 所以謂之
能復其性也(『李文公集』권2, 「復性書」, 「復性書」中).

말하기를 '그만둘까나'라고 했고, 다시 말하기를 '아직 아니다'라고 한 것 등은 자기 마음을 가다듬는 것이다. 이는 여전히 고요해야 한다는 것에서 벗어난 것이 아니다. 고요하면 반드시 움직이고, 움직이면 반드시 고요해진다. 움직이기도 하고 고요해지기도 하여 쉬지 않는다. 이것이 정이다. 『주역』에 이르기를 '길흉회인은 움직이는 정에서 생기니, 어떻게 자기 본성을 회복하겠는가'라고 하고, 또 말하기를 '어떻게 할 것인가'라고 하며, 다시 말하기를 '마음이 고요할 때 생각이 없음을 아는 것, 이것이 가다듬는 것이다'라고 했다. 본래 생각이 없다는 사실을 알면 움직임과 고요함이 모두 없어진다. 고요하여 움직이지 않는 것, 이것이 지극히 정성스러운 것이다." (…) 묻기를, "본래 생각함이 없다면, 움직임과 고요함이 모두 없어질 것이다. 그러면 소리가 들려도 들리지 않는 것인가? 물체가 나타나도 보이지 않는 것인가?" 하니, 대답하기를 "보지 않고 듣지 않으면 사람이 아니다. 보고 듣는 것이 환하여 단지 보기만 하고 듣기만 하는 데서 벗어나지 않는다면, 괜찮은 것이다. 모르는 것이 없고 하지 않는 것이 없다. 그 마음이 고요하여 천지를 밝게 비추는 것은 자연스러움에서 오는 밝음이다. 『대학』에서 말하기를 '지혜를 이루는 것은 격물에 있다'라고 하고, 『주역』에서 말하기를 '역은 생각함이 없고, 하는 것이 없다. 고요하여 움직이지 않고 감응하여 천하의 이치에 통달한다'라고 했다."[22]

위 인용문의 내용은 다음과 같이 정리된다. 정이 일어나는 것은 생각하고 헤아리며 움직이려 하고 가만있으려 하는 의식 때문이므로, 정을 없애는 방법은 생각하지 않고 헤아리지 않아서 생각이 없고 헤아림이 없는 경지를 터득하는 것이고, 의식적으로 노력하여 가만히 있고 움직인다는 상대적 개념에서 벗어나는 것이다.

감각 작용의 경우, 보는 것, 듣는 것은 움직이는 것이고, 보지 않는 것, 듣지 않는 것은 고요한 것인데, 이 둘은 모두 의식에서 일어나는 작용이다. 의식에서 벗어나면 보는 것도 의식 없이 보는 것이고, 듣는 것도 의식 없이 듣는 것이다. 그런 상태가 되면 보는 것과 보지 않는 것이 차이가 없고, 듣는 것과 듣지 않는 것이 차이가 없다.

자사가 말하기를, "오직 천하의 지성만이 능히 자기의 성을 다 발휘하고, 자기의 성을 다 발휘하면 다른 사람의 성도 다 발휘할 수 있다. 다른 사람의 성을 다 발휘할 수 있으면 만물의 성을 다 발휘할 수 있다. 만물의 성을 다 발휘할 수 있으면, 낳고 기르는 천지의 작용을 도울 수 있다. 낳고 기르는 천지의 작용을 도울 수 있으면, 천지와 하나가 될 수 있다. 그 다음은 자기

22. 或問曰 人之昏也久矣 將復其性者 必有漸也 敢問其方 曰 弗慮弗思 情則不生 情旣不生 乃爲正思 正思者 無慮無思也 易曰天下何思何慮 又曰閑邪存其誠 詩曰思無邪 曰已矣乎 曰未也 此齋戒其心者也 猶未離於靜焉 有靜必有動 有動則必有靜 動靜不息 是乃情也 易曰吉凶悔吝 生乎動者也 焉能復其性耶 曰如之何 曰方靜之時 知心無思也 是齋戒也 知本無有思 動靜皆離寂然不動者 是至誠也(…)問曰本無有思 動靜皆離 然則聲文來也 其不聞乎物之形也 其不見乎 曰 不睹不聞 是非人也 視聽昭昭而不起於見聞者 斯可矣 無不知也 無弗爲也 其心寂然 光照天地 是誠之明也 大學曰致知在格物 易曰易無思也 無爲也 寂然不動 感而遂通天下之故(『李文公集』권2,「復性書」中).

의 본성 중의 어느 하나만 다 발휘하는 것이다. 어느 하나만 다 발휘하면 정성스럽게 될 수 있다. 정성스러우면 나타나고 나타나면 드러난다. 드러나면 밝아지고 밝아지면 움직인다. 움직이면 변하고, 변하면 성인이 된다. 오직 천하의 지성만이 성인이 될 수 있다.

사람의 성이 모두 선함을 알아 그것에 따르고 쉬지 않으면 성인의 경지에 이를 수 있다. 그러므로 예를 만들어서 조절하고, 악을 만들어서 조화시켰다. 화락하여 편안한 것은 악의 근본이고, 움직여 예에 맞는 것은 예의 근본이다. 그러므로 수레에 타고 있을 때는 방울 소리를 듣고, 걸어 갈 때는 패옥 소리를 듣는다. 까닭이 없으면 금슬을 놓지 않는다. 보고 듣고 말하고 움직이는 것을 예에 따라 하는 것은, 사람에게 욕심을 잊고, 성명의 도에 귀의하게 하는 것이다. 도는 지성이다. 정성스러우면서 그치지 않으면 욕심이 없어지고 욕심이 없어졌는데도 그치지 않으면 밝아지고, 밝으면서 그치지 않으면 천지에 비추어도 빠뜨리는 것이 없다. 그것은 다름이 아니라 성명의 도를 다하는 것이다."[23]

---

23. 子思曰 唯天下至誠 爲能盡其性 能盡其性則盡人之性 能盡人之性則能盡物之性 能盡物之性則可以贊天地化育 可以贊天地之化育則可以與天地參矣 其次致曲 曲能有誠 誠則形 形則著 著則明 明則動 動則變 変則化 有天下至誠爲能化 聖人知人之性皆善 可以循之不息而至於聖也 故制禮以節之 作樂以和之 安於和樂 樂之本也 動而中禮 禮之本也 故在車則聞鸞和之聲 行步則聞珮玉之音 無故不廢琴瑟 視聽言行 循禮而動 所以教人忘嗜欲而歸性命之道也 道者至誠也 誠而不息則虛 虛而不息則明 明而不息則照天地而無遺 非他也 此盡性命之道也(『李文公集』권2, 「復性書」上).

사계절의 진행이 쉼이 없는 것처럼 천지자연의 생명력은 조금도 쉬지 않고 진행된다. 사람의 삶도 본래 그러했다. 사람이 본래의 모습을 회복하면 조금의 쉼이 없는 삶을 살게 된다. 쉼 없이 움직이는 것이 정성스러움이다. 정성스러움은 천지자연의 움직임이다. 본래의 삶이 정성스러움이었으므로, 삶을 정성스럽게 하기만 하면 본래의 모습을 회복할 수 있다.

(4) 실천의 문제

실천을 어떻게 할 것인가는 이고에게 큰 관심이 될 수 없다. 수양이 된 사람은 저절로 진리가 실천되지만, 수양이 되지 않은 사람은 어떤 실천을 해도 바람직한 실천이 아니기 때문이다. 『대학』에는 바람직한 삶의 방법을 여덟 가지로 나누어 격물·치지·성의·정심·수신·제가·치국·평천하의 팔조목으로 설명하면서, 평천하의 목적을 달성하기 위한 수양을 제시하기도 하고, 수양이 되면 저절로 평천하에 이른다는 수양의 효과를 설명하기도 했는데, 이고는 평천하의 목적을 달성하기 위한 과정을 생략하고, 수양이 되면 저절로 평천하에 이른다는 수양의 효과만을 인용했다. 순자 철학의 목적은 평천하에 있고, 맹자 철학의 목적은 개인의 수양에 있다. 순자 철학을 계승한 한유는 『대학』의 팔조목 중에서 평천하를 목적으로 삼는 부분만을 인용했고, 맹자 철학을 계승한 이고는 수양의 목적으로 삼는 부분만을 인용했다. 다시 말하면, 『대학』의 팔조목 중에서, 한유는 평천하를 위해 치국·제가·수신·정심·성의의 과정을 설명한 부분만 인용했고, 이고는 수양의 결과 진행되는 효과인 격물·치지·성의·정심·수신·제가·치국·평천하의 과정만 인용했다.

한유와 이고가 등장하여 불교를 공격하는 이론을 펼쳤지만, 그 이론이 다수의 사람이 좋아하게 되기까지는 많은 시간이 걸린다. 당나라의 정치기반인 불교가 사람들의 호응을 받지 못하게 되면 당나라는 망할 수밖에 없고, 그 혼란은 다수의 사람이 좋아하는 사상이나 이론이 나올 때까지 지속될 수밖에 없다.

제4장

당나라의 멸망과 오대의 혼란기

제1절
당나라의 멸망

당나라가 멸망하게 된 원인에는 여러 가지가 있지만, 가장 근본적인 원인은 불교사원의 수가 급격히 불어나 국가 재정이 궁핍해졌고, 불교가 타락하여 백성들의 지지를 받지 못하게 된 데 있다. 국가의 재정이 궁핍할수록 세금이 불어날 수밖에 없고, 세금이 불어나면 백성들의 반발이 극심해진다. 당나라 말기에는 국경 수비 대장에 해당하는 절도사들이 반발하는 백성들을 이끌고 곳곳에서 반란을 일으켰는데, 그중에서도 황소의 반란은 세력이 커서 왕궁을 공격하기에 이르렀다. 황소는 주전충에게 군사를 주고 왕궁을 공격하게 했는데, 주전충이 황소를 배신하고 당나라 군대와 합세하여 황소를 공격하자, 황소는 패하여 달아나다가 자살하고 말았다.

주전충은 황소의 난을 제압한 공을 인정받아 당나라에서 세력을 확보한 뒤 907년 당나라의 마지막 황제인 애제에게 선양이란 형식으로 왕위를 물려받고, 나라 이름을 후량이라고 함으로써 당나라는 멸망했다.

당나라의 불교는 한나라 때의 철학적 기반인 형하판 철학의 한계를 극복하고 등장한 형상판의 철학사상이었다. 만약 당나라의 멸망이 형상판의 철학사상에서 온 한계 때문이었다면, 형하판의 철학사상이 출현하여 다수의 사람이 공감할 때까지 혼란이 지속될 것이지만, 당나라의 멸망은 단지 불교의 폐단에 따른 것이었을 뿐, 형상판을 형하판으로 판 갈이를 해야 할 만큼, 형상판이 한계를 맞이한 것은 아니었다. 그 이유는 형상판의 철학으로 살았던 수나라와 당나라의 역사가 300여 년밖에 지속하지 않았으므로, 사람들이 형하판으로 살았던 한나라 때의 문제점과 400여 년 가까이 지속된 위진남북조시대의 쓰라린 고통을 기억하고 있었기 때문이었다. 따라서 당나라가 멸망했어도 형상판의 효력이 여진히 남아 있었으므로, 당나라가 멸망한 이후에 판 갈이 할 때처럼 긴 혼란이 지속될 것은 아니었다. 형상판이라는 판은 그대로 놓아두고, 수명을 다한 불교철학을 대신하는 새로운 형상판의 철학이 등장할 때까지 혼란이 지속되기만 하면 되는 것이었다. 당나라 말기에 불교를 대신하기 위해 출현한 유학은 형상판의 유학인 맹자 철학이 주도하고, 형하판의 유학인 순자 철학은 불교를 공격하기 위한 보조 수단으로 등장한 것이었으므로, 불교를 대신하는 새로운 유학은 이고의 형상판 철학이 중심이 될 수밖에 없었다. 당나라가 멸망한 뒤에 이어진 오대십국시대의 혼란은 다수의 사람이 새로운 유학에 공감할 때까지만 지속되는 것이므로, 위진남북조시대의 400여 년에 걸친 혼란보다 훨씬 짧은 70여 년의 혼란으로 끝이 났다.

제2절
오대십국시대의 혼란과 유학적 분위기

주전충이 후량이라는 나라를 세웠지만, 당시에 다수의 사람이 좋아하는 이론이나 사상이 없었으므로 정치이념을 설정할 수가 없었고, 백성들의 지지를 받을 수도 없었으므로, 안정된 나라를 유지할 수 없었다. 얼마 가지 못해 후량이 망하고 오대십국(907~979)이라는 혼란기가 지속되었다. 이 혼란 역시 다수의 사람이 좋아하는 이론이나 사상이 나올 때까지 지속될 수밖에 없었다. 오대십국시대의 혼란은 당나라 말기에 일어난 한유와 이고의 유학사상이 많은 사람에게 인정받는 분위기가 무르익을 때까지 지속되었다.

유학은 외래사상이 아닌 전통사상이었으므로 비교적 저항 없이 사람들에게 받아들여질 수는 있었다. 오대십국의 혼란기에 새로운 유학이 빠르게 전파되어, 유학을 정치 수단으로 한 조광윤의 송나라가 건국됨으로써 오대십국의 혼란은 끝났다.

제 4 부

북송시대의 유학

제1장

■

조광윤의 송나라 건국과 신유학의 개화

송나라 태조 조광윤(趙匡胤: 927~976)은 후주(後周)의 장군이었는데, 여러 전투에서 승리를 거두어, 후주의 시영(柴榮: 후주의 세종)이 954년에 즉위했을 때, 가장 유력한 장군이 되었다. 조광윤은 북한(北漢)과 후주가 고평에서 충돌했을 때 죽을 위기에 처한 세종을 구하고 전투를 승리로 이끌어 명성을 날렸으며, 그 뒤에도 다섯 번 전쟁에 나가 모두 승리를 거둠으로써 마침내 절도사에 임명되었다. 갑자기 세종이 병사하자, 7살짜리 임금인 공제의 양위를 받아 황제에 즉위하고, 국호를 송이라고 했다(북송: 960~1127). 조광윤이 송나라를 건국하여 유지할 수 있었던 이유는 당나라 말기에 시작된 유학 부흥 운동이 상당히 널리 퍼져서 불교의 폐해로 인해 고통 받던 일반 백성들에게 받아들여지는 분위기였기 때문으로 이해할 수 있다. 조광윤은 백성들의 그런 분위기를 간파했기 때문에 유학을 정치 수단으로 삼고 등장한다.

송나라는 수도를 개봉(開封)으로 정했는데 개봉은 장안보다 상당히 동쪽에 위치해 있다. 중국은 물질적 가치를 중시하여 무력을 숭상하는 시대가 되면 서쪽 지역의 사람들이 주도권을 잡기 때문에 수도가 주로 서쪽에 자리 잡지만, 정신적 가치를 중시하여 문치주의로 바뀌면 동쪽 지역의 사람들이 주도권을 잡기 때문에 수도가 동쪽으로 이동하는 경향이 있다. 중국은 당나라 때 종교가 발달했으므로 수도는 한나라 이래의 정치의 중심지였던 장안에 자리 잡았지만, 인물들이 주로 동쪽 지역에서 많이 배출되므로 문화의 중심이 서서히 동쪽으로 이동했다. 송나라 때 수도를 개봉으로 정한 것은 당나라 이래로 정신적 가치를 중시하는 분위기로 바뀌었음을 증명하는 증거이기도 하다.

송 태조 조광윤은 유학적 문치주의를 표방하고 과거제도를 정비하고 내치에 전력하여 상당한 안정을 얻을 수 있었다. 조광윤은 유학자 출신인 조보(趙普)의 건의를 받아들여 인재를 골고루 채용했고, 중앙집권적 관료체제를 확립하고 절도사의 권한을 축소했다. 많은 역사학자는 지방 절도사의 군사력을 약화한 것이 송나라의 전투력이 약해진 이유로 설명하지만, 그것은 하나의 이유가 되기는 하겠지만, 근본 원인은 아니었다. 정치의 안정은 다수의 사람이 좋아하는 사상이나 이론이 있을 때 가능하다. 다수의 사람이 좋아하는 사상이나 이론이 있으면 정부가 그것을 정치이념으로 삼을 것이고, 그로 인해 백성들의 압도적인 지지를 받을 것이므로 힘이 집중될 수 있다. 송나라 초기에는 백성들에게 지지받는 새로운 유학이 강력한 정치이념이 될 수 있을 만큼 체계를 갖추지 못했으므로, 송나라 백성들에게 압도적인 지지를 받을 수 없었다.

당나라 때의 불교 승려들은 정신수련에 치중했기 때문에 정치를 움직이는 힘을 가지고 있기는 했지만, 현실 정치를 담당하는 관료들은 여전히 순자 철학을 몸에 익힌 지식인들이었다. 이런 전통은 송나라 때도 이어졌다. 송나라가 유학을 강조하면서 등장한 것은, 당나라 말기에 시작한 유학 부흥 운동에 기인한 것이지만, 유학 부흥 운동이 아직 완전히 정착하지 못했기 때문에, 정치를 담당한 관료들은 여전히 순자 철학을 몸에 익힌 지식인들이었다.

송나라 때의 유학자들은 두 부류로 나눠질 수밖에 없었다. 한 부류는 당나라 말기에 시작된 유학 부흥 운동의 흐름을 계승하는 신유학자들이고, 다른 부류는 한나라와 당나라 때부터 정치를 담당해오던 순자 철학을 몸에 익힌 관료들이다. 유학 부흥 운동의 흐름을 잇는 신유학자들은 기성의 관료들과 대립할 수밖에 없었다. 신유학자들의 수가 많아져 관계에 진출하는 수가 증가하자 기존의 세력들이 견제하기 시작했다. 12세기에 세 차례에 걸쳐 기존의 정치인들이 신유학자들의 관계 진출을 금지했다. 신유학자들은 학문 자체에 대한 매력으로 모인 사람들이기 때문에, 관계에로의 진출이 막혀도 물러서지 않고, 더욱 학문에 정진하여 수가 급격히 불어났다. 기존 정치 세력과 신유학자들과의 대립이 치열해질수록 송나라의 정치가 안정될 수 없었고, 그로 인해 국력이 약화할 수밖에 없었다.

송나라의 불안은 신유학자들이 추구한 학문이 정비되어 다수의 사람에게 호응을 받게 될 때까지 지속될 수밖에 없었다.

제2장

■

북송시대 유학의 발전

오대십국시대에는 극도로 혼란한 시기이었으므로, 유학이 백성
들에게 상당히 전파되기는 했어도 학문적 이론체계가 크게 발전
하지 못했지만, 송나라 때 나라가 안정되어 유학이 받아들여지는
분위가 되었으므로, 본격적으로 연구되기 시작했다. 가장 먼저 등
장한 유학자는 한유의 유학을 계승한 구양수였다.

제1절
구양수의 한유 사상 계승

구양수(歐陽修: 1007~1072)의 자는 영숙(永叔)이며 길주 여릉 사람이
다. 그의 학문적 목표는 한유처럼 되는 것이었다.

> 한유의 유고를 폐서(廢書) 더미에서 찾아내어 읽으면서 흠모하
> 게 되었다. 고심하며 탐색하여 침식을 잊어버리는 지경에 이르
> 렀다. 반드시 고삐를 나란히 잡고 달려 그를 좇아가 나란히 서
> 고자 했다.[1]

구양수는 한유의 글을 읽고 흠모하여 침식을 잊을 정도였다. 한유의 글을 읽은 사람이 모두 한유를 흠모하게 되는 것은 아니다. 한유는 순자 철학을 계승한 형하판 철학의 학자였으므로, 구양수가 한유에게 감동했다는 사실은 그도 순자 계열의 형하판 철학을 계승하는 사람임을 말해준다.

제1항 『역동자문』에서 본 구양수의 유학

『역동자문(易童子問)』(구양문충공집 9)은 동자의 물음에 대답하는 형식으로 『주역』을 지극히 평이하게 풀어놓은 구양수의 저서이다. 『역동자문』에는 구양수의 학문적 특징이 잘 드러나 있다.

한유의 사상을 계승한 구양수에게는 죽음의 문제가 관심의 대상이 되지 않는다. 구양수는 사람의 생사는 자연의 이치에 있고, 사람의 수명은 운명적으로 정해져 있으므로, 사람이 관여할 바가 아니라고 하여, 죽음의 문제를 학문의 대상으로 할 만큼의 관심을 보이지 않았다.[2] 사람의 몸을 기준으로 판단하면 사람은 태어난 이상 반드시 죽는다. 아무리 죽지 않는 방법을 생각해도 소용이 없다. 그러므로 죽음의 문제는 생각할 필요가 없다. 따라서 순

---

1. 得韓愈遺稿於廢書籠中 讀而心慕焉 苦志探索 忘寢食 必欲幷轡絶馳而追與之竝(『宋史』卷三百十九 列傳七十八).
2. 道者 自然之道也 生而必死 亦自然之理也 以自然之道養自然之生 不自狀賊夭閼而盡其千年 此自古聖智之所同也(…)蓋命有長短 稟之於天 非人力之所能爲也(『歐陽修文集』「冊正黃庭經序」外集卷第十五).

자의 사상을 계승하는 사람들은 철학적 사유를 통해서 죽음을 극복하려고 시도하지 않는다.

이고에게 죽음을 극복하는 이론의 근거가 되었던 『주역』 계사전에 있는 '처음을 살펴 마지막을 돌이켜보면 죽음과 삶의 이치를 알 수 있다'라는 말을 구양수는 성인의 말이 아니라고 부정한다.

> 내가 계사전 이하를 알고 있는 바에 따르면 이것은 성인이 지으신 것이 아니다.[3]

한유에게 학문의 목적이 된 것은 생양(生養)의 도, 즉 의식주를 비롯한 백성의 생업과 질서와 안정을 유지하기 위한 정치적 원리를 모색하는 것이었는데, 그것은 구양수에게도 예외가 아니었다. 구양수에 따르면, 선왕은 백성의 생활을 살피고 백성의 주거와 풍속을 위해 가르침을 베풀었지만, 백성들은 모두 자기들의 삶을 편안하게 영위하고 있었으면서도 실제로는 그것이 성인에 의한 것이라는 것을 알지 못했다. 선왕, 즉 이상적인 시대의 정치가들은 이른바 신통한 도로 가르침을 베풀었다. 백성의 욕구에 잘 따르는 것은 선왕도 어렵게 여기는 것이었지만 후왕, 즉 보통의 정치가들은 백성의 뜻을 어기지 않는 자가 드물다고 논한다.[4]

여기서 말하는 '순민(順民)'은 맹자 정치사상의 핵심이었다. 따라

---

3. 余之所以知繫辭傳而下 非聖人之作者(『易童子問』).
4. 童子問曰 觀之象曰 先王以省方觀民設敎 何謂也 曰 聖人處乎人上 而下觀於民 各因其方順其俗而敎之 民知各安其生 而不知聖人所以順之者 此所謂神道設敎也 童子曰 順民 先王之所難與 曰 後王之不戾民者 鮮矣(『易童子問』).

서 구양수는 민생의 안정에 힘써야 하는 정치가가 역할을 잘못하면 정치가를 몰아내도 된다는 맹자의 혁명사상을 계승하고 있다. 구양수는 말한다.

> 동자가 물었다. "혁괘의 단전에 이르기를 탕무의 혁명을 천명에 따라 백성에 응했다고 하니 무슨 의미입니까?" 대답하기를," 반역 중에는 신하가 군주를 벌하는 것보다 큰 것이 없다. 그러나 만일 군주가 군주답지 못하다면 이는 군주가 아니다. 그러므로 지극히 어진 사람이 걸·주의 악을 벌한 것이다. 하늘이 그들을 벌하고자 하고 백성들이 제거하고자 하니 탕·무가 벌하여 제거한 것이다. 그러므로 천명에 따라 백성에 응했다고 하는 것이다.[5]

구양수는 지극히 어진 탕왕과 무왕이 걸·주를 주살하여 제거한 것은 바로 하늘의 뜻을 따르고 백성의 뜻에 응한 것이라는 논리로 맹자의 혁명사상을 계승하고 있으며, 천명에 관해서도 민생의 안정을 중심으로 하여 사회적 질서를 상징하는 것으로 주역의 괘를 풀이하고 있다.

순자는 왕권의 강화를 위해서 맹자의 혁명사상을 비판했지만, 구양수가 순자의 철학사상을 이어받았으면서도 맹자의 혁명사상을 긍정한 까닭은 시대적 상황이 달랐기 때문이다. 순자가 살았던 전국시대는 극도로 혼란한 사회이었으므로 왕권을 강화할 필요

---

5. 童子問曰 革之象曰 湯武革命 順乎天而應人 何謂也 曰 逆莫大於以臣伐君 若君不君 則非君矣 是以至仁而伐桀紂之惡 天之所欲誅 而人所欲去 湯武誅而去之 故曰順乎天而應乎人也(『易童子問』).

가 있었지만, 구양수가 살았던 송나라는 나라가 안정되었으므로 왕권을 강화할 필요가 없었기 때문이다.

제2항 배불 중화사상

구양수는 한유의 배불론을 이어받았는데, 그 내용이 「본론(本論)」(『구양문충공집』 권제17)에 실려 있다. 구양수가 「본론」을 저술한 이유는 불교가 중국에 수입된 원인과 불교를 극복하는 방법을 명확히 하기 위한 것이다. 먼저 불교가 중국에 수입된 원인을 구양수는 다음과 같이 말한다.

> 불타는 오랑캐이며 중국과는 아주 멀리 떨어져 있다. 그리고 불타가 세상에 있던 연대는 매우 오래되었다. 요순 삼대의 때는 왕정이 잘 닦여져 밝았기 때문에 예와 의에 관한 가르침이 천하에 충만해 있었다. 그때에는 불교가 있었다 하더라도 들어올 수 없었을 것이다. 삼대가 쇠퇴하고 왕정이 황폐해져 예의가 붕괴한 지 200여 년이 지나 불교가 중국에 들어온 것이다. 이로써 본다면, 중국의 근심거리가 된 불교는 왕정과 예의가 황폐해진 틈을 타서 들어온 것이므로, 왕정과 예의의 황폐가 바로 근심거리의 원인이 된 것이다. 부족한 것을 보충하고 무너진 것을 닦아 왕정을 밝혀 예의가 충만하게 되면 불교가 중국에 들어와 있었다 할지라도 우리 백성들에게 베풀어지지는 않았을 것이다. 이것도 역시 자연스런 형세이다.[6]

오랑캐의 종교인 불교가 들어온 원인으로 구양수는 왕정이 황폐해진 것과 예의의 교화가 폐해진 것의 두 가지를 지적한 뒤, 불교를 극복하고 유학을 부흥시키는 방법을 다음과 같이 제시한다.

전국시대에는 양주와 묵적으로 인해 혼란스러웠는데, 맹자가 그것을 걱정하여 오직 인과 의를 제창했다. 그 결과 인의의 설이 왕성해지면서 양·묵의 학문은 폐해졌다. 한대에는 백가의 도가 아울러 일어났지만 동중서가 공자의 도를 닦았으므로, 공자의 도가 밝아지고 양·묵의 도가 그쳤다. 그것이 이른바 근본을 닦음으로써 이단을 이긴다는 것이다. 지금 8척의 남자가 갑옷을 입고 창을 메고 용기가 삼군(三軍)을 덮어도 불상을 보면 절을 하고 불교의 설법을 들으면 두려워하고 흠모하는 마음을 갖는 까닭은 마음속에 유학이 없기 때문이다. 그러나 일개의 나약하고 부드러운 선비가 노장사상과 불교의 내용을 들으면 굴복하지 않고 몰아내려고 하는 까닭은 학문이 밝아져서 예의가 익숙해지고 심중에 지키는 것이 있어 이단을 이기기 때문이다. 결국 중국에서 불교를 이기는 방법은 예의를 지키는 것뿐이다.[7]

---

6. 佛爲夷狄 去中國最遠 而有佛固己久矣 堯舜三代之際 王政修明 禮義之敎 充于天下 于此之時 雖有佛無由而入 及三代衰 王政闕 禮儀廢 後二百年餘年 而佛至乎中國 由是言之 佛所以爲吾患者 乘其闕廢之時以來 此其受患之本也 補其闕 修其廢 使王政明而禮義充 則雖有佛 無所施吾民矣 此亦自然之勢也(「本論」).

불교를 이기는 방법은 공맹의 도를 밝혀 그것을 마음속에서 지키도록 하는 것이다. 그러나 "불교의 진리가 오랫동안 사람들의 귀에 젖어 있고, 예의는 보지도 듣지도 못했으므로, 느닷없이 백성을 향해 '너희들의 불교를 금하고 우리의 예의를 지켜라'라고 한다면 백성들은 모두 달아나버릴 것이다"[8]라고 당시의 상황을 지적하면서 구양수는 점진적인 방법을 제시했다.

요순 삼대의 정치는 내용이 아직 전해지고 도구가 남아 있으니, 진실로 능히 강습하고 부지런히 행하여 점차 젖어 들게 하면 백성들이 모두 즐겨서 마침내 천하에 행해질 것이므로 불교가 베풀 곳이 없어질 것이다. 『좌전』에 '경쟁하는 모든 것은 동시에 최고가 될 수는 없다'라고 하였는데, 이것은 자연의 이치이다. 한유가 말한 것처럼 불교의 서적을 불태우고 사원을 불태울 것까지는 없다.[9]

한유는 '불교 서적을 불태우고 사원을 불태워야 한다'라고 주장

---

7. 戰國之時 楊墨交亂 孟子患之而專言仁義 故仁義之說勝 則楊墨之學廢 漢之時 百家竝興 董生患之而退修孔氏 故孔氏之道明而百家息 此所謂修其本以勝之 之效也 今八尺之夫 被甲荷戟 勇蓋三軍 然而見佛則拜 聞佛之說則有畏慕之誠 者何也 彼誠壯校 其中心茫然 無所守而然也 一介之士 眇然柔愉 進趨畏怯 然而聞有道佛者 則義形于色 非徒不爲之屈 又欲驅而逐之者何也 彼無他焉 學問明而禮儀熟 中心有所守以勝之也 然則禮儀者 勝佛之本也(「本論」).
8. 佛之說熟于人耳 入乎其心久矣 至于禮義之事 則未嘗見聞 今將號于衆曰 禁汝之佛而爲吾禮義 則民將駭而走矣(「本論」).
9. 堯舜三代之政 其說尚傳 其具皆在 誠能講而修之 行之以勤而浸之以漸 使民皆樂而趨焉 則充行乎天下 而不無所施矣 傳曰 物莫能兩大 自然之勢也 奚必曰 火其書而盧其居哉(「本論」).

했지만, 구양수가 한유를 계승했으면서도 불태울 것까지는 없다고 한 까닭은 상황이 달랐기 때문이다. 당나라 때는 과감하게 공격하지 않으면 안 될 정도로 불교 세력이 왕성했지만, 송나라 때는 유학의 공격을 받아 불교가 많이 쇠퇴했기 때문이었다. 구양수의 배불론에서는 불교를 배척하지 않더라도, 중국에 전해지는 요순의 도를 부흥시키기만 하면 불교는 저절로 없어질 것이라고 했다. 그만큼 자신감이 생긴 것이다. 순자 계열의 학자들에게는 중화사상이 있는데 구양수에게도 예외가 아니다.

왕도가 밝아지지 않고 인의가 무너지면 오랑캐의 환란이 이르게 된다. 공자는 『춘추』를 지어 중국을 높이고 오랑캐를 낮추었다. 그런 연후에 왕도가 다시 밝아졌다.[10]

위의 인용문에서 보면 구양수의 배불론은 중화사상에 의해 지탱되고 있음을 알 수 있다. 구양수는 불교를 배척하기 위해 왕도를 실현해야 한다고 주장했는데, 왕도정치는 맹자가 강조한 정치론이었다. 그렇다면 구양수가 주장하고 있는 왕도론은 어떤 것인지 확인해볼 필요가 있다.

군자가 학문하면서 힘써야 할 것은 도를 실천하는 것이다. 도를 행하는 것은 반드시 옛것을 아는 것에서 비롯된다. 옛것을 알

---

10. 王道不明而仁義廢 則夷狄之患至矣 及孔子作春秋 尊中國而賤夷狄 然後王道復明(「本論」).

고 도를 밝힌 연후에 몸으로 행하여 이를 실제로 시행하고 문장에 나타냄으로써 이를 드러내어 후세에 믿도록 하는 것이다. 그 도는 바로 주공·공자·맹자가 늘 실천하고 있었다. 그 문장은 육경에 기재되어 지금까지 믿음을 받고 있다. 『서경』의 「요전」과 「순전」에서 진술한 내용은 너무나 뛰어나서 후세의 사람이 존숭하고 앙망하기를 다할 수 없을 정도로 그 근엄함이 하늘과 같은 것이었다. 그러니 『서경』의 말이 어찌 고상하다 하지 않을 수 있겠는가! 그런데 그것은 구족과 친하게 되는 것, 백성을 화평하게 하는 것, 물난리를 걱정하는 것, 신하에게 누구에게 맡기는 것이 좋은지를 물어 딸을 순에게 시집보내는 것, 산천에 제사 지내는 것, 제후를 보는 것, 율도를 정비하는 것, 도량형을 신중하게 하는 것, 신하에게 네 죄인을 벌주고 추방하게 하는 것 등이었다. 공자 이후 맹자만이 도를 알았다. 그러나 그 책에는 사람에게 뽕나무와 삼을 심는 것, 닭과 돼지를 기르는 것 등을 가르침으로써 산자를 봉양하고 죽은 자를 장사지낼 수 있도록 하는 것이 왕도의 근본이라고 하는 것에 지나지 않는다. 그 이전의 글이 어찌 글이 아니며, 맹자가 도를 말한 것이 어찌 도가 아니겠는가. 그러나 그 일은 바로 세상 사람들이 가장 알기 쉽고 비근한 것이어서 대개 현실에 절실한 것이다. 지금의 배우는 자들이 깊이 이를 근거로 하지 않는 것은 괴이한 자들의 말을 즐기고 혼돈을 생각하며 형체가 없는 것을 지극한 도라고 여기기 때문이다.[11]

구양수가 말하는 도는 불교나 노장사상에서 말하는 비현실적인 것이 아니라, 요·순·공자·맹자가 말하는 현실적이며 몸에 가까운 것이다. 그 내용은 민생의 해결, 사회질서의 유지, 인륜의 확립, 정치제도의 완비, 국가안정의 확보 등이다. 맹자가 왕도정치를 말할 때 뽕나무를 심고, 닭과 돼지 기르는 것 등에서 시작해야 한다고 한 것을 구양수는 왕도의 근본으로 바꾸어놓았다. 맹자가 말한 왕도의 근본은 교육을 통해서 사람의 본마음을 회복하도록 하는 것이었다.

제3항 구양수의 역사관

구양수에 의한 불교 배척 방법은 왕도의 부흥이고, 왕도의 내용은 생양의 도이었다. 생양의 도는 옛것을 살펴 가감하고 다시 그것을 발전시켜 가야 한다. 생양의 도를 사상의 핵심으로 하는 구양수의 역사관은 당연히 발전사관(發展史觀)으로 나타난다. 구양수는 장수재(張秀才)에게 주는 글에서 다음과 같은 역사관을 피력하고 있다.

11. 君子之於學也 務爲道 爲道必求知古 知古明道以後履之以身 族之於事而又見文章 而發之以信後世 其道周公孔子孟軻之徒常履而行之者是也 其文章則六經所載 至今而取信者是也 及夫二典述之炳然 使後世尊崇仰望不可及 其嚴若天 然則書之言 豈不高耶 然其事不過於親九族 平百姓 憂水患 問臣下誰可任 以女妻舜 及祀山川 見諸候 齊律度 謹權衡 使臣下誅放四罪而已 孔子之後 惟孟軻最知道 然其書不過於敎人樹桑麻 畜鷄豚 以謂養生送死 謂王道之本 夫二典之文 豈不爲文 孟軻之言道 豈不爲道 而其事乃世人之甚易知而近者 蓋切於事實而已 今學者不深本之 乃樂誕者之言 思混沌於古初 以無形爲至道(『歐陽文忠公文集』 外集卷 第 十六 文集 六十六 「與張秀才 第二書」).

전 일에 다녀가신 후 다시 전에 주신 고금 잡문 십수 편을 취하여 반복하여 읽어 보았습니다. 대절부(大節賦), 락고(樂古), 태고곡(太古曲) 등의 편은 말이 더욱 고상하고 뜻이 극히 큽니다. 족하의 뜻을 살펴보건대 어찌 세상을 염려하고 풍속을 걱정하는 것이 아니겠습니까? 옛것을 궁구하여 도를 밝히고 지금을 바탕으로 삼아 옛것을 회복함으로써 지금의 혼란하고 잡다한 것을 정돈하려는 것이 아니겠습니까? 그런 후에 더욱 족하가 학문을 좋아하고 있으며 깊은 뜻이 있는 분인 줄 알게 되었습니다. 그러나 삼황 태고의 도를 진술하여 가까운 것을 버리고 먼 것을 취하며 고상한 말에 힘쓰고 사실성이 드문 것은 작은 허물입니다. (…) 이른바 가까운 것을 버리고 먼 것을 취한다는 것은 공자가 옛날에 주대에 사셨으나 요·순과 먼 것이 지금 요·순과 먼 것과 어떠하겠습니까? 공자가 『서경』을 찬술할 때 요순에서 자르고 그 이전은 말하지 않았으며, 학문을 정의하기를 요순을 으뜸으로 계승하는 것이라 했습니다. 공자와 같은 성스러움과 근면함으로도 그 이전을 말하지 않은 것은 할 수가 없어서였겠습니까? 아마도 너무 멀어서 드러내기 어려우므로 후세의 사람들을 믿게 할 수 없었기 때문일 것입니다. 지금 공자보다 훨씬 뒤에 나서 오히려 요·순 이전의 일을 추구하려는 것은 세상에서 이른바 고상한 말에 힘쓰나 사실성이 적다는 것입니다.[12]

구양수는 「대절부」, 「락고」, 「태고곡」 등에 기술되어 있는 「삼황태고지도」에 관하여 가까운 것을 버리고 먼 것을 취하며 고상한 말에 힘쓰면서 사실성이 적은 것이라고 비판하면서, 그 증거로 공자의 저술 과정을 들어 논박하고 있다.

이 글에서 보이는 구양수의 역사관은 ① 고상한 말보다는 사실을 중시한다. ② 먼 것보다는 가까운 것을 중시한다. ③ 증거에 근거해 확신할 수 있는 것만을 쓴다는 세 가지 점으로 종합된다. 이를 보면 구양수의 역사관으로 ① 사실주의, ② 진보주의, ③ 실증주의의 세 가지 점을 들 수 있다. 발전사관을 가지고 역사를 중시하는 것은 순자 계열의 학자들에게 공통으로 나타나는 특징이다.

제4항 춘추론

구양수의 학문에서 핵심이 되는 것은 왕도의 실현이고, 그 내용은 ① 민생의 해결, ② 사회질서의 유지, ③ 인륜의 확립, ④ 국가안보 등, 생양의 도를 실현하는 것이다. 그리고 그중에서도 신분에 의한 사회질서 유지를 특히 강조한 것이 그의 「춘추론」이다. 구양수는 그의 「춘추론」에서 다음과 같이 말한다.

━━━

12. 前日去後 復取前所賦兄古今雜文十數篇 反覆讀之 若大節賦 藥古 太古曲等篇 言尤高而志極大 尋足下之意 豈非悶世病俗 究古明道 欲援今以復之古 而翦剔齊整凡今之分敲駁冗者歟 然後益知足下之好學 甚有志者也 然而述三皇太古之道 捨近取遠 務高言而鮮事實 此小過也… 夫所謂捨近而取遠云者 孔子昔生周之世 去堯舜遠 孰與今去堯舜遠也 孔子刪書斷自堯典而不道其前 其所謂學 則曰祖述堯舜 如孔子之聖且勤 而不道其前者 其不能耶 蓋而其漸遠以難彰 不可以信後也 今生於孔子之絶後 以反欲求堯舜之已前 世所謂務高言而鮮事實者也(『歐陽文忠公文集』 外集 卷第十六 文集六十六 「與張秀才 第二書」).

시역(弑逆)은 대악(大惡)이므로, 그 죄는 용서받을 수 없고, 그 사람은 용서할 수 없으며, 그 법의 적용에서도 용서할 수가 없는 것이다. 법을 사람에게 시행할 때는 비록 작은 것이라도 삼가야 하는데 하물며 대법을 들어 대악에 가하는 데 있어서야. 문득 시행했다가 갑자기 용서하게 되면, 스스로 그 법을 업신여기는 것이며, 사람들도 두려워하지 않게 된다. 춘추의 법을 쓰는 것은 이처럼 가볍고 쉬운 것이 아니다.[13]

　　구양수의 춘추론에는 사회질서와 국가의 안전을 군왕을 중심으로 하여 추구하려는 군왕중심주의가 전제되어 있다. 이 군왕중심주의는 후에 혁명 부정론으로까지 발전하지만, 구양수에게는 맹자의 혁명사상이 계승되어 철저한 혁명 부정론으로까지는 나아가지 못했다. 그러나 이러한 사상적 경향은 후에 사마광의 혁명 부정론 성립에 길을 열어 주었다.

제2절
주렴계의 이고 사상 계승

진종(眞宗) 천희(天喜) 원년(元年)에 태어난 주돈이(周敦頤: 1017~1073)의 자는 무숙(茂叔) 호는 염계(濂溪)이다. 「태극도설」, 「통서」 등을

13. 弑逆大惡也 其爲罪也莫贖 其爲人也不容 其在法也無赦 法施於人 雖小必愼
況擧大法而加大惡乎 旣輒加之 又輒赦之 則自侮其法 而人不畏 春秋用法
不如是之輕易也(『歐陽文忠公集』卷第十八「春秋論」下).

주돈이

저술하여 맹자 이후 단절된 성명의 학을 주창하고, 그것을 정명도 ·정이천 형제와 장재 등에 전하여, 주자학 형성의 직접적 계기를 이루었다.

그의 저서인 「태극도설」 및 「통서」의 내용을 이고의 「복성서」와 비교해보면 23개에 걸쳐 일치하는 유사함을 보인다. 이로부터 우리는 염계가 얼마나 이고의 영향을 많이 받았는가를 충분히 추론할 수 있다.

제1항 이고 성성론 계승

염계는 말한다.

처음을 살펴서 끝마침을 돌이켜보면 삶과 죽음의 내용을 알게 된다.[14]

성인은 하늘을 바라고, 현인은 성인이 되기를 바라고, 선비는 현인이 되기를 바란다.[15]

염계는 이고와 마찬가지로 생사의 문제 해결을 학문의 출발점으로 하고, 현인과 성인이 되어 하늘에 짝하는 것을 학문의 목적

---

14. 原始反終 故知死生之說(『周濂溪集』 「太極圖說」).
15. 聖希天 賢希聖 士希賢(『周濂溪集』 「通書」 志學 第十章).

으로 삼았다.

성에 따라 편안하게 사는 사람을 성인이라 한다.[16]

염계의 이 말에서도 이고의 복성성성론(復性成聖論)이 계승된 것을 볼 수 있다. 게다가 염계의 복성성성론에 관련된 말로는 다음과 같은 것이 있다.

생각함이 없는 것이 근본이다. 생각함이 없으면서도 통하지 않음이 없는 이가 바로 성인이다.[17]

고요하여 동요함이 없는 것이 성(誠)이다.[18]

"성인은 배워서 될 수 있습니까?" "가능하다." "요점이 있습니까?" "있다. 요점 하나가 있으니, 무욕(無欲)이다."[19]

성인은 자신을 중정과 인의로 규정하고 고요함을 위주로 해서 사람의 표준을 확립한다.[20]

---

16. 性焉安焉之謂聖(『周濂溪集』「通書」誠幾德 第三章).
17. 無思本也 無事而無不通 爲聖人(『周濂溪集』「通書」思 第九章).
18. 寂然不動者 誠也(『周濂溪集』「通書」聖 第四章).
19. 聖可學乎 曰可 曰有要乎 曰有 請聞焉 曰一爲要 一者無欲也(『周濂溪集』「通書」聖學 第二十章).
20. 聖人定之以中正仁義 而主靜立人極焉(『周濂溪集』「太極圖說」).

위에서 인용한 염계의 말들, 즉, 생각을 정지시키고, 의식적 행위를 초월하며, 고요함을 위주로 하고, 정욕을 초월할 것 등은 주로 하지 말아야 할 것을 제시한 것이다. 이와 달리 염계의 말 중에는 적극적으로 해야 할 것을 제시한 것도 있다.

성실함은 모든 윤리의 근본이요 백행의 근원이다.[21]

크도다. 하늘의 작용이여. 만물이 거기에서 비롯했으니, 성실한 움직임의 근원이로다.[22]

성인은 성실함 그 자체일 뿐이다.[23]

성실한 움직임은 성인의 근본이다.[24]

시작하여 확장하는 것은 하늘의 회통하는 작용이고, 마무리하고 정리하는 것은 하늘의 수렴하는 작용이다.[25]

염계는 성인이 되는 방법으로 성실하게 움직일 것을 제시한다. 이에 근거해보면 성인이 되는 방법으로 염계가 제시한 것은 정욕

---

21. 誠五常之本 百行之源也(『周濂溪集』「通書」誠下 第二章).
22. 大哉 乾元 萬物資始 誠之源也(『周濂溪集』「通書」誠上 第一章).
23. 聖誠而已矣(『周濂溪集』「通書」誠下 第二章).
24. 誠 聖人之本也(『周濂溪集』「通書」誠上 第二章).
25. 元亨 誠之通 利貞 誠之復(『周濂溪集』「通書」誠上 第一章).

을 없애는 것과 하늘의 작용처럼 성실하게 실천하는 것으로 정리되는데, 이 두 방법은 이고의 성성론(成聖論)을 거의 그대로 계승한 것임을 알 수 있다.

염계가 이고와 달리 후세 주자학의 시조로 평가되는 까닭은 우주론을 전개한 것에 기인한다.

제2항 우주론 전개의 의의

이고 성성론의 내용은 정을 없애서 성을 회복하는 것이었는데, 성이나 정은 마음속에 있는 것이기 때문에 정확하게 파악하기 어렵다. 성이 무엇인지 알기두 어렵고, 성을 회복하는 데 얼마나 시간이 걸릴지, 성을 회복할 수 있기는 한지 등에 대한 보장이 없고 확실성이 없다. 이는 자기 몸속에 들어 있는 간이나 폐가 어떻게 생겼는지 알기 어려운 것과 마찬가지다. 이를 알기 위한 간접적인 방법의 하나가 시신을 해부하여 남의 간이나 폐를 보는 것이다. 모든 사람의 몸속에 들어 있는 간이나 폐는 모양이 다 같기 때문이다. 염계가 우주론을 전개한 목적도 이와 같다. 성을 회복하기 어려운 이유는 성이 내 속에 있어서 직접 볼 수 없기 때문이다. 그러나 성을 직접 볼 수는 없지만, 간접적으로 아는 방법이 있다. 모든 생물은 다 같은 성을 가지고 있으므로, 다른 생명체를 조사하여 거기에 들어 있는 성을 확인하기만 하면 된다. 다른 사람이나 다른 물체에 있는 성을 알면 자기의 성을 알 수 있고, 자기의 성을 알면 성을 회복하기가 쉽다. 성은 영원한 것이므로 성을 회복하기만 하면 죽음을 초월할 수 있다. 그 이전까지 성을 회복하는 방법으로 알려진 것은 자기의 내면에 들어 있는 성을 살펴서 회복하는 것이었으므로, 내부를 향하는 향내적 방법이었지만, 염계가 우주론을 전개한 뒤로는 자기 바깥에 있는 성을 통해 자기의 성을 알 수 있으므로, 일단 외부로 향하는 향외적 방법에서 출발한다. 염계는 우주론을 전개하는 과정에서 무극이라는 개념을 첨가했는데, 이것이 주자에 의해 유학사의 흐름에 한 획을 그은 것으로 평가된다.

주자가 말했다. "복희는 역을 만들기를 한 획으로부터 시작했고, 문왕은 역을 부연하기를 건원(乾元)으로부터 시작했다. 모두 태극을 말하지는 않았다. 공자가 역을 찬술하기를 태극으로부터 했으나 무극(無極)을 말하지는 않았다. 그러나 주자(周子)는 이를 말했으니 선성(先聖)과 후성(後聖)이 한 줄기로 서로 꿰는 것이 아니겠는가![26]

무극이라는 두 글자의 창출은 맹자 이래 단절되었던 유학사상의 진수를 전하는 것으로 중요한 의미가 있다. 무극 두 글자는 염계의 저서인 「태극도설」의 서두에 나온다. 염계가 우주론을 전개하게 된 계기는 『주역』 계사전에 나오는 '변하는 것에는 변하

---

26. 『性理大全』卷之一 太極圖 부록.
27. 『周易』 繫辭傳에는 「易有太極」이란 말이 있다. 易은 바뀐다는 말이고, 太極은 바뀌지 않는 본질을 의미하므로, 이 말의 뜻은 '변하는 것에는 변하지 않는 본질이 있다'는 것이다.

지 않는 본질이 있다'[27]라는 말에 연유한다. 모든 것은 변하는 것처럼 보인다. 만물이 모두 생로병사의 과정을 거친다. 사람이 생로병사의 고통에서 벗어나지 못하는 것도 이런 변화 때문이다. 그런데 『주역』 계사전에는 '변하는 것에는 변하지 않는 본질이 있다'라고 선언하고 있다. 그렇다면 생로병사의 과정을 거칠 수밖에 없는 '나'에게도 변하지 않는 본질이 있다. '나'에게 변하지 않는 본질을 찾아 그 본질대로 살기만 하면 죽음으로 인한 나의 고통은 해결할 수 있다. 이를 알기 위해서는 만물에 내재해 있는 변하지 않는 본질을 알아야 한다. 염계는 『주역』 계사전을 근거로 하여 모든 것의 변하지 않는 본질을 찾기 시작했다. 『주역』 계사전은 주역 64괘의 내용을 철학적으로 설명한 것이다. 『주역』 계사전에는 '변하는 것에는 변하지 않는 본질이 있다'라는 말에 이어 '이 변하지 않는 본질이 음양을 낳고, 음양이 사상을 낳고 사상이 길흉을 결정하고 길흉이 큰일을 이룬다'라고 되어 있다.[28]

　　『주역』 계사전에 있는 이 말은 만물을 설명하기에 적절하지 않으므로 염계는 '변하지 않는 본질이 음양을 낳는다'라는 말은 인용하지만, 그 후반부는 인용하지 않고 대신 한나라 때 발달한 음양오행설을 응용하여 독자적인 만물의 생성원리를 찾아내었다. 음양오행설에서 보면 음양이 오행이고 오행이 음양이므로 『주역』 계사전에 있는 음양을 오행으로 연결하기만 하면 되기 때문이다. 이러한 과정을 거쳐 염계는 변함 없는 본질인 태극에서 음양, 오행, 만물이 생성되는 과정을 정리할 수 있었다.

────────

28. 易有太極 是生兩儀 兩儀生四象 四象生八卦 八卦定吉凶 吉凶生大業.

염계의 「태극도설」에는 만물의 생성 과정이 다음과 같이 설명되고 있다.

무극(無極)에서 비롯하여 태극이 되고, 태극이 움직여서 양을 낳는다. 양의 움직임이 극에 달하면 고요해진다. 고요해지면 음이 된다. 고요해짐이 극에 달하면 다시 움직인다. 한 번 움직이고 한 번 고요해짐이 서로 뿌리가 된다. 음과 양으로 나누어지면 두 실상이 확립된다. 양이 변하고 음이 거기에 합류하여 수·화·목·금·토의 오행이 만들어진다. 오행은 하나의 음양이고, 음양은 하나의 태극이며, 태극은 본래 무극이다.[29]

오행은 만물의 몸을 구성하는 재료이다. 오행을 설명하면 만물의 생성을 설명하지 않아도 만물의 생성을 이해할 수 있다. 만물의 재료인 오행이 음양에서 나오고, 음양이 태극에서 나온다는 것을 알면 만물이 변하지만, 본질은 변함없는 태극임을 알 수 있다. 태극을 변함없는 본질로 이해한다면 무극을 덧붙일 필요가 없을 것으로 보이지만, 염계는 거기다가 무극이란 두 글자를 첨가했다. 그 이유는 염계 우주론의 특징에서 살펴보기로 한다.

---

29. 無極而太極, 太極動而生陽, 動極而靜, 靜而生陰. 靜極復動. 一動一靜互爲其根, 分陰分陽, 兩儀立焉. 陽變陰合, 而生水火木金土. 五氣順布, 四時行焉. 五行一陰陽也, 陰陽一太極也. 太極本無極也『宋書』에는 無極而太極이 自無極而爲太極으로 되어 있다. 自無極而爲太極으로 해석하는 것이 맥락이 더 통한다.

제3항 염계의 세계관과 우주론의 특징

염계가 우주론을 전개한 까닭은 불변하는 자기의 본질을 확인하기 위해서였다. 자기의 본질은 자기 속에 들어 있기 때문에 그것을 알기 위해서는 외부의 것으로 투사하는 것이 효과적이다. 이는 자기의 얼굴을 알기 위해서 거울을 보는 것과 같다. 자기의 얼굴을 아는 것에도 다음과 같은 세 단계의 과정을 거친다. ① 자신의 얼굴을 거울에 비춘다. ② 거울에 비쳐 외부사물로 객관화된 자기의 모습을 본다. ③ 거울에 비친 자기의 얼굴을 통해서 간접적으로 자신의 얼굴을 알게 된다.

염계가 자기의 본질을 알기 위해 추구한 방법도 이와 같다. ① 외부의 사물이 자기를 투영한 것임을 자각한다. ② 외부사물의 존재 구조를 확인한다. ③ 외부사물의 존재 구조를 미루어 자기의 존재 구조를 확인한다.

주렴계가 외부의 사물을 자기의 투영체로 보는 것에는 맹자 이래의 만물일체사상이 깔려 있다. 만물일체사상에는 천인일체사상이 전제되어 있다. 하늘과 내가 하나라는 것을 전제하면, 하늘과 남들도 하나이기 때문에 나와 남들은 하나가 된다. 따라서 '나'의 존재 구조와 만물의 존재 구조는 일치한다. 나의 존재 구조와 만물의 존재 구조를 일치시켜서 생각할 때 무극 두 글자의 필요성이 대두된다.

1. 무극의 창출

나에게는 하늘의 요소인 성이 들어와 있다. 성과 하늘의 관계에서 보면 성이 하늘의 뜻이고, 하늘의 뜻이 성이다. 성은 나에게 들어와 있는 천명이고, 천명은 천의 명령이다. 말하자면 천에서 나온 천명이 나의 본성으로 나에게 들어와 있는 것이다. 이를 만물에 대입하면 만물의 본질은 음양오행이고, 음양오행은 태극의 작용이다. 만물의 물체가 나의 몸에 해당한다면, 음양오행은 나의 성에 해당하고, 천명은 태극에 해당한다. 여기서 보면 천명은 천(天)에서 나오지만, 태극이 나오는 것은 『주역』에 설명되어 있지 않으므로, 염계는 천에 해당하는 것을 무극으로 설정했다. 이렇게 정리하고 보면 '천'에서 '천명', '천명'에서 성으로 이어지는 과정이 무극에서 태극, 태극에서 음양오행으로 이어지게 되므로, 사람과 만물의 일체성이 잘 설명된다. 무극이라는 두 글자는 이런 이유를 통해서 창출되었다. 이를 도식으로 표현하면 다음과 같다.

천 = 무극
↓ ↓
천명 = 태극
↓ ↓
성 = 음양
↓ ↓
정 = 오행

사람의 몸과 마음 = 사물의 몸과 마음

2. 「태극도설」에 보이는 염계의 일원적 세계관

염계의 세계관은 그가 외부사물의 존재 구조를 어떻게 파악하고 있는가를 밝힘으로써 해명할 수 있다. 염계는 생로병사하는 과정으로 보이는 모든 것이 사실은 근본적으로 불변의 모습이라는 것을 「태극도」와 「태극도설」에서 설명한다.

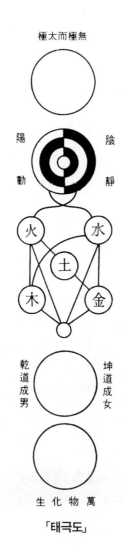

「太極圖說」

無極而太極 太極動而生陽
動極而靜 靜而生陰 靜極復
動 一動一靜 互爲其根 分
陰分陽 兩儀立焉 陽變陰合
而生水火木金土 五氣順布
四時行焉 五行一陰陽也 陰
陽一太極也 太極本無極也
無極之眞 二五之精 妙合而
凝 乾道成男 坤道成女 二
氣交感 化生萬物 萬物生生
而變化無窮焉 惟人也 得其
秀而最靈 形旣生矣 神發知
矣 五性感動 而善惡分 萬事
出矣 聖人定之以中正仁義
而主靜立人極焉 故聖人與
天地合其德 日月合其明 四
時合其序 鬼神合其吉凶 君
子修之吉 小人悖之凶 故曰
立天之道 曰陰與陽 立地之
道 曰柔與剛 立人之道 曰仁
與義 又曰原始反終 故知死
生之說 大哉易也 斯其至矣

「태극도」

먼저, 「태극도(太極圖)」는 다음과 같이 이해할 수 있다.

최초의 ○은 모든 존재의 본질을 표현한다. 모든 존재의 근원은 형체가 없다. 형체가 없으므로 ○로 표현할 수 없지만, 표현하지 않으면 없는 것으로 알기 때문에 방편상 ○로 표현한 것이다. 이를 모르고 모든 존재의 본질은 둥근 원이라고 이해하면 안 된다. 존재의 본질은 형체가 없으면서 작용이 있다. 이를 ○로 표현했다. ○은 형체가 없지만, 작용이 있으므로, 형체 없음을 무극이라 하고, 작용을 태극이라 하여, 「무극이태극(無極而太極)」이라는 설명을 붙였다. ○은 무극과 태극을 동시에 표현한 것이다. 무극은 ○의 모습이고, 태극은 ○의 작용이다. ○을 하늘의 모습과 하늘의 작용을 동시에 표현한 것으로 보면 이해하기 쉽다.

◉에서 흰 부분은 양(陽), 검은 부분은 음(陰)이다. 『주역』에서는 '모든 변하는 것에는 변하지 않는 태극이 있는데 이것이 음양의 두 모습이 된다[易有太極 始生兩儀]'고 했고, 「태극도설」에서는 '태극이 움직여 양이 된다[太極動而生陽]'고 했다. 태극이 움직인다는 말의 뜻은 태극이라는 몸이 움직인다는 뜻이 아니다. 태극이라는 말이 움직임을 뜻하는 말이므로, 태극이 움직임이고 움직임이 태극이다. 태극이라는 움직임은 음과 양의 형태로 나타난다. 이는 하루의 움직임이 낮과 밤인 것과 같다. 하루가 낮과 밤이고 낮과 밤이 하루인 것처럼, 태극이 음양이고 음양이 태극이다. 음양은 태극의 움직임을 구체적으로 나타낸 것일 뿐이다. 음양과 태극과의 관계를 이해하기 위해 태극을 하나의 공으로 가정해보자. 공에 빛을 비추면 빛이 비친 반쪽은 밝고, 그렇지 않은 반쪽은 어둡다. 이 비유에서 공을 태극에 비유하면, 밝은 반쪽은 양, 어두운

반쪽은 음으로 이해할 수 있다. 부모의 얼굴과 마음도 그렇고, 하늘의 모습과 마음도 그렇다. 부모의 얼굴은 하나이지만, 웃는 얼굴도 있고, 화내는 얼굴도 있으며, 부모의 마음은 하나이지만, 사랑하는 마음도 있고, 미워하는 마음도 있다. 하늘도 맑은 모습을 할 때도 있고 흐린 모습을 할 때도 있으며, 하늘의 마음에도 만물을 따뜻하게 길러주는 봄날의 마음도 있고, 서리를 내려 만물을 죽이는 가을의 마음도 있다. 이를 태극과 음양으로 이해할 수 있다. 공이 밝은 부분과 어두운 부분으로 나누어져 있는 것으로 보이지만, 실제로는 나누어져 있는 것이 아니라, 하나이고, 하늘의 모습이나 부모의 얼굴이 둘이 아니고 하나이며, 부모의 마음이나 하늘의 마음이 둘이 아니고 하나이듯이, 음양이 둘이 아니라 하나의 태극이고, 하나의 태극이 음양이다. 음도 태극이고 양도 태극이며, 태극이 음이고 태극이 양이다.

음과 양은 각각 완전한 태극이면서도 서로 반대로 보인다. 부모의 웃는 얼굴과 화내는 얼굴이 하나의 얼굴이면서 반대로 보이는 것과 같고, 만물을 살리는 하늘의 마음과 만물을 죽이는 하늘의 마음이 완전히 하나이면서 반대로 보이는 것과 같다. 이는 남자와 여자가 각각 완전한 사람이면서 반대로 보이는 것과도 같다.

반대인 점에서만 보면 반쪽이다. 반쪽이기 때문에 서로 완전하기 위해 함께 있어야 하고 함께 있기를 바란다. 그래서 염계는 음양을 서로 마주 보고 함께 있는 그림을 그렸다. 그러나 음과 양이 반쪽으로 보이지만 사실은 완전한 태극이다. 음이 완전한 태극이므로, 음 속에 양이 있어야 하고, 양 속에 음이 있어야 한다. 부모의 웃는 얼굴과 화내는 얼굴이 완전한 하나의 얼굴이므로, 웃는 얼굴에 화내는 얼굴이 숨어 있어야 하고, 화내는 얼굴에 웃는 얼굴이 숨어 있어야 한다. 남자와 여자가 완전한 사람이므로, 남자 속에 여자의 모습이 있어야 하고, 여자 속에 남자의 모습이 있어야 한다. 염계는 음 속에 양을 그리고 양 속에 음을 그려서 이를 표현했다. 음양의 관계는 시간적으로도 마찬가지다. 여름은 양이고, 겨울은 음이다. 여름은 겨울에서 시작되고, 겨울은 여름에서 시작된다. 말하자면 여름 안에 겨울이 있고, 겨울 안에 여름이 있다.

음 속에 양이 있고, 양 속에 음이 있는 것은 음이 완전한 태극이고, 양 또한 완전한 태극이기 때문이다. 이를 염계는 속에 작은 ○으로 그렸다. 음과 양을 둘러싼 밖의 큰 ○도 태극이고 속에 있는 작은 ○도 태극이지만, 태극에 크고 작음이 있을 수 없다. 태극은 둘이 아니고 하나다. 크지도 않고 작지도 않다. 밖에 그려진 태극이나 속에 그려진 태극이 같은 태극이다. 남북으로 뻗어 있는 길을 그림으로 그리면 자꾸 좁아지는 것처럼 보이지만, 넓이가 같은 것과 같고, 둥근 파이프 속을 들여다보면 끝부분의 원이 작아 보이지만 실지로는 같은 것과 같다.

염계는 음양의 아래에 오행을 그렸다. 오행은 음양을 세분해서 그린 것일 뿐, 음양과 다른 것이 아니다. 오행에 대해서는 『춘추번로(春秋繁露)』 「오행지의(五行之義)」에 다음의 설명이 있다.

자연에 오행이 있다. 첫째가 목(木)이고, 둘째가 화(火)이고, 셋째가 토(土)이고, 넷째가 금(金)이고, 다섯째가 수(水)이다. 목은 오행의 시작이고 수는 오행의 끝이며, 토는 오행의 중간이다. 이는 자연의 질서에서 나타나는 순서이다. 목은 화를 낳고, 화는 토를 낳고, 토는 금을 낳고, 금은 수를 낳고, 수는 목을 낳는다.
이는 아버지와 아들의 관계와 같다.[30]

　『춘추번로』에서는 오행의 상생 순서를 목→화→토→금→수
→목으로 설명했는데, 염계는 이를 참고하여 음양 아래에 오행을
그렸다. 오행 중에 화와 목은 양이기 때문에 양의 아래에 그리고,
수와 금은 음이기 때문에 음의 아래에 그렸다. 화와 수는 엷고 가
벼운 것이기 때문에 위쪽에 그렸고, 목과 금은 진하고 무거운 것
이기 때문에 아래쪽에 그렸으며, 토는 음양의 중간이고 무게도 중
간이기 때문에 한가운데에 그렸다. 오행의 상생 순서가 목→화→
토→금→수→목으로 이어지기 때문에 그 과정을 선으로 연결했
다. 수에서 목으로 연결할 때는 가운데 있는 토를 피해서 곡선으
로 그렸지만, 실지로 수가 목으로 갈 때 곡선으로 가는 것을 말하
는 것은 아니다. 음과 양의 시간적 흐름에서 보면 음에서 양이 나
오고 양에서 음이 나온다. 양인 여름에서 음인 겨울이 시작되고,
음인 겨울에서 양인 여름이 시작되는 것과 같다. 이러한 이치를 염
계는 음양에서 오행으로 연결할 때, 양에서 오행 중의 수와 금이
있는 쪽으로 연결했고, 음에서 화와 목이 있는 쪽으로 연결했다.
　오행은 각각 독립적으로 존재하면서도 상생하여 수가 목으로
바뀌고, 목이 화로 바뀌는 것처럼 바뀌기도 하므로, 염계는 오행

---

30. 天有五行 一曰木 二曰火 三曰土 四曰金 五曰水 木五行之始也 水五行之終
也 土五行之中也 此其天次之序也 木生火 火生土 土生金 金生水 水生木 此
其父子也.

을 독립적으로 그려 놓고, 바뀌는 관계를 선으로 연결했다.

오행은 만물의 형체를 구성하는 재료이기도 하다. 만물의 형체는 오행이 모여서 이루어진 오행의 덩어리이다. 염계는 이를 오행이 모여서 하나의 물체가 되는 과정을 오행에서 선으로 그어 ○이 되는 것으로 표현했다. 오행에서 연결된 오행 아래의 ○은 오행이 모여서 이루어진 만물의 형체를 말한다. 오행 중에서 오직 토에서 ○으로 연결하지 않은 까닭은, 토가 목·화·금·수에 골고루 들어 있기 때문에 따로 연결하지 않아도 되기 때문이다.

오행이 뭉쳐서 된 만물의 형체인 ○은 작아 보이지만 실지로는 그 아래에 그린 큰 원과 같은 것이다. 음양이 태극이고, 태극이 음양이며, 오행이 음양이고 음양이 오행이다. 따라서 오행이 태극이고 태극이 오행이기도 하다. 오행은 태극의 마음이기도 하지만, 태극의 모습이기도 하다. 오행을 연결하여 만든 ○은 만물의 모습이기도 하면서 태극의 모습이기도 하다. 오행 아래의 큰 두 원은 사람과 만물을 표현한다. 위의 ○은 사람을 상징하고, 아래 ○은 사람 이외의 만물을 상징한다. 사람과 만물이 따로 존재하는 것이 아니지만, 사람을 강조하기 위해서 만물과 구별하여 따로 그렸을 뿐이다.

「태극도」는 사람과 만물을 보는 근본 방법에 관한 설명이다. 사람들은 만물의 모양만을 보고 그것을 전부인 것으로 생각하기 쉽지만, 사실은 그렇지 않다. 만물들은 모두 각각 다른 모습을 하고 있지만, 모두가 오행이 뭉쳐져 있는 오행의 덩어리이다. 얼음덩어리를 보고 본질이 물임을 알아야 하듯이, 사람의 몸을 보고 본질이 오행의 덩어리임을 알아야 하고, 사람 이외의 만물을 보아도 본질이 오행의 덩어리임을 알아야 한다. 오행이 음양이고, 음양이 태극이므로, 사람의 본질이 태극이고, 만물의 본질 또한 태극임을 알아야 한다. 호수에 떠 있는 모든 얼음덩어리가 다 물이듯, 만물의 형체가 다 태극이다. 염계는 이를 나타내기 위해 사람과 만물을 태극과 같은 ○으로 표현했다.

태극과 음양과 오행은 형체만을 말하는 것이 아니라, 형체와 마음을 함께 표현한다. 음양이 하늘의 두 얼굴이면서 두 마음이듯이, 오행은 하늘의 다섯 얼굴이면서 다섯 마음이다.

얼음덩어리들을 형체를 가진 덩어리로만 본다면 얼음덩어리는 끊임없이 바뀌고 변하는 것이 되지만, 물임을 알고 본다면 물 그 자체와 차이가 없다. 염계가 사람과 만물의 모습을 태극으로 그린 이유가 바로 여기에 있다.

「태극도설(太極圖說)」의 내용은 다음과 같이 이해할 수 있다. 원문을 번역하면 다음과 같다.

> 무극에서 비롯하여 태극의 작용이 나온다. 태극이 움직여서 양이 된다. 움직임이 극에 달하면 고요해진다. 고요해지면 음이 된다. 고요함이 극에 달하면 다시 움직인다. 움직였다가 고요했다가 하면서 서로 근거가 된다. 양의 모습과 음의 모습으로 나누어져 두 모습이 생겨난다. 양이 변하고 음이 따라가 수·화·목·금·토가 된다. 다섯 기운이 순서대로 펼쳐져서 사시가 운행한다. 오행은 하나의 음양이고, 음양은 하나의 태극이며, 태극은 본래 무극이다. 무극의 참마음과 음양오행의 정밀한 물질이 묘하게 엉기는데, 건도에서 엉기면 남자가 되고, 곤도에서 엉기면 여자

가 된다. 음양의 두 기가 교감하여 만물을 만들어 낸다. 만물이 나고 나서 변화가 무궁해진다. 오직 사람만이 가장 우수한 것을 얻어서 가장 신령하다. 형체가 생기고 나면 정신세계에서 지능을 발휘한다. 오성이 나타날 때 물질적인 것에 끌려 현혹됨으로써 선과 악으로 나누어져 온갖 일들이 복잡하게 생겨난다. 성인이 중정인의(中正仁義)를 가지고 기준을 정한 뒤에, 마음을 고요하게 유지하는 것을 위주로 하여, 사람의 표준을 세웠다. 그러므로 (『주역』에서 말한 것처럼) 성인은 천지와 마음 씀씀이가 같고, 일월과 밝음이 같으며, 사시의 흐름과 하나가 되고, 귀신과 길흉이 일치한다. 군자는 도를 닦아서 길하고, 소인은 어그러져서 흉하다. 그러므로 하늘의 도를 세워서 음과 양이라 하고, 땅의 도를 세워서 유와 강이라 하며, 사람의 도를 세워서 인과 의라 한다. (『주역』에서) 또 말하기를 '처음을 살펴 마지막을 돌이켜봄으로써 살고 죽는 이치를 안다'라고 했다. 『주역』에서 말하는 이치는 대단하다. 이러한 점에서 최고이다.

무극에서 비롯하여 태극이라는 작용이 나온다. 무극은 태극이라는 작용의 주체이고, 태극은 무극이라는 주체의 작용이다. 태극은 우주 만물을 움직이게 하는 원동력이다. 운전기사가 운전하면 자동차가 굴러간다. 우주 만물의 움직임을 달리는 자동차에 비유하면, 태극을 운전기사의 운전하는 동작으로 이해할 수 있다. 운전기사는 손으로 핸들을 돌리기도 하고, 발로 액셀러레이터를 밟기도 하지만, 핸들을 잡고 가만히 있기도 한 것처럼, 태극의 작용도 움직이기도 하고, 가만히 있기도 한다. 태극이 움직이는 상태가 양이다. 움직임이 다하면 가만히 있게 되는데, 가만히 있는 상태가 음이다. 태극의 작용과 음양이 별개가 아니다. 태극의 움직임이 양이고 가만히 있는 것이 음이다. 양이 끝나면 음이 되고 음이 끝나면 양이 되는 것은 양에서 음이 나오고 음에서 양이 나오는 것과 같으므로, 양과 음은 서로를 가능하게 하는 근거가 된다. 양에서 음이 되고 음에서 양이 되기도 하지만, 양과 음의 움직임을 반대의 모습으로 양분할 수도 있다. 양이 움직여 변화를 일으키면 음이 따라가서 변화를 마무리하고, 음이 변화를 마무리하면 다시 양이 변화를 일으키는 음양의 작용과 모습을 세분하면 오행으로 표현할 수 있다. 오행의 기운은 서로 다른 모습을 하고 있으면서 다른 기로 변해가기도 하는 것이 사시가 운행하는 것과 같다. 봄·여름과 가을·겨울은 정반대의 모습을 하는 것처럼 보이지만, 봄이 변하여 여름이 되고, 여름이 변하여 가을이 되며, 가을이 변하여 겨울이 된다. 오행의 모습과 움직임은 복잡해보이지만, 음양과 다른 것이 아니라 음양을 세밀하게 표현한 것일 뿐이고, 음양은 태극과 다른 것이 아니라 태극을 구체적으로 표현한 것일 뿐이며, 태극의 작용은 무극과 다른 것이 아니라 무극의 작용일 뿐이다. 오행은 다섯 가지 모습과 다섯 가지 작용으로 다른 기로 변해가기도 하지만, 오행의 요소가 엉기어 형체를 가진 물체가 되기도 한다. 오행에는 오행의 마음과 오행의 몸이 있으므로, 오행이 엉기어 이루어진 형체에도 오행의 마음과 오행의 몸이 결합하여 있다. 오행의 마음은 다섯 가지의 마음이 아니라 음양의 마음이고 음양의 마음은 태극의 마음이며, 태극의 마음은 무극에서 나오는 참된 본래마음이므로, 염계는 무극이라는 참된 마음과 음양오행의 정밀한 몸이 묘하게 엉겨서 물체가 된다고 표현했다. 오행의 마음과 몸이 엉겨서 생겨나는 물체 중의 대표가 사람이고, 사람은 남자와 여자로 구성되어 있다. 양의 움직임이 성할 때 만들어진 사람은 남자가 되고, 음의 움직임이 성할 때 만들어진 사람은 여자가 된다. 만물이 만들어지는 것도 이와 다르지 않다. 음양 두 기운의 교감으로 만물이 만들어지고 만물이 만들어지면 생산을 되풀이하여 만물이 무궁하게 이어져 간다. 사람과 만물이 모두 마음과 몸을 가지고 생겨나지만, 사람이 가장 우수한 것을 받아서 생겨나므로, 염계는 사람이 생겨날 때 무극의 참된 마음과 음양오행의 정밀한 몸으로 생겨나 신령한 능력을 갖춘다고 표현했다.

사람의 몸에는 눈·코·귀·입 등의 감각기관이 붙어 있다. 사람의 감각 능력은 모든 생명체 중에서 가장 우수하다. 감각기관이 감각 작용을 하게 되면 구별하는 능력이 생기면서 의식 세계가 형성되는데, 그 의식 세계가 정신세계이다. 감각기관의 구별하는 능력이 자꾸 발전하여 지능이 생기므로, 염계는 이를 정신세계에서 지능을 발휘한다고 표현했다. 의식 세계에서 생겨난 지능이 헤아리고 분별하고 생각하는 능력으로 발전하면, 그로 인해 많은 문제가 생기기 시작한다. 사람의 본래마음은 무극의 마음이고, 태극의 마음이며 음양오행의 마음이므로, 구체적으로 표현하여 인의예지신의 오성으로 이해할 수 있다. 인의예지신의 오성이 나타날 때 아무런 주위의 영향을 받지 않고 순수하게 나타나기도 하지만, 주위에 있는 탐나는 것에 현혹되어 왜곡되어 나타나기도 한다. 수금사원이 수금하여 회사에 갖다주는 것은 본마음의 순수한 발로에 의한 것이지만, 수금한 돈을 보고 마음이 끌려 가로

채는 것은 현금을 보고 자기 것 챙기는 계산이 개입하여 본마음이 왜곡되는 경우이다. 이를 염계는 오성감동(五性感動)이라 했다. 본마음이 오성이고, 현금에 끌리는 것이 감(感)이며, 왜곡되는 것이 동(動)이다. 오성이 순수하게 발로되는 것이 선이고, 왜곡되는 것이 악이므로, 오성의 감동으로 선악이 갈라진다. 사람의 마음이 선악으로 갈라지면 온갖 일들이 복잡하게 얽혀 세상이 혼란해지고 사람이 고통을 받게 된다. 이에 성인이 나서서 사람이 마땅히 살아가야 할 기준을 정했다. 성인이 정한 기준은 어질고 의로운 마음을 가지고 알맞고 바르게 사는 것이다. 알맞고 바르게 사는 것은 어질고 의롭게 사는 것이고, 어질고 의로운 마음은 알맞고 바르게 사는 마음이다. 염계는 삶의 방법을 강조하기 위해 알맞고 바르게 사는 것을 먼저 말했다. 알맞고 바름을 의미하는 중정(中正)은 『주역』의 건괘 문언전(文言傳)에 있는 말이고, 인의는 어질고 의로운 마음을 말하는 것으로 인의예지신을 대표해서 말한 것이다. 어질고 의로운 마음으로 알맞고 바르게 사는 것을 사람의 바른 삶으로 기준을 정한 뒤에 성인은 주정 공부를 제시했다. 주정 공부란 악한 마음이 생기지 않도록 마음을 고요하게 가라앉히는 공부다. 주정 공부를 통해 마음이 고요해져서 흔들리지 않으면 어질고 의로운 마음이 왜곡되지 않고 알맞고 바르게 발휘된다. 주정 공부는 수양 방법이고 어질고 의로운 마음으로 알맞고 바르게 사는 것은 실천 방법이다. 바르게 수양하고 바르게 사는 사람이 사람의 표준이다. 염계는 사람의 표준을 인극이라 했다. 극(極)이란 최고의 상태를 의미하므로, 인극이란 사람의 최고의 상태를 말한다. 최고의 상태에 도달한 사람은 성인이다. 성인은 하늘마음을 실천하는 사람이므로, 하늘과 하나가 된 사람이다. 하늘과 하나가 된 사람은 천지와 마음 씀씀이가 같다. 하늘의 마음을 가진 사람은, 하늘이 만물을 다 살리고 싶어 하듯이, 만물을 두루 사랑한다. 성인은 하늘 기운으로 움직인다. 아침에 일어나는 기운은 해와 달을 떠오르게 하는 하늘의 기운과 연결되어 있다. 밝게 빛나는 해와 달의 기운과 성인의 기운이 하나이다. 봄·여름·가을·겨울은 하늘이 순환시키는 거대한 물결이다. 성인은 그 물결과 하나가 되어 흐른다. 나무토막 하나가 물결과 혼연일체가 되어 흐르면, 나무토막의 흐름과 물결 전체의 흐름이 하나인 것처럼, 성인의 움직임은 봄·여름·가을·겨울로 이어지는 하늘의 흐름 그 자체이다. 우주 만물은 음양의 움직임을 한다. 음양의 움직임은 폈다 움츠렸다 하는 굴신운동이다. 굴(屈)을 귀(鬼)라 하고 신(伸)을 신(神)이라 하므로, 음양의 굴신하는 움직임을 귀신으로 표현하기도 한다. 왼발과 오른발이 번갈아 가며 앞으로 나아가는 것도 음양이고, 허리를 굽혔다 폈다 하는 것도 음양이며, 심장이 커졌다 작아졌다 하는 움직임도 음양이고, 밤낮과 사계절이 순환하는 것도 음양이다. 양은 생명이 충만해지는 방향으로 가기 때문에 길한 것으로 표현했고, 음은 생명이 위축되는 방향으로 가기 때문에 흉한 것으로 표현했다.

세상 사람들을 군자와 소인으로 나눌 수 있다. 군자는 대자연의 흐름과 일치하는 방향으로 가는 사람이고, 소인은 대자연의 흐름과 반대로 가는 사람이다. 대자연의 흐름과 완전히 일치하는 사람이 군자 중에서 성인이다. 군자는 행복하지만, 소인은 불행하다. 군자는 길하고 소인은 흉하다. 군자가 귀신과 길흉을 같이한다고 할 때의 길흉은 음양의 흐름으로 설명한 것이지만, 군자가 길하고 소인이 흉하다고 할 때의 길흉은 행복과 불행으로 말한 것이다. 성인은 하늘과 땅과 일체가 된 사람이다. 하늘에는 음양이 있다. 하늘의 마음에도 음과 양이 있고, 하늘의 몸에도 음과 양이 있다. 땅에는 유강이 있다. 땅의 마음에도 유와 강이 있고, 땅의 몸에도 유와 강이 있다. 사람에게는 인의가 있다. 사람의 마음에도 인과 의가 있고, 사람의 얼굴에도 인과 의가 있다. 천지인이 일체이므로, 음양과 유강과 인의가 하나이다. 『주역』에는 천지인이 삼위일체가 되는 이치와 생사를 초월하는 이치가 다 설명되어 있다. 『주역』에서 말하는 이치는 대단하다. 이러한 점에서 최고이다.

제4항 염계 우주론의 특징과 문제점

염계가 우주론을 전개한 이래로 달라진 가장 큰 특징은 우주론과 인간론이 전도(顚倒)되는 경향이 생긴 것이다. 본래 염계의 우주론은 천(天)—천명(天命)—성(性)으로 이어지는 인간존재의 내부 구조를 밝히기 위해 전개한 것이었지만, 무극—태극—음양—오행으로 이어지는 우주론의 체계가 성립된 이래로 인간론보다 우주론이 더 중시되는 경향이 나타나게 되었다. 이러한 경향은 후대에 염계의 「태극도」와 「태극도설」이 송나라 유학사상의 출발점으로 정리되면서 나타난 가장 큰 특징으로 볼 수 있다. 우주론이 중시될수록 사람들은 인간의 문제에 대한 해결책을 우주론을 통해서 찾으려는 경향이 생기게 된다.

우주론이 강조될수록 우주 만물의 존재 원리를 알아야 하고,

그러기 위해서는 생각하고 헤아리는 마음의 기능을 적극적으로 활용해야 하므로, 이고 이래 정을 멸하고 성을 회복하기 위해 생각과 헤아림을 정지시키는 것이 강조되었지만, 염계가 우주론을 전개한 뒤에는 우주론을 전개하기 위해 생각과 헤아림의 기능이 강조되기도 했다. 염계는 다음과 같이 말한 적이 있다.

> 생각하지 않으면 심오함에 통할 수 없고, 생각하지 않으면 통하지 않음이 없는 경지에 이를 수 없다. 무불통의 경지는 심오함에 통하는 데서 생겨나고 심오함에 통하는 것은 생각함에서 생겨난다. 그러므로 생각은 성인의 공을 이루는 근본이며 길흉으로 나누어지는 갈림길이 된다.[31]

위의 인용문에서 보면, 인간의 생각하는 기능은 성인이 되기 위한 중요한 수단임을 알 수 있다. 왜냐하면 우주론을 전개하기 위해서는 인간의 생각이 중요한 수단이 되기 때문이다.

그러나 염계 이래로 아무리 우주론이 강조되더라도 그것은 인간의 존재 구조를 밝히기 위한 목적에서 출발한 것이므로, 인간의 문제와 분리하여 연구되는 자연과학적 방법으로 나아가지는 않는다. 말하자면, 염계의 우주론은 인간의 존재 구조에 대비되는 하나의 틀을 정해놓고 그 틀을 원리적으로 정리한 뒤에 그 틀을 기준으로 인간을 이해하는 형태를 취하기 때문에 염계의 우주론

---

31. 不思則不能通微 不思則不能無不通 是則無不通生於通微 通微生於思 故思者聖功之本 而吉凶之幾也(『周濂溪集』「通書」第九章).

은 매우 추상적이고 원리적이다.

염계는 이고의 사상을 계승하여 심화시키면서, 한편으로는 우주론을 전개하여 유학사상사에 새로운 세계를 열었지만, 그의 이론은 아직 치밀하게 정비되지 못했다. 그의 「태극도」와 「태극도설」의 내용도 이론적으로 잘 정리되어 있지 않았기 때문에 상당히 난해하다.

제3절
사마광의 역사학과 명분론

맹자와 순자의 이론으로 무장한 이고와 한유가 등장하여 불교를 공격한 이래로 한유의 사상과 이고의 사상으로 무장한 사상가들이 번갈아 등장하며 불교의 공격을 이어갔다. 주렴계가 이고의 사상을 계승하여 등장하자, 이번에는 사마광이 한유의 사상을 계승하여 등장했다.

사마광(司馬光: 1019~1086)은 『자치통감(資治通鑑)』, 『독약원집(獨藥園集)』, 『서의전가집(書儀傳家集)』 등을 저술했는데 그중 가장 탁월한 것은 말할 것도 없이 『자치통감』이다.

제1항 사마광의 역사학

사마광의 최대 관심사는 나라의 안정과 정치 기강의 확립이었다.

사마광

이는 순자 사상을 계승하는 학자들의 공통점이다. 사마광이 『자치통감』을 저술한 것 또한 이러한 목적에서였다.

> 천자(天子)의 직분은 예보다 큰 것이 없고, 예는 분수보다 큰 것이 없으며, 분수는 이름에 맞게 하는 것보다 큰 것이 없다. 무엇을 예라고 하는가? 기강이 그것이다. 무엇을 분수라고 하는가? 군신이 그것이다. 무엇을 이름에 맞게 하는 것이라고 하는가? 공·후·경·대부가 그것이다. 사해의 넓음과 억조나 되는 많은 사람이 한사람에게 통제되는데, 절륜한 힘과 뛰어난 지혜를 가진 사람이라 할지라도 달려가 복역하지 않는 자가 없는 것은, 예로써 정치의 기강을 삼기 때문이다. 이 때문에 천자는 삼공을 통제하고, 삼공은 제후를 통제하며, 제후는 경·대부를 통제하고, 경·대부는 사·서인을 통제한다. 귀한 자는 천한 자 위에 임하고, 천한 자는 귀한 자에게 명을 받는다. 위에 있는 자가 아래에 있는 자를 쓰는 것은 심장과 배가 손발을 움직이고, 뿌리가 지엽을 통제하는 것과 같다. 아래에 있는 자가 위에 있는 자를 섬기는 것도, 손발이 심장과 배를 보위하고 지엽이 뿌리를 보호하는 것과 같다. 그런 뒤에라야 위와 아래가 서로 보존되어 국가가 다스려지고 안정된다. 그러므로 천자의 직분은 예보다 큰 것이 없다고 하는 것이다. 문왕이 『주역』을 서술할 때 건과 곤을 시작으로 삼았는데, 공자가 보완하여, 하늘이 높고 땅이 낮아 건과 곤이 정해지고, 낮고 높음의 질서로 배열하여 귀천의 질서가 확립된다고 했다. 이는 군신의 자리는 천지를 바꿀 수 없는 것과 같다. 『춘추』에서 제후를 누르고 주나라 왕실을

높였으므로, 미약한 왕이라 할지라도 제후보다 위에 위치한다. 이것을 보더라도 성인이 군신의 명분을 확립하기 위해 힘쓰고 있었음을 알 수 있다. 걸·주와 같은 포악한 자와 탕·무와 같은 어진 사람이 있어, 사람들이 모두 탕·무에게로 가고 하늘이 탕·무에게 명하는 것과 같은 극한 상황이 아니라면, 군신의 분은 마땅히 절개를 지켜 엎드려 죽지 않으면 안 된다. 그러므로 예는 분수보다 큰 것이 없다고 하는 것이다. 예는 귀천을 구별하고, 친소를 분별하며, 모든 것을 제자리에 있게 하고, 여러 가지 일들을 통제한다. 예는 정해진 위치에 따른 이름과 그 이름에 맞는 표식에 따라 나타난다. 이름을 가지고 명령하고 표식을 가지고 구별할 수 있게 된 연후에 위아래가 찬연히 질서를 가지게 된다. 이것이 예의 큰 줄거리이다. 이름과 표식이 없어지고 나면, 예가 어찌 홀로 보존될 수 있겠는가! 옛날 중숙우해가 위나라에서 공이 있었을 때, 읍(邑) 받는 것을 사양하고, 높은 자의 표식인 화려한 갓끈을 요구한 일이 있는데, 공자는 그에게 읍을 많이 주는 것만 못하다고 했다. 오직 표식과 이름은 남에게 빌려줄 수 없는 것으로 군자가 관장하는 것이다. 정치 기강이 없어지면 국가도 따라서 망한다. 그래서 위군(衛君)이 공자를 모시고 정치를 한다면, 공자는 먼저 명분을 바로잡으려 했으니, 명분이 바르지 못하면 손발을 둘 데가 없다고 생각했기 때문이다. 화려한 갓끈은 작은 물건이지만, 공자가 아꼈다. 명분을 바르게 하는 것은 세세한 일이지만 공자가 우선했으니, 진실로 이름과 표식이 문란해지고 나면, 상하가 서로 보존될 수 없기 때문이다. 그러므로 분수는 이름보다 큰 것이 없다고 한다.[32]

위의 인용문은 다음과 같이 이해할 수 있다. 인간사회는 전체가 하나의 유기체와 같은 것이다. 그 가운데 인간은 하늘과 땅, 심장·배와 손발, 뿌리와 지엽의 관계처럼 저절로 상하·귀천·본말과 같은 유기적 관계를 갖는다. 그 구체적 내용은 천자를 기점으로 하여 천자로부터 제후, 제후로부터 경·대부, 경·대부로부터 사·서인에 이르기까지, 왕을 중심으로 한 지배·피지배 관계의 정치적 질서이다. 이 경우 천자에서 서인에 이르기까지의 총체적인 질서가 예이고, 각각의 상하관계에서의 질서가 분수이며, 이름은 천자·제후·경·대부·사·서인 등, 사회 전체의 질서를 구성하는 구성요소로서의 신분이고, 표식은 각자의 신분에 따라 구별되는 복식과 계급장 등이다. 이름에서 분수, 분수에서 예에 이르는 과정 즉, 신분에 의한 상하관계의 성립과 그에 기초한 사회질서를 확립한다는 것은 인위적인 논리가 아니라, 천지자연과 하나 되는 본질

---

32. 天子之職 莫大於禮 禮莫大於分 分莫大於名 何謂禮 紀綱是也 何謂分 君臣是也 何謂名 公侯卿大夫是也 夫以四海之廣 兆民之衆 受制於一人 雖有絶倫之力 高世之智 莫不奔走而服役者 豈非以禮爲之紀綱哉 是故 天子統三公 三公率諸候 諸候制卿大夫 卿大夫治士庶人 貴以臨賤 賤以承貴 上之使下 猶心腹之運手足 根本之制枝葉 下之事上 猶手足之衛心腹 枝葉之庇本根 然後能上下相保而國家治安 故曰天子之職 莫大於禮也 文王序易 以乾坤爲首 孔子繫之曰 天尊地卑 乾坤定矣 卑高以陣 貴賤位矣 言君臣之位 猶天地之不可易也 春秋抑諸侯 尊周室 王人雖微 序於諸侯之上 以是見聖 於君臣之際 未嘗不倦倦也 非有桀紂之暴 湯武之仁 人歸之 天命之 君臣之分 富守節伏死而已矣 故曰禮莫大於分也 天禮 辨貴賤 序親疏 裁群物 制庶事 非名不著 非器不形 名以命之 器以別之 然後上下粲然有倫 此禮之大經也 名器既亡 則禮安得獨存哉 昔 仲叔于奚 有功於衛 辭邑而請繁纓 孔子以爲不如多與之邑 惟器與名 不可以假 人君之所司也 政亡則國家從之 衛君待孔子而爲政 孔子欲先正名 以爲名不正則無所措手足 夫繁纓小物也 而孔子惜之 正名細務 而孔子先之 誠以名器既亂則上下無以相有故也 故曰分莫大於名也 (『自治通鑑』卷第一「周紀」一).

이다. 따라서 인간은 마땅히 사회적 질서를 지켜야 한다. 사회적 질서를 지키는 방법은 이름에 맞게 행동하고, 이름에 맞는 표식을 장식하는 것이다. 이름은 자신의 신분이고 표식은 신분에 맞게 정해진 복장·모양·장신구 등의 표현양식이다. 자신의 신분에 맞는 행위를 하고 신분에 맞는 표식을 하는 것은 사회 전체의 질서와 안정을 도모하는 가장 좋은 방법인 것이다.

한유의 목적은 민생·사회질서·국가 안보 등의 육체적 삶을 위한 조건을 확립하는 것이었다. 구양수의 춘추론에 의해 중시된, 국가의 안정과 사회의 질서가 사마광에 이르러서 더욱 중시되어, 목숨을 바쳐서라도 지켜야 하는 것으로까지 강화되었다.

제2항 왕권 강화론

사마광은 양웅의 『태현경』을 본떠 『잠허(潛虛)』 1권을 저술했다. 사마광은 『잠허』에서 다음과 같이 말한다.

> 1등은 왕을 상징하고, 2등은 공을 상징하고, 3등은 악(岳)을 상징하고, 4등은 목(牧)을 상징하고, 5등은 솔(率)을 상징하고, 6등은 후(侯)를 상징하고, 7등은 경(卿)을 상징하고, 8등은 대부(大夫)를 상징하고, 9등은 사(士)를 상징하고, 10등은 서인을 상징한다. 하나로써 만 가지를 다스리고, 적은 것으로 많은 것을 제어하는 것은 오직 강기(綱紀)뿐이다. 강기가 서야 정치가 이루어진다. 마음이 몸을 부리고, 몸이 팔을 부리며, 팔은 손가락을

부리고, 손가락은 만물을 붙잡을 수 있는 것과 같다.[33]

　사마광은 왕을 출발점으로 해서 공·악·목·솔·후·경·대부·사·서인에 이르기까지의 인간관계를 생명을 가진 한 사람의 마음·몸·팔뚝·손가락·만물의 관계로 파악하여, 왕을 중심으로 사회 전체를 하나의 생명체처럼 설명한다. 하나의 몸에서 몸·팔뚝·손가락의 경중이 같을 수 없다. 팔뚝을 자르는 한이 있어도 몸통을 지켜야 하고, 손가락을 자르는 한이 있어도 팔뚝을 지켜야 한다. 사마광은 "백성이 귀하고, 국가가 그다음이며, 임금이 가볍다"라고 한 맹자의 말을 받아들일 수 없었다.

　공자는 성인이시다. 정공과 애공은 보통의 군주였다. 그런데도 정공과 애공이 공자를 부르면 공자는 수레에 멍에 올리는 것을 기다리지 않고 달려가셨다. 군주가 계시는 자리를 지나실 때는 안색을 공손하게 하셨고, 걸음을 조심조심하셨으며, 군주가 계시지 않은 자리를 지나실 때도 감히 공손치 않은 적이 없으셨다. 그런데 하물며 군주가 불렀는데도 가지 않고, 다른 데 갈 수 있겠는가! 맹자는 공자를 배운 자이다, 그런데 어찌 도가 다르단 말인가! 군신 간의 의(義)는 사람의 큰 도리이다. 맹자와 주공의 덕 중에 누구의 덕이 더 나은가? 주공과 성왕 중에 누가 더 나이가 많은가? 성왕이 어린데도 주공이 그를 업고서 제

---

33. 一等象王 二等象公 三等象岳 四等象牧 五等象率 六等象侯 七等象卿 八等象大夫 九等象士 十等象庶人 一以治萬 少以制衆 其惟綱紀乎 綱紀立而治具成矣 心使身 身使臂 臂使指 指操萬物.

후의 조회를 받았고, 성왕이 장성하여 집정하자, 북면하여 머리 숙여 그를 모신 것이 문왕과 무왕을 섬기는 것과 다름이 없었다. 어찌 군주는 벼슬이 있을 뿐이라 하고, 나에게는 덕과 나이가 있다고 하며, 군주를 업신여길 수 있단 말인가![34]

공자는 성인이고 정공과 애공은 평범한 임금이었음에도, 정공과 애공이 공자를 불렀을 때, 공자는 수레에 멍에 올리기를 기다리지 않고 달려갔는데, 맹자는 임금의 부름에도 가지 않고 다른 데로 갔다는 사실을 들어, 사마광은 맹자가 공자를 잘못 배웠다고 비판했다. 맹자가 임금에게 달려가지 않은 이유를, 세상에 통용되는 세 가지 높은 것 중에, 정치적 지위는 임금이 높지만, 나이와 덕은 자신이 높기 때문이라고 한 맹자의 설명에 대해서도 반박했다. 덕의 측면에서 보더라도 주공이 맹자보다 높고, 나이의 차이로 보더라도 주공과 성왕의 차이가 맹자와 제나라 선왕보다 많음에도 불구하고, 주공은 성왕에게 충성을 다했는데, 맹자는 그렇지 않았으므로, 맹자가 임금을 업신여긴 것이라고 비판했다.

맹자의 논리로 본다면, 공자나 주공은 당시 관직에 있는 몸으로써 왕의 명령을 받아야 하는 처지였지만, 맹자 자신은 관직에 있지 않았기 때문에 임금에게 명령을 받아야 할 이유가 없다. 또

---

34. 孔子聖人也 定哀庸君也 然定哀召孔子 孔子不俟駕而行 過位 色勃如也 足躩如也 過虛位 且不敢不恭 況召之有不往而他適乎 孟子學孔子者也 其道豈異乎 夫君臣之義 人之大倫也 孟子之德 孰與周公 其齒之長 孰與周公之于成王 成王幼 周公負之以朝諸侯 及長而歸政 北面稽首畏事之 與事文武無異也 豈得云彼有爵 我有德齒可慢彼哉(『司馬溫公文集』卷之十四「迂書」).

정치의 구조에서 보면, 백성을 위해서 임금이 존재하는 것이지, 임금을 위해서 백성이 존재하는 것이 아니기 때문에, 백성이 귀하고 다음이 국가이고, 임금이 가장 가볍다. 따라서 임금은 백성들에게 명령할 권리가 없다. 만약 만나고 싶으면 찾아가서 만나는 것이 도리이다.

그러나 사마광에 따르면, 인간존재는 평등한 존재가 아니다. 모든 인간 각자는 하나의 자동차를 구성하고 있는 부품과 같은 것이므로, 자동차의 각 부품에 경중이 있는 것처럼, 인간 자체에 이미 경중이 있다. 사람의 경중은 나이나 덕의 유무에 상관없이, 담당하고 있는 역할이나 계급에 따라 결정된다.

이처럼 왕을 중심으로 사회의 질서를 확립하려 했던 사마광은 당연히 왕권을 강회해야 했고, 왕권을 강화하기 위해 맹자의 혁명론을 거부해야 했다. 사마광은 왕권 강화의 논리를 『우서(迂書)』에서 다음과 같이 설명한다.

> 예에 군주는 동성(同姓)과 함께 수레를 타지 않고 이성(異性)과 함께 탄다. 그 까닭은 핍박받는 것을 싫어하기 때문이다. 경은 귀척(貴戚)이나 이성(異姓)을 막론하고 모두 신하이다. 신하의 도리는 군주에게 간언하여, 들어주지 않으면 떠나도 좋고, 그로 인해 죽어도 좋다. 어찌 귀척이라고 해서, 임금의 자리를 바꾸

---

35. 禮 君不與同姓同車 與異姓同車 嫌其逼也 爲卿者 無貴戚異姓 皆人臣也 人臣之義 諫于君而不聽 去之可也 死之可也 若之何以其貴戚之故 敢易位而處也 孟子之言過矣(『司馬溫公文集』卷之十四「迂書」).

고, 대신 그 자리에 처할 수 있는가? 맹자의 말이 잘못이다.[35]

맹자의 혁명사상에서 보면, 임금이 임금의 역할을 제대로 하지 못하면, 이성의 신하는 임금의 자리를 바로 잡아야 할 책임이 없으므로 떠나가도 괜찮다. 그렇지만 귀척의 신하는 임금의 자리를 바로잡을 책임이 중(重)하므로, 임금이 역할을 제대로 하지 못하면 임금을 추방하고 다시 적임자를 찾아서 대신하게 해야 한다. 그러나 군주를 중심으로 사회 전체의 질서를 추구한 사마광은 맹자의 혁명론을 인정하지 못한다.

제3항 예론

사마광에 따르면, 군왕을 중심으로 하는 사회적 질서의 총체적인 원리는 예이다. 정치 기강을 확립하여 사회 전체를 예에 맞게 정돈하는 것이 사마광이 희망하는 나라 전체의 안정책이기 때문에, 사마광의 사상에서는 예가 핵심이 된다. 사마광은 예의가 완전히 몸에 배어서 저절로 실천하게 되는 사람을 성인(聖人)으로 정의한다.

묻기를, "성인은 선(善)을 행함에 선을 행한다는 의식이 없는 것입니까?" "의식함이 없다. 성인이 선을 함에 어찌 선을 한다는 것을 의식하겠는가! 일을 처리하게 되면 오직 예의를 가지고 대응할 뿐이다.[36]

사마광에 따르면, 선은 예의가 몸에 완전하게 배어서 의식하지 않아도 일거수일투족에 저절로 묻어나오는 상태를 말한다. 사마광의 사상에서는 예가 사회적 질서를 의미하는 것이므로, 선악의 기준 역시 사회적 질서에서 나온다. 사회적 질서가 확립되는 것이 선이고, 그렇지 못한 것이 악이다. 사마광의 사상에서는 사람의 모든 덕목이 예(禮)로부터 파생된다.

제4항 인성론과 명분론

사마광의 인성론은 한유의 성삼품설을 계승한다. 인간의 본성이 하늘마음과 연결된 것을 파악하지 않고 사회에서 일어나는 현상만을 본다면, 사마광의 성설은 타당한 것처럼 보이기 쉽다. 사마광은 다음과 같이 언급하고 있다.

> 고자는 성(性)이 선과 불선(不善)으로 나뉘지 않는 것이, 물이 동서로 나뉘지 않는 것과 같다고 했는데, 고자의 말은 잘못이다. 물이 동서로 나뉘지 않는 것은 평지에서 그렇다. 동쪽을 높게 하고 서쪽을 낮게 하거나, 서쪽을 높게 하고 동쪽을 낮게 한다면 어찌 트는 방향에 따라 물을 보낼 수 있겠는가? 성이 선과 불선으로 나뉘지 않는 것은 중인의 경우뿐이다. 고수는 순

---

36. 敢問聖人亦無意于善乎 曰不然 聖人之爲善 豈有意乎其間哉 事至而應之以禮義耳(『司馬溫公文集』卷之十四「迂書」).

을 낳았고, 순은 상균을 낳았으니, 어찌 교육을 통하여 변화시킬 수 있겠는가! 맹자는 사람이 선하지 않음이 없다고 했는데, 맹자의 말은 잘못이다. 단주와 상균은 어릴 때부터 클 때까지 날마다 보는 것이 요순이었어도 악을 바꿀 수 없었다. 어찌 사람의 성에 불선(不善)이 없겠는가![37]

사마광은 사람의 성이 선과 불선으로 나누어져 있지 않다고 말한 고자의 성설을 비판했다. 사마광에 따르면, 물의 흐름이 동서로 갈라져 있지 않은 것은 평지의 경우이고, 동고서하의 지형과 서고동하의 지형에서는 그 흐름이 정해져 있다. 성이 선과 불선으로 나누어져 있지 않은 것은 중인의 경우뿐이다. 악하게 태어난 사람은 계속 악하고, 선하게 태어난 사람은 계속 선하며, 중간쯤 되는 사람은 착하게 될 수도 있고 악하게 될 수도 있다. 사마광의 성설은 한유의 성설을 계승한 것이다. 엄밀하게 말하면 한유의 성설과 사마광의 성설은 잘못이다. 사람의 본성은 상·중·하로 분류할 수 없다. 색이 그러데이션처럼 하나로 이어져 있듯이, 인간의 성은 상·중·하로 분리할 수 없다. 맹자의 성설은 하늘마음을 전제하여 성립된 것이고, 맹자 이외의 성설은 하늘마음을 부정하고서 성립한 것이다. 하늘마음은 보이지도 들리지도 않으며, 증명하

---

37. 告子云 性之無分于善不善 猶水之無分于東西 此告子之言失也 水之無分於東西 謂地也 使其地東高而西下 西高而東下 豈決導所能致乎 性之無分于善不善 謂中人也 瞽瞍生舜 舜生商均 豈陶染所能變乎 孟子曰 人無有不善 此孟子之言失也 丹朱商均 自幼及長 所日見者 堯舜也 不能移其惡 豈人之性無不善乎(『司馬溫公文集』卷之十四 「迂書」).

기도 어려우므로, 맹자의 성설은 이해하기 어렵지만, 하늘마음의
실체를 안다면 맹자의 성설만을 받아들일 수 있다.

사람이 태어날 때부터 선인·중인·악인으로 정해져 있는 것으
로 파악한 사마광의 사상은 인간의 현 상태가 모두 운명에 의해
정해진 것이라는 운명론으로 발전한다. 사마광은 말한다.

> 지혜로움·어리석음·용감함·비겁함·귀함·천함·부유함·가난
> 함은 하늘이 정한 분수이고, 임금의 현명함과 신하의 충성스러
> 움, 아버지의 자애로움과 아들의 효성스러움은 사람이 만든 분
> 수이다. 하늘의 분수를 어기면 반드시 하늘의 재앙이 있고, 사
> 람의 분수를 잃어버리면 반드시 사람의 재앙이 있다. 요·순·우
> ·탕·문·무가 천하를 위해 힘쓰고, 주공이 잘 보필하여 태평성
> 대를 이루었으며, 공자는 노나라에서 시·서·예·악으로 문도를
> 가르쳤고, 안연은 밥 한 그릇과 물 한 사발로 누추한 곳에서도
> 편안하게 살았다. 비록 그들의 도덕과 사업이 달랐고, 나가고
> 물러나는 방식이 달랐지만, 어찌 분수를 버리고 망령되게 한
> 것이었겠는가![38]

사마광은 지혜로움·어리석음·용감함·비겁함·귀함·천함·부
유함·가난함은 하늘이 정한 분수이므로 그 분수를 지키지 않으

---

38. 智愚勇怯 貴賤貧富 天之分也 君明臣忠父慈子孝 人之分也 僭天之分 必有
　　天災 失人之分 必有人殃 堯舜禹湯文武勤勞天下 周公輔相致太平 孔子以
　　詩書禮樂敎洙泗 顔淵簞食瓢飮安于陋巷 雖德業異守 出處異趣 如此遠也
　　何嘗舍其分而妄爲哉(『司馬溫公文集』卷之十四「迂書」).

면 하늘의 재앙을 받고, 군신과 부자의 도리는 인간이 정한 분수이므로 그 도리를 지키지 않으면 인간의 재앙을 받는 것으로 설명하고, 요·순·우·탕·문무·주공이나 공자·안연 같은 훌륭한 사람들이 모두 분수를 지킨 사람들의 대표적인 사례로 열거했다.

지혜로움·어리석음·용감함·비겁함·귀함·천함·부유함·가난함은 노력에 따라서 달라지고, 마음먹기에 따라서 바뀌는 것인데, 사마광이 이를 하늘이 정한 분수라고 한 까닭은 사람이 함부로 바꾸려고 하지 않아야 함을 강조한 것이다. 사회 전체의 질서를 유지하는 가장 빠른 방법은 사람들이 처한 현재의 상태를 변경하지 않고 고정하는 것이므로, 사마광은 현재의 상태를 하늘의 분수라고 했다. 사마광의 사상에서 보면 하늘이 부정되어야 하지만, 사마광은 현재의 상태를 고정하기 위해 하늘을 끌어들였다. 사마광의 운명론에서 보면, 천한 사람이 귀해지려 하고, 가난한 사람이 부유해지려고 하면 하늘의 재앙을 받기 때문에 천한 사람은 귀해지려 하면 안 되고, 가난한 사람은 부자가 되려 하지 않아야 한다. 사마광은 사회의 안정을 확립해야 한다는 큰 목적을 달성하기 위해 무리한 이론을 창출했다. 사마광의 이론은 잠깐은 효력이 있을 수 있으나 종국에 가서는 천한 자와 가난한 자의 분노가 폭발하여 큰 혼란에 빠질 것이다.

현재의 상태를 유지하는 것을 골자로 하는 사마광의 사회 안정책은 극단적인 명분론으로 발전한다. 사마광은 극단적인 명분론의 근거를 밝히기 위해 우주론적 전개를 시도한다.

만물은 모두 허(虛)를 원조로 하고 기(氣)에서 생긴다. 기(氣)를 가지고 몸을 이루고, 몸으로 성(性)을 받는다. 성에 의해 이름이 정해지고, 이름에 의해 행할 내용이 확정되며, 행한 뒤에 결과를 기다린다. 허는 만물의 창고이고, 몸은 물질이 모인 것이며, 성은 신(神)에게 받은 것이고, 직위가 있으면 그에 맞는 일이 주어진다. 행하는 것은 사람의 직무이고, 행한 뒤의 성패는 상황에 맞았는지에 달려 있다.[39]

사마광은 자신의 명분론에 권위를 강화하기 위해 우주론을 전개하여 신비감을 부여한다. 사마광에 따르면, 만물의 근원은 허이고, 허로부터 기가 나오며, 기에서 만물이 만들어지는 것으로 설명한다. 만물은 몸이 생기는 것으로 완성되는데, 몸이 생기면 몸에는 선·악·무선무악 중의 하나를 본성으로 받는다. 사람이 본성을 부여받으면 각각의 본성에 따라 이름이 부여되고, 이름이 부여되면 부여된 이름에 맞는 행위를 해야 한다. 사람이 해야 할 행위는 각각의 이름에 따라 정해지는 것이므로, 사람이 선택할 수 있는 것이 아니다.

말하자면, 사람의 현재의 직분은 운명적으로 정해진 것이므로, 오로지 직분에 따라 행동해야지, 정해진 직분을 벗어나면 안 된다는 것이다.

사마광이 이처럼 현재의 계급 질서를 공고히 하여 사회를 안정

---

39. 萬物皆祖于虛 生于氣 氣以成體 體以受性 性以辨名 名以立行 行以俟命 故虛者 物之府也 體者 質之具也 性者 神之賦也 名者 事之分也 行者 人之務也 命者 時之遇也(『潛虛』).

시키고자 했던 이유는 당시의 사회가 혼란했기 때문이었다. 송나라의 정치이념은 당나라 말기에 부활하기 시작한 유학이었지만, 그 유학이 구양수, 주돈이, 사마광 등을 거치면서 발전은 하고 있었어도 다수의 사람이 좋아할 정도로 대중화하지 못했기 때문에 나라가 안정되지 못했다. 송나라는 요나라, 서하, 여진족 등으로부터 끊임없이 침략을 받았고, 내부적으로도 다수가 공감하는 정치이념을 만들어 내지 못했으므로, 혼란이 계속되었다. 유학이 대중화되기 위해서는 대중들에게 다가갈 수 있도록 보편화 작업을 거쳐야 했다.

당나라가 멸망하고 오대십국을 거쳐 송나라가 건국되었어도 사람들의 삶을 지탱하는 철학의 판이 여전히 형상판이었으므로, 송나라에서 추구하는 유학의 주류는 이고, 주돈이로 이어지는 형상판의 철학이고, 구양수, 사마광으로 이어지는 형하판의 철학은 주류가 되지 못하고 보조 수단으로서 역할을 하는 비주류였다.

제4절
장재의 기 중심적 세계관

장재(張載: 1020~1077)는 호가 횡거(橫渠)이다. 『서명(西銘)』, 『정몽(正夢)』 등을 저술하여 주자학의 형성에 큰 영향을 미쳤다. 장재는 이고의 유가적 해탈론을 계승·발전시키는 선상에서 주돈이를 이어 등장했다. 횡거의 학문은 이고의 연장선상에서 이해하면 쉽게 이해된다.

像渠横張

장재

제1항 학문의 길

> 살아 있는 동안 나는 순리대로 일하고, 죽어서는 편안하게 쉰
> 다.[40]

> 물은 얼면 얼음이 되고, 튀면 물방울이 되지만, 얼음의 습성이
> 나 물방울의 성질은 그것이 있건 없건 바다는 상관하지 않는다.
> 이로 미루어 본다면, 죽음과 삶의 이치를 이해할 수 있다.[41]

얼음이 얼고 물방울이 튀어도, 본질에서 보면 여전히 물이므로
본질에서는 변화가 일어나지 않는다. 얼음과 물방울은 눈에 보이
지만, 본질은 형체가 없다. 얼음이 녹아 없어지고, 물방울이 도로
물로 바뀌어도 물에서 보면 변화가 일어난 것이 아니다. 사람의
삶과 죽음도 마찬가지다. 물에서 얼음이 언 것이 사는 것에 해당
하고, 녹아서 물로 돌아간 것이 죽는 것에 해당하므로, 얼음이 얼
어 있거나 녹아서 형체가 없어져도 본질에서 차이가 없는 것처럼,
사람의 삶과 죽음이 본질에서 차이가 없다. 이를 미루어 생각해
보면 삶과 죽음의 이치를 알 수 있고, 삶과 죽음의 이치를 알면,
생사에 초연할 수 있다. 살아 있는 동안에는 순리에 따르면 될 것
이고, 죽게 되면 편안한 본래 모습으로 돌아가 쉬면 된다. 얼음이

---

40. 存吾順事 沒吾寧也(『張子全書』「西銘」).
41. 海水凝則冰 不則漚然 冰之才 漚之性 其存其亡 海不得而與焉 推是 足以究
　　死生之說(『張子全書』「正夢」動物篇).

물이라는 본질을 잊어버리면 녹아 없어지는 것을 싫어하겠지만, 본질을 잊어버리지 않으면 물로 돌아가는 것은 원래의 모습으로 돌아가는 것이다. 사람도 마찬가지다. 본질의 마음이 자연의 마음이고, 하늘의 마음이며, 본질의 움직임이 자연의 움직임이고 하늘의 움직임이다. 본질을 잊어버리지 않고 사는 사람은 '나'라는 것이 없다. 언제나 하늘과 하나가 되어 움직이는 자연 그 자체이다. 본질을 잊어버리지 않고 사는 사람이 성인이다.

> 성인은 중용을 완전하게 실천하기 때문에 힘쓰지 않아도 적중하고, 지극히 큰 것을 가지면서도 크다는 것을 의식하지 않는다. 이것이 바로 대인이 본성대로 사는 것이니, 이른바 세속을 초월하여 높이 하늘에 이르는 것이지만, 계단을 타고 올라갈 수 있는 것이 아니다.[42]

횡거가 말하는 학문의 목적은 성인이 되는 것이다. 성인은 본성대로 사는 사람이다. 본성은 만물이 공통으로 가지고 있는 하나의 근원이므로, 본성대로 살면 천지 만물과 일체가 되어, 얻는 것도 없고 잃는 것도 없다. 성인의 삶은 정성스러움 그 자체이므로, 성인이 되는 것을 목적으로 삼는 횡거의 학문은 정성스러움을 실천하는 것으로 귀결된다.

---

42. 聖人用中之極 不勉而中 有大之極 不爲其大 大人性之 所謂絶塵而奔 峻極於天 不可階而升者也(『張子全書』「正夢」大易篇).

정성스럽거나 장엄하지 못하다면 본성을 다하고 이치를 궁구했다고 할 수 있겠는가! 본성의 덕은 일찍이 거짓되거나 게으르지 않다. 그러므로 지혜가 거짓되고 게으른 것에서 벗어나지 않는 자는 그 성을 알지 못한다. 힘쓴 이후에 정성스럽고, 장엄해진다면, 이는 본성에서 나온 것이 아니다. 힘쓰지 않으면서도 정성스럽고, 장엄해지는 것이 이른바 말하지 않아도 믿음을 얻으며 성내지 않아도 위엄이 있다는 것이다.[43]

지성은 천성이요, 쉼 없는 것은 천명이다. 사람이 능히 지극히 정성스러울 수 있다면 그 본성이 회복되어서 정신의 세계를 다 궁구할 수 있다.[44]

정성스러움은 사람의 의지로 노력해서 되는 것이 아니다. 자연의 변화나 물의 흐름처럼 쉼 없이 이어지는 것이 정성스러움이다. 성(誠)은 쉼 없이 이어지는 상태를 형용한 말이다. 사람이 본성을 회복하여 자연과 하나가 되면, 그 움직임이 쉼 없는 자연의 움직임이 된다. 사람의 움직임이 자연의 움직임처럼 쉼 없이 이어진다면 본래 모습을 회복한 것이다.

횡거는 본성을 회복하는 방법으로 정성스러운 삶의 회복을 강

---

43. 不誠不莊 可謂之盡性窮理乎 性之德也 未嘗僞且慢 故知不免乎僞慢者 未嘗知其性也 勉而後誠莊 非性也 不勉而誠莊 所謂不言而信 不怒而威者與(『張子全書』「正夢」誠明篇).
44. 至誠天性也 不息天命也 人能至誠 則性盡而神可窮矣(『張子全書』「正夢」乾稱篇).

조하는 한편, 고정관념을 없애는 방법도 아울러 제시한다.

> 성심(成心)이 없는 자는 시중(時中)할 뿐이다. 화(化)하면 성심이
> 없어진다. 성심이란 의도하는 것을 말한다. 성심이 없어진 연후
> 에야 함께 도에 나아갈 수 있다.[45]

　성심이란 고정관념을 말한다. 장자의 "무릇 성심을 좇아 그것
을 스승 삼는다면, 누군들 스승이 없겠는가. 변화의 법칙을 알아
서 마음으로 그 법칙을 터득한 자에게만 스승이 있겠는가. 어리
석은 자라도 스승 삼을 것이 있다"[46]는 말에서 취한 것이다. 다수
의 사람은 고정관념을 가지고 고정관념에 갇혀서 산다. 돈이 좋다
는 고정관념을 가지면 돈의 노예가 되고, 명예가 좋다는 고정관념
을 가지면 명예의 노예가 되며, 권력이 좋다는 고정관념을 가지면,
권력의 노예가 된다. 노예가 된 사람은 본래의 모습을 잃어버린
다. 강력한 고정관념 중의 하나가 '나'라는 것이다. 사람이 '나'라
는 고정관념을 가지고 사는 순간부터 '나'라는 감옥에 갇혀서 산
다. '나'라는 관념을 극복하고 노예의 상태에서 해방되는 것이 화
(化)하는 것이다. 화(化)는 본래 모습을 회복하는 관문이다. 사람이
화(化)의 관문을 통과하면 본래 모습을 회복하여 천지 만물과 하
나가 된다. 화(化)란 『맹자』에 나오는 말이다. 본래 모습을 회복한

---

45. 無成心者 時中而已矣 化則無成心矣 成心者 意之謂與 成心忘然後 可與進
　　於道(『張子全書』「正夢」大心篇 以下부터는 篇名 생략함).
46. 夫隨其成心而師之 誰獨且無師乎 奚必知代而心自取者有之 愚者與有焉(『莊
　　子』齊物論).

사람의 삶이 물의 흐름처럼 자연스럽게 된 것이 시중(時中)이다. 시
중이란 상황에 맞는 움직임을 말한다. 물은 언제나 상황에 맞게
흐른다. 평탄한 곳에서는 천천히 흐르고, 가파른 곳에서는 급하게
흐르며, 둑이 가로막고 있으면 고였다가 흐르고, 낭떠러지에서는
폭포수가 되어 떨어진다. 완전한 사람의 삶도 이와 같다. '나'를 극
복하여 자연과 하나 된 사람은 언제나 상황에 맞게 움직인다.

　횡거는 화(化)의 관문을 통과하여 자연과 하나 된 사람의 삶의
모습에 대해 다음과 같이 설명한다.

> 성스러워서 간파할 수 없는 것은 천덕(天德)이요 양능(良能)이다.
> 인간의 의식으로 알려고 한다면 결코 알 수가 없다. 성스러워서
> 간파할 수 없게 된 상태를 신비스러운 것이라고 한다.[47]

> "의식으로 헤아려 알려 하지 않고 하늘의 법칙에 따른다"라고
> 말한다. 의식 속에서 알음알이와 헤아림을 갖게 되면 본래의
> 마음을 잃어버린다.[48]

> 하늘이 무엇을 생각하고 무엇을 헤아리는가! 다만 무심의 상태
> 로 자연의 이치를 행하는 것만이 제대로 된 것이다.[49]

> 하늘의 작용은 텅 비어 있으면서 잘 응한다. 그 응하는 작용은

---

47. 聖不可知者 乃天德良能 立心求之 則不可得而知之 聖不可知謂神(「正夢」).
48. 不識不知 順帝之則 有思慮知識 則喪其天矣(「正夢」).
49. 天何思何慮 行其所無事 斯可矣(「正夢」).

귀 밝고 눈 밝고 잘 헤아리는 사람도 알 수 있는 것이 아니다.
그러므로 신이라 표현한다.[50]

하늘은 의식을 가지고 하나하나 따지고 판단하면서 작용하는
것이 아니라, 무심의 상태로 저절로 움직이는 것이므로, 사람이
의식을 가지고 헤아려 알려고 해도 결코 알 수가 없다. 오직 의식
을 멈추고 알음알이와 헤아림을 잠재워야 비로소 하늘과 하나가
된다. 사람은 하늘과 하나가 될 수는 있어도 하늘을 알 수 있는
것은 아니다.

사람이 의식 속에 구별하는 마음이 생겨 '나'를 만들면, 본래의
모습을 잃어버리고 내가 만들어 낸 '나'의 삶을 살게 된다. '나'를
만들어 남과 구별되는 개체적 삶을 사는 것은 하늘과 하나인 본
래의 모습을 잃고 사는 것이다. 성인은 하늘과 하나인 본래의 모
습으로 사는 사람이고, 범인은 하늘과 분리된 '나'의 삶을 사는 사
람이므로, 성인의 삶과 범인의 삶은 차원이 다르다. 범인이 성인이
되는 과정은 개체의 차원에서 전체의 차원으로 승화되는 과정을
거치지 않으면 안 된다. 횡거는 범인에서 성인이 되는 과정을 맹자
의 말을 인용하여 화(化)라는 말로 표현했다. 화(化)란 개체적 차원
에서 전체적 차원으로의 승화를 의미한다. 횡거는 승화의 과정을
다음과 같이 설명한다.

맹자가 말하기를 "커져서 화(化)한다"라고 했다. 이는 그의 삶의

---

50. 大率天之爲德 虛而善應 其應非思慮聰明可求 故謂之神(「正夢」).

내용이 음양에 합치하여, 천지와 함께 움직임으로써 통하지 않는 것이 없게 된 것을 말한다.[51]

화(化)란 달걀이 부화하는 것처럼, 2차원의 세계에서 3차원의 세계로 비약·변화하는 것이다. 사람도 화(化)의 관문을 거쳐야 개체의 삶에서 전체의 삶으로 비약한다. 전체적인 삶으로 화(化)하면 움직임이 음양과 합치하고, 천지의 움직임과 하나가 되어 통하지 않는 것이 없게 된다.

맹자는 개체적 존재에서 전체적 존재로 승화되는 과정을 착한 사람·미더운 사람·아름다운 사람·큰 사람·성스러운 사람·신비스러운 사람으로 나누어 설명했는데, 횡거는 이 중에서 착한 사람·미더운 사람·아름다운 사람·큰 사람까지를 개체적 사람으로 분류하고, 성스러운 사람·신비스러운 사람을 전체적인 사람으로 분류한 다음, 개체적 존재에서 전체적 존재로 승화되는 화(化)의 과정에 주목한다. 착한 사람·미더운 사람·아름다운 사람·큰 사람까지는 사람의 노력으로 도달할 수 있지만, 성스러운 사람으로 승화하는 화(化)의 과정은 노력으로 가능한 것이 아니라고 설명한다.

대인이 되는 것까지는 사람의 노력으로 해낼 수 있지만, 대인이 된 뒤에 성인으로 화(化)하는 것은 노력으로 해낼 수 있는 것이 아니다. 무르익는 것에 달려 있을 뿐이다. 『주역』에 이르길, "정신을 집중하여 화(化)함을 알게 되는 것은 덕이 왕성하여 인이

---

51. 孟子曰 大而化之 皆以其德合陰陽 與天地同流 而無不通也(「正夢」).

무르익음으로써 저절로 도달하게 되는 것이지, 사람의 알음알이를 가지고 이루어낼 수 있는 것이 아니다"라고 했다.[52]

개체적 존재인 사람이 전체적 존재로 화(化)하는 순간이 득도하는 순간이고, 해탈하는 순간이다. 그러나 이 순간은 사람이 알음알이를 가지고 맞이할 수 있는 것이 아니다. 많은 사람이 득도의 순간을 맞이하기 위해 욕심을 부리지만, 그런다고 해서 결코 맞이할 수 있는 것이 아니다. 오직 초심을 잃지 않고 마음을 침잠하여 끊임없이 노력하다 보면 어느 날 문득 잠에서 깨는 것처럼 저절로 다가온다. 횡거는 범손지와의 대화에서 특히 이점을 강조한 바 있다.

범손지에게 말했다. "우리가 옛사람에게 미치지 못하는 병폐의 원인이 어디에 있는가?" 손지가 알지 못해 답을 청하자, 선생이 말했다. "그것은 깨닫기 어려운 것이 아니다. 이 말을 한 것은 학자에게 뜻을 갖는 것을 잊지 말고 마음을 침잠하여 어느 날 탈연히 큰 잠에서 깨어난 것처럼 되게 하려는 것이다"[53]

득도의 순간은 서서히 단계적으로 찾아오는 것이 아니라 깊은 잠에서 깨어나는 것처럼 어느 날 탈연(脫然)히 찾아오는 것이다.

---

52. 大可爲也 大而化 不可爲也 在熟而已 易謂窮神知化 乃德盛仁熟之致 非智力能强也(「正夢」).
53. 謂范巽之曰 吾輩不及古人病源何在 巽之請問 先生曰 此非難悟 說此語者 蓋欲學者存意之不忘 庶游心浸熟 有一日 脫然如大寐之得醒耳(「正夢」).

득도의 순간은 어느 날 저절로 찾아오는 것이지만, 득도하기 위한 노력을 하지 않은 사람에게는 절대로 찾아오지 않는다. 횡거는 득도하기 위한 노력과 득도하고 난 뒤의 삶의 내용을 다음과 같이 나누어 설명한 적이 있다.

> 만물과 나에게 공통으로 들어있는 존재의 본질을 궁구하여 본성대로 다 실천한 연후에야 천명에 도달할 수 있고, 인간과 만물의 본성을 다 실천한 연후에야 귀가 순해지고 천지의 조화에 참여할 수 있으며, 나의 뜻대로 하려는 것·반드시 해야 한다는 것·고집을 부리는 것·나를 내세우는 것이 없어진 연후에야 천지의 변화에 범위를 정하여 따를 수 있게 됨으로써, 마음이 내키는 대로 행동해도 법도에 어긋남이 없게 되고, 늙어서 편안하게 죽을 수 있게 된 연후에야 주공을 꿈에 보지 않게 된다.[54]

횡거가 불교와 노장사상의 논리를 비판한 이유는 불교나 노장사상에는 자기 본질에 대한 객관적 인식 방법이 부족하다는 점이다. 외부의 사물에 들어있는 본질을 궁구하면 그것을 통해서 자기의 본질을 알고 발휘할 수 있다. 자기 속에 있는 자기의 본질을 인식하는 방법은 주관적인 방법이므로 확실성이 없다. 이런 문제점을 보완하는 것이 외부의 사물에 있는 본질을 궁구하는 방법이다. 외부에 있는 사물의 본질은 외부에 있는 것이므로, 객관화시

---

54. 窮理盡性 然後至於命 盡人物之性 然後耳順 與天地參 無意必固我 然後範圍天地之化 從心而不踰矩 老而安死 然後不夢周公(「正夢」).

켜서 연구할 수 있고 확실하게 인식할 수 있다. 따라서 외부에 있는 사물의 본질을 연구하여, 그것을 미루어 자기의 본질을 인식하는 우회적 방법을 찾아낸 철학자가 염계이고, 염계를 계승한 철학자가 횡거이다. 우회적 방법은 주자에 이르러 완성되는데, 이 방법이 당나라 말기에 시작된 새로운 유학의 특징이고 장점이다. 외부의 사물에 들어있는 본질을 궁구하기 위해서는 많이 생각하고 많이 헤아려야 하므로, 이고가 본성을 회복하기 위해 없애야 할 대상으로 제기한, 생각하고 헤아리는 기능을 횡거는 적극적으로 활용해야 할 기능으로 되살려놓았다.

제2항 횡거의 기(氣) 중심적 우주론

횡거는 만물의 생성·변화·소멸하는 현상을 기의 취산(聚散)으로 설명한다.

기가 모이면 기를 끌어 붙이는 확실한 작용이 작동하여 형체가 있게 되고, 기가 모이지 않으면 기를 끌어 붙이는 확실한 작용이 작동하지 못해 형체가 없어진다. 기가 모인 것을 어떻게 객(客)이라 말하지 않을 수 있겠는가. 또 기가 흩어졌다고 해서 어떻게 없다고 말할 수 있겠는가. 그러므로 성인이 우러러 하늘을 살피고 굽어 땅을 살펴서, 다만 유명(幽明)의 이치를 안다고 말하고, 유무의 이치를 안다고 말하지 않았다. 하늘과 땅 사이에 가득한 것은 만물이 있기 이전의 만물의 본질과 형상(象)이다.

만물의 본질과 형상을 살펴봐도 물체를 만들어내는 확실한 작용이 작동하지 않으면 눈으로 볼 수 없다. 형체로 나타났을 때는 유(幽)에서 비롯된 것임을 알고, 나타나지 않을 때는 명(明)의 본질을 안다.[55]

횡거는 우주의 본질과 본질에서 만물로 드러나는 메커니즘을 터득했다. 그 내용은 이러하다. 우주 공간에는 기로 가득하다. 기는 스스로 모였다 흩어졌다 한다. 기가 모이면 기를 끌어 붙이는 확실한 작용으로 인해 기들이 응결하여 형체를 가진 물체가 된다. 밀가루가 흩어져 있으면 공기 중에 뿌옇게 보일 뿐이지만, 밀가루가 모였을 때 물을 넣어 반죽하면 형체가 된다. 이처럼 우주에 흩어져 있는 기가 모이면, 밀가루를 반죽하여 형체를 만드는 물의 작용처럼, 모인 기를 끌어 붙여 응결시키는 확실한 작용이 작동하여 형체를 만들어낸다. 이는 오늘날의 과학적 지식으로 보면, 우주 공간의 미세한 물질들이 서로 가까워지면 만유인력의 작용으로 인해 서로 붙어서 형체가 되는 것으로 이해할 수 있다. 이 경우의 만유인력에 해당하는 것을 횡거는 이명(離明)으로 설명했다. 이명(離明)에서의 이(離)는 끌어 붙인다는 뜻이고, 명(明)은 확실하다는 뜻이므로, 이명은 '기를 끌어 붙이는 확실한 작용'이란 뜻이 된다. 만유인력은 물체가 가까워질 때 작동한다. 공기 중에 흩어져

---

55. 氣聚 則離明得施而有形 氣不聚 則離明不得施而無形 方其聚也 安得不謂之客 方其散也 安得遽謂之無 故聖人仰觀俯察 但云知幽明之故 不云知有無之故 盈天地之間者 法象而已 文理之察 非離明 不相覩也 方其形也 有以知幽之因 方其不形也 有以知明之故(「正夢」).

있는 밀가루에는 물을 뿌려도 반죽할 수 없지만, 모여 있는 밀가루에는 물을 뿌려 반죽할 수 있는 것과 같은 이치이다. 기가 모여 형체가 되는 것은 물이 응결하여 얼음이 되는 것과 같은 것으로 이해할 수도 있다. 얼음은 물이 잠깐 응결하여 모양을 가지게 된 것이므로, 영원히 얼음의 상태로 존재하지는 않는다. 시간이 흐르면 다시 녹아 원래의 모양인 물로 돌아간다. 그러므로 얼음은 잠깐 머물다 사라지는 손님과 같은 존재이다. 그래서 횡거는 기가 모여 형체로 드러난 것을 객형(客形)이라 했다. 기가 흩어지면 보이는 것이 없으므로, 없어진 것으로 알기 쉽지만, 없어진 것이 아니라, 흩어져 형체가 보이지 않을 뿐이다. 그러므로 성인은 하늘과 땅을 살펴 만물이 형체로 보일 때와 흩어져 보이지 않을 때로 나누어지는 것을 알았기 때문에 유무로 설명하지 않고 유명(幽明)으로 설명했다. 하늘과 땅 사이는 만물을 만들어내는 큰 풀무와 같아서 만물이 거기서 계속 만들어져 나오므로, 하늘과 땅 사이는 만물이 만들어지기 전의 상으로 가득하다. 이는 마치 시인의 마음에 시상이 가득한 것과도 같다. 시인의 마음에 가득한 시상을 끄집어내어 표현하면 시가 되지만, 끄집어내지 못하면 시상으로만 남아있다. 하늘과 땅 사이에 만물의 상이 가득해도, 물질을 연결하여 형체를 만드는 작용이 작동하지 않으면, 눈에 보이는 물체가 되지 않는다. 이러한 이치를 잘 이해하면, 형체로 나타난 것을 볼 때는 그것이 유(幽)에서 비롯된 것임을 알고, 형체로 나타나지 않았을 때는 그것이 드러난 형체의 본질임을 알 수 있다.

횡거가 파악한 유명의 이치는 『장자』 지북유편에 있는 "사람이 사는 것은 기가 모인 것이다. 기가 모여 있는 것을 살아있다고 하고, 흩어진 것을 죽은 것이라고 한다"[56]라고 한 장자의 말에 근거한 것이지만, 횡거는 이를 근거로 생사의 문제를 해결했다. 사람이 사는 것은 기가 모여 있는 것이고, 죽는다는 것은 모였던 기가 흩어지는 것이므로, 기에서 보면 살고 죽는 것이 하나이다. "기가 흩어져 있는 것도 또한 나의 몸이고, 기가 모여 있는 것도 또한 나의 몸이다. 죽음이 없어지는 것이 아님을 아는 사람과는 더불어 본성을 논할 수 있다"[57]라고 한 횡거의 말에서 보면, 횡거는 기의 취산에 관한 이론을 통해 생사의 문제를 해결할 수 있음을 알았다.

횡거는 기의 취산 이론으로 생사의 문제를 해결하는 데 그치지 않고 진일보하여, 그의 우주론을 완성했다. 그가 완성한 우주론의 골격은 태허와 기와 만물의 세 요소로 구성된다. 횡거는 만물의 본질은 기인데, 기가 모여서 형체가 된 것이 만물이고, 기가 흩어져 텅 비어 아무것도 없는 것처럼 된 상태를 태허(太虛)로 설명했다.

> 태허는 형체가 없는 것으로 기의 본체이다. 기가 모여 있는 것과 흩어져 있는 것은 변화의 과정에서 나타나는 잠깐의 형태이다. 지극히 고요하여 감각이 없는 것은 본성의 깊은 심연이고, 지식이 있고 앎이 있는 것은 만물이 교차하여 만들어낸 잠깐의 감정일 뿐이다. 잠깐의 감정·잠깐의 형체를 감정이 없고 형체가 없는 것과 같은 것으로 여길 수 있는 사람은 오직 본성을 다 깨우친 사람뿐이다.[58]

---

56. 人之生 氣之聚也 聚則爲生 散則爲死(『莊子』 知北遊篇).
57. 散亦吾體 聚亦吾體 知死之不亡者 可與言性矣(「正夢」).

횡거는 기 중심적 우주론을 전개하여 삶과 죽음이 하나임을
증명함으로써 생사 문제를 해결했으므로, 이 점만을 보면, 횡거가
생사 문제를 해결한 것은, 사람의 몸에서 나타나는 생사 문제에
국한된다. 그러나 위의 인용문을 자세히 보면, 횡거는 이런 한계
를 뛰어넘고 있다. 인간의 본성과 감정의 관계 또한 태허와 만물
의 관계로 풀이하고 있다. 횡거는 인간의 현재의 몸이 태허인 본
질에서 보면 잠깐의 모습일 뿐인 것처럼, 현재의 감정 역시 그 본
질인 본성의 심연에서 보면 잠깐의 감정일 뿐이라고 설명한다. 사
람의 삶에서 몸이 중요한 것처럼, 감정 역시 중요하지만, 이 둘은
다 잠깐의 모습이고, 잠깐의 상태일 뿐이므로, 이를 알고 본질을
꿰뚫어 본 사람은 생사의 문제를 초월할 수 있다. 횡거는 만물과
태허의 관계를 통해서 사람의 몸과 감정에서 일어나는 생사의 문
제를 해소했다. 그러나 위의 인용문에서는 인간의 본성과 감정의
문제를 만물과 태허의 관계처럼 자세하게 정리해 놓지는 않았으
므로, 생사 문제의 해결은 여전히 기 중심적 우주론에 치우친 감
이 없지 않다.

횡거는 또한 태허와 만물의 관계에 관해서 다음과 같이 논한다.

태허에는 기가 없을 수 없고, 기는 모여서 만물이 되지 않을 수
없으며, 만물은 흩어져 태허가 되지 않을 수 없다. 이처럼 만물
에서 태허로, 태허에서 만물로 순환하며 출입하는 것은, 모두

---

58. 太虛無形 氣之本體 其聚其散 變化之客形爾 至靜無感 性之淵源 有識有知
物交之客感爾 客感客形 與無感無形 惟盡性者一之(「正夢」).

부득이하여 저절로 그렇게 되는 것이다. 그러므로 태허에서 만물, 만물에서 태허가 되는 실상을 다 꿰뚫어 그 변화와 일체가 된 성인은 모든 지혜를 갖추어 신비스럽다. 적멸을 말하는 불가(佛家)는 태허의 방향으로 가기만 하고 태허에서 만물의 방향으로 돌아오지 않으며, 살아있는 현재의 모습에 따르며 집착하는 노장철학에서는 물질에만 집착하여 태허로 승화하지 못한다. 그러므로 양자의 논리는 차이는 있지만, 진리를 잃어버린 것에서는 차이가 없다.[59]

여기서 주의할 것은, 태허가 만물이 되고, 만물이 바로 태허가 되는 것이 아니라, 태허에서 작용하는 기가 모이고, 모인 기가 만물이 되기 때문에, 태허와 만물 사이에 기화의 과정이 설정되어 있다는 사실이다. 태허는 기가 흩어져 있는 상태이기 때문에, 역시 기이다. 태허와 만물은 기의 차원에서 보면 같은 것이다. 그러나 다 같은 기(氣)라도 태허가 만물이 되고 만물이 태허가 되는 과정에서 기가 다양하게 작용하기 때문에 다양한 일들이 복잡하게 일어난다.

이상의 내용을 요약하면 다음과 같이 정리할 수 있다. 우주 만물의 실체를 하나의 요소로 말하면 기이고, 두 요소로 나누어 말하면 태허와 만물이며, 세 요소로 말하면, 태허·기·만물이다. 만

---

59. 太虛不能無氣 氣不能不聚而爲萬物 萬物不能不散爲太虛 循是出入 是皆不得已而然也 然則聖人盡道其間 兼體而不累者 存神其知矣 彼語寂滅者 往而不反 徇生執有者 物而不化 二者雖有間矣 以言乎失道則均焉(「正夢」).

물이 태허이고 태허가 만물이기 때문에 만물과 태허 사이에 어느 한쪽에 치우치지 않는 것이 진리이다. 불가는 태허에 치우치고, 노장철학은 현상세계에 존재하는 만물에 치우치므로 둘 다 진리를 잃은 점에서 차이가 없다고 횡거는 설명한다. 횡거가 노장철학을 현상세계에 치우친다고 비판한 것은 주로 현학과 후기에 등장하는 도교 철학의 특징에 해당한다고 봐야 할 것이다.

횡거는 태허로부터 만물이 되는 과정에서의 기의 다양한 작용에 관해 다음과 같이 말한다.

> 기는 아득한 태허이지만, 올라가고 내려가고 날아다니는 작용을 하여 멈추거나 쉬지 않으니, 『주역』에서 말하는 인온(絪縕)이고, 장자가 말하는 생물들이 숨으로 뿜어내는 입김 같은 것이다. 이 순간은 허실·동정·음양·강유 등의 두 작용으로 인해 서로 바뀌려고 하는 순간의 상태를 가리킨다. 태허의 기가 작용하면, 위로 올라가는 것은 맑아져서 양이 되고 아래로 내려오는 것은 탁해져서 음이 된다. 음양이 둘로 나뉜 뒤에는 그 둘의 감우취산(感遇聚散)에 의해 바람과 비, 눈과 서리, 산과 강, 풀과 나무가 되기도 하고, 껍데기·지게미·재·깜부기 등이 되기도 하여 만물의 여러 가지 형태가 생성되는데, 모두 기가 그렇게 하지 않음이 없다.[60]

---

60. 氣坱然太虛 昇降飛揚 未嘗止息 易所謂絪縕 莊子所謂生物以息相吹野馬者歟 此虛實動靜之機 陰陽剛柔之始 浮而上者 陽之淸 降而下者 陰之濁 其感遇聚散 爲風雨 爲雪霜 萬品之流形 山天之融結 糟粕煨燼 無非敎也(「正夢」).

만물이 생성되는 과정에 대한 횡거의 설명은 염계의 설명과 유사한 점이 있지만, 횡거 우주론의 특징은 생성된 만물의 존재 양식과 운행원리 등에 관해서도 자세하게 설명하고 있다는 점이다. 예를 들면 땅·해·사계절·주야·밀물과 썰물·삭망(朔望) 등 우주 만물의 존재 양식에 관해서도 원리적으로 파악하는 한편, 천지·만물·우주·일월·성신에 관해서도 기화의 이론을 가지고 설명한다. 이런 점에서 보면 횡거는 염계에 의해 전개된 우주론을 더욱 발전시킨 것으로 이해할 수 있다.

횡거는 하늘·본성·마음·신(神)·도(道)·도덕 등, 인간의 내면적 존재까지도 태허와 기화의 과정을 기준으로 설명한다.

> 태허로부터 하늘이라는 이름이 있게 되었고, 기화의 과정으로부터 도(道)라는 이름이 있게 되었으며, 태허와 기화의 과정을 합한 데서 성(性)이라는 이름이 있게 되었고, 성과 지각을 합한 데서 마음[心]이라는 이름이 있게 되었다. (…) 기(氣)에 있는 성(性)은 본래 텅 빈 상태로 있으면서 신령하므로, 신령함과 성의 주체는 본래부터 기에 있는 것이다. 이는 귀신이 하나도 남김없이 모든 물체의 주체가 되는 것과도 같다. 신령한 것은 하늘마음의 능력이고, 만물을 살리는 것은 하늘의 움직임이다. 하늘마음이 가진 능력은 만물의 주체가 되고, 하늘마음의 움직임은 만물을 살리는 작용이다. 애초부터 기와 하나가 되어 있을 뿐이다.[61]

태허에서 하늘이라는 이름이 연유하고, 기화의 과정에서 도(道)

라는 이름이 연유하며, 태허와 기화의 과정을 합한 데서 성(性)이라는 이름이 연유한다는 말에서 보면, 하늘, 도, 성(性)으로 이어지는 인간의 정신적 존재가 기에 내포된 것으로 착각하기 쉽다. 만약 하늘·도·성이 기(氣)에 내포된 것이라면, 횡거는 유물주의 철학자가 되고 만다. 유물주의 철학자에게는 생사를 초월하는 이론이 나올 수 없다. 그런데도 횡거 철학의 출발이 생사를 초월하는 것에 목표를 두고 있으므로, 횡거의 철학은 자기모순에 빠지고 만다. 이를 어떻게 이해해야 할까? 「삼일신고」에 있는 설명을 참고하면 간단히 해소할 수 있다. 「삼일신고」에서는 하늘의 몸인 정(精)과 사람의 몸인 신(身)을 본질에서 하나로 설명한다. 사람의 몸이 만물의 대표이므로, 이를 확대하면 만물의 몸이 본질에서 하늘의 몸과 하나가 된다. 횡거는 하늘의 몸과 만물의 몸이 하나로 통하는 본질을 기로 보았다. 횡거는 하늘의 몸을 태허라 이름하고, 만물의 몸을 만물로 이름하여, 기가 흩어진 상태를 태허, 기가 모인 모습을 만물로 설명했다. 횡거는 하늘의 몸인 정(精)을 형체를 이루고 있지 않다는 의미에서 태허라 하고, 사람의 몸을 확대하여 만물로 표현했다. 「삼일신고」의 설명에 따르면, 하늘은 하늘의 몸에서 떨어져 있지 않고, 언제나 하나가 되어 있다. 홍길동은 홍길동의 몸에서 떨어져 있은 적이 없으므로, 홍길동의 몸을 보면 항상 거기에 홍길동이 있다. 하늘의 몸인 태허에서 하늘이 떨

---

61. 由太虛 有天之名 由氣化 有道之名 合虛與氣 有性之名 合性與知覺 有心之名 (…) 氣之性 本虛而神 則神與性 乃氣所固有 此鬼神所以體物而不可遺也 神天德 化天道 德其體 道其用 一於氣而已矣(「正夢」).

어져 있은 적이 없으므로, 횡거는 태허에서 하늘이란 이름이 연유한다고 한 것이다. 기가 모였다 흩어졌다 하는 작용을 횡거는 하늘의 작용으로 간주한다. 기가 모이는 것은 기를 끌어 붙이는 하늘의 작용이 적극적으로 움직인 것이고, 기가 흩어지는 것은 기를 끌어 붙이는 하늘의 작용이 중지한 것이다. 따라서 횡거는 기화(氣化)에서 도(道)란 이름이 연유한다고 했다. 하늘의 몸인 태허에도 하늘의 마음이 있고, 기가 모인 곳에도 사람과 만물의 마음이 있다. 이를 횡거는 태허와 기를 합한 데서 성(性)이란 이름이 연유한다고 했다. 횡거가 태허에 성이라는 이름을 연유시킨 것 역시 「삼일신고」에서 하늘마음을 성이라 한 것을 참고하면 바로 이해할 수 있다. 하늘의 몸인 태허에도 하늘마음인 성(性)이 있고, 기가 모인 곳에도 사람과 만물의 본마음인 성이 있으므로, 횡거는 하늘의 몸과 기를 합해서 성이라는 이름을 연유시킨 것이다. 횡거의 설명이 어려워진 까닭은 후대의 성리학에서 성(性)을 사람의 본마음으로 국한해서 이해했기 때문이다. 사람의 마음에는 사람의 본마음인 성과 감각기관을 통해서 생겨난 지각(知覺)하는 기능이 함께 들어 있으므로, 횡거는 성과 지각을 합해서 마음이란 이름이 연유한다고 했다.

태허와 만물이 모두 기이다. 기에는 태허의 마음이 들어 있으므로, 본래 텅 빈 상태로 있으면서 신령하다. 신령한 능력과 마음이 기(氣)에 본래부터 있는 것이라고 한 말의 뜻은 본래부터 신령한 능력과 마음이 기에서 분리된 적이 없음을 의미한다. 귀신이란 기의 작용을 일컫는 말이다. 기는 개개의 만물에 주체적으로 작용한다. 횡거는 사람들이 하늘마음이 하늘의 몸에서 나오는 것으

로 착각하고, 사람의 마음이 사람의 몸에서 나오는 것으로 착각
하는 것을 방지하기 위해, 하늘마음의 신통한 능력과 만물을 살
리는 작용이 언제나 기와 하나가 되어 있다고 설명하고서 논의를
끝맺었다. 마음과 몸은 언제나 함께하므로, 마음에서 몸이 나오
는 것이 아니고, 몸에서 마음이 나오는 것이 아니다.

横渠의 기 중심적 우주론은 기의 설명에서 음양론으로 확대된다.

> 음과 양의 본체는 각각 상대방의 집을 가지고 있으므로 각각
> 편안하게 존재할 수 있다. 그러므로 해와 달의 모습은 만고에
> 변하지 않는다. 음양의 기는 번갈아 가며 나아가고, 밀고 당기
> 며 모였다 흩어졌다 한다. 서로 만나고 싶어 올라가고 내려가
> 며, 서로 얽혀 엎치락뒤치락한다. 같이 함께하기도 하고, 서로
> 견제하기도 하므로, 하나가 되려고 해도 될 수가 없다. 이것이
> 정해진 방식으로 굴신(屈伸)하지도 않으면서 쉼 없이 운행하는
> 까닭이다. 누군가가 그렇게 하도록 하는 것이 아니라 스스로 그
> 렇게 된다. 이를 하늘과 만물의 마음 작용이라 하지 않고 무엇
> 이라 하겠는가![62]

횡거는 음양론을 전개하여 기의 운동을 더 구체적으로 설명함
으로써 우주론을 더욱 발전시켰다. 횡거에 따르면, 음 안에 양의

---

62. 陰陽之精 互藏其宅 則各得其所安 故日月之形 萬古不變 若陰陽之氣 則循
環迭至 聚散相盪 昇降相求 絪縕相糅 蓋相兼相制 欲一之而不能 此其所以
屈伸無方 運行不息 莫或使之 不曰性命之理 謂之何哉(「正夢」).

집이 있고 양 안에 음의 집이 있으므로, 음과 양이 다 편안하게 존재한다. 편안할수록 변하지 않고 오래도록 지속할 수 있다. 해와 달은 음양의 관계이므로 만고에 걸쳐 변하지 않는다. 그러면서도 음양의 기는 함께하고 싶어 하면서도 서로 견제하므로, 지치지 않고 움직인다. 이는 누가 시켜서 그렇게 하는 것이 아니라 저절로 그렇게 하는 것이므로 반복하면서 계속한다. 저절로 그렇게 되는 것은 자연이다. 횡거는 자연의 움직임을 하늘마음의 움직임으로 설명했다. 자연이 하늘이고, 하늘이 자연이기 때문이다. 자연의 상태를 회복하는 것이 바로 하늘과 하나 되는 것이다.

지금까지의 논의를 결론적으로 말하면, 횡거의 철학에는 마음과 감정의 문제가 언급되어 있기는 하지만, 관심의 초점은 여전히 태허와 만물을 하나로 연결하는 기(氣)에 관한 이론에 있다. 만약 기를 물질로 착각하면 하늘의 마음과 몸 중에서 몸에 무게가 실리고, 사람의 마음과 몸에서도 몸에 무게가 실린다. 횡거의 철학이 이렇게 끝나면 문제가 된다. 마음과 몸은 분리된 적이 없지만, 비중에서 보면 마음에 더 무게가 실려야 한다. 횡거는 기 중심적 우주론을 전개했지만, 결국 다음과 같이 말하여, 몸보다 마음이 더 중요하다는 전통적 가치 기준을 놓치지 않는다.

마음 능력이 기를 이기지 못하면 본마음이 기의 명령을 듣지 않을 수 없다. 마음 능력이 기를 이겨서 만물의 본질을 다 궁리하여 본성을 다 회복하면, 하늘마음을 본마음으로 삼아 하늘의 도리를 받아들인다. 바꿀 수 없는 기의 모습은 오직 죽어 있는 것과 살아 있는 것, 오래 사는 것과 일찍 죽는 것이다. 그러므로 생과 사를 논하여 명이 있다고 말하는 것은 기를 두고 하는 말이다. 부귀를 말하여 하늘에 있다고 하는 것은 그 이치를 말하는 것이다. 이것이 큰 덕을 가진 사람이 반드시 하늘의 명을 받아들여서, 쉽고 간단한 진리를 얻어, 하늘과 땅의 중심에 자리하게 된 까닭이다. 이른바 하늘의 본질이란 마음속에 기쁨이 충만하여 천하 사람들의 마음을 하나로 통하게 하는 것이다. 그리하여 천하 사람들이 모두 기뻐서 하나로 통하게 되면 모두 그에게 귀의하여 천하가 천국이 되지만, 큰 덕을 가진 사람이 나타나도 천하가 천국이 되지 못하는 까닭은 세를 탄 것과 때를 만난 것이 다르기 때문이다. 공자 같은 성인은 세상에 뛰어들어 세상에 진리가 이어지도록 한 경우이고, 순임금과 우임금 같은 성인은 천하를 다스렸으되, 세상에 뛰어들지 않은 자이었으니, 천리가 그러하도록 이끌었다고 할 수 있다.[63]

마음이 가진 능력이 기를 제어해야 인간의 삶이 조화를 이룰 수 있다. 횡거의 기론을 잘못 이해하면 마음을 기에서 나오는 기의 속성으로 오해할 수 있으므로, 횡거는 마음이 기를 제어해야 한다고 단언한다. 생사를 초월하지 못해 고통 받는 것은 마음이다. 몸이란 죽어 없어지는 것이 아니라, 태허의 상태로 돌아가는

---

63. 德不勝氣 性命於氣 德勝其氣 窮理盡性 則性天德 命天理 氣之不可變者 獨死生脩夭而已 故論死生 則曰有命 以言其氣也 語富貴則曰在天 以言其理也 此大德所以必受命 易簡理得 而成位乎天地之中也 所謂天理也者 能悅諸心 能通天下之志之理也 能使天下悅且通則天下必歸焉 不歸焉者所乘所遇之不同 如仲尼與繼世之局也 舜禹有天下而不與焉者 正謂天理馴致(「正夢」)

것이라는 사실을 알았다 해도 마음이 기쁘지 않으면 의미가 없다. 기쁨이란 본마음인 하늘마음을 회복하여 하늘처럼 살 때 찾아온다. 사람의 본성과 만물의 본질은 하나이므로, 만물의 본질을 궁리하여 알면, 그로 인해 사람의 본성을 알 수 있고, 사람의 본성대로 살 수 있다. 사람이 본성대로 살면 하늘처럼 사는 것이다. 하늘처럼 사는 사람은 몸의 생사수요(生死壽天)에 연연하지 않는다. 생사수요는 자연에 맡겨놓으면 된다. 횡거는 처음에 생사를 초월하기 위해 몸의 죽음을 철저하게 분석했지만, 하늘마음으로 살게 되면, 그런 것에 초연해질 수 있다는 사실을 알게 되었다.

부귀에는 두 종류가 있다. 세속적인 의미의 부귀가 있고, 하늘의 뜻에 따라 살 때 찾아오는 부귀가 있다. 진정한 부귀는 후자의 경우이다. 큰 덕을 가지고 하늘과 하나가 되어 사는 사람은 자기의 마음에 기쁨이 충만하고, 다른 사람의 마음에도 기쁨이 충만하게 할 수 있다. 그렇게 되면 그로 인해 온 세상이 천국으로 바뀌지만, 공자의 경우는 세를 타지 못하고 때를 만나지 못했으므로, 당대에는 세상을 천국으로 바꾸지는 못했지만, 후대에 진리를 이어줌으로써 지상천국의 가능성을 열어놓았다. 순임금은 왕이 되었으므로 세를 탔고 또 때를 만났으므로, 세상을 바로잡을 수 있었지만, 순임금은 직접 세상을 돌아다니지 않고 가만히 있으면서 감화시켰다.

횡거는 처음에 생사의 문제를 해결하기 위해 기론을 전개하면서도, 마음 수양을 통해 하늘마음을 회복하여 하늘과 하나 되는 인간의 근본 과제를 제시했다. 수양의 완성은 자기완성을 의미한다. 수양을 완성한 사람은 자기의 마음에 기쁨이 충만해지지만,

세상을 천국으로 만드는 일은 형세와 때에 따라 다르게 나타난다는 사실을 공자와 순임금의 예를 들어 설명했다. 횡거는 습관적으로 순우(舜禹)라는 말을 썼지만, 우임금보다 순임금에게 무게가 실려 있다.

제3항 횡거 기론의 특징과 한계

이고와 염계의 사상을 계승한 횡거는 염계에 의해 시작된 우주론을 더욱 발전시켜, 다양하고 자세하게 설명했다. 그는 우주 만물의 본질과 현상을 기의 취산으로 설명하여, 염계의 무극과 만물의 상관관계에 관한 설명을 보완했다. 사람들이 판단하기에 사람이 죽는다는 것은 몸의 죽음을 의미한다. 횡거도 예외가 아니었다. 횡거가 죽음을 극복하기 위해 전개한 기론은 몸의 죽음이 죽어 없어지는 것이 아니라 본래의 모습으로 돌아가는 것임을 논증하는 것이었다. 그의 기론은 만물이 생성하고 소멸하는 현상에 대한 이론으로 출발한 것이므로, 기본적으로 물질에 바탕을 둔 것이었다. 횡거가 우주론을 전개한 본래의 목적은 본성을 다 체현하여 성인이 되는 수양의 과제를 해결하기 위한 것이었으나, 철저하게 우주론을 전개한 나머지, 횡거의 철학이 우주론에 치우친 듯한 인상을 벗어나기 어렵게 되었다.

이에 횡거는 만물을 리와 기, 사람을 덕과 몸으로 나누어 설명하여, 리(理)와 덕을 높이고, 기와 몸을 낮춤으로써 인성론으로의 회귀를 시도하기도 했다. 그러나 횡거 철학에서 기 중심적 우주론이 차지하는 비중이 워낙 컸기 때문에, 인성론으로의 회귀가 원만하게 이루어지지 못한 듯하다. 이점이 횡거 철학의 한계로 남는다. 횡거가 우주론을 전개하여, 사람의 몸이 죽는다는 것이 사실은 죽어 없어지는 것이 아니라, 기가 흩어져 본래의 모습인 태허로 돌아가는 것일 뿐이라고 깨우치더라도, 사람들은 여전히 사는 것을 좋아하고 죽는 것을 싫어하는데, 그 까닭은 죽음을 싫어하는 것이 몸에서 일어나는 현상이 아니라 마음에서 일어나는 현상이기 때문이다. 생사의 문제를 완전히 해결하기 위해서는 사람의 마음을 분석하여 죽기 싫어하는 마음의 실체를 파악하고, 그 마음을 제거하는 방법을 찾아내지 않으면 안 된다. 이 문제는 정이(程頤)에 이르러 다루어진다.

횡거가 덕과 기, 성과 기 등으로 양분하여 설명한 것은 정이와 주자의 이기이원론 성립에 영향을 주었다. 횡거가 성인이 되는 과정에 '어느 날 탈연히 큰 꿈에서 깨어난 것과 같이 된다'라고 하여, 비약적인 단계를 설정한 것은, 정이의 '탈연관통설'과 주자의 '활연관통설'로 계승되어, 수양론의 중심과제가 되었다.

횡거가 설명한 '마음이 성과 정을 통괄한다[心統性情者也]'라는 명제는 주자 심성론의 근간이 되었다. 횡거는 또한 인간의 본성을 기질지성과 천지지성으로 나누어 '형체가 생기고 난 뒤에 기질지성이 생기지만, 잘 돌이켜 보면 거기에 천지지성이 들어 있으므로, 기질지성을 군자는 성으로 여기지 않는다'[64]라고 설명한 것은

---

64. 形而後有氣質之性, 善反之, 則天地之性存焉. 故氣質之性, 君子有弗性者焉」
(「正夢」).

주자가 인간의 본성을 기질지성과 본연지성으로 나누어 설명하는 데 영향을 주었다.

제5절
정호의 도가적 유학

당나라 말기에 일어난 새로운 유학이 송나라에 이르러 본격적으로 발전하기 시작했다. 유학의 핵심은 공자가 그 이전의 형이상학적 흐름과 형이하학적 흐름을 집대성하여 하나의 체계로 조화시킨 중용철학인데, 공자 이후에 형이상학적 요소는 맹자에 의해 계승되고, 형이하학적 요소는 순자에 의해 계승되었다. 맹자의 형이상학적 요소는 그 심오함이 노장철학을 포함하고, 순자의 형이하학적 요소는 그 강력함이 한비자의 법가철학에 닿아 있다. 맹자 철학은 노장철학을 포함하고 있지만, 출발점이 다르다. 노장철학은 진리의 본질에서 출발하여 진리의 본질에 머물러 있는 철학이라면, 맹자 철학은 진리의 본질을 잃은 사람이 진리의 본질을 회복한 뒤에 거기에 머물러 있지 않고, 다시 인간사회에 나타나 사람들에게 진리의 본질을 찾도록 깨우치는 철학이다. 유가 사상가 중에는 맹자 철학과 노장철학의 사이를 오가는 철학자도 있고, 맹자 철학과 순자 철학의 중용적 조화를 추구하는 철학자도 있으며, 순자와 한비자의 사이를 오가는 철학자도 있다.

정호(程顥: 1032~1086)는 호가 명도(明道), 자가 백순(伯淳)이다. 명도는 나중에 그의 묘비에 붙여진 이래 널리 불리게 된 호칭이다.

정호

정명도의 학술이 매우 난해한데, 그 이유는 그가 노장철학과 맹자 철학의 사이를 오가는 철학자이기 때문이다. 정명도를 노장철학과 맹자 철학을 오가면서 오히려 노장철학에 더 기울어져 있는 철학자로 보아야, 그의 학설을 제대로 이해할 수 있다.

『송사(宋史)』「도학열전」에는 정명도에 대한 다음과 같은 기록이 있다.

> 십 오륙 세 때부터 아우 정이와 함께 여남의 주돈이가 학문을 논하는 것을 듣고는, 드디어 과거시험 공부가 싫어지고 구도의 뜻이 생겨, 수십 년간에 걸쳐 여러 사상가의 사상들을 두루 섭렵하고, 노장철학과 불교철학에 드나들다가 결국 다시 육경 공부에 전념한 뒤에 진리를 얻었다.

사람들이 가지고 있는 사유체계나 기본 정서는 사람마다 다르다. 세속적인 사람이 있는가 하면 세속적인 것에 얽매이기 싫어하는 사람도 있다. 정명도는 타고난 성품과 정서가 세속적인 것을 싫어하는 사람이었던 것으로 보인다. 그는 세속적인 것을 싫어하면서도 남들이 하는 대로 과거시험 공부를 하면서 세속적으로 살았다. 예나 지금이나 사람들은 학교에 다닐 나이가 되면 싫든 좋든 남들과 어울려 학교에 다니게 된다. 송나라 때도 예외는 아니었다. 정명도도 십 오륙 세 이전에 남들과 어울려 과거 공부를 하고 있었지만, 그런 세속적인 공부가 못마땅하여 그만두고 싶었던 차에, 주렴계의 도학에 대한 설명을 접하고는 드디어 과거 공부를 그만두고 구도의 길에 들어섰다. '드디어'라는 말은 어떤 결단을 내리려고 망설이던 차에 어떤 기회에 과감히 결단하게 되었을 때 쓰는 말이다.

유학의 내용은 세속적인 것에서 출발하여 심오한 진리에 도달하는 과정으로 되어 있으므로, 세속적인 것을 싫어하는 사람이 보면 일견 세속적인 차원에 머물러 있는 것으로 보이므로, 매력을 느끼기 어렵다. 정명도도 그랬다. 그는 유학을 떠나 제자백가들의 사상을 섭렵했으며, 그중에서도 노장철학과 불교의 심오한 진리에 심취했다. 정명도가 오랜 구도의 노력 끝에 가장 공감했던 것은 노장철학에서 말하는 진리의 본질이었던 것으로 짐작된다. 노장철학에서는 진리의 본질을 혼돈으로 보았다. 혼돈은 자연으로 표현되기도 하고, 도(道)로 표현되기도 한다. 사람이나 만물은 외형이 모두 다르고 사는 방식도 제각각이지만, 본질은 일체의 구별이 없는 자연의 모습일 뿐이다. 노장철학의 진리를 터득하고 난 명도는 노장철학의 진리가 유학에도 그대로 있다는 것을 알았다. 다만 유학에서는 세속적인 요소에 가려져 심오한 진리가 잘 드러나지 않을 뿐이었다. 명도는 세속에서 살면서 여전히 세속에서 벗어나지 못하는 처지에 있었으므로, 유학으로 돌아와 유학 속에 들어 있는 노장철학의 진리를 확립하기에 이른 것이다.

제1항 진리의 본질

참된 세계는 혼돈이고 자연이며 도이다. 혼돈과 자연과 도가 각각 다른 것이 아니라, 모두 진리를 표현하는 말이라는 점에서 같은 것이지만, 표현하고자 하는 말의 의미가 다를 뿐이다. 혼돈이란 모든 것이 같지는 않지만, 본질에서 구별되는 것이 없다는 것을 의미한 말이고, 자연이란 모든 것이 다 다르게 존재하지만, 모두 저절로 그러하다는 의미를 표현한 말이며, 도란 모든 것이 일정한 길을 따라 움직인다는 의미를 표현한 말이다. 모든 것이 본질에서 차이가 없다는 의미에서 '하나'라는 말로 표현하기도 한다.

모든 것은 다르지만 본질에서는 구별되는 것이 아니다. 산은 산으로서 존재하는 것이 아니라 저절로 그렇게 존재하고, 물은 물로서 존재하는 것이 아니라 저절로 그렇게 존재한다. 산에서 자라고 있는 나무들은 나무로서 자라고 있는 것이 아니라, 저절로 그렇게 자라고 있는 것이고, 하늘을 나는 새는 하늘을 나는 것이 아니라, 저절로 그렇게 움직이는 것이다. 모든 것이 구별되는 모습은 사람의 의식이 만들어낸 허상이다. 의식이 원래부터 있었던 것이 아니기 때문에 의식에 의해 구별되는 모든 것은 본질이 아니라 허상이고, 허상으로 가득한 세계는 가상세계이다.

의식에 의해 구별된 만물은 유한한 존재일 수밖에 없다. 만물이 유한할 수 있으려면 무한한 존재가 전제되지 않으면 안 된다. 무한한 존재는 하늘로 표현되기도 하고, 신으로 표현되기도 한다. 하늘로 표현되는 무한자는 형이상학적 존재이고 만물로 표현되는 유한한 존재는 형이하학적 존재이므로, 가상의 세계에서는 무한한 존재와 유한한 존재로 양분된다.

정명도는 당시의 유학자들에게서 논의되는 모든 개념을 하나로 뭉뚱그려 녹여버린다.

도(道)는 성(性)이다. 만약 도 밖에서 성을 찾고 성 밖에서 도를 찾으면 옳지 않다.[65]

타고난 그대로를 성(性)이라 한다. 성이 곧 기(氣)이고, 기가 곧 성이니, 타고난 것을 말한다.[66]

무릇 사람들이 성을 말하는 것은 다만 삶을 이어가는 것을 선이라고 말하는 것이니, 맹자가 사람의 성이 선하다고 한 것이 이것이다. 이어가는 것이 선이라는 것은 물이 흘러서 아래로 내려가는 것과 같다. 모두 물이지만 흘러서 바다에 이를 때까지 끝내 오염됨이 없는 것이다. 그것이 어찌 번거롭게 사람의 힘을 빌려서 그렇겠는가! 또 흘러서 멀리 가지 않아 차츰 흐려지는 것도 있고, 멀리까지 흘러나간 뒤에 흐려지는 것도 있다. 많이 흐려지는 것도 있고, 적게 흐려지는 것도 있어서, 청탁이 같지 않다. 그렇지만 흐려졌다고 해서 물이 아니라고 할 수는 없다.[67]

기(氣) 바깥에 신(神)이 없고 신 바깥에 기가 없다. 어떤 사람이 맑은 상태를 신이라고 말하는데, 그렇다면 흐린 것은 신이 아닌가?[68]

---

65. 道卽性也 若道外尋性 性外尋道 便不是(『河南程氏遺書』卷1).
66. 生之謂性 性則氣 氣則性 生之謂也(同上).
67. 凡人之性 只是說繼之者善也 孟子言人性善是也 夫所謂繼之者善也者 有水流而就下也 皆水也 有流而至海 終無所汚 此何煩人力之爲也 有流而未遠 固已漸濁 有出而甚遠 方有所濁 有濁之多者 有濁之少者 清濁雖不同 然不可以濁者不爲水也(同上).

형이상의 것이 도이고 형이하의 것이 기인데, 이처럼 드러내어 말은 하지만, 기가 도이고 도가 기이다. 다만 도를 얻은 자는 지금과 나중, 나와 남에 얽매이지 않는다.[69]

이상의 정명도의 말은 난해한 것 같지만, 혼돈으로 이해하면 쉽게 이해할 수 있다. 가상세계에서는 성과 기, 도와 기, 형이상적 존재와 형이하적 존재, 신(神)과 기(氣) 등이 구별되지만 본래 세계에서 보면 모두 구별되지 않는 혼돈일 뿐이다. 물이 아래로 흘러 내려 가면서, 맑음을 유지하는 것도 있고 흐려지는 것도 있고, 많이 흐려지는 것도 있고, 적게 흐려지는 것도 있지만, 이는 사람에 의해서 그렇게 되는 것이 아니라, 모두 자연이다. 자연이라는 의미에서 치이기 없다.

제2항 진리 체득과 인의 내용

명도는 유학에서 말하는 진리 체득의 내용을 진리의 본질인 혼돈의 상태를 체득하는 것으로 설명한다. 유학에서는 진리를 얻는 것을 인(仁)을 얻는 것으로 설명하는데, 정명도는 인에 대해서 다음과 같이 설명한다.

---

68. 氣外無神 神外無氣 或者謂淸者神 則濁者非神乎(『遺書』第11).
69. 形而上爲道 形而下爲器 須著如此說 器亦道 道亦器 但得道者 不繫今與後 己與人 (『河南程氏遺書』第1).

배우는 자는 모름지기 먼저 인을 알아야 한다. 인이란 만물과 혼연일체가 되는 것이다. 의예지신이 모두 인이다.[70]

인이란 천지만물과 하나가 되는 것이니, 나 아닌 것이 없다. 나임을 알고 있으니, 어디든 이르지 않는 곳이 있겠는가![71]

부모에게 효도하고 형제에게 우애 있게 하는 것이 인을 하는 근본이다.[72]

배움의 요체는 경을 지키는 데 있고, 성을 실천하는 데 있다. 그 가운데 곧 인이 있다.[73]

유학의 목표인 인을 정명도는 천지만물과 하나가 되는 것으로 설명한다. 천지만물과 하나가 되는 것은 혼돈의 본래 모습을 회복하는 것이다. 인을 얻어 내가 천지만물과 하나가 되면, 우주 안에 나 아닌 것이 없다. 우주 안에 모든 것이 나뿐이다.

인을 얻는 실천적 방법 중에는 『논어』에서 말한, 부모에 대한 효도와 형제에 대한 우애가 있다. 효도는 부모와 하나가 되는 것이고, 우애는 형제와 하나가 되는 것이다. 부모 형제와 하나 되는 것이 천지만물과 하나 되는 출발점이다.

---

70. 學者須先識仁 仁者 渾然與物同體, 義禮智信 皆仁也(『遺書』第2上).
71. 仁者以天地萬物爲一體 莫非己也 認得爲己 何所不至(同上).
72. 孝弟也者 其爲仁之本與 言爲仁之本也 非仁之本也(『遺書』第11).
73. 學要在敬也 誠也 中間便有個仁(『遺書』第14).

정명도에 따르면, 인을 얻는 개인적인 수신 방법은 경건한 마음
을 유지하는 것과 삶을 성실하게 유지하는 것이다.

제3항 진리 실천의 방법

사람이 진리를 얻는 것은 혼돈의 본질을 회복하는 것이고, 자연
의 모습을 회복하는 것이다. 자연을 회복한 뒤에는 한 몸을 자연
에 내 던져 놓기만 하면 된다. 정명도는 다음과 같이 말한다.

> 사람이 이 한 몸을 내 던져 놓기만 하면 된다. 공공의 마음으로
> 천지만물과 하나가 되어, 천지만물 가운데 던져 놓고 보면, 무
> 슨 방해될 것이 있겠는가![74]

자연이 되어 자연으로 살면 마음에 걸림이 없고 얽매임이 없
다. 너와 나의 분별이 없으므로, 너를 비난하고 나를 옳게 여기는
일도 없다. 너를 비난하는 것도 잊어버리고 나를 옳게 여기는 것
도 잊어버려서, 둘 다 잊어버린 상태로 마음에 걸림이나 얽매임이
없이 무위자연으로 사는 것이 진리의 삶이다. 성인이 마음에서 기
뻐하고 화내는 것은 마음에 기뻐함과 화냄이 있어서가 아니다. 마
음은 기뻐함과 화냄이 없이 텅 비어 있지만, 기뻐해야 할 상황이
되면 저절로 기뻐하고, 화낼 상황이 되면 저절로 화내는 것일 뿐

---

74. 人能放這一箇身 公共放在天地萬物中一般看 則有甚防礙(遺書 第2上).

이므로, 기뻐하고 화낸 뒤에 마음에 아무것도 남아 있는 것이 없다. 참된 삶의 모습은 바로 그런 것이다.

밖을 비난하고, 안을 옳게 여기는 것보다는, 차라리 안팎의 둘을 다 잊는 것이 낫습니다. 둘 다 잊으면 마음이 맑아져서 아무 일이 없습니다. 아무 일이 없으면 마음이 안정되고 마음이 안정되면 마음이 밝아지며, 마음이 밝아지면 외물에 응대할 때 무슨 얽매임이 있겠습니까? 성인이 기뻐하는 것은, 외물에 대해 마땅히 기뻐해야 할 상황이기 때문이며, 성인이 화를 내는 것은, 외물에 마땅히 화를 내야 하는 상황이기 때문입니다. 성인의 기뻐함과 화냄은 자신의 마음에 달린 것이 아니라 외물에 달린 것입니다.[75]

옳게 여기고 그르게 여기는 것이 없이 둘 다 잊어버리고 자연에 맡긴다는 말은 『장자』에 나오는 말이다.

웅덩이에 물이 마르면 물고기들이 웅덩이 바닥에 모여 서로 비비며 입으로 물기를 뿜어주고, 거품으로 적셔준다. 그러나 이는 강이나 호수에서 물의 귀함을 다 잊고 사는 것보다는 못하다. 이와 마찬가지로 요 임금이 훌륭하다고 칭찬하고, 걸을 나쁜 사람이라고 비난하는 것보다는, 둘 다 잊고 도의 차원으로 승

---

75. 與其非外而是內 不若內外之兩忘也 兩忘則澄然無事矣 無事則定 定則明 明則尙何應物之爲累哉 聖人之喜 以物之當喜 聖人之怒 以物之當怒 是聖人之喜怒 不繫於心而繫於物也(『二程文集』卷2〈明道先生文〉).

화되어 사는 것이 나을 것이다.[76]

물이 말라서 바닥이 드러난 곳에 있는 물고기에게는 물보다 귀한 것이 없다. 물이 있는 곳은 귀하고 좋은 곳이지만, 물이 없는 곳은 나쁘고 안 좋은 곳이다. 그러나 바다나 호수에 사는 물고기는 물을 잊어버린다. 물이 있는 곳이 좋다는 생각도 없고, 물이 없는 곳이 나쁘다는 생각도 없다. 둘 다 잊어버리고 물을 모르고 사는 것이 제일이다. 혼돈의 본질을 회복한 사람은 세속에서 말하는, 좋은 것과 나쁜 것을 다 초월하기 때문에, 모든 시비분별을 일으키지 않고 그냥 무위자연에 내맡기기만 한다. 옳고 그름을 따지는 것은 본래 모습을 잊어버리고 가상세계에서 허상에 사로잡혀서 일으키는 것이다.

옳고 그름을 초월한 진리 실천의 방법은 유학에도 있다. 춘추시대의 혼란기에도 공자는 증점과 함께 세속에 초연한 채 소풍가서 풍류를 즐길 수 있었다. 명도에게 유학의 이런 면이 강화되어 나타난 것이다.

제4항 불교 비판의 핵심

혼돈으로 설명하기도 하고, 자연으로 설명하기도 하는 사람의 본

---

76. 泉涸, 魚相與處於陸, 相呴以濕, 相濡以沫, 不如相忘於江湖°與其譽堯而非桀也, 不如兩忘而化其道(『莊子』大宗師).

래 모습에서는 애당초 삶과 죽음의 갈림길이 없다. 사는 것도 자연이고 죽는 것도 자연이기 때문에 삶과 죽음의 차이가 없다. 본질을 잃지 않고 본질에서의 삶을 사는 사람은 죽음에 대한 고통이 없다. 죽음에 대한 고통에서 벗어나고자 하는 사람은 이미 본질을 잃고, '나'라고 하는 가상의 존재를 만들어 거기에 갇혀서 살기 때문이다. '나'라는 것에 갇혀서 사는 사람은 늘 '내 것'을 챙기려는 이기심으로 살아간다. '내 것' 중에 가장 귀한 것이 목숨이므로, 죽음에서 초월하려고 노력한다. 그런 사람은 아직 본질을 모르는 세속의 사람이다. 본질을 잃지 않은 사람에게는 그런 사람이 하찮은 사람으로 보인다. 명도가 불교를 비판하는 요지는 바로 그 점이다.

불학은 다만 생사의 문제로 사람을 두렵게 만들고 동요시킨다. 2천 년이래 한 사람도 이를 깨닫지 못한 것은 괴이한 일이지만, 이는 불학 때문에 두려워지고 동요되었기 때문이다. 성현은 생사의 문제를 본래부터 타고난 자연스러운 일로 여겨서 두려워할 것이 없으므로, 죽고 사는 문제를 논하지 않는다. 불교에서 배우는 것은 죽고 사는 문제를 두려워하는 것이기 때문에, 오직 쉬지 않고 설명하고, 속된 사람들은 본래 두려움이 많으므로 쉽게 이익에 동요한다.[77]

---

77. 佛學只是以生死恐動人 可怪二千年來無一人覺此 是被他恐動也 聖賢以生死
爲本分事 無可懼 故不論死生 佛之學爲怕死生 故只管說不休 下俗之人固多
懼 易以利動(『河南程氏遺書』 제1).

공자와 맹자가 생사의 문제에 대해 그다지 논하지 않는 까닭은 죽고 사는 것이 사람이 어떻게 할 수 있는 문제가 아니기 때문이라고 보면 안 된다. 사람이 '나'라는 것을 가지고 산다면, '내 것'을 챙기지 않을 수 없고, '내 것'을 챙기는 삶에서는 아무리 많은 것을 챙겨도 그것은 죽음과 함께 사라져버리는 허망한 것이므로, 죽음의 문제를 생각하지 않을 수 없다. 공자와 맹자가 죽음의 문제를 논의의 중심으로 삼지 않은 이유는, 학문을 완성하여 본질의 세계가 회복되면 생사의 문제가 저절로 해소되기 때문이다. 공자와 맹자가 죽음의 문제를 많이 거론하지 않은 이유는, 그만큼 본질 세계에 대한 통찰이 먼저 있었기 때문이다. 오직 문제의 핵심은 학문을 통해 본질을 회복하는 것에 달려 있다.

명도의 지직과 딜리 이고에서 시작된 유학직 해달론의 흐름은 유학의 내용을 가지고 불교의 해탈론과 같은 논리를 추구하는 것이었고, 그 흐름이 주돈이, 장재를 거쳐 다시 정이천에게로 이어진다. 정이천의 형인 정명도는 유학이 포함하고 있는 본질의 세계에 주력한 나머지, 이고 이래로 추구해온 유학적 해탈론 구축에 관심이 없었다. 유학적 해탈론 구축의 흐름은 아우 정이천이 잇는다.

정명도의 사상은 주로 사량좌(謝良左)로 이어졌다가 다시 호안국(胡安國)·호굉(胡宏) 부자를 거쳐 장식(張栻)으로 이어지는데, 이 흐름을 잇는 학자군을 호상학파(湖湘學派)라 한다.

제6절

정이천의 인성론과 이기론

정이천은 이름이 정이(程頤: 1033~1107)이고, 자가 정숙(正叔)이며, 호가 이천(伊川)이다. 주렴계에게 학문을 배웠다. 정이천은 친형인 정명도와는 타고난 기질이나 정서가 달랐다. 정이천은 형의 사상을 수용하지 않고, 이고에서 출발하여 주돈이 장재로 이어지는 흐름을 계승하여 유학적 해탈론의 확립에 주력했다. 정이천은 유학적 해탈론의 확립을 위해 독자적으로 이기이원론을 확립했다.

제1항 이기 이원적 세계관

장횡거는 그의 기론에서 사람의 삶과 죽음은 기(氣)의 취산일 뿐, 본질에서는 다른 것이 아니라는 사실을 밝혀 생사의 문제를 해결했다. 우수한 사람은 횡거의 설명에 따라 태허의 본질을 체험한다면 바로 생사의 문제를 해결할 수 있지만, 그렇지 못한 일반인들은 사람의 죽음이 기가 흩어지는 것과 같은 것이어서 본질에서 변함이 없다는 설명을 들어도, 여전히 죽는 것이 두렵고 싫은 것은 마음의 집착 때문이다. 따라서 다수의 사람이 죽음의 문제를 해결할 수 있기 위해서는 마음속에 있는 집착을 극복하는 방안을 찾아야 한다.

정이천도 삶과 죽음을 기(氣)의 문제로 설명하는 것은 횡거와 유사하다. 이천은 생사에 대해 다음과 같이 설명한다.

정이

무릇 기가 조화를 이루며 교감하면 살고 화합하지 못하고 분산하면 죽는다.[78]

이천도 생사의 현상을 기(氣)의 교감과 분산으로 서술하므로, 일견 횡거와 유사한 것처럼 보이지만, 우주론에서는 횡거와 다른 논리를 전개하고 있다. 이천은 기에 참되고 원초적인 진원의 기와 바깥의 기인 외기의 두 종류가 있다는 것을 전제하고, 진원의 기와 외기의 관계를 다음과 같이 설명한다.

진원의 기는 기가 생겨나는 근원이다. 외기와 섞일 수 없다. 다만 외기로 진원의 기를 함양할 뿐이다. 물고기가 물에 있는 것을 보더라도 물고기의 본성과 생명은 물이 그렇게 만드는 것은 아니다. 다만 반드시 물로 함양해야만 물고기가 살 수 있다. 사람이 천지의 기 가운데 있는 것이 물고기가 물에 있는 것과 다르지 않다. 음식을 통해 기르는 것은 모두 외기가 함양하는 것이다. 호흡은 폐의 운동에 따라 외기가 들고 나는 것일 뿐이다. 내뿜은 기를 다시 마시는 것은 아니다. 오직 진원의 기만이 스스로 기를 만들어낼 수 있다. 들이쉰 숨은 폐가 커졌을 때 따라 들어온 것일 뿐, 이 기를 빌려서 진원의 기를 채우는 것은 아니다. 만약 공기를 내뱉어 놓고, 다시 마실 공기를 거기에서 찾는다면 이는 천지의 조화와 같지 않다. 천지의 조화는 저절로 생기고 생겨 무궁하다. 어찌 이미 죽은 몸이나 이미 뿜어낸 기를

---

78. 凡氣參和交應則生 不和分散則死(『安元學案』五「伊川學案」).

바탕으로 해서 조화를 이루겠는가! 가까이 몸에서 보면 폐가 닫히고 열리면서 왕래하는 것을 코의 숨을 통해서 알 수 있다. 반드시 내뱉은 공기를 다시 들여 마시는 것은 아니다.[79]

진원지기는 유기물로, 외기는 무기물로 볼 수 있는데, 이천의 설명에 따르면, 일단 무기물로 화한 것은 유기물로 환원할 수 없다. 따라서 기 일원론을 바탕으로 해서 성립된 장재의 만물일체론이 이천에게는 성립하지 않는다. 이천의 기론에서는 이고 이래 학문의 과제로 다루어졌던 죽음을 극복하는 논리를 찾아볼 수가 없다. 횡거처럼 기의 본질을 깊이 파고 들어가면 유기물과 무기물이 하나로 만나는 데까지 도달할 수 있을 것이지만, 이천이 그렇게 하지 않은 이유는 죽음에 대한 고통은 마음의 문제이지 기의 문제가 아니기 때문이다. 몸의 죽음 그 자체가 고통의 원인이라면, 몸이 식물인간이 되어서라도 영원히 살아 있기를 바랄 것이지만, 사실은 그렇지 않다. 몸이 식물인간이 된 채로 영원히 살아 있는 것은 의미가 없다. 사람이 삶에 집착하는 것은 몸의 문제가 아니라 마음의 문제이다. 사람이 계속 살고 싶어 하는 까닭은 사람의 마음속에 살아 있을 때의 집착과 미련이 남아 있기 때문이다. 사

---

79. 眞元之氣 氣之所由生 不與外氣相雜 但以外氣涵養而已 若魚之在水 魚之性命 非是水爲之 但必以水涵養 魚乃得生耳 人居天地氣中 與魚在水 無異 至於飮食之養 皆是外氣涵養之道 出入之息者 闔闢之機而已 所出之息 非所入之氣 但眞元自能生氣 所入之氣 正當闢時 隨之而入 非假此氣以助眞充也 若謂旣反之氣 復將爲方伸之氣 必資於此 則殊與天地之化 不相似 天地之化 自然生生不窮 更復何資於旣斃之形 旣返之氣 以爲造化 近取諸身 其闔闢往來 見之鼻息 然不必須假吸復入以爲呼(『宋元學案』五「伊川學案」).

람이 죽음을 실감할 때 슬퍼지는 까닭은 다음 해에 피는 꽃을 다시는 볼 수 없을 것이라든가, 다음 해에 있을 자손들의 결혼식에 참석할 수 없을 것이라는 등의 집착 때문이다. 그러므로 생사의 문제를 초월하기 위해서는 마음의 문제로 돌아오지 않으면 안 된다. 이천은 죽음의 문제를 해결하기 위해 마음에 집중한다. 본래의 마음은 하늘마음이다. 하늘마음은 성명도리(性命道理)로 설명하지만, 모두 같은 것이다. 본래의 마음은 불변의 마음이므로, 본래의 마음을 회복하기만 하면 생사의 문제는 해결된다. 따라서 이천은 본래의 마음을 강조한다.

> 한 사람의 마음은 천지의 마음이요. 한 사물의 본질은 만물의 본질이며, 하루의 운행은 일 년의 운행이다.[80]

> 형체 있는 것은 모두 기이고 형체 없는 것은 다만 도일 뿐이다.[81]

> 음양이 분리되면 도가 없게 된다. 음양은 기이며 형이하의 것이다. 도는 태허로 형이상의 것이다.[82]

> 하늘에 있는 것을 명이라 하고, 사람에게 있는 것을 성이라 하며, 성을 따르는 것을 도라 한다. 성·명·도는 각각에 해당하는

---

80. 一人之心 卽天地之心 一物一理卽萬物之理 一日之運卽一歲之運(「伊川學案」語錄).
81. 有形總是氣 無形只是道(『性理大全』卷26).
82. 離陰陽則無道 陰陽氣也 形而下也 道太虛也 形而上也(『性理大全』卷26).

것이 있다.[83]

> 하늘이 부여해준 것을 명이라 하고 부여받아 나에게 있는 것을
> 성이라 한다. 그리고 사물에 나타난 바를 리라고 한다. 리·성·
> 명의 세 가지는 서로 다르지 않다. 리를 궁구하면 성을 다할 수
> 있고, 성을 다하면 천명을 알 수 있다. 천명은 천도와 같다.[84]

마음을 강조한 이천은 본래의 마음을 리(理)로 설명함으로써
리(理)에 의한 만물일체론을 제창한다. 하늘에 있는 것이 명, 사람
에 있는 것이 성, 성을 따르는 것이 도, 사물에 나타난 것이 리이
며, 명·성·도·리는 다른 것이 아니다.

이천은 또한 형체 있는 것을 기, 형체 없는 것을 두루 설명했는데,
도는 사람과 사물에 공통되는 개념이므로, 사물에 한정된 개념으로
본다면, 형체 있는 것은 기, 없는 것은 리이다. 리는 만물을 운행하는
근원이다. 사람의 본마음이 리이기 때문에, 사람이 본마음을 가지
고 살면 생사의 문제는 저절로 해결된다. 사람이 죽음의 문제를 해
결하지 못하는 것은 본마음을 잃었기 때문이다. 이에 이천은 본마
음과 본마음을 잃게 되는 이유 및 본마음을 회복하는 방법 등을 설
명해야 했는데, 그 설명이 이천의 인성론으로 정리되었다.

이천의 이기론은 주자의 이기론처럼 명확하게 정리되어 있지는

---

83. 在天曰命 在人曰性 循性曰道 性也命也道也 各有所當(『性理大全』卷29).
84. 天之付與之謂命 稟之在我謂之性 見於事物之爲理 理也性也命也 三者未嘗
有異 窮理則盡性 盡性則知天命矣 天命有天道也(『性理大全』卷29).

않아도, 거의 이기이원론으로 모양을 갖추었다. 이기이원론에서 본다면 만물이 하나가 되는 것은 리에서 구할 수 있다. 이천은 장횡거가 만물의 본원으로 파악한 태허의 자리를 리로 대치함으로써, 횡거의 기일원론을 이기이원론으로 바꾸었다.

제2항 인성론 성립의 의의

앞에서 논한 것처럼, 주렴계에서 시작된 우주론이 장횡거에 의해 발전되어 기일원론이 성립되었다. 이로써 인간존재의 본질과 의식 주체도 모두 기화의 과정으로 설명됨으로써 애초 인간존재의 내부구조를 확인하기 위해 전개된 우주론에 인성론이 매몰되었다. 이는 목적과 수단이 전도된 것이다. 이에 정이천은 우주론에서 인성론으로 회귀하기 위해 이기이원론을 확립했다.

> 세인 중에는 천지만물의 본질을 궁구하는 것에만 힘써, 자기의 본질을 인식하는 데로 돌아오는 것을 모르는 사람이 있다. 그 때문에 자기 신체의 면모도 잘 아는 사람이 드물다. 훌륭한 학자는 신체의 본질을 궁구한다. 왜냐하면 일신에 천하의 본질이 모두 갖추어져 있기 때문이다.[85]

> 외물을 잘 연구하여 그 본질을 인식하면, 천하의 본질을 얻을 수 있고, 천하의 본질을 터득하면 성인의 경지에 이를 수 있다. 그러나 천하의 본질을 터득한다고 해서 바로 성인이 되는 것은

아니다. 천하의 본질을 인식하고 그로 미루어 자기의 본질을 자각해야 비로소 성인의 경지에 이른다.[86]

치지(致知)는 자기의 내면적 구조를 인식하는 것이기 때문에, 외부로부터 구해질 수 있는 것이 아니다. 오히려 자기에게 고유한 것이다. 그러나 이것을 인식하기 위해서 외부사물을 관찰하는 과정에서, 외부사물의 세계에 말려 들어가 미혹되지 않도록 해야 한다. 만약 미혹되면 결국 천리를 알아도 곧 없어지기 때문에, 그렇게 되기 전에 조속히 자기의 내면에 있는 본질을 인식하는 데로 회귀해야 한다.[87]

『대학』에 나와 있는 격물(格物)은 '사물에 나아간다'라고 풀이되는데 '치지(致知)가 격물에 있다'라는 말의 의미는 성(性)을 인식하는 것은 우선 사물의 본질을 인식하여 그 본질을 자기의 내면 구조를 인식하는 데에 참고해야 가능하다는 것이다.
　이상의 설명에 근거하면, 당시 학자들의 관심이 주렴계, 장횡거 등과 같이 외부세계로 향한 결과 본래의 목적이었던 성인이 되기 위한 수양 공부가 소홀해졌음을 알 수 있다. 이에 정이천은 우주론으로부터 인성론으로의 회귀를 강조한다.

───────

85. 世之人 無窮天地萬物之理 不知反之一身 五臟六府毛髪肋骨之所存 鮮感知
　　之 善學者 取諸身而已 自一身以觀天地(『宋元學案』「伊川學案」中「語錄」
　　이하 「語錄」이라 칭함).
86. 致知在格物 非由外金樂我也 我固有之也 因物而遷 迷而不悟 則天理滅矣
　　故聖人欲格之(「語錄」).
87. 論性不論氣 不備 論氣不論性 不明(「語錄」).

성은 하늘의 명이므로 사람의 본성을 유지하기만 하면 하늘과 같은 영원한 존재가 되지만, 그렇지 못한 까닭은 성이 기로 인해 가려지기 때문이다. 그러므로 성을 논하면서 기를 논하지 않으면 안 된다. 이천은 다음과 같이 말한다.

성(性)을 논하면서 기(氣)를 논하지 않으면 갖추어질 수가 없다. 또 기를 논하면서 성을 논하지 않으면 밝아질 수가 없다.[88]

정이천은 이고 이래로 추진되어 온 복성(復性)의 과제로 회귀했다. 어떤 목적을 가지고 전개한 이야기가 다른 방향으로 번져나가 본래의 목적으로 돌아오지 못하는 경우가 있다. 이고가 제기한 복성의 과제를 해결하기 위해 전개한 주렴계와 장횡거의 우주론이 본래의 목적으로 되돌아오지 않은 점을 간파한 이천은 복성을 주제로 하는 본래의 목적으로 회귀했다. 성이 밝혀지지 않은 까닭은 기에서 찾을 수 있으므로, 복성의 방법을 찾기 위해서는 기를 논하지 않을 수 없다. 그렇지만 기를 논하다가 원래의 출발점이었던 복성의 목적으로 되돌아오지 않으면 안 된다.

이고가 복성(復性)을 주장했던 것은 성이 천명이기 때문이었다. 사람의 마음속에 있는 성이 하늘의 명이므로 성을 회복하여 성으로 살면 하늘과 하나가 되므로, 인간의 영원성이 회복된다. 하늘의 명은 인간에게만 주어져 있는 것이 아니라, 세상에 존재하는 모든 것에 다 주어져 있다. 그러므로 만물에 주어져 있는 명이나

88. 論性不論氣 不備 論氣不論性 不明(「語錄」).

사람에게 주어져 있는 명이나 다 같은 하늘의 명이다. 그러므로 만물에 주어져 있는 하늘의 명을 알면, 그로 말미암아 자신의 성을 알 수 있다. 이러한 내용이 『주역』 「설괘전」 제1장에 있는 '만물의 본질을 궁구하여 사람의 본성을 다하면 하늘의 명에 이른다'[89]라는 말에 잘 표현되어 있다.

이천은 『주역』 설괘전에 있는 궁리라는 말과 『대학』의 격물치지라는 말을 결합하여, 격물을 궁리로 설명함으로써 복성공부에 새로운 지평을 열었다.

> 격(格)은 궁(窮)과 같고 물(物)은 리(理)와 같으므로, 리를 궁구할 따름이라고 말하는 것과 같다. 리를 궁구한 연후에 앎을 이룰 수 있으므로, 궁구하지 않으면 이룰 수 없다.[90]

만물의 리와 사람의 성이 하나이므로 만물의 리를 궁구하면 사람의 성을 알 수 있기 때문에, 사람의 성을 알기 위해서는 먼저 만물의 리를 궁구해야 한다는 이론이 성립한다. 이 이론의 성립 근거에는 만물의 리와 사람의 성이 하나라는 것이 전제된다. 이에 이천은 사람의 성이 만물의 리임을 언명한다.

> 성이 곧 리이다. 이른바 리성(理性)이라는 것이 이것이다.[91]

---

89. 窮理盡性以至於命(『周易』 說卦傳).
90. 格猶窮也 物猶理也 猶曰窮其理而已矣 窮其理然後足以致知 不窮則不能致也(「語錄」).
91. 性則理也, 所謂理性是也(「語錄」).

정이천이 언명한 성이 곧 리라는 성즉리설은 훗날 주자학을 성리학이라고 부를 정도로 핵심적인 주제어가 되었다.

성이 곧 리이다. 리로 보면 요순에서부터 일반인에 이르기까지 하나이다. 사람의 재주는 기에서 받게 되는데, 기에는 맑은 기와 탁한 기가 있으므로, 맑은 기를 받은 자는 현명하게 되고, 탁한 기를 받은 자는 어리석게 된다. 묻건대 "어리석음도 가히 바뀔 수 있습니까?" "있다. 공자는 상지(上知)와 하우(下愚)는 바뀔 수 없다"라고 하셨다. 그러나 바뀔 수 있는 이치가 있다. 오직 자포(自暴), 자기(自棄)한 자만이 바뀔 수 없다.[92]

공자가 상지와 하우가 바뀌지 않는다고 한 것은 현명한 사람이 어리석은 사람이 되지 않고 어리석은 사람이 현명한 사람이 되지 않는 현실 상황에 대해 언명한 것이지만, 이천이 바뀔 수 있다고 한 것은 사람의 본성이 모두 다 같다는 것을 전제한 원리적인 측면에서 말한 것이다. 성은 모든 물체에 다 함께 들어 있는 본질이기 때문에, 성을 회복하기만 하면, 누구나 하늘과 하나인 본래 모습이 회복된다.

진실로 도를 가지고 하나로 통할 수 있다면 또한 어찌 한량이 있겠는가. 천하에 성 밖의 것은 없다.[93]

---

92. 性卽是理 理則自堯舜至於塗人一也 才稟於氣 氣有淸濁 稟其淸者爲賢 稟其濁者爲愚 又問愚可變否 曰可 孔子謂上知與下愚不移 然亦有可移之理 惟自暴自棄者則不移也(「語錄」).

성을 회복하면 사람의 한계를 초월하여 무한하고 영원한 존재가 된다. 지금까지의 이천의 설명을 정리하면, 성을 회복하는 방법은 다음의 두 가지로 압축된다. 하나는 성을 회복하기 위해서는 성을 아는 것이 먼저인데, 성을 알기 위해서는 만물의 리를 궁구하는 것이다. 다른 하나는 자기에게 있는 본래의 성이 가려지지 않도록 잘 함양하는 것이다. 이천에게는 이 두 가지 방법이 진학과 함양으로 정리된다.

> 함양은 반드시 경(敬)으로써 해야 하고, 진학은 앎을 이루는 데 있다.[94]

함양은 본성이 왜곡되지 않도록 마음을 경건하게 유지하는 것이고, 진학은 궁리하여 본성을 아는 것을 말한다.

제3항 이천의 수양론

1. 진학

본성을 왜곡하지 않도록 하기 위해서는 생각하고 헤아리는 마음의 작용을 정지시켜야 한다. 이는 이고 이래로 계속 강조해 온 것이었고, 이천도 함양 공부의 방법에서 이를 계승하고 있다. 그러

---

93. 苟能通之以道 又豈有限量 天下無性外之物(「語錄」).
94. 涵養須用敬, 進學則在致知(「語錄」).

나 다른 한편으로 이천은 궁리를 하기 위해서 적극적으로 생각하고 헤아려야 함을 강조한다.

"학문을 어떻게 해야 깨달음에 이를 수 있습니까?"라는 질문에 다음과 같이 답했다. "앎을 이루는 것보다 먼저 해야 할 것이 없다. 앎을 이루는 방법이 있다. 하루 동안 잘 생각하면 하루 동안 밝아지게 되므로, 오랫동안 지속한 뒤에 깨닫게 된다. 학문을 하여 깨달음에 이를 수 없다면 무슨 도움이 되겠는가! 또 배워서 무엇을 하겠는가! 생각하면 깊이 통하고, 깊이 통하면 성인의 경지에 이른다. 깊이 통하기만 하면 성인의 경지에 이르는 것이니, 또한 이는 생각 하나에 달린 것이다. 그러므로 부지런히 학문에 힘쓰면 견문이 넓어지고 앎이 더욱 밝아진다."[95]

사람의 본성이 하늘의 명이라는 『중용』의 설명이 진리라면 다음과 같은 가설이 성립한다. 모든 것은 하늘에 의해 만들어진 것이므로, 모든 것의 존재 근거는 하늘의 명이다. 하늘의 명은 하나이므로, 모든 생물의 존재 근거인 본성이 다 같아야 하고, 모든 물체의 존재 근거인 리 또한 다 같아야 한다. 이 가설들이 참임을 증명하기 위해서는, 모든 생명체의 존재 방식 중에서 모두 일치하는 것을 찾아내어야 하고, 모든 물체의 존재 방식 중에서 모두 일

---

95. 問學何以有至覺悟處 曰莫先致知 能致知則思一日則有明一日 久而後覺也 學無覺則何益矣 又奚學爲 思曰睿 睿作聖 纔便睿 以至作聖 亦是一箇思 故曰勉强學問 則聞見博而知益明(「語錄」).

치하는 것을 찾아내어야 한다. 만물의 존재 방식 중에서 모두 일치하는 것을 찾아내기만 하면 그것들이 하늘의 명이면서 동시에 나의 본성이므로, 나는 본성대로 살 수가 있고, 하늘의 명대로 살 수가 있다. 만물의 존재 근거인 리를 찾아내기 위해서는 생각하고 헤아리는 마음의 작용을 극대화해야 한다. 이고에서 시작하여 주렴계와 장횡거를 거치면서 생각과 헤아림의 멈춤이 강조되었지만, 이천에 이르러서는 그것이 리를 궁구하는 수단이 되기 때문에 적극적인 활용을 강조하지 않을 수 없었다.

사람의 생각은 샘이 솟는 것과 같아서 길러낼수록 자꾸 새로워진다.[96]

깊이 생각하지 않으면 도에 나아갈 수 없다. 깊이 생각하지 않고 얻으면, 그 얻은 것을 쉽게 잃어버린다.[97]

치지는 격물에 있는 것이지 외적인 것에서 말미암는 것이 아니다. 나 스스로가 고유하게 가지고 있는 것인데 사물로 인하여 옮겨가서 미혹되기 때문에 깨닫지 못하는 것이다. 그리하여 천리(天理)가 없어지므로 성인은 그것을 궁구하고자 하는 것이다.[98]

---

96. 人思如泉湧 汲之愈新(「語錄」).
97. 不深思則不能造於道 不深思而得者 其得易失(「語錄」).
98. 致知在格物 非由外鑠我也 我固有之也 因物而遷 迷而不悟 則天理滅矣 故聖人欲格之(「語錄」).

사물의 존재 근거인 리는 나의 고유한 본성이다. 사물의 리가 나의 본성이라는 것을 잊고, 사물에 매몰되어 깨닫지 못하면 결국 천리가 없어지기 때문에, 성인은 사물의 리를 나의 내면에 있는 본질을 이해하는 수단으로 삼는다. 이것이 이천이 파악한 격물치지의 내용이다.

그러면 이천이 말하는 격물치지의 방법은 어떠한가? 그에 따르면, 격물치지 즉 사물을 통해서 자신의 본질을 살핀다는 것은, 먼저 사물을 본 뒤에 자기를 살피는 것이 아니라, 사물의 리와 나의 본성이 하나이므로 사물의 리를 인식하는 것이 바로 나의 본성을 인식하는 것이라는 것이다.[99]

요컨대 격물치지의 수양 공부는 한 사물의 리를 궁구하는 것에서 시작해야 한다. 한 사물의 리를 인식하는 것은 그것이 본성을 인식하는 것이기 때문이다. 그러나 여기서 문제가 되는 것은 한 사물의 리가 천하 만물 공통의 리라는 것을 깨닫지 않으면 안된다는 점이다. 한 사물의 리가 천하 만물 공통의 리라는 것에 의해 나의 본성이 천하 만물의 본성이 되고 천명이 되어, 결국 나의 개인적 존재를 뛰어넘어 천지만물과 일체가 되는 것이 가능하기 때문이다. 그러나 다시 문제가 되는 것은 천하 만물 중의 풀 한 포기 나무 한 그루의 리에 이르기까지 일일이 다 궁구하지 않으면 천하 만물의 리가 하나라는 것을 증명할 수 없다는 데 있다. 천하

---

99. 問觀物察己 還因見物 反求諸身否 曰不必如此說 物我一理 纔明彼卽曉此 合內外之道也 語其大 至天地之高厚 語其小 至一物之所以然 學者皆當理會 (「語錄」).

만물의 리를 하나하나 다 궁구한다는 것은 불가능하다. 이러한 문제점을 극복할 수 있는 논리를 이천은 다음과 같이 제시한다.

> 리(理)를 궁구하는 데는 여러 가지 방법이 있다. 어떤 사람은 독서를 하여 의리를 밝히고, 혹은 고금의 인물을 논하여 그 시비를 가린다. 그리고 혹은 사물에 응접하여 그 마땅한 방식으로 대처한다. 이 모두가 리를 궁구하는 것이다. 어떤 이가 묻기를, "격물은 모름지기 사물마다 일일이 궁구하여야 하나요? 아니면 한 사물을 궁구하고서도 만물을 모두 알 수 있게 되나요?" 하니, 대답하기를 "어떻게 나면서 곧바로 깨달을 수 있다는 말인가! 단지 한 사물만 궁구하고서 바로 모든 리를 통하는 것은 비록 안자(顔子)라도 할 수 없는 것이다. 반드시 오늘 한 사물을 궁구하고, 내일 또 다른 사물을 궁구하여 쌓고 익힘이 많아진 연후에 탈연히 관통하는 곳이 있는 것이다"라고 했다.[100]

리를 궁구하는 방법에는 학문적인 방법과 실천적인 방법이 있다. 학문적인 방법으로는 고전에서 설명하고 있는 리의 내용을 통해서 아는 것이 있고, 고금의 인물 중에서 리를 실천한 사람과 그렇지 못한 사람들의 옳고 그름을 분별하는 것을 통해서 아는 것도 있다. 실천적인 방법으로는 사물에 응접할 때 부모에게 효도하

---

100. 窮理亦多端 或讀書請明義理 或論古今人物 別其是非 或應接事物而處其當然 皆窮理也 或問 格物須物物格之 還是格一物而萬物皆知 曰怎生便會該通 若只格一物便通衆理 雖顔子亦不能如此道 須是今日格一件 明日格一件 積習旣多然後脫然有貫通處(「語錄」).

고 형제에게 우애 있게 대처하는 등등의 실천을 통해서 리를 직접 회복하는 것이 있다. 그런데 리를 궁구하는 방법 중에는 학문적인 방법과 실천적인 방법 외에 실험적 연구 방법이 있다. 이천은 이런 실험적 연구 방법을 격물치지로 설명했다.

나의 본성은 나 개인의 본성이므로 나의 본성이 천명임을 알기 위해서는, 나의 본성이 모든 사람의 본성과 다 같다는 것을 증명해야 한다. 이천은 이러한 문제점을 사물의 리를 궁구하는 것으로 대치했다. 성이 리이므로 사물 하나하나의 리가 모두 같다는 것을 증명하면 된다. 그러기 위해서는 오늘 한 사물의 리를 궁구하고 내일 또 한 사물의 리를 궁구하는 식의 노력을 계속하여, 모든 사물의 리가 다 같다는 것을 증명해야 하지만, 그것은 불가능하다. 이천은 이러한 문제점을 해소하는 하나의 비약적 단계를 설정한다. 오늘 한 사물의 리를 궁구하고, 다음날 또 한 사물의 리를 궁구하는 식의 공부를 계속하다 보면, 모든 사물의 리가 다 같다는 것을 깨닫게 되는 때가 온다는 것이다. 이것이 어떻게 가능한 것일까?

논리의 세계와 경험의 세계는 다르다. 하나의 공이 땅에 떨어진 뒤에 떨어진 거리의 3분의 2 만큼 도로 튀어 오른다고 가정하면, 논리적으로 이 공은 영원히 튀어 오른다. 떨어진 거리의 3분의 2를 곱해 가더라도 영원히 0이 되지는 않기 때문이다. 그러나 실험해보면, 공이 몇 번 튀어 오르다가 정지할 때가 온다. 자전거 타는 법을 배우는 사람이 하루 연습을 하면 1m 탈 수 있다고 가정하면, 이틀 연습하면 2m 탈 수 있게 된다. 그렇다면 논리적으로는 100일을 연습하면 100m 탈 수 있어야 하지만, 며칠 연습하다

보면 종일 탈 수 있는 때가 온다. 사물의 리를 궁구하는 것도 이처럼 이해할 수 있다. 사물의 리를 하나하나 궁구해가다 보면 모든 사물의 리를 다 궁구하기 전에, 어느 순간 모든 사물의 리가 다 같다는 것을 깨닫는 순간이 온다. 개구리가 개굴개굴 노래하는 것은 연애하기 위함이고, 매미가 맴맴 노래하는 것도 연애하기 위함이다. 귀뚜라미가 귀뚤귀뚤 노래하는 것도 연애하기 위함이고, 뻐꾸기가 뻐꾹 뻐꾹 노래하는 것도 연애하기 위함이다. 이런 방식으로 하나하나 조사하다가 보면 모든 생물체를 다 확인하지 않아도, 어느 순간 모든 생물체가 다 연애한다는 것을 확신하게 되는 때가 온다. 그 순간이 깨닫는 순간이다. 한 사물의 리가 모든 사물의 리와 같다는 것을 깨달으면, 나의 본성이 모두의 본성이고 하늘의 명임을 확신하게 된다. 나의 본성과 그 내용을 알게 되면 성실하게 지킬 수 있다. 내가 본성을 성실하게 실천하면 나는 개인의 차원을 뛰어넘어 천지만물과 하나가 될 수 있다. 천지만물과 하나로 사는 사람이 성인이므로, 나는 성인이 되어 성인으로 살아야 한다. 나뿐만 아니라 모든 사람 또한 성인이 되어야 하고 성인으로 살아야 한다. 이는 마땅히 그렇게 해야 하는 당위이다.

이천의 '격물치지설(格物致知說)'과 '탈연관통설(脫然貫通說)'은 나중에 주자에 의해 거의 그대로 계승된다.

2. 함양

본성을 회복하는 방법 중에는 본성의 내용을 알고 지키는 것 외에 본성을 상실하게 되는 원인을 찾아 그것을 제거하는 방법도 있다. 정이천은 후자의 방법을 함양으로 설명한다. 본성이 상실하게 되는 원인은 기(氣)에서 비롯된다.

> 기에는 선함과 선하지 않음이 있지만, 성에는 선하지 않음이 없
> 다. 사람이 선을 알지 못하는 까닭은 기가 혼미해져 그것을 막
> 았기 때문이다.[101]

> 기가 따르는 데에는 치우친 것과 바른 것이 있으므로, 사람과
> 사물의 다름이 있게 되며, 또 맑은 것과 탁한 것이 있으므로,
> 지혜로움과 어리석음의 등급이 있는 것이다.[102]

사람의 본성은 모든 사람이 다 같이 가지고 있는 선한 것이지
만, 사람에게 선인·악인·지혜로운 사람·어리석은 사람 등의 구분
이 있는 것은 기에 기인한다. 기에는 바른 기·치우친 기·맑은 기·
탁한 기 등이 있으므로 만물이 차이를 갖는다는 것이다.

이천에 따르면, 인간은 성과 기에 의해 동일성과 개별성을 동시
에 갖는 이원적 존재가 된다. 성으로 보면 모든 존재가 하나이지
만, 기의 차이에 의해 각각 달라지므로, 기에 의해 달라지는 요인
을 제거하기만 하면 성을 그대로 보존할 수 있다. 이천에 따르면,
성의 발현이 기에 의해 달라지지 않도록, 성이 발현되는 순간 기
의 개입을 정지시키는 방법이 있는데, 그것이 경(敬)이다. 이천은
경의 의미를 다음과 같이 설명한다.

---

101. 氣有善有不善 性則無不善也 人之所以不知善者 氣昏而塞之耳(「語錄」).
102. 氣之所從有偏正 故有人物之殊 有淸濁 故有智愚之等(『性理大全』 卷
    三十).

즉, 배우는 자[성인에 뜻을 둔 자]가 먼저 힘써야 하는 것은 마음이지만, 문견지려(聞見知慮: 듣고, 보고, 알고, 헤아리는 것)의 마음 작용을 없애야 한다고 하면, 그것은 노자가 말한 '성인이 되는 길을 끊고 지혜를 버리는 것'이 되고, 마음에서 일어나는 분란을 걱정하여, 생각하고 헤아리는 마음의 작용을 없애려 한다면, 그것은 불교에서 말하는 좌선입정(坐禪入定)과 같은 것이 된다. 밝은 거울은 만물을 다 비춘다. 그것이 거울의 정상적인 기능이다. 거울에게 비추지 못하도록 할 수는 없다. 사람의 마음은 만물과 교감하지 않을 수 없다. 따라서 마음에게 생각하지 못하게 하고, 헤아리지 못하게 하기는 어렵다. 마음의 작용에 의한 모든 분란으로부터 피하기 위해서는 마음을 붙잡는 주인이 있어야 한다. 마음의 주인은 경(敬)이다. 주인이 있으면 마음이 텅 빈다. 텅 빈 상태가 되면 사특한 것이 외부로부터 들어오지 못한다. 마음에 주인이 없으면 마음에 욕심이 채워진다. 욕심이 채워지면 바깥에 있는 욕심의 대상이 와서 마음을 빼앗아간다. 지금 병이나 항아리를 잃어버려서 물이 속을 채우면 비록 강이나 바다의 물도 들어갈 수 없다. 어떻게 비우지 않을 수 있겠는가! 안에 물이 없으면 흐르는 물이 들어가지 않는 것이 없다. 어떻게 채우지 않을 수 있겠는가! 사람의 마음은 동시에 두 가지의 일을 할 수 없다. 한 가지 일에만 전념하면 다른 일이 끼어들 수 없는 까닭은 일하는 데 주인이 있어 일에 주력하기 때문이다. 일하는 데 주인이 있으면 생각하고 헤아리고 어지럽고 슬퍼하는 등의 근심거리가 없다. 만약 경에 주력하면 어찌 이런 근심이 있겠는가! 이른바 경이란 하나에만 주력하는 것을 말하고, 이른바 하나에 주력한다는 것은 마음이 다른 데로 가지 않는 것을 말하는 것이니, 또한 하나에 주력하는 의미를 익혀 실천하도록 해야 한다. 하나에 주력하면 마음이 둘로 셋으로 흩어지지 않는다. 경(敬)을 말하면 성인의 말씀보다 나은 것이 없다. 『주역』에 이른바 '경을 지켜 속을 바르게 하고, 의를 지켜 밖을 방정하게 한다'라고 했다. 속을 바르게 한다는 것은 하나에 주력한다는 뜻이다. 감히 속이지 않고 감히 태만하지 않아 방구석에서도 부끄럽지 않은 지경에 이르는 것이 모두 경의 일이다. 다만 이 마음을 가지고 함양하기를 오래 하면 저절로 천리가 밝아지게 된다.[103]

성을 회복하는 방법으로 중요한 것이 생각하고 헤아리는 마음의 작용을 정지시키는 것이었지만, 이는 실로 어렵다. 생각을 멈추기 위해 고요히 앉아 있을수록 온갖 잡념들이 꼬리를 물고 일어난다. 이천은 이러한 문제점을 해결하기 위해 새로운 방법을 찾아내었다. 그것은 생각을 멈추는 것이 아니라 한 가지에 집중하는

---

103. 學者先務 固在心志 有謂欲屛去聞見知思 則是絶聖棄智 有欲屛去思慮 患其紛亂 則須是坐禪入定 如明鑑在此 萬物皆照 是鑑之常 難爲使之不照 人心不能不交感萬物 亦難爲使之不思慮 若欲免此 惟是心有主 如何爲主 敬而已矣 有主則虛 虛謂邪不能入 無主則實 實謂物來奪之 今失甁甖 有水實內則雖江海之水 無所能入 安得不虛 無水於內 則淳注之水 不可勝注 安得不實 大凡人心不可二用 用於一事 則他事更不能入者 事爲之主也 事之主也 事之爲主 尙無思慮紛慢之患 若主於敬 又焉有此患乎 所謂敬者 主一之謂敬 所謂一者 無適之謂一 且欲涵泳主一之義 一則無二三矣 言敬無如聖人之言 易所謂敬以直內 義以方外 須是直內乃是主一之義 至於不敢欺 不敢慢 尙不愧於屋漏 是皆敬之事也 但存此涵養 久之自然天理明(「語錄」).

것이었다. 마음을 한 가지에 집중하면 잡생각이 일어나지 않는다. 잡생각이 일어나지 않으면 욕심이 생겨나지 않기 때문이다. 마음을 하나에 집중하는 방법을 이천은 경(敬)으로 설명했다. 경이란 잡념이 일어나지 않도록 마음을 경건하게 유지하는 것이다. 이천은 마음을 한 가지에만 집중하는 방법을 주일무적(主一無適)으로 설명했다. 주일무적이란 마음을 한 가지에 집중하여 다른 데로 가지 않도록 하는 것이다. 마음을 한 가지에 집중하는 방법에는 여러 가지가 있다. 숨 쉬는 것에 집중하는 것도 있고, 숫자를 헤아리는 것도 있다. 조용히 경전을 외우는 것도 있고, 잘 이해되지 않은 경전 구절의 의미를 골똘히 생각하는 것도 있다. 고요히 앉아서 마음을 하나에 집중하는 방법을 정좌(靜坐)라 부른다. 정좌는 이고·주렴계·장횡거를 거쳐 정이천에 이르면서 수양법의 중심에 자리 잡았다. 이천이 얼마나 정좌에 주력했는가를 여실히 보여주는 다음의 일화가 전한다.

일찍이 눈을 감고 정좌하고 있었는데, 유정부와 양귀산이 모시고 서 있으면서 감히 가지 못하고 있었다. 한참 있다가 돌아보며 말하기를 "해가 저물었구나. 숙소로 가라" 했다. 두 사람이 물러 나와 보니, 문밖에는 눈이 한 자나 쌓여 있었다.[104]

함양 공부는 진학과 별도로 진행되는 것이 아니라 동시에 행해

---

104. 嘗瞑目靜坐 游定夫 楊龜山 立侍不敢去 久之 乃顧曰 日暮矣 姑就舍 二子者退 則門外雪深尺餘矣(『宋元學案』五「伊川學案」序言).

지는 것이므로 상호보완적이다. 정이천은 말했다.

> 사람의 도는 경만한 것이 없다. 치지하면서 경하지 않은 자는
> 일찍이 없었다.[105]

이상에서 설명한 바와 같이 이천의 공부 방법은 진학과 함양으로 정리되었다. 명도와 이천의 출현은 당시 지식인들에게 많은 변화를 일으켰다. 특히 이천의 문하에는 많은 학자가 모여들었다. 이천의 문하생들은 도를 강조하여 자신들의 학문을 도학이라는 용어로 사용하기 시작했다. 이천의 철학은 양시(楊時), 나종언(羅從彦), 이통(李侗) 등으로 이어지다가 주자에 이르러 크게 정리되었다. 주자는 이고 이래로 이어져 온 도학의 전통을 정리하면서, 동시에 한유 이래로 전개된 순자 철학의 전통도 함께 정리하여 집대성했다. 애당초 당나라 말기에 일어난 유학 부흥 운동이 맹자의 요소와 순자의 요소로 나뉘어 전개된 까닭은 불교를 공격하기 위한 것이었으므로, 송나라 때의 발전 과정을 거쳐 각 흐름의 이론이 거의 완전하게 정리되고, 그에 따라 불교 세력이 위력을 상실했으므로, 더는 나뉘어 있을 이유가 없어졌다. 이에 남송 때에 주자가 나와 공자의 중용철학의 특징을 살려 맹자 철학의 흐름과 순자 철학의 흐름을 하나의 체계로 집대성했는데, 그것이 후대에 일컬어지는 주자학이다. 당나라 말기에 시작한 새로운 유학이 주자학으로 정리되기까지는 상당한 시간이 걸렸다.

---

105. 人道莫如敬 未有能致知而不在敬者(「語錄」).

제7절
북송의 멸망과 남송으로의 이동

새로운 유학이 아직 완결되지 않았다는 것은 하나의 체계로 정비되지 못했다는 것을 말한다. 유학이 아직 완결되지 않으면 다수의 사람이 좋아하는 이론으로 자리 잡을 수 없다. 새로운 유학이 다수의 사람이 좋아하는 이론으로 자리 잡지 못하면, 강력한 정치이념이 될 수 없으므로, 강력한 정치가 등장하기 어렵다. 송나라가 강력한 힘을 발휘하지 못한 근본 이유는 이 때문이다.

송나라에서 관리가 되는 길은 과거시험을 통해서였고, 시험의 내용은 주로 오경(五經)에서 출제되었으므로, 관리가 되고자 하는 젊은이들은 오경을 공부하고 외우는 것으로 일관했다. 송나라의 통치가 유학을 바탕으로 했기 때문에 학교를 대대적으로 세우지 않을 수 없었지만, 송나라 때는 아직 유학이 완비되지 않았기 때문에, 학교 교육을 통해 많은 인재가 배출되지 못했고, 학생들은 오직 과거시험을 위한 수단으로 학문에 종사하는 수준이었다. 중앙과 지방의 관립학교 외에 민간이 설립한 서원이 있었는데, 유명한 서원으로 백록동서원(白鹿洞書院), 석고서원(石鼓書院), 응천부서원(應天府書院), 악록서원(岳麓書院) 등의 네 서원이 있었지만, 서원에서의 학문 또한 인격을 함양하기 위한 것이 아니라, 과거시험에 합격하기 위한 공부로 일관했다. 학문이 완비되지 않으면 인재가 배출될 수 없고, 인재가 배출되지 않으면 정치가 부패할 수밖에 없다. 송나라 관료들이 부패한 원인은 그들이 학문의 내용을 소화하여 참된 인격을 갖춘 것이 아니라, 오직 과거시험에 합격하기 위한 수단으로만 삼았기 때문이었다.

인재가 배출되지 않고 관료가 부패하면 나라의 힘이 모아질 수 없고, 나라의 힘이 모이지 않으면 나라가 안정될 수 없다. 나라가 불안할수록 중앙정부는 정권을 유지하는 데 급급하여, 백성들의 힘이 모이지 않도록 분열시키는 정책을 쓸 수밖에 없다.

정치가 불안하여 나라가 약해지면 외침이 있게 마련이다. 송나라는 끊임없는 외환에 시달렸다. 거란족이 세운 요나라의 침략에 시달려 공물을 바치는 굴욕적인 방법을 되풀이했고, 서하(西夏)의 공격에도 시달렸다. 그러다가 결국 1127년에 송의 휘종과 흠종이 금나라에 끌려감으로써 회수 이북은 금나라의 영토가 되었다. 그 해 하북에서 병마대원수(兵馬大元帥)란 호칭을 쓰고 있던 휘종의 아들인 강왕(康王) 조구(趙構)가 남경으로 가서 황제가 되었고 나중에 다시 항주로 옮긴 뒤에 회수 이남에서 송나라의 체제를 유지했다. 후대의 사람들은 흠종 때까지의 송나라를 북송이라 하고, 조구(趙構: 고종)가 황제가 되어 통치하기 시작했던 회수 이남의 송나라를 남송이라 불렀다.

제 5 부

남송시대와 주자학의 완성

제1장

■

남송시대의 개막과 시대적 상황

사람들이 모여서 단체가 되면, 그 단체를 유지하기 위해 건전한 이론과 목적을 만들어어야 한다. 그 단체의 사람들이 그 단체를 유지하기 위한 이론과 목적에 공감하고 지지할 때 그 단체는 순조롭게 발전하고 오래도록 유지된다. 국가도 마찬가지다.

조구가 황제를 칭하고 회수 이남의 땅을 통치함으로써 남송시대(1127~1279)가 시작되었지만, 남송시대에도 정치이념으로 삼고 있던 유학이 아직 정비되지 못했으므로, 여전히 다수의 사람이 좋아하는 이론이 되지 못했다. 정신이 건전해야 몸이 건강하고 몸이 건강해야 삶이 원만해진다. 정신이 하나의 이론으로 통일되지 못하면 정신이 불안해진다. 정신이 불안한 상태가 되면 몸의 삶이 안정되지 못하여 삶에 혼선이 생긴다. 이러한 현상은 국가의 단위에서도 차이가 없다.

남송시대에도 북송 때 연구되었던 유학이 아직 체계를 갖추지 못했으므로 다수의 사람이 좋아하는 이론이 될 수 없었고, 그 때문에 국가의 강력한 정치이념이 될 수 없었다. 국가가 다수의 사람이 좋아하는 강력한 정치이념을 갖고 있지 않으면, 정신이 분열된 사람이 안정된 삶을 유지하기 어려운 것처럼, 정치가 산만해져서 안정된 체제를 유지하기 어렵다.

남송은 북송과 마찬가지로 안정된 체제를 유지하지 못했다. 남송시대의 정치 상황은 북송시대와 다를 것이 없었다. 남송의 조정은 대내적으로는 북쪽의 금나라와 전쟁을 하자는 주전파[당시의 언어로는 전수파(戰守派)]를 억압하고, 금나라와 화친하자는 주화파[당시의 언어로는 항주파(降走派)]를 옹호하며, 금에 대해 신하와 조카를 칭하면서 연명하는 처지가 되었다. 그런 와중에서도 정명도와 정이천의 학풍이 점차 확산하였으므로, 1127년부터 1137년 사이에 조정의 중신들이 그들을 우대했다. 그로 인해 1132년과 1135년의 과거시험에서 그들의 후학들이 장원급제하기에 이르렀다. 이러한 분위기에서 그들의 후학들이 급성장하자 조정의 대신들이 견제하기 시작했고, 그에 대응하여 호안국이 적극적으로 변론하기도 했다. 이런 상황에서 권력을 장악한 진회(秦檜)가 자기가 주도하는 금나라와의 화친 정책에 반대하는 정명도와 정이천의 후학들을 적극적으로 배제했으므로, 후학들은 상당 기간 정부의 관리로 진출하는 기회를 박탈당했으나, 거기에 좌절하지 않고 오히려 학문연구에 더욱 박차를 가했다. 남송시대의 유학에 남겨진 과제는 당나라 말기에 불교를 극복하기 위해 전개되었던 유학의 두 흐름을 하나의 체계로 통합하는 일이었다. 그 과제는 남송시대의 주자에 의해 해결되었다.

제2장

■

주자에 의한 주자학의 완성

제1절
주자의 생애와 학문의 길

주자의 이름은 희(熹: 1130~1200), 자는 원회(元晦) 또는 중회(仲晦)이
고, 호로는 회암(晦庵), 회옹(晦翁), 운곡산인(雲谷山人), 창주병수(滄洲
病叟), 둔옹(遯翁) 등이 있다. 주자는 1130년 음력 9월 15일, 복건성
(福建省) 우계현(尤溪縣)에서 부친 주송(朱松)과 모친 축씨(祝氏)의 삼
남으로 태어났다. 본관은 신안(新安)인데, 신안은 휘주(徽州) 무원
의 옛 지명이다. 선조는 대대로 안휘성(安徽省)의 휘주(徽州) 무원(婺
源)의 호족이었다. 부친 주송은 양시의 제자였는데, 주희에게 이정
(二程: 정명도와 정이천)의 학문과 사마광의 역사학에 흥미를 갖도록
가르쳤으므로, 주자는 이고와 한유에서 비롯되는 유학의 두 흐름
을 동시에 접할 수 있었다. 주자의 나이 14세 때 부친 주송이 금
나라와의 화친 정책을 펼친 재상 진회(秦檜)의 부당함을 반대하다
가 중앙 관직에서 추방당해 건안의 환계정사에 은거하기 시작했
는데, 그때 주자는 아버지의 가르침을 집중적으로 받았다. 그해
주송은 요주의 지주(知州)로 발령받았으나, 부임하기 전에 병으로

죽었다. 그 해 주자는 부친의 유언에 따라 호적계(胡籍溪)·유백수(劉白水)·유병산(劉屛山)을 사사했다.

15세 때 주자는 불교에 심취했다. 한창 예민해지는 나이인 사춘기에 부친을 여의었고, 연이어 두 형제까지 여의었으며, 세 선생 중에서 두 선생을 잇달아 여읜 주자는 인생의 허망함에 방황하지 않을 수 없었다. 선승 도겸(道謙)을 찾아가 불교를 배웠고, 노장철학에도 심취했지만, 방황을 끝낼 수는 없었다. 송나라 때의 유학은 불교의 폐해를 극복하기 위해 출발한 것이므로, 유학의 분위기에서 자란 주자도 불교의 문제점에 대해 너무나 잘 알고 있었다. 불교의 문제점을 잘 알면서도 인생의 허망함을 극복하기 위해 불교에 빠져든 주자는 불교의 매력과 엄격한 현실 사이에서 갈등할 수밖에 없었다. 주자는 결국 불교의 매력에 대한 미련을 남겨 둔 채 현실을 포기하지 못하고 과거시험 준비를 했다.

18세 때 건주에서 실시한 과거 예비시험 해시(解試)에 합격하고, 이듬해 수도 임안(항주의 옛 이름)에서 본시험에 합격했으며, 1151년 22세 때 이부(吏部) 임관시험에 합격하여, 동안현의 주부(主簿: 문서 처리를 담당하는 직책)로 임명되었다.

24세 때 주자는 임지인 동안현에 부임하는 길에 연평(延平) 이통을 만나 가르침을 받은 뒤로 유학으로 복귀했다. 이통은 나종언의 제자이고, 나종언은 양시의 제자이며, 양시는 정이의 제자였다. 정이의 학문은 불교에서 추구하는 해탈의 논리를 유학에서 찾아내는 것이었기 때문에, 이통에게서 유학을 공부하면서부터 주자는 불교의 매력에 대한 미련을 떨쳐낼 수 있었다. 이통을 만나고부터 10여 년간 수시로 가르침을 받았다. 유학으로 돌아온 주자는 그간에 공부한 내용을 정리하여 단행본의 저술을 시작했다.

34세 때 『논어요의』와 『논어훈몽구의』의 저술을 시작으로 『연평답문(延平答問)』(35세) 『잡학변』(37세) 등을 저술했다. 그러면서도 주자에게는 해결되지 않고 남아 있는 문제가 있었다. 31세 때 주자가 스승 이통에게 받은 서신에서 『중용』에서 말한, '희로애락이 아직 발하기 전의 상태인 중의 상태가 어떤 기상인지 봐야 한다'는 설명을 들었는데, 그 내용을 확실히 이해하지 못했다. 주자가 그것을 확인하기 전에 스승 이통이 세상을 떠났기 때문에, 그 내용에 관한 궁금증이 늘 마음에 남아 있었다. 그러다가 38세가 되던 해인 1167년 9월 8일에 장사(長沙)로 출발하여 장식(張栻)을 만났고, 두 달 동안 담론한 뒤에 장식의 명쾌한 학문에 감탄했다. 헤어진 뒤로도 다음 해까지 여러 번 서신을 주고받으며 학문을 논했다. 당시 주자가 장식의 학설에 공감했던 것은 『중용』의 미발(未發) 이발(已發)에 관한 것이었다. 주자학은 불교의 해탈론과 같은 내용을 유학적으로 수립하기 위해 출발한 것이므로, 『중용』 제1장의 '천명을 성이라 한다'라는 말이 가장 중요한 근거가 되었다. 하늘의 명이 마음속에 있는 성(性)이므로, 성을 회복하기만 하면 하늘과 하나가 되어 생사를 초월할 수 있기 때문이다. 그러므로 주자학은 출발점에서부터 성의 회복에 관심사가 집중되었다. 주자도 이통에게 배우기 시작하면서 『중용』에 관심을 집중할 수밖에 없었다. 『중용』에는 '희로애락이 나타나기 전을 중(中)이라 하고, 나타나서 상황에 알맞게 된 것을 화(和)라고 한다'라는 말이 있다. 성(性)이 나타난 것이 정(情)인데, 희로애락은 정을 대표해서 말한 것이다. 중(中)은 속을 의미한다. 정으로 나타나기 이전의 성이 마음속 깊은 곳에 있으므로 중이라 한 것이다. 성이 중이고 중이 성이다. 성은 만물을 살리는 하늘의 마음을 표현하여 붙인 이름이고, 중은 속에 있다는 뜻을 표현하여 붙인 이름이다. 정이천은 정이 아직 나타나지 않았을 때 존양해야 하고, 정이 이미 나타난 뒤에는 성찰해야 한다고 했다. 존양(存養)이란 보존하여 기른다는 뜻이다. 성(性)은 하늘마음이므로 길러지는 것이 아니지만, 성이 나타나면서 자꾸 사라지므로 성이 사라지지 않도록 마음을 보존하는 것이 성을 기르는 것으로 이해할 수 있다.

성에서 나온 마음을 가득 채우는 것이 성을 회복하는 것이다. 성을 회복하는데 중요한 것 중의 하나는 먼저 성을 아는 것이다. 황금 덩어리의 귀함을 아는 사람은 황금 덩어리를 잃어버리지 않도록 잘 보존한다. 역으로 말하면 황금 덩어리를 잘 잃어버리는 사람은 황금 덩어리가 얼마나 귀한 것인지를 모르기 때문이다. 사람의 성도 그렇다. 성이 얼마나 귀한 것인지를 아는 사람은 성을 잘 보존할 것이기 때문에, 성을 회복하는 데 중요한 것 중의 하나가 성을 아는 것이다. 그래서 이통이 주자에게 '아직 나타나기 이전의 기상'을 알라고 한 것이다. 기상이란 기운과 형상이다. 안개 낀 날 앞산을 보면 확실하지는 않지만, 산의 기운이 느껴지고 안개 속에서 산의 모습이 어렴풋이 모습을 드러낸다. 이처럼 기상이란 기운과 어렴풋한 형상을 말한다. 주자는 이통의 가르침을 깨우치기 전에 선생님이 돌아가셨으므로, 그것이 한이 되었다. 주자는 이러한 심경을 「중화구설서」에서 다음과 같이 술회한 적이 있다.

주희

나는 일찍이 이연평 선생에게서 배웠다. 『중용』이라는 책을 공부하면서 희로애락이 아직 나타나기 전의 상태를 알고자 노력했는데, 미처 깨치기 전에 선생이 돌아가셨으므로, 스스로 불민함을 슬퍼했다.

주자는 연평 이통이 주문한 희로애락의 미발 기상을 알기 위해 노심초사했다. 안다는 것은 감각기관을 통해서 가능하다. 눈으로 형태를 보면 그것이 무엇인지 알고, 귀로 소리를 들으면 그것이 어떤 소리인지 안다. 주자는 마음이 아직 나타나기 전의 기상을 알기 위해 노력했다. 마음이 아직 나타나기 전의 기상도 마치 앞에 있는 한 물건을 아는 것과 같을 것으로 생각하여 열심히 노력했지만, 오히려 마음만 헷갈려서 갑갑하고 답답하기만 할 뿐 알 길이 없었다. 그러던 차에 장식을 만나 장식의 수련법을 접한 뒤에 장식의 방법이 매우 탁월하다는 것을 알고 장식의 방법으로 선회했다. 주자는 그 과정을 다음과 같이 술회했다.

사람이 삶을 시작하면서부터 알음알이가 있고 의식이 있어서 사물이 번갈아 다가옴에 응접하기에 겨를이 없습니다. 이리저리 생각하며 옮기기도 하고 바꾸기도 하며 죽음에 이릅니다. 그사이에 한순간도 멈추고 쉴 틈이 없습니다. 온 세상 사람들이 다 그렇습니다. 그러나 성현의 말에 이른바 '마음이 밖으로

---

1. 余蚤從延平李先生學 受中庸之書 求喜怒哀樂未發之旨 未達 而先生沒 余竊 自悼其不敏(『朱子大全』권75, 中和舊說序).

나타나기 전의 깊은 속은 고요하여 동요하지 않는다'라는 것이 있는데, 이는 어찌 마음이 날마다 움직여 왔다 갔다 하는 것을 이미 나타난 것으로 여기고, 잠시 휴식하면서 아무것도 하지 않은 순간을 마음이 밖으로 나타나기 전의 상태로 여겼겠습니까! 이로써 마음이 밖으로 나타나지 않을 때의 깊은 속을 알고자 노력해보니, 멍하니 아무 느낌이 없는 가운데, 마음이 자꾸 헷갈리고 멍멍해지며 갑갑하고 답답하여, 마치 텅 빈 상태로 밝으면서 만물에 응하는 주체가 아닌 것 같은데, 그사이에 미세하게 어떤 느낌이 일어나면 또한 마음이 이미 나타난 것이 되어 고요하다고 말할 수 있는 것이 아니었습니다. 노력하면 할수록 더욱 알 수 없었습니다. 그래서 물러나 일상생활 속에서 일어나는 마음을 살펴보니, 느끼면 바로 통하고 사물을 섭하면 바로 깨달아지는 것이었습니다. 그러므로 마음의 깊은 속은 혼연한 전체로서 무궁하게 사물에 응하는 것이니 바로 천명이 유행하며 만물을 끊임없이 낳고 낳는 것과 같은 것입니다. 비록 하루 사이에도 만 가지로 일어났다 사라지는 것이지만, 그 고요한 본체는 고요하지 않은 적이 없습니다. 이른바 아직 나타나지 않은 상태라는 것이 이와 같은 것이니, 어찌 마음이 나타나기 전의 깊은 속이라는 것이 따로 한 물건 같은 것이 어느 한정된 시기 한정된 장소에 있는 것과 같은 것이라 할 수 있겠습니까? 그러므로 천리의 본질은 곳에 따라 나타나 조금도 멈추는 때가 없는 것입니다. 그 본체와 작용이 본래 이와 같으니 어찌 사사로운 물욕이 틀어막고 묶어서 없애버릴 수 있겠습니까? 그러므로 물욕에 빠져 허우적거리고 있을 때도 양심이 싹터서 일에 따라 나타나지 않은 적이 없습니다. 배우는 자는 마땅히 그 순간을 잘 살펴 붙잡아 보존하면 큰 근본으로 모든 것에 통하는 도리를 꿰뚫어 처음의 모습을 회복할 수 있을 것입니다. 잘 살피지 못하고 반복해서 얽어매기만 하면 밤에 되살아나는 기운도 보존하지 못하여 금수가 되는 지경에 빠지게 될 것이니 누구의 죄이겠습니까?[2]

주자는 마음이 나타나기 전의 기상을 알기 위해 노력했지만, 점점 더 멍멍해지고 답답해지기만 하여 아무런 해답을 얻지 못하다가, 물러나 일상생활에서 살펴본 결과 시시각각 나타나 사물에 척척 대응하는 것이 마음임을 알 수 있었다. 따라서 마음속에 있는 것은 한 물건처럼 존재하는 것이 아니라 무궁하게 사물에 대응하는 혼연한 전체로서, 천명이 유행하여 만물을 끊임없이 낳고 낳는 것과 같은 것임을 알았다. 그것은 눈앞에 놓여있는 한 물체처럼 앎의 대상으로 삼을 수 있는 것이 아니었다. 그것을 보존하

---

2. 人自有生 卽有知識 事物交來 應接不暇 念念遷革 以至於死 其間 初無頃刻停息 擧世皆然也 然聖賢之言 則有所謂未發之中 寂然不動者 夫豈以日用流行者爲已發而指夫暫而休息不與事接之際爲未發時耶 嘗試以此求之 則泯然無覺之中 邪暗鬱塞 似非虛明應物之體 而幾微之際 一有覺焉 則又便爲已發而非寂然之謂 蓋愈求而愈不可見 於是 退而驗之於日用之間 則凡感之而通 觸之而覺 蓋有渾然全體應物而不窮者 是乃天命流行生生不已之機 雖一日之間 萬起萬滅 而其寂然之本體則未嘗不寂然也 所謂未發如是而已 夫豈別有一物限於一時拘於一處而可以謂之中哉 然則天理本眞隨處發見不少停識者 其體用固如是而豈物欲之私所能壅遏而梏亡之哉 故雖汩於物欲流蕩之中而其良心萌蘖亦未嘗不因事而發見 學者於是致察而操之 則庶乎可以貫乎大本達道之全體而復其初矣 不能致察使梏之反覆 至於夜氣不足以存 而陷於禽獸則誰之罪哉(『朱子大全』 권30, 與張欽夫).

는 방법은 마음으로 나타나는 순간을 잘 살펴 붙잡아 보존하면 마음의 본래 모습을 회복할 수 있다는 것을 알았다.

주자가 마음 다스리는 방법으로 받아들인 것은, 호굉(胡宏)에서 장식으로 이어진 호상학파의 '먼저 잘 살펴서 알아차리고 난 뒤에 보존하여 기른다[先察識 後存養]'라는 방식이다. 양심이 나타나는 것은 남들과 경쟁하고 있을 때보다 혼자 고요히 있을 때 더 잘 알 수 있다. 『중용』에서 '아무도 보지 않는 곳에서 조심하고 아무것도 들리지 않는 곳에서 두려워한다'라는 말의 뜻도 바로 잘 살펴서 알아차리는 방법을 설명한 것이다. 주자가 장식의 방법을 알고 난 뒤에 자신의 방법에 확신을 가지고 매진했다. 이에 대해 주자는 다음과 같이 술회했다.

이로부터 다시 의심하지 않았으며, 중용의 말씀이 이에서 벗어나지 않는다고 여겼다. 뒤에 호씨의 글을 보니, 거기에 증길보와 미발의 내용을 논한 것이 들어 있었는데, 그 논의가 나의 생각과 꼭 합치되었으므로 더욱 확신하게 되었다. 비록 정자의 말씀과 합치되지 않은 점이 있어도 또한 단지 지은 글이 적고, 그나마 다 전하지 않아서 믿지 못하고 있을 뿐이라고 생각했다.[3]

주자는 호씨의 글을 읽고 자기가 터득한 수련법을 더욱 확신하

---

3. 自此不復有疑 以爲中庸之旨果不外乎此矣 後得胡氏書 有與曾吉父論未發之旨者 其論又適與余意合 用是益自信 雖程子之言有不合者 亦直以爲少作失傳而不之信也(『朱子大全』 권75, 中和舊說序).

여, '먼저 살펴서 알아차리는 수련법'에 매진했다. 이 수련법은 본성에서 흘러나오는 양심의 소리를 살펴서 알아차리는 것을 말한다. 맑은 지하수는 지하에서 쉬지 않고 솟아 나와 옹달샘에 맑은 물로 가득 채운다. 사람의 마음도 이와 같다. 사람의 마음속 깊은 곳에 있는 착한 본성이 쉬지 않고 흘러나와 마음속을 가득 채운다. 그런데 옹달샘에서 맑은 지하수가 솟아 나올 때 진흙이 섞여 들어가면 샘이 흙탕물로 바뀐다. 사람의 마음도 그렇다. 사람의 마음속에서 착한 본성이 흘러나올 때 '내 것 챙기는 계산'이 섞여 들어가면 마음속이 욕심으로 바뀐다. 사람이 옹달샘 속을 들여다보고 맑은 물이 솟아 나오다가 진흙이 섞여 들어가 흙탕물이 되는 것을 보면 싫을 것이다. 마음을 향하는 사람의 마음도 그렇다. 맑은 물이 솟아날 때 섞여 들어가는 진흙에 해당하는 것이 착한 마음이 흘러나올 때 섞여 들어가는 '내 것 챙기는 계산'이다. 사람의 마음속 깊은 곳에서 착한 본성이 흘러나오다가 '내 것 챙기는 계산'이 섞여 들어가 욕심으로 바뀌는 것을 보고 좋아할 사람은 없을 것이다. 욕심으로 바뀌는 것을 보고 싫어지면 사람은 스스로 '내 것 챙기는 계산'을 하지 않게 될 것이다. 그렇게 되면 사람의 마음이 착한 마음으로 가득해지고, 그 마음이 상황에 맞게 밖으로 드러나 모든 것과 조화를 이루면 하늘과 땅이 제자리에 있고 만물이 제대로 길러져 이 세상이 이상세계로 바뀐다. 유학의 최종 목적은 이 세상을 이상세계로 바꾸는 데 있다. 이 세상을 이상세계로 바꾸는 출발점은 수신에 있다. 수신을 하면 제가·치국이 되어 이 세상이 낙원으로 바뀐다. 이 세상을 이상세계로 바꾸는 것을 목적으로 삼는다면 수신이 그만큼 중요하지만, 수신의 방법이 간단하지 않다는 데 문제점이 있다. 주자의 관심도 당연히 수신에 집중되어 있었다. 이상세계를 건설하는 방법을 『대학』에서는 수신·제가·치국·평천하로 단계를 두고 설명하지만, 『중용』에서는 수신과 평천하를 동시적으로 설명한다. 그러므로 유학을 공부하는 사람들이 입문의 단계에서는 『대학』 공부에 집중하지만, 성숙해질수록 『중용』 공부에 집중한다. 주자가 이통에게 들은 것은 희로애락이 나타나기 전의 상태가 어떠한지를 알아보라는 것이었지만, 이통이 그 뒤 곧 돌아가셨으므로 혼자서 해결하지 못했다. 주자가 혼자서 희로애락이 나타나기 전의 중의 상태를 알기 위해 노력했지만 실패한 원인은 중을 시간과 공간을 차지하고 있는 하나의 물건과 같은 것으로 생각했기 때문이었다. 그러던 중 장식을 만나 장식의 수련법을 듣고 확연히 알았다. 미발의 상태를 알려고 하지 말고 먼저 발할 때의 모습을 살펴 알아차리기만 하면, 마음이 착한 마음으로 가득해지고 그로 인해 본성이 사라지지 않고 잘 길러진다는 것을 안 것이다. 이를 안 주자는 2년에 걸쳐 '먼저 살펴서 알아차리는 수련법'에 매진하다가 이 방법에 문제가 있다는 것을 알았다. 아마 주자 자신에게도 이 방법에 적응하기 어려운 점이 약간은 있었을 것으로 추정되기도 하지만, 이 방법의 가장 큰 문제점은 일반 대중들에게 효과를 기대하기 어렵다는 점이다. 유학의 특징은 이 세상을 떠나 진리의 세계로 가는 것이 아니라, 이 세상을 진리가 실현된 이상세계로 바꾸는 데 있으므로, 이 세상 사람들이 모두 진리를 얻을 수 있도록 대중성을 가진 방법을 찾아내지 않으면 안 된다. 주자는 이 방법의 문제점을 다음과 같이 술회하고 있다.

기축년 봄에 친구인 채계통과 묻고 변론하는 사이에 홀연히 의심이 생겼다. 이 방법의 이치는 나 스스로가 묵묵히 알게 된 것이지만, 남들에게 말해줄 수 있어야 한다. 내용을 분석할수록 어지러워 알기 어렵고, 남에게 들려주면 헷갈려서 깨우치기 어려웠다. 생각건대 진리는 하늘땅처럼 쉽고 간단한 것이어서 사람의 마음이 모두 그렇게 여기는 것인데, 나의 방법이 남들에게 이해받지 못하는 것을 보면 아마도 옳지 않은 것일 것이다. 정자(程子)의 말은 그의 뛰어난 제자들 손에서 나온 것이어서, 마땅히 조금의 오류도 없으므로 지금까지 전해진 것이다. 그렇다면 내가 자신하는 바는 도리어 스스로 그르친 것이 아니겠는가! 다시 정자의 책을 가져다가 마음을 비우고 가라앉혀 천천히 읽어보니 몇 줄을 읽기 전에 얼어붙은 것이 풀리고, 얼음이 녹듯이 이해되었다.[4]

맑은 옹달샘을 들여다보고 맑은 물이 솟아 나오는 것을 알아차리는 것은 옹달샘을 맑게 유지하는 데 매우 효과가 있다. 그러나 옹달샘이 이미 흙탕물이 되어버린 뒤라면 잘 들여다봐도 맑은 물이 솟아 나오는 것을 볼 수 없으므로 효과를 기대하기 어렵다. 사람의 마음도 그렇다. 아직 욕심으로 오염되지 않은 사람의 마음

---

4. 乾道己丑之春 爲友人蔡季通言之 問辨之際 予忽自疑 斯理也雖吾之黙識 然亦未有不可以告人者 今析之如此 其紛糾而難明也 聽之如此 其冥迷而難喩也 意者 乾坤易簡之理 人之所同然者 殆不如是 而程子之言出其門人高弟之手 亦不應一切謬誤以至於此 然則予之所自信者 其無乃反自誤乎 則復取程氏書虛心平氣而徐讀之 未及數行 凍解氷釋(『朱子大全』 권75, 中和舊說序).

에서는 양심이 쉼 없이 흘러나오므로, 그것을 잘 들여다보고 오염되지 않게 유지하면 된다. 그러나 일반대중은 이미 마음이 욕심으로 오염되어 있으므로, 마음을 들여다보아도 양심의 소리가 잘 들리지 않는다. 섣불리 양심의 소리를 들으려 하면 반대로 욕심의 소리를 듣고 욕심에 끌려가게 되므로 역효과가 난다. 그러므로 섣불리 '먼저 살펴 알아차리는 수련법'을 많은 사람에게 적용하면 도움이 되기보다는 오히려 폐해가 커진다. 이를 극복하기 위해서는 정이천의 방법으로 돌아가지 않으면 안 된다. 정이천의 방법은 일상생활 속에서 존양하여 몸에 와 닿도록 살피는 것이다. 주자는 다음과 같이 말한다.

> 쉬지 않고 움직이는 천명을 사람과 만물이 함께 얻어 살아간다. 그러니 어찌 사람과 만물이 받은 것과 다르게 따로 온전한 천명 그 자체가 있겠는가! 사람과 만물이 무궁하게 살아가는 것을 보면 천명이 끝없이 움직이고 있음을 알 수 있다. 다만 그 천명이 들어 있는 몸의 재질에 바른 것, 치우친 것, 순수한 것, 뒤섞인 것 등의 차이가 있으므로, 천명을 얻어 생겨나도 사람과 만물, 현명한 자와 그렇지 못한 자의 차이가 생겨난다. 물체는 몸의 기능이 외부와 막혀 있으므로, 알아차릴 수 있는 의식 세계가 없고, 일반대중은 또한 욕심에 가려 천명을 보존하지 못한다. 이들은 모두 스스로 하늘을 멀리하지만 쉼 없이 움직이는 하늘은 애당초 멈춘 적이 없다. 그러므로 사람이 자기를 반성하며 스스로 일상생활을 하는 가운데, 마음속에 보존하고 몸에 와 닿도록 잘 살펴서 물욕으로 가려진 것을 제거하면 인

(仁)을 인을 얻게 되고, 본심이 밝게 드러나, 늘 움직이는 천명 전체가 자기 몸 밖으로 벗어나지 않는다.[5]

주자가 정이천의 설을 참고하여 새로 깨달은 수련법은 '존양체찰(存養體察), 즉 먼저 마음을 보존하여 성을 기르고 몸에 와 닿게 살피는 공부'이다. 마음을 보존하고 성을 기르는 방법으로 주자가 제시한 것은 경(敬)에 주력하는 주경(主敬)과 천명을 알기 위한 치지(致知)이다.

경은 마음에 잡념이 일어나지 않도록 경건하게 보존하는 것이다. 사람에게 의식이 생기고 의식 속에 '나'라는 것이 자리 잡은 뒤에는, 사람의 의식에서 '내 것을 챙기려는 생각'이 계속되고 그 생각에 따라 욕심이 생겨나므로, 욕심을 제거하는 방법의 하나는 욕심이 생기는 원인이 되는 '내 것 챙기려는 생각'을 멈추는 것이다. '내 것 챙기려는 생각'을 멈추게 할 수 있는 방법에는 여러 가지가 있지만, 그 모든 방법이 다 경(敬)이다.

욕심을 제거하는 또 하나의 방법은 천명이 얼마나 고귀한 것인지 직접 아는 것이다. 사람이 천명을 어기는 것은 천명의 고귀함을 모르기 때문이다. 사람이 만약 천명보다 더 귀한 것이 없다는 것을 안다면, 그것을 어기고 욕심에 빠질 사람이 없을 것이다. 그

---

5. 夫天命不已 固人物之所同得而生者也 然其離乎人物之所受而別有全體哉 觀人物之生生無窮 則天命之流行不已 可見矣 但其所乘之氣 有偏正純駁之異 是以稟而生者 有人物賢否之不一 物固隔於氣而不能知 衆人亦蔽於欲而不能存 是皆有以自絶于天而天命之不已者 初亦未嘗已也 人能反身自求於日用之間 存養體察而去其物欲之蔽 則求仁得仁 本心昭著 天命流行之全體固不外乎此身矣(『朱子大全』 권30, 答張欽夫).

러므로 천명을 직접 아는 것이 욕심을 제거하는 방법이 된다.

주자는 정이천의 글을 읽고서 이를 알았다. 이것이 진리를 얻는 과정에서 매우 중요하다는 생각을 한 주자는 후학들도 자기처럼 헤매게 될 것을 우려하여, 44세가 되던 1173년에 '먼저 살펴서 알아차리는 수련법'에 관한 글들을 묶어 『중화구설』이란 이름으로 편찬했다. 그리고 그 뒤 정이천의 글을 통해서 알게 된 새로운 방법 즉, '먼저 마음을 보존하여 성을 기르고 몸에 와 닿게 살피는 공부'의 내용에 대한 설명이 중화신설로 일컬어진다.

『중화구설』을 편찬하기 전에도 『서명해(西銘解)』, 『지언의의(知言疑義)』(이상 41세) 『팔조명신언행록』, 『맹자요의』, 『자치통감강목(資治通鑑綱目)』(이상 43세) 『이락연원록(伊洛淵源錄)』, 『정씨외서(程氏外書)』(이상 44세) 등을 저술했다. 뒤이어 45세 때는 『대학장구』, 『중용장구』, 『대학혹문』, 『중용혹문』 등을 저술했고, 46세 때는 여조겸과 공저한 『근사록』을 저술했는데, 그 뒤 『근사록』은 주자학의 기본 교재가 될 정도로 귀중한 책이 되었다.

48세 때는 주자학의 대표적 저술인 『논어집주』, 『맹자집주』, 『논어혹문』, 『맹자혹문』 등을 저술했다. 57세 때 『역학계몽』을 저술했고, 60세 때 『시집전』, 61세 때 『주역본의』를 저술했다. 61세 때 특기할 만한 일은 『대학』, 『논어』, 『맹자』, 『중용』을 하나로 모아 사자(四子)라는 이름으로 간행한 일이다. 『대학』과 『중용』은 원래 『예기』에 들어 있는 편들이었는데, 이 두 편을 당나라 말기의 이고가 중시했고, 북송시대의 학자들도 줄곧 중시해왔지만, 단행본으로 출간하지는 않았다. 주자가 이 두편을 단행본으로 만들고 『논어』와 『맹자』를 넣어 네 책으로 묶음으로써 주자 이후의 유학에서 사서가 기본 교재가 되었다.

66세에 정 6품 조봉대부(朝奉大夫)로 승진했으나 이 해 말에 위학(僞學)으로 박해받기 시작했다. 이듬해 탄핵당하고 사록관에서 파면당했다.

그 후로도 68세 때 『한문고이(韓文考異)』와 『주역참동계고이(周易 參同契考異)』를 저술했고, 70세 때는 『초사집주(楚辭集註)』, 『후어(後語)』, 『변증(辨證)』 등을 저술했다. 여기서 열거한 책 외에도 저술이 많이 있어 모두 합하면 80여 종에 이른다.

71세가 되는 1200년 3월 8일 병문안 온 제자들에게 다음과 같이 말했다. "괜히 여러분을 먼 곳에서 여기까지 오게 했구나. 하지만 도리(道理)라는 게 본래 그런 것이기는 하지. 여러분 모두 힘을 모아 열심히 공부하라. 발을 땅에 굳게 붙여야만 앞으로 나아갈 수 있는 법이다." 이 말은 주자가 제자들에게 한 마지막 당부의 말이었다. 다음날 3월 9일 새벽, 주자는 제자들에게 무언가 남기기 위해 붓을 들었지만, 붓을 움직일 힘이 없었다. 낮이 되자 주자는 건양 고정에서 병으로 가만히 눈을 감았다.

제2절
북송 유학의 중용적 집대성

당나라 말기에 시작된 한유의 불교 배척 운동과 이고의 새로운 유학 운동이 오대의 혼란기와 북송시대를 거치면서 각각 흐름을 이루어 이론이 발전되고 보완되어 오다가 남송시대에 이르러 거의 완성되었고, 그로 인해 불교 세력이 약해져 나라와 사회에 끼치는 폐해가 미미하게 되었으므로, 새로운 유학이 더는 두 흐름으로 나누어져 있을 이유가 없게 되었다. 새로운 유학이 두 흐름으로 나누어졌던 이유는 불교를 공격하기 위한 것이었으므로, 불교세력이 이미 약해진 뒤에는 다시 하나로 합해야 한다. 두 흐름을 형성했던 사상적 기반이 맹자의 사상과 순자의 사상이었기 때문에 하나로 통합하는 사상은 공자의 중용사상이어야 한다. 공자의 중용사상에 기반을 두고 두 흐름의 통합을 주도하면서 등장한 철학자가 주자였다. 주자는 어려서부터 두 흐름 각각의 내용에 정통했다. 주돈이의 태극도설, 장재의 태허사상과 심통성정설, 정이의 격물치지설, 성즉리설, 이기이원론, 지경설, 탈연관통설, 정좌설 등을 두루 섭렵했고, 구양수의 역설(易說), 배불 중화사상, 사마광의 역사관, 명분론 등을 계승했다. 이제 남은 과제는 이 두 흐름을 하나로 통합하는 것이었다. 서로 다른 두 요소를 통합하는 가장 바람직한 방법은 중용철학에 의한 융합이다. 중용철학을 확립하는 것은 참으로 어렵다. 중용철학은 형상판 철학과 형하판 철학의 융합을 통해서 가능하다. 형상판의 철학과 형하판의 철학은 서로 상이한 철학이다. 오랜 세월을 거쳐 형성된 철학이므로 각각 고정된 틀을 가지고 있다. 고정된 틀을 가진 상이한 두 철학을 하나로 융합하는 것은 어려울 수밖에 없다. 나무를 가꾸는 것에 비유하면 형상판 철학은 뿌리 가꾸기에 주력하는 철학이고, 형하판 철학은 잎과 줄기 가꾸기에 주력하는 철학이다. 두 철학의 융합이란 뿌리와 잎과 줄기를 온전히 다 가꾸는 것에 해당한다. 두 철학을 융합하기 위해서는 뿌리 가꾸기에 주력하는 사람이 먼저 뿌리를 확실하게 가꾼 뒤에 잎과 줄기 가꾸기에 주력하는 사람들의 장점을 수용하는 것이 상대적으로 쉽다. 역으로 잎과 줄기 가꾸기에 주력하는 사람이 잎과 줄기를 온전하게 가꾼 뒤에 뿌리 가꾸기에 주력하는 사람들의 장점을 수용하는 것은 매우 어렵다.

맹자의 철학과 순자의 철학을 하나로 융합하는 방법을 찾기 위해 고심한 주자는 철학의 내용을 통한 융합과 학문 분야를 통한 융합을 동시에 시도했다. 철학의 내용을 통해서는 인성론과 예론, 역사관 등에서 절묘한 융합을 이루었고, 분야별로는 철학과 교육 분야에서는 맹자의 철학을 위주로 하고, 정치사회 분야에서는 순자의 철학을 위주로 하는 방법을 택했다. 다음절에서 그 구체적인 내용을 살펴보기로 하자.

제3절
주자학의 내용

제1항 주자의 철학사상

흔히 주자의 철학사상을 논할 때 주로 본체론과 심성론 및 수양론과 실천론 등으로 분류한다. 본체론을 우주론으로 표현하기도 하는데, 그 내용은 리(理)와 기(氣)를 중심으로 하는 이기론으로 채워진다. 일단 본체론이 리와 기를 중심으로 정리되고 난 뒤에는, 본체론을 바탕으로 인간의 모든 삶의 현상을 설명해가는 방법을 택한다. 이는 마치 사람이 먼저 시간과 공간 개념을 만들어놓고,

그 시간과 공간 개념 안에서 모든 것을 분석하고 설명하는 것과 같다. 시간과 공간 개념은 원래 없었다. 어제·오늘·내일이 원래 따로 있는 것이 아니고, 작년·금년·내년이 원래 있는 것이 아니다. 어제와 오늘 내일은 하나로 이어져 있고, 작년 금년 내년도 하나로 이어져 있는 것이므로 구분할 수 없다. 사람이 의식을 가지고 모든 것을 분별하기 시작하면서 어제와 오늘, 오늘과 내일의 경계를 만들고, 작년과 금년, 금년과 내년의 경계를 만들어놓고, 그 기간 속에서 일어나는 온갖 사건들을 설명한다. 동서남북도 따로 떨어져 있는 것이 아니지만, 동서남북의 위치를 정해놓고 그 안에서 모든 장소와 위치를 설명한다. 이와 마찬가지로 사람들도 먼저 본체론을 만들어놓고 그 본체론 안에서 삶에서 일어나는 모든 것을 설명한다.

주자학에서 본체론을 만든 이유는 사람의 유한성에서 비롯한다. 원래는 사람이 유한한 존재가 아니었다. 사람의 몸이 생겨난 것도 자연이었고, 존재 방식 또한 자연이었으므로, 사람 이외의 자연과 분리되지 않는다. 사람이 자연이라는 본질에서 벗어나지 않는다면, 태어나는 것도 자연이고, 자라는 것도 자연이며, 죽어 없어지는 것도 자연이므로, 삶에서 나타나는 모든 현상이 구별되지 않는 자연일 뿐이었지만, 사람이 의식을 만들어, '나'라는 개념을 만들었기 때문에, '나'와 '남'의 구별이 생기면서 내가 유한한 존재로 전락했다. 사람이 일단 유한한 존재로 전락하고 나면, 시간과 공간에 구속되기 때문에 늙어 죽는 고통에서 벗어날 길이 없어진다. 이를 해결할 수 있는 근본적인 방법은 유한한 존재로 전락하기 이전의 본질을 회복하는 것밖에 없다. 나의 본질을 회복하기 위해서는 우주 만물의 본질을 알아야 한다. 주자학에서 본체론을 구축한 이유는 바로 여기에 있다. 일단 본체론을 구축하고 나면, 그 본체론에 근거하여 사람의 삶에서 나타나는 모든 현상을 설명한다.

1. 이기이원론의 확립

주자학에서는 우주 만물을 구성하고 있는 본질적인 두 요소를 리(理)와 기(氣)로 설명한다. 모든 존재의 물질적 요소를 기(氣)로 설명하고, 그 물질적 요소를 주재하는 주체를 리(理)로 설명한다.

(1) 리

① 리의 의미와 출전

리(理)는 『설문(說文)』에 "리(理)는 옥을 다스리는 것이다. 옥이라는 뜻에서 의미를 취했고, 리(里)에서 음을 취했다"[6]고 했고, 단옥재(段玉裁)는 다음과 같이 주를 달았다.

> 리(理)는 쪼개고 가르는 것이다. 옥이 비록 지극히 견고하지만, 결에 따라 다듬으면 완성품을 만드는 데 어렵지 않다. 그래서 리(理)라고 한다.[7]

리(理)란 말의 뜻은 옥을 다듬는다는 의미이고, 발음은 리(里)이

---

6. 理 治玉也 從玉里聲.
7. 理爲剖析也 玉雖至堅 而治之得其鰓理以成器不難 謂之理.

다. 부석(剖析)이란 옥을 쪼개고 자른다는 뜻이다. 단옥재의 주에서 보면 리(理)는 옥을 다듬는 것을 의미하기도 하고, 옥에 갖추어져 있는 결을 의미하기도 한다. 『주역』 「계사전」 상에서는 다음과 같이 설명하기도 한다.

쉽고 간단하면서 천하의 도리가 다 터득된다.[8]

리(理)는 도리·의리 등의 의미로 풀이되는데, 그 의미는 '(만물의) 본성[性]을 따르는 것을 도(道)라고 한다'라는 『중용』의 말로 보면 쉽게 이해할 수 있다. 더욱이 『중용』에는 「문리밀찰(文理密察)」이란 말이 있는데 이 경우에는 리(理)가 조리로 풀이되므로, 리의 의미는 옥이 가지고 있는 옥의 결이라는 의미에서 파생된 것이다.

리(理)가 주자학에서 우주론적 의미를 갖게 된 것은, 장재가 인간의 내면적 본질을 밝히기 위해 우주론을 전개할 때 『주역』 「설괘전」의 「궁리진성이지어명(窮理盡性以至於命)」이라는 말을 근거로 삼은 데서 비롯된다. '궁리진성이지어명'이란 '사물의 리를 잘 알아서 자기의 본성을 다 발휘하면 하늘의 명에 따르는 경지에 이른다'라는 뜻이다.

자기의 본성을 다 발휘해야 하는 목적은 애당초 죽음을 극복하기 위한 것이었다. 자기의 본성을 다 발휘하기 위해서는 먼저 '변화하는 자기' 중에서 '변화하지 않는 자기의 본질'을 인식해야 하는데, '변화하지 않는 자기의 본질'이 본성이므로, 먼저 자기의

---

8. 易簡而天下之理得矣.

본성을 알아야 한다. 자기의 본성은 알기 어렵지만, 하나의 해결 방법이 있다. 자기의 본성은 사물의 리와 같으므로[9] 사물의 리를 궁리하여 알면, 그것으로 말미암아 자기의 본성을 알 수 있고, 자기의 본성을 알면, 자기의 본성을 다 발휘할 수 있다. 자기의 본성을 다 발휘하는 것은 자기의 본성대로 사는 것이고, 자기의 본성대로 사는 것은 하늘의 뜻대로 사는 것이다. 그러므로 하늘의 뜻대로 살기 위한 목적을 달성하기 위해서는 먼저 사물에 있는 리를 아는 데서 출발하면 된다.

만물은 모두 창조주에 의한 피조물이다. 모든 예술품에 그 예술품을 만든 작가의 마음이 깃들어 있듯이, 만물에는 창조주인 하늘마음이 깃들어 있다. 다만 만물에 깃들어 있는 공통의 본질을 만물의 종류에 따라 이름을 달리 부를 뿐이다. 사람의 본질을 인(仁)이라 하고, 생물체의 본질을 성(性)이라 하며, 무생물을 포함한 모든 물체의 본질을 리(理)라 한다. 사람은 생물체에 포함되고, 생물체는 만물에 포함되기 때문에, 인은 성에 포함되고, 성은 리(理)에 포함되는 개념이다. 그러므로 사람이 자기의 본질인 인을 알기 위해서는, 생물체의 본질인 성을 알아야 하고, 만물의 본질인 리(理)를 알아야 한다. 리(理)를 알면 성을 알 수 있고, 성을 알면 인을 알 수 있다. 주자학에서 리에 관심을 집중하는 것은 이러한 이유 때문이다.

---

9. 『주역』「계사전상」에 있는 '리(理)를 궁구하여 본성을 다 발휘한다'라는 말에는 이미 사람의 본성이 사물의 본질인 리(理)와 같다는 것이 전제되어 있다.

② 물체에서의 리와 행동할 때의 리

모든 물체에는 존재의 본질인 리(理)가 있고, 모든 일에는 실천의 원리인 리가 있다. 주자는 "말라 죽은 것에도 역시 성(性)이 있습니까?"라고 물어온 그의 제자 하손(賀孫)에게 다음과 같이 대답했다.

> 그렇다. 그것에도 마땅히 리(理)가 있다. 그러므로 '천하에 성 밖에 있는 것이 없다'라고 한다.[10]

주자는 길을 가면서도 "저 계단의 벽돌에도 벽돌의 리(理)가 있다"라고 하고, 앉으면서도 "이 대나무 의자에도 대나무의 리(理)가 있다"라고 했다.[11] 모든 물체에는 리(理)가 있다. 모든 물체에 있는 리(理)를 오늘날의 말로 표현하면 물리이다. 모든 물체에 있는 리(理)는 기본적으로 사람의 마음과 같다. 물체들이 더우면 늘어나고 추우면 줄어드는 것은, 사람이 더울 때 몸을 펴고 추울 때 몸을 움츠리는 것과 같다. 사람이 남에게 고운 말을 하면, 남도 그에게 고운 말을 하며, 남에게 거친 말을 하면, 남도 그에게 거친 말을 하는 것은, 모든 물체에 작용과 반작용이 있는 것과 같다. 그러므로 물체에 있는 리(理)를 알면 사람의 본마음을 알 수 있다. 주자는 또 또 행동할 때의 리에 관하여 다음과 같이 말하고 있다.

---

10. 是 他合下有此理 故云天下無性外之物(『朱子語類』 卷第四, 性理一. 人物之性. 氣質之性).
11. 因行街云 階磚便有磚之理 因坐云 竹倚便竹之理(『朱子語類』 卷第四 性理一 人物之性 氣質之性).

사람이 세상에서 해야 할 모든 행동에는 모두 그렇게 해야 할 도리가 있다. 군신·부자·형제·부부·붕우 사이에는 사람이 행해야 할 큰 윤리가 있다. 보고 듣고 말하고 움직이고 행동하고 먹고 숨 쉬는 데 이르기까지, 어찌 사람의 일 아닌 것이 있겠는가! 한 가지 일이라도 제대로 하지 못하면 하늘에서 받은 본성이 어그러진다. 그러므로 학문을 연마하는 데 게을리할 수 있겠는가! 학문이란 만사를 밝혀서 천직을 받들기 위한 것이다. 비록 그렇지만 모든 행동에는 행동하는 리가 내 마음에 드러나 있다. 놓아버린 본마음을 거두어들이면, 마음에는 본래의 좋은 것이 보존되어 있다. 여름에 삼베옷을 입고, 겨울에 갖옷을 입으며, 배고플 때 먹고, 목마를 때 마신다. 이는 그렇게 해야 할 리가 본래부터 있는 것이고 마땅히 그렇게 해야 하는 일이 있는 것이다.[12]

사람이 세상을 아무렇게나 살아가도 되는 것이 아니다. 물은 흐를 때 아무렇게 흐르지 않는다. 평평한 곳에서는 천천히 흐르고, 경사진 곳에서는 빠르게 흐른다. 웅덩이가 있으면 채웠다가 흐르고, 둑이 가로막고 있으면 고였다가 넘어간다. 물은 언제나 처한 상황에 알맞게 대응하면서 흘러간다. 사람이 세상을 사는 것

---

12. 凡天下之事 皆人之所當然 君臣父子兄弟夫婦朋友之際 人事之大者也 以至于視聽言動周旋食息 何莫非事者 一事之不貫則天性之滔溺也 然則講學其可不汲汲乎 學所以明萬事而奉天職也 雖然 事有其理而著于吾心 心也者 所以收其放而存其良也 夏葛而冬裘 餓食而渴飮 理之所固有 而事之所當然者 (『宋元學案』 권12, 「晦翁學案」).

도 이와 같아야 한다. 군신·부자·형제·부부·붕우 사이에는 마땅히 행해야 하는 윤리가 있고, 보고 듣고 말하고 움직이고 행동하고 먹고 숨 쉬는 등의 일거수일투족에 이르기까지 모두 마땅한 도리가 있다. 이 모든 윤리와 도리가 모두 리에 바탕을 둔다. 그것을 알지 못하면 제대로 행할 수 없다. 사람이 학문을 하는 것은 만사에 들어 있는 리를 알고 실천하기 위한 것이다. 만사에 들어 있는 리는 나의 본마음에 드러나 있으므로 본마음을 회복하면 그 도리를 터득할 수 있다. 사람의 본마음은 참된 삶을 향해 나아간다. 군신·부자·형제·부부·붕우 사이의 도리 역시 참된 삶으로 나아가기 위한 것이고, 여름에 시원한 옷을 입는 것, 겨울에 따뜻한 옷을 입는 것, 배고플 때 밥을 먹고, 목마를 때 물 마시는 것도 모두 삶으로 나아가는 방식들이다. 이 모든 도리가 마음에 갖추어져 있다.

학문이란 만물에 갖추어져 있는 리를 알기 위한 것이고, 리에 맞게 실천할 수 있는 실천 윤리를 알기 위한 것이며, 결국은 그 모든 윤리가 갖추어져 있는 본마음을 알기 위한 것이다.

주자는 모든 존재 원리와 실천원리에 대해 다음과 같이 말하고 있다.

> 천하의 모든 사물에는 반드시 그렇게 된 존재 원리와 마땅히 그렇게 해야 하는 실천원리가 있다. 그것이 이른바 리이다.[13]

모든 것에는 그것이 존재하게 된 존재 원리가 있고, 마땅히 그렇게 행동해야 하는 행동 원리가 있다. 사람은 사람이 된 이유가 있고, 생물은 생물이 된 이유가 있으며, 무생물은 무생물이 된 이유가 있다. 사람으로서 존재하게 된 존재 원리는 부모로부터 사람의 몸을 받았고, 하늘로부터 하늘마음을 받았기 때문이다. 이러한 존재 원리에서 부모에게 효도하고 하늘을 섬기는 실천 윤리가 도출된다. 존재 원리와 실천원리는 인간에게만 적용될 뿐만 아니라, 모든 물체에 다 적용되고, 인간과 인간의 관계를 위시한 모든 관계에서도 적용되며, 모든 실천의 장에서도 적용된다. 부모와 자녀의 관계에서 자녀의 존재 원리는 부모의 생명을 이어가는 것이므로, 자기의 자녀를 낳아 부모의 생명을 계속 이어가야 하는 실천원리가 도출된다. 이처럼 존재 원리와 실천원리는 늘 동시적이다. 동시적으로 나타나는 존재 원리와 실천원리가 모두 리에 해당한다.

③ 태극: 천지만물 공통의 리

모든 사물에 있는 리는 각각 다른 것이 아니다. 모든 강물에 떠 있는 달은 각각 다른 달이 아니라, 하늘에 떠 있는 하나의 달의 모습인 것처럼, 모든 사물의 리도 그렇다. 모든 사물의 리는 하늘의 리가 모든 사물에 다 주어져 있는 것이다. 모든 사물에 있는 리는 각각의 사물에 들어 있는 리이면서, 동시에 모든 사물에 공통으로 들어 있는 하늘의 리이므로, 하늘의 리를 따로 표현하여 태극이라 이름 붙이기도 한다.

---

13. 至於天下之物 則必各有所以然之故 與所當然之則 所謂理也(『大學或問』 致知格物條).

태극은 다만 천지의 리일 뿐이다. 천지에서 말하면 천지 가운데에 태극이 있고, 만물에서 말하면 만물 가운데 각각의 태극이 있다.[14]

주자는 주돈이의 「태극도설」에서 천지만물의 본원으로 설명한 태극을 천지만물의 리로 해석한다. 만물에는 각각의 리가 있지만, 그 리가 태극이기 때문에 만물마다 각각 태극이 있는 것으로 이해할 수 있다. 주자는 또 주돈이의 「태극도설」에 있는 '무극이태극(無極而太極)'에 관해 다음과 같이 설명한다.

무극이면서 태극이란 다만 형체가 없으면서 리가 있음을 말하는 것이다.[15]

리는 존재의 본질이므로, 태극이 무극에서 나오는 것일 수 없다. 『송사(宋史)』에 있는 「태극도설」에는 '무극에서부터 태극이 된다'라는 뜻으로 '자무극이위태극(自無極而爲太極)'으로 되어 있지만, 태극을 리로 이해하면 태극 그 자체가 모든 것의 원천이어야 하므로 무극에서 태극이 되는 것일 수 없다. 그래서 주자는 무극 앞에 자(自)와 태극 앞에 위(爲)를 없애 무극이태극으로 고치고, 무극은 태극의 형체 없음을 표현하는 말일 뿐이라고 설명함으로써, 무극

---

14. 太極只天地萬物之理 在天地言則天地中有太極 在萬物言則萬物中各有太極 (『朱子語類』 권1, 陳淳錄).
15. 無極而太極 只是說無形而有理(『朱子語類』 卷九十四 太極圖 沈僩錄).

과 태극을 별개의 것이 아니라고 설명했다.

그러면 다음으로 주자가 말하는 태극의 성격에 관하여 검토해보자. 먼저 태극은 사물의 리, 즉 불변자의 총합체이기 때문에, 태극은 변화하는 것 가운데의 불변자가 아니면 안 된다. 변화하는 것은 어디까지나 기(氣)라고 주자는 말한다.

> 태극은 리이다. 리는 동정을 가지고 말할 수 없다. 오직 움직여 양이 되고 고요하여 음이 된다고 한 것은, 리가 기에 붙어 있으므로 동정이 없을 수 없기 때문이다.[16]

주자는 태극은 리이기 때문에 움직이는 것이 아니라고 설명한다. 「태극도설」에서 태극이 움직여서 양이 되고 고요하여 음이 된다고 표현한 것은 리가 늘 기에 붙어 있으므로, 기의 움직임에 따라 리도 움직이게 되는 것과 같은 것으로 이해했다. 마치 사람이 기차를 타고 가만히 있어도 기차가 달려가는 만큼 사람도 달려가게 되는 것과 같다는 뜻이다.

원래 주돈이가 태극에 주목한 까닭은 『주역』「계사전」에서 '변하는 것 가운데 변하지 않는 본질이 있다'는 의미의 '역유태극(易有太極)'이란 말때문이다. 주돈이가 추구한 영원한 삶을 얻는 방법은 자기에게 있는 변하지 않는 본질을 찾는 것이었고, 그 변하지 않는 본질이 태극이므로, 태극에는 움직임이 없어야 한다는 것

---

16. 太極只是理 理不可以動靜言 惟動而生陽 靜而生陰 理寓於氣 不能無動靜 (『性理大全』卷一 太極圖解).

이 전제되어 있었다. 주자가 태극을 리로 보고, 리가 움직임이 없는 것처럼 태극에도 움직임이 없다고 판단한 것은 이러한 이유에서였다.

그러나 태극이 만물을 만들어내는 근원이므로, 태극에 움직임이 없다면 만물이 만들어질 수 없다. 태극은 외형적으로는 움직임이 없는 것 같아도, 최소한 만물이 만들어지도록 하는 작용은 해야 한다. 이 때문에 주자는 결국 태극의 움직임을 인정하지 않을 수 없게 된다. 『성리대전(性理大全)』 권1, 「태극도해」에 수록된 주자의 주석을 보면, 태극에 동정이 있는 것은 천명에 움직임이 있는 것과 같다고 함으로써 태극의 움직임을 긍정하고 있다.

주자는 태극을 모든 존재의 근원으로 보았기 때문에 태극을 천지만물이 있기 이전부터 있으면서 만물을 만들어내는 창조주와 같은 것으로 설명한다.

> 태극은 천지만물의 리이다. 천지가 존재하기 이전부터 존재하여 마침내 이 리가 먼저 있게 되었다. 움직여 양을 낳는 것도 역시 이 리이고, 고요하여 음을 낳는 것도 역시 이 리이다.[17]

주자는 또한 태극을 인간의 감정에도 관여하고 있는 것으로 설명한다.

---

17. 太極只是天地萬物之理 未有天地之先 畢竟先有此理 動而生陽 亦只是理 靜而生陰 亦只是理(『朱子語類』卷一 太極天地 上 陳淳錄).

태극에는 동정이 있다. 희로애락이 밖으로 드러나지 않은 때에
도 이 태극은 있다. 태극은 희로애락의 감정이 이미 나타났을
때는 그 감정에서 작용하고, 아직 나타나지 않은 때는 수렴하
여 감추어져 있다.[18]

주자는 태극을 천명과 같은 것으로 생각한다. 천명이 사람의
마음속에 있는 것이 본성이고, 본성에서 나타난 감정이 희로애락
이므로, 희로애락이 밖으로 드러나지 않은 본성이 바로 태극이 감
추어져 있는 상태이고, 본성이 희로애락의 감정으로 드러났을 때
도 거기에 여전히 본성이 작용하고 있으므로, 태극 역시 작용하
고 있는 것으로 설명하고 있다.

이상의 내용을 종합하면 주자는 태극에 대해서 한편으로는 움
직임이 없는 소극적 존재로 설명하면서, 다른 한편으로는 만물을
생성하는 작용을 하는 존재로 설명하고 있다. 주자는 이와 같은
태극의 양면적 성격에 관하여 다음과 같이 말을 타고 있는 사람
의 경우를 비유로 들어 설명하고 있다.

태극은 리이고 동정하는 것은 기이다. 기가 운행하면 리 역시
운행한다. 이 두 가지는 늘 서로 의거하므로, 한 번도 떨어진 적
이 없다. (비유하자면) 태극은 사람과 같고, 움직이는 것은 말과
같다. 말은 사람을 싣는 것이며, 사람은 그 말에 타는 자이다.

---

18. 太極有動靜 喜怒哀樂未發也 有箇太極 只是一箇太極 流行於已發之際 斂藏
    於未發之時(『朱子語類』卷九十四 周子之書 太極圖 廖德明錄).

말이 한 번 출입하면 사람도 역시 한 번 출입한다. 대체로 한 번 움직이고 멈추는 것에, 태극의 오묘한 작용이 없었던 적이 없다. 이것이 이른바 타고 있는 것의 작동이고, 무극과 음양오행이 만나 이루어낸 오묘한 융합이다.[19]

주자에 따르면, 태극은 리이고 움직이는 것은 기이지만, 기가 움직이면 리도 기를 타고 움직이는 것이 된다. 태극이란 리는 언제나 기와 붙어 있어 떨어지지 않는다. 태극을 사람, 음양을 말에 비유하면, 말은 사람을 싣는 것이며, 사람은 말에 타는 것이다. 말이 한 번 출입하면 말에 타고 있는 사람도 한 번 출입하는 것이 된다. 그러나 사람은 다만 말에 타고 있을 뿐만 아니라, 말의 출입을 통제하는 작용도 한다. 음양에 타고 있는 태극도 마찬가지로 오묘한 작용을 한다. 말을 탄 사람이 말 등에 가만히 앉아 있기만 한 것처럼 보이지만, 실지로는 말을 움직이는 역할을 쉬지 않고 한다.

태극과 음양의 관계를 주자는 다음과 같이 설명하기도 한다.

사물에 나타난 것에서 보면 음양이 태극을 포함하고 있지만, 그 본원을 미루어 보면 태극이 음양을 낳는 것이다.[20]

태극과 음양의 관계는 지하수와 샘물의 관계로 볼 수 있다. 지

---

19. 太極理也 動靜氣也 氣行則理亦行 二者常相依而未嘗相離也 太極猶人 動靜 猶馬 馬所以載人 人所以乘馬 馬之一出一入 人亦與之一出一入 蓋一動一靜 而太極之妙未嘗不在焉 此所謂所乘之機 無極二五所以妙合而凝也(『朱子語 類』卷九十四 周子之書 太極圖 董銖錄).

하수가 솟아나와 샘물이 되므로, 샘물을 들여다보면 샘물 속에 지하수가 들어 있는 것으로 보이지만, 근원을 따져서 살펴보면 지하수가 솟아나와 샘물이 되는 것이다. 태극과 음양의 관계도 이와 같다.

④ 리일분수

전항에서 이미 우리는 개개사물의 리가 바로 천지만물 공통의 리임을 알았다. 개개사물의 리가 태극이고 태극이 무극이므로, 개개사물의 리=태극=무극이다. 이 경우 문제는 사사물물 개개의 리가 천지만물 공통의 리인 태극과 같다는 것을 어떻게 이해할 수 있는 지다. 여기서 주자는 다음과 같이 설명한다.

> "리와 기에 관해서 묻습니다." 대답하기를 "이천이 잘 말씀하셨다. 리는 하나이지만 나누어져 여러 가지로 달라진다. 천지만물을 총괄하여 말하면 하나의 리이지만, 사람에게 있는 것을 보면 또한 각각 하나의 리를 가지고 있다."[21]

주자는 태극과 사사물물의 리의 관계를 '리일분수(理一分殊)'라는 정이의 설을 인용하여 천지만물을 총괄하는 하나의 리가 사람 각각의 리임을 말하고 있다. 각각으로 나눠진 사사물물의 리는 천

---

20. 自見在事物而觀之 則陰陽函太極 推原其本 則太極生陰陽(『性理大全』 卷一 太極圖解).
21. 問理與氣 曰伊川說得好 曰理一分殊 合天地萬物而言 只一箇理 及在人 則又各自有一箇理(『朱子語類』 卷一 林夔孫錄).

지만물 공통의 리인 태극의 일부를 나눠 가지는 것이 아니다. 사사물물의 리 하나하나가 모두 천지만물 공통의 리, 그 자체다. 주자는 이에 대하여 달에 대한 비유로 설명한다.

> 하늘의 달은 단지 하나일 뿐이다. (그런데) 강과 호수에 비치게 되면 각각의 장소에서 다 볼 수 있다. (그러나) 그것은 하나의 달이 나눠진 것이라고 할 수 없다.[22]

하늘에 떠 있는 달은 하나이지만, 지상의 물에 떠 있는 달은 하늘에 떠 있는 달 일부분만을 나눠서 떠 있는 것이 아니다. 모든 물에 떠 있는 달은 모두 하늘에 있는 달 그대로이다. 태극과 사사물물에 있는 각각의 리의 관계도 이와 같다.

(2) 기

① 기의 의미와 사상사적 의미

기(氣)는 『설문』에서 "기는 구름 기운이다. 상형이다"[23]라고 말한다. 말하자면, 기는 운기, 즉 구름처럼 허공에 있는 기이고 상형문자이다. 『열자』「천서편」의 「천적기이(天積氣耳)」라고 한 말에서 보면, 공기·대기 등의 의미로 사용되어 있고, 「좌전」〈소공원년조〉에는 「천유육기(天有六氣)」, 즉 '하늘에 여섯 기운이 있다'라는 말

---

22. 如月在天 只一而已 及散在江湖 則隨處而見 不可謂月分也(『朱子全書』卷四十九).
23. 氣 雲氣也 象形.

이 있는데, 여섯 기운을 음·양·풍·우·회·명이라고 주석한 것에서 보면, 기는 음이 되었다 양이 되고, 바람이 불었다가 비가 오고, 어두웠다 밝았다 하는 자연현상을 말한다. 『맹자』에 있는 '기는 몸에 가득 차 있는 것이다'[24]라고 한 말에서 보면 '기는 몸 안에 꽉 차 있으면서 몸에 운행하는 기운'으로 이해할 수 있고, 『주역』에 있는 '정기가 물질이 된다(精氣爲物)'는 말에서 보면 물질을 만들어내는 근원으로 이해할 수 있다.

기가 주자학의 중요한 요소로 등장하게 된 것은 장재가 전개한 우주론에서 비롯된다. 장재는 『장자』 「추수편」에서 '사람이 살아 있다는 것은 기가 모여 있는 것이다. 모여 있는 상태를 살아 있다고 하고, 흩어진 상태를 죽었다고 한다'[25]라고 한 말을 인용하여, 사람의 생사에 관해 설명한 데서 비롯되지만, 정이가 기를 물질적 요소로 한정하고, 변함없는 마음의 요소를 리로 설정하여 이기이원론을 전개한 것이 주자에 이어졌기 때문에, 리와 기의 두 요소가 주자학의 본체론을 이루는 두 요소가 되었다.

주자학에서 기는 물질의 원초적인 요소로 정의된다. 인간의 몸에 있는 감각기관이 모두 물질이므로, 감각 작용을 통해 구별하는 기능이 생기고, 그것이 발달하여 분별하고 생각하고 헤아리고 계산하고 알아차리는 기능이 생겼으므로, 분별하고 생각하고 헤아리고 계산하고 알아차리는 마음의 기능이 모두 기에 포함된다. 주자학에서는 이런 기능을 사려분별지각운동(思慮分別知覺運動), 계

---

24. 氣體之充也」(公孫丑上).
25. 人之生 氣之聚也 聚則爲生 散則爲死.

교상량(計較商量) 등으로 표현한다.

현대물리학에서는 물질의 원초적인 형태가 입자와 파동으로 구분되지 않기 때문에, 파동이면서 입자이고, 입자이면서 파동인 것으로 설명한다. 이러한 물질의 원초적인 형태는 주자학에서 말하는 기로 이해할 수 있겠다. 기는 시간성과 공간성을 가지는데, 기의 시간성을 파동으로 이해하고 공간성을 입자로 이해하면 될 것이다. 기의 작용이 조금 구체화한 것이 음양이고, 음양이 더욱 구체화한 것이 오행이다.

② 음양오행

기의 모습과 움직임의 양상을 음양으로 설명할 수 있다. 기는 맑아지기도 하고 탁해지기도 하며, 밝아지기도 하고 어두워지기도 한다. 맑아지고 밝아진 기를 양이라 하고, 탁해지고 어두워진 기를 음이라 한다. 기의 움직임은 확산하기도 하고 움츠리기도 하며, 빨라지기도 하고 느려지기도 한다. 확산하고 빨라지는 기의 움직임을 양이라 하고, 움츠리고 느려지는 기의 움직임을 음이라 한다. 주자는 음양으로 작용하는 기에 대해서 다음과 같이 말한다.

> 태초의 천지 사이에는 음양의 기운만이 있었다. 기는 운행하면서 서로 마찰한다. 급히 마찰하면 많은 찌꺼기와 먼지들이 쏟아져 나오는데, 그것들이 빠져나가지 못하고 속에 갇혀 굳어져서 땅이 되었다. 기 중에 맑은 것은 하늘이 되고, 해와 달이 되고, 별들이 되어 늘 밖에서 움직이면서 땅을 돌고 있다. 땅은 단지 중앙에 있으면서 움직이지 않는다.[26]

주자에 따르면, 음과 양의 기가 마찰하여 찌꺼기와 먼지 등이 나와 밖으로 흩어지지 못하고 중앙에서 딱딱하게 굳어진 것이 땅이다. 기 중에 맑은 것이 올라가 하늘·해·달·별들이 된다. 하늘·해·달·별들은 지구 밖에서 지구를 돌지만, 그 사이에 있는 지구는 움직이지 않고 가만히 있다. 주자의 음양에 관한 설명은 오늘날의 천문학에서 보면 결함이 있다. 달과 별은 지구와 마찬가지로 탁한 기가 모인 것으로 이해해야 할 것이고, 지구가 하늘 가운데에서 돌지 않고 가만히 있다는 사실도 잘못이다.

기가 음양으로 구체화한 뒤에는 기의 공간성과 시간성이 음양으로 표현되는데, 주자는 음양으로 표현되는 기의 공간성을 음양대대(陰陽待對)라 하고, 시간성으로 표현되는 기의 시간성을 음양유행(陰陽流行)으로 설명한다. 음과 양은 존재 양상이 서로 반대이므로 대립하기도 하지만, 양은 음과 만나야 온전해지고, 음은 양과 만나야 온전해지므로, 서로 기다리기도 한다. 기의 기다리면서 대립한다는 의미를 대대(待對)로 표현한다. 또 시간의 흐름에 따라 음이 양으로 바뀌고 양이 음으로 바뀌면서 순환하므로, 이를 표현하여 유행(流行)으로 표현한다. 음양이 대대하는 것은 기의 입자로서의 측면을 말하고 음양이 유행하는 것은 기의 파동으로서의 측면을 말한다.

음양은 다시 오행으로 구체화하므로 오행에도 시간성과 공간

---

26. 天地初間 只是陰陽之氣 這一箇氣運行 磨來磨去 磨得急了 便拶許多查滓 裏面無處出 便結成箇地在中央 氣之淸者 便爲天 爲日月 爲星辰 只在外常 周環運轉 地便只在中央不動(『朱子語類』卷一 陳淳錄).

성이 있다. 오행의 시간성을 파동으로 이해할 수 있고, 공간성을 입자로 이해할 수 있다. 오행의 입자로서의 실체가 수(水)·화(火)·목(木)·금(金)·토(土)로 설명되고, 오행이 유행하는 양상은 금 → 수 → 목 → 화 → 토 → 금으로 순환하는 것으로 설명된다. 입자로서의 오행은 음양이 구체화한 모습이므로 여전히 음양의 범위를 벗어나지는 않는다. 금과 수가 음이고 화와 목이 양이며, 토는 중성이다. 금·수의 음과 화·목의 양은 또한 대대 관계에 있다. 오행은 음양이 구체화한 모습이므로, 입자로서의 오행은 감각기관으로 느낄 수 있는 질료로서의 성격을 가지기도 하지만, 파동으로서의 오행은 운행하는 기의 성질을 표현하는 것이기도 하다.

주자는 음양과 오행의 관계를 다음과 같이 정리했다.

음양이 변하고 합하는 과정을 거쳐 수·화·목·금·토를 낳는다. 음양은 기인데, 오행의 질을 생성한다. 천지가 만물을 생성함에 유독 오행을 먼저 만들었다. 땅은 곧 토인데, 토는 많은 금·목의 종류를 포함하고 있다. 하늘과 땅 사이에는 오행이 아닌 것이 없다. 오행과 음양의 일곱 요소가 뒤섞이고 합해져서 만물을 만드는 재료가 된다.[27]

음양의 기에서 오행의 질이 나왔다고 하면 음양과 오행을 별개

---

27. 陽變陰合而生水火木金土 陰陽氣也 生此五行之質 天地生物五行獨先 地卽是土 土便包含許多金木之類 天地之間 何事而非五行 五行陰陽七者袞合 便是生物之材料(『朱子語類』卷九十四 周謨錄).

의 것으로 오해할 수 있으므로 이를 방지하기 위해 주자는 또 다음과 같이 말한다.

음양은 기이고 오행은 질(質)이다. 질은 만물을 만들어내는 재료이다. 오행은 비록 질이지만, 그것이 또한 오행의 기이기도 하므로, 만물을 만들어낼 수 있다. 음양의 두 기가 이 다섯 가지를 싣고 있는 것이니, 음양 이외에 오행이 별도로 있는 것이 아니다.[28]

음양은 기이고 오행은 질이다. 이 질이 합해지면 만물이 만들어진다. 오행은 질이지만, 기에서 벗어난 것이 아니라 여전히 기의 범주에 들어 있다. 다만 기가 더 구체화한 것일 뿐이다. 오행은 음양의 작용을 다섯으로 나누어 표현한 것일 뿐, 음양 외에 따로 존재하는 것이 아니다. 기에서 음양, 음양에서 오행으로 구체화하는 것처럼, 리에서도 건순으로 건순에서 오성으로 구체화한다. 이를 주자는 다음과 같이 설명한다.

근원적인 데에 나아가 설명하면, 오행이 분화되지 않은 것을 일러 음양이라 하고, 오성이 분화되지 않았을 때를 일러 건순(健順)이라 한다. 분화된 뒤를 말하면, 양은 목·화가 되고 음은 금·

---

28. 陰陽是氣 五行是質 有這質 所以做得物事出來 五行雖是質 他又有五行之氣 做這物事方得 然却是陰陽二氣載做這五箇 不是陰陽外別有五行(『朱子語類』卷一 舒高錄).

수가 되며, 건(健)은 인(仁)·례(禮)가 되고 순(順)은 의(義)·지(智)가 된다.[29]

주자는 기가 분화되어 나오는 과정을 설명하면서 리가 분화되어 나오는 과정도 함께 거론하고 있다. 기의 근원에서 설명하면, 기에서 음양으로 구체화 되고 음양이 다시 오행으로 분화된다. 오행 중의 토는 양도 아니고 음도 아닌 중성이다.

사람의 마음도 하늘의 마음인 리가 사람의 몸으로 들어와 사람의 마음으로 구체화하는 과정을 거치는데, 음양에 해당하는 것이 건순(健順)이다. 건은 하늘마음이고 순은 땅의 마음이다. 천지의 마음이 사람의 몸에 들어온 것이 인의예지신의 오성이다. 인의예시신 중에 선(健)에 해당하는 것은 인과 예이고, 순에 해당하는 것은 의와 지이다. 신(信)은 건에도 속하지 않고 곤에도 속하지 않는 중성이다.

기가 음양으로 분화되고, 음양의 기에서 오행의 질이 생성되며, 음양의 기와 오행의 질을 재료로 하여 만물이 생성된다.

③ 만물

주자는 만물의 형성원리에 관하여 다음과 같이 쓰고 있다.

---

29. 就原頭定體上說 則未分五行時 只謂之陰陽 未分五性時 只謂之健順 及分而言之 則陽爲木火 陰爲金水 健爲仁禮 順爲義智(『宋元學案』卷十二「晦翁學案」).

대체로 성(性)이 중심이 되어 음양오행이 서로 얽혀진다. 또 각기 같은 종류끼리 뭉쳐서 모이면 형체를 이룬다. 양의 기와 강건한 마음이 합쳐지면 남자가 되니 아버지의 도이고, 음의 기와 온순한 마음이 합쳐지면 여자가 되니 어머니의 도이다. 이것이 바로 사람과 만물이 처음에 기의 변화를 통해 생겨나는 방식이다. 기가 모여서 몸이 되면, 몸끼리 서로 만나 기가 통하여 마침내 새로운 몸을 낳는다. 이렇게 하여 사람과 만물이 나고 또 나서 변화가 무궁해진다.[30]

성은 하늘마음이다. 하늘마음은 만물을 낳고 싶어 하는 마음이며, 생겨난 만물을 사랑하는 마음이다. 그런 마음이 음양오행의 물질적 요소를 종류별로 다듬고 섞어서 만물을 만든다. 일단 만물이 만들어지면, 만물끼리 만나서 사랑의 기운이 통하면 자기와 같은 만물을 낳는다. 사람도 하늘마음이 음양오행을 재료로 하여 만든 만물 중의 하나이다. 사람이 만물 중에서 사람이 된 까닭은, 사람의 몸을 구성하고 있는 음양오행의 재료가 순수하고 우수하기 때문이다. 사람이 만들어질 때 강건한 하늘마음과 양의 기를 받으면 남자가 되고, 온순한 땅의 마음과 음의 기운을 받으면 여자로 태어난다. 일단 사람으로 태어난 뒤에 사람의 몸과 몸이 만나서 기가 통하면 자식들이 태어난다. 만물에서 새로운 만물이

---

30. 蓋性爲之主而陰陽五行爲之經緯錯綜 又各以類凝聚而成形焉 陽而健者成男 則父之道也 陰而順者成女 則母之道也 是人物之始以氣化而生者也 氣聚成形 則形交氣感 遂以形化 而人物生生變化無窮矣(『性理大全』卷一 太極圖說解).

계속 생겨나고, 사람에게서 새로운 사람이 계속 태어나서 무궁한 변화가 생겨난다.

이상에서 전개한 논의의 내용을 요약하면 다음과 같다. 사람을 포함한 만물은 모두 리와 기가 합해서 만들어진다. 하늘마음인 리가 흘러나와 성이 되고, 성이 건순의 마음으로 구체화하며, 건순에서 다시 인의예지신으로 분화되어 사람의 마음이 된다. 그리고 기에서 음양으로 분화하고 음양에서 오행으로 분화하며, 오행이 다시 모여 사람의 몸이 된다. 몸과 마음이 합해져 사람이 되는데, 사람이 될 때의 양의 마음과 양의 몸이 합해지면 남자가 되고, 음의 마음과 음의 몸이 합해지면 여자가 된다. 남자와 여자가 만나서 기가 통하면 다시 새로운 사람을 낳는다. 이처럼 해서 사람이 무궁히 이어진다.

여기서 논의해야 할 또 하나의 문제는 기에 입자적인 요소와 파동적인 요소가 있다는 점이다. 이 두 요소는 음양과 오행을 거쳐 사람의 몸이 완성되었을 때도 여전히 존재한다. 사람의 눈에 보이는 몸은 입자의 집합체이지만, 그 안에 여전히 파동적인 요소로서의 기가 운행되고 있다. 사람이 살아가는 원동력은 몸을 구성하는 입자로서의 요소보다 기의 운행으로 좌우된다. 기가 순조롭게 운행되고 있으면 살아 있는 것이고, 기가 운행되지 않으면 죽어 있는 것이다.

주자학에서는 이기설을 전개하여 태극·천명·성을 리로 정리하고, 기·음양·오행·만물을 기로 정리했다. 또한 사람을 마음과 몸의 두 요소로 분류하고, 마음의 본질을 리, 몸의 본질을 기로 설명했다. 사람을 마음과 몸의 두 요소로 설명하여, 기본적으로는 마음이 몸을 움직이지만, 때로는 몸이 마음을 움직인다고 설명하기도 한다. 그러나 몸이 아픈 환자는 마음이 몸을 움직이려고 해도 움직일 수 없다. 이런 현상을 이분법적 분류방식으로는 설명할수 없다. 그 이유는 몸에서 운행되는 기의 요소를 놓쳤기 때문이다. 기·음양·오행·만물을 뭉뚱그려 기 하나에 포함하고, 몸이 기를 대표하는 상징처럼 되어버렸기 때문에 몸에 운행되는 기의 요소가 상대적으로 소홀하게 다루어졌다. 몸에 운행되는 기의 움직임은 기의 입자적인 요소가 아니므로, 따로 독립시켜 이해하는 것이 바람직하다. 말하자면 사람의 요소를 마음과 몸으로 분류할것이 아니라, 마음, 기, 몸의 세 요소로 분류한다면 마음과 몸의 관계에서 오는 혼선이 해결될 수 있다. 세 요소에서 보면, 마음이 기를 움직이고, 기가 몸을 움직이는 것임을 알 수 있다. 마음이 기를 움직여도 기운이 없는 사람은 기가 몸을 움직이지 못한다. 이처럼 세 요소로 보면 마음과 몸의 관계가 원만하게 이해된다.

단군조선의 철학에서는 사람을 마음과 기와 몸의 세 요소로 분류했고, 이 세 요소로 분류하는 방식은 맹자 때까지 이어졌다. 맹자는 호연지기를 기르는 방법을 설명할 때 "사람의 의지는 기를 명령하는 장군에 해당하고, 기는 몸에 가득한 것이다"[31]라고 한것에서 보면, 맹자는 사람의 세 요소를 마음과 기와 몸으로 분류하고 있음을 알 수 있다. 주자학에서는 이기설을 중시하여, 사람의 요소도 마음과 몸의 두 요소로 정리했으므로, 삶의 현상을 설명하는데 여러 가지 어려운 점이 생기는 것을 피할 수 없게 되었다.

---

31. 志 氣之帥也 氣 體之充也(『孟子』公孫丑章句上).

(3) 이기이원론

① 이기이원론(理氣二元論)의 성립 근거

주자학에서 천지만물의 본질을 리와 기로 설명하게 된 것은 『주역』「계사전」상에 있는 '형체를 초월해 있는 것을 도라 하고, 형체 속에 있는 것을 기(器)라 한다'[32]라고 한 말에서 근거한다. 주자는 다음과 같이 말한다.

> 천지 사이에는 리와 기가 있다. 리는 형이상의 도이고, 기는 형이하의 기(器)이니, 만물을 만드는 도구이다. 이런 까닭에 사람과 만물이 생겨날 때 반드시 이 리를 받은 뒤에 성을 가지게 되고, 이 기를 받은 뒤에 몸이 있게 된다.[33]

천지 사이에 있는 만물은 모두 몸을 가지고 있지만, 그 몸에는 몸을 구성하는 물질이 아닌 존재 원리가 있고, 몸을 구성하는 물질이 있다. 『주역』에서는 몸을 몸으로 존재하게 하는 존재 원리를 도라 하고, 몸을 구성하는 물질적인 요소를 기라 했다. 도자기를 만드는 도예가가 흙으로 도자기를 만들면, 그 도자기에는 도자기의 물질적인 요소들인 흙, 유약 등이 있지만, 그 외에 그 도자기를 만든 도예가의 예술정신이 들어 있다. 다른 예술품도 마찬가지다. 모든 예술품에는 예술품의 재료와 그 예술품을 만든 예술가의 예술정신이 결합해 있다. 예술가의 예술정신은 그 예술품에 붙어 있

---

32. 志 氣之帥也 氣 體之充也(『孟子』公孫丑章句上).
33. 形而上者 謂之道 形而下者 謂之器.

지만, 그 예술품의 재료에 해당하는 것은 아니다.

이 세상에 존재하는 만물도 그렇다. 만물은 하늘이 만든 예술품이기 때문에, 만물에는 하늘의 마음과 만물의 재료인 물질이 결합해 있다. 하늘의 마음은 만물에 붙어 있지만, 만물의 재료에 해당하는 것은 아니다. 만물에 붙어 있는 마음이 도이고, 만물을 구성하는 물질이 기(器)이다. 형이상자란 형체를 초월하여 있는 것이란 말이고, 형이하자란 형체에 속해 있는 것이란 뜻이다. 주자학에서는 『주역』에 있는 이 설명에서 도를 리로 바꾸고, 기(器)를 기(氣)로 바꾸어 이기이원론을 만들었다.

천지 사이는 리와 기의 두 요소로 구성되어 있다. 천지 사이에 있는 이 두 요소가 만물을 만드는 도구가 된다. 만물은 천지 사이에 있는 리와 기의 결합을 통해서 만들어진다. 리와 기의 결합을 통해서 만물이 만들어졌으므로, 사람이나 만물은 모두 리와 기의 요소를 가지고 있다. 만물에 들어 있는 리의 요소가 성이고, 기의 요소가 몸이다.

예술품에 붙어 있는 예술가의 예술정신은 예술품에 붙어 있으면서 예술품의 물질적 요소에 속해 있지 않고 물질적 요소를 초월해 있으므로 형이상이란 말을 쓴 것이고, 예술품 그 자체는 예술품을 구성하고 있는 재료에서 벗어나 있지 않으므로 형이하란 말을 쓴 것이다. 형이상(形而上)은 형체에 있으면서 형체를 초월해 있다는 말이고, 형이하(形而下)는 형체 아래에 속해 있는 것이라는 말이다.

② 이기 동정(動靜)의 문제

주자학자들 사이에 늘 논란이 되는 관심 분야 중의 하나가 리의 움직임에 관한 것이다. 리에 움직임이 있다는 주장과 리에 움직임이 없다는 주장은 지금도 팽팽하게 맞서고 있다. 리에 움직임이 없다는 주장도 주자의 말에서 연유하고, 리에 움직임이 있다는 주장도 주자의 말에서 연유한다. 주자의 말을 직접 살펴보자.

> 태극은 리이다. 리가 움직였다 멈췄다 하는 동작을 한다고 말할 수는 없다. 오직 움직여서 양을 만들고 멈춰서 음을 만든다고 한 것은 리가 기에 붙어 있기 때문이다. 기에 붙어 있으면 움직였다 멈췄다 하는 동작이 없을 수 없다. 리에 움직였다 멈췄다 히는 동작이 있는 것은 기에 올라타 있기 때문이다. 탄다는 것은 수레에 타서 실려있는 것과 같은 것이다. 리가 움직였다 멈췄다 하는 것은 움직였다 멈췄다 하는 기(氣)에 올라타 있기 때문이다. 리는 가만히 올라타 있기만 하므로 부지불식간에 움직였다 멈추고, 멈췄다 움직이곤 한다.[34]

태극을 리로 파악한 주자는 태극의 움직임을 인정하지 않는다. 리는 기를 타고 아무런 움직임이 없이 가만히 있기만 한 것으로 이해했기 때문이다. 주자는 리를 말에 탄 사람, 기를 말로 비유하기도 했다.[35] 움직이는 것은 말일 뿐이고, 사람은 말을 타고 가만

---

34. 太極只是理 理不可以動靜言 有動而生陽 靜而生陰 理寓於氣 不能無動靜 動靜者 所乘之機 乘與乘載之乘 其動靜者 乃乘載在氣上 不覺動了靜 靜了又動(『朱子語類』권94).

히 있기만 한 것으로 이해하여, 움직이는 것이 기이고, 기를 타고 움직이지 않은 채 가만히 있는 것이 리라고 설명한다.

주돈이가 태극을 중시한 이유는 변하는 것 가운데 변하지 않는 본질을 알기 위해서였으므로, 태극은 변함이 없는 것임이 전제되어 있었다. 태극은 변함이 없으므로 움직임도 없어야 한다. 그러나 말에 탄 사람이 아무 역할도 하지 않는다면 사람이 있으나 없으나 관계가 없다. 리도 마찬가지다. 리가 기를 타고 있기만 하고, 아무것도 하는 것이 없다면, 리가 있건 없건 아무런 차이가 없으므로, 결국 리가 없다고 주장하는 것과 다를 바 없다. 그런데 자세히 살펴보면 사람이 말을 타고 갈 때 아무것도 하지 않는 것이 아니다. 말이 제대로 갈 수 있도록 말고삐를 잡고 이끈다. 사람이 말을 이끌지 않는다면 말이 제대로 길을 갈 수 없다. 말이 제 길을 갈 수 있는 것은 사람의 움직임에 따른 것이다. 그러므로 주자는 다시 리의 움직임이 기의 움직임을 가능하게 하는 원동력임을 확언한다.

> 리에 움직임이 있으므로 기에 움직임이 있다. 이에 움직임이 없다면 기의 움직임이 어디에서 말미암겠는가![36]

위의 말은 주자가 정자상의 질문에 답한 것이다. 정자상의 질문은 다음과 같다.

---

35. 理搭在陰陽上 如人跨馬相似(『朱子語類』 권94).
36. 理有動靜 故氣有動靜 若理無動靜 則氣何自而有動靜乎(『朱子文集』 권56, 答鄭子上).

태극은 리인데 리에 어떻게 동정이 있겠습니까? 형체가 있으면 동정함이 있지만, 태극은 형체가 없으므로 아마도 동정으로 말하기는 불가할 것 같습니다.[37]

정자상이 "태극은 리이기 때문에 동정으로 말할 수 없다"라고 질문한 말은 그전에 주자가 이미 한 말이다. 아마도 정자상은 주자가 전에 한 말을 기억하고 있었던 것으로 생각된다. 정자상의 질문에 대해 주자가 전에 한 말과 다르게 "리가 동정하므로 그로 말미암아 기가 동정한다. 리가 동정하지 않는다면 기는 동정할 수 없게 된다"라고 대답한 것이다. 리와 기의 관계를 말에 탄 사람과 말의 관계로 비유하기보다, 자동차와 운전기사의 관계로 비유하면 더 이해하기 좋을 것이다. 자동차가 움직이는 것을 보면 운전기사는 가만히 있고 자동차만 움직이는 것 같지만, 사실은 자동차를 움직이는 것은 운전기사이다. 운전기사가 자동차를 운전하지 않으면 자동차는 움직일 수 없다. 리와 기의 관계도 이처럼 이해할 수 있다. 단지 자동차의 움직임과 운전기사의 움직임은 같은 움직임이 아니다. 자동차의 움직임은 시간과 공간 안에서 일어나는 물질적 움직임이지만, 운전기사의 움직임은 물질적 움직임이 아니라, 자동차를 움직이게 하는 하나의 의지 같은 것으로 이해해야 한다.

정자상의 질문에 대해 주자가 리에 움직임이 없다고 한 지난

---

37. 太極理也 理如何動靜 有形則有動靜 太極無形 恐不可以動靜言(『朱子文集』 권56, 答鄭子上).

번의 말과 반대로 말한 것은 주자의 리에 관한 파악이 바뀌었음을 말해주는 것이다. 주자가 리를 동정으로 말할 수 없다고 한 것은 리에 관한 초기의 파악에 의한 것이었을 것이고, 리에 동정이 있다고 한 것은 나중에 리를 제대로 파악했을 때의 답변이었을 것이다. 자동차 밖에서 달리는 자동차를 보면 자동차는 움직이지만, 운전기사는 움직이지 않는다. 그러나 자동차 안에 들어가 보면 운전기사는 자동차를 움직이게 한다. 운전기사가 움직이지 않으면 자동차는 움직일 수 없다. 주자가 리를 움직이지 않는 것으로 본 것은 움직이는 기를 보면서 한 말이고, 리가 움직인다고 한 말은 기에 타고 있는 리의 움직임을 보고 난 뒤에 한 말로 이해하면 된다.

③ 이기 선후의 문제

리와 기는 늘 함께 있다. 리 없이 기 혼자서 있지 않고, 기 없는 곳에는 리가 없다. 그것은 사람에게 마음과 몸이 함께 있는 것과 같고, 나무에 뿌리와 지엽이 함께 있는 것과 같다. 이를 주자는 다음과 같이 말한다.

> 천하에 리 없는 기가 없고, 또한 기 없는 리가 없다.[38]

> 리는 리 혼자 따로 존재하는 별개의 것이 아니다. 기 가운데 다가가 기와 함께 있다. 기가 없으면 리는 올라타고 있을 곳이 없다.[39]

---

38. 天下未有無理之氣 亦未有無氣之理(『朱子語類』권1)

기가 없는 상태에서 리 혼자 있지도 않고, 리 없는 상태에서 기 혼자 있을 수도 없다. 그러나 『주자대전』이나 『주자어류』에 보면, 기가 있기 이전에 이미 리가 존재한다는 설명들이 있어서 혼란스러울 때가 많다. 이런 점이 주자학을 어렵게 하는 이유이기도 하다. 예를 들면 다음과 같은 말들이다.

> 천지가 있기 이전에 또한 필경 이 리가 먼저 있었다. 그러므로 곧 천지가 있게 된 것이다. 만약 이 리가 없다면 천지가 없을 것이다.[40]

> "한 물체가 있기 이전에는 어떠합니까?" "천하 공통의 리가 있을 뿐, 한 물체가 갖추고 있는 리는 있지 않다."[41]

위의 말들을 읽어보면, 어떤 물체가 있기 전에도 천하 공공의 리가 있었고, 천지가 있기 이전에도 리가 먼저 있었다는 말은 천지만물이 있기 이전에 이미 리가 존재하고 있었으며, 그 리가 천지만물을 낳은 것으로 이해하기 쉽지만, 자세히 생각해보면 그렇지 않다.

예술가는 예술품이 만들어지기 전에 이미 예술품을 만들고 싶

---

39. 理非別爲一物 卽存乎是氣之中 無是氣 則是理亦無掛搭處(『朱子語類』 권1).
40. 未有天地之先 畢竟也只是先有此理 便有此天地 若無此理 便亦無天地(『朱子語類』 권1).
41. 問(…)未有一物之時 如何 曰(…)是有天下公共之理 未有一物所具之理(『朱子語類』 권94).

어 하는 예술정신이 있다. 예술가가 예술품을 만들면, 그 예술품에 예술가의 예술정신이 묻어 있다. 이 사실에서 보면, 예술품에 예술가의 예술정신이 묻어 있다는 말이 성립된다. 그리고 예술품이 있기 이전에도 이미 예술품과는 별개로 예술가의 예술정신이 따로 있다는 말도 성립된다. 또한 예술품이 깨져 없어지면 예술품에 묻어 있는 예술가의 예술정신도 없어진다는 말 역시 성립된다. 예술품에 묻어 있는 예술가의 예술정신과 예술품이 생기기 이전에 있는 예술가의 예술정신이 일치한다는 말도 성립된다. 그렇다면 예술품이 있기 이전에 예술가의 예술정신이 있었고, 그 예술정신이 예술품을 만들어낸 것으로 이해할 수도 있다. 이렇게 이해하면, 천지만물이 있기 이전에 리가 있었고, 그 리가 천지만물을 만들어낸 것처럼 이해하는 것도 타당해보인다. 이러한 이해를 가능하게 만든 것은 태극도설에 대한 해석에서 비롯된다. 태극도설은 태극에서 음양·오행을 거쳐 만물이 만들어지는 과정을 설명한 것이다. 주자는 태극을 천지만물 공공의 리로 보았고, 천지만물을 태극에서 만들어진 것으로 해설했으므로, 천지만물이 있기 이전에 먼저 태극이 있는 것으로 이해할 수 있다.

천지만물이 있기 전에 태극이 있는 것은 사실이다. 주자는 태극과 음양·오행을 구분했다. 주자는 태극을 만물을 만들어내는 리로 보았고, 음양·오행을 만물을 구성하는 기로 보았으므로, 천지만물이 있기 전에 태극이 있었다는 말이 성립된다. 그러나 엄밀하게 생각해보면 주자의 말에는 어폐가 있다. 예술품이 만들어지기 전에 먼저 예술가의 예술정신이 있는 것이 사실이므로, 예술품이 만들어지기 이전에 예술가의 예술정신이 있었다고 말하는 것은 성립한다. 주자는 예술가의 예술정신과 예술품과의 관계만을 말한 것이다.

그러나 곰곰이 생각해보면, 예술품이 만들어지기 전에 예술가의 예술정신만 있는 것이 아니다. 예술가의 예술정신은 예술가의 몸과 함께 있다. 예술가의 예술정신이 리이고, 예술가의 몸은 기이므로, 예술가의 예술정신인 리 또한 기와 함께 있다.

또한 예술가가 예술정신만 가지고 예술품을 만드는 것이 아니다. 예술가가 예술품을 만들기 전에 예술품을 만드는 재료를 가지고 있었으므로, 예술품이 만들어지기 전에 이미 예술품의 재료인 기가 있었다. 따라서 전체적으로 보면 천지만물이 있기 이전에 천지만물 공공의 리가 있었고, 태극의 몸도 있었으며, 천지만물의 재료가 되는 기도 있었다. 천지만물의 재료인 기는 태극의 몸과 하나다. 이러한 이치는 『삼일신고』를 참고하면 쉽게 이해할 수 있다. 『삼일신고』에 따르면, 하늘의 요소도 셋이 있고, 사람을 포함한 만물의 요소도 셋이 있다. 하늘의 요소는 마음과 말씀과 몸이고, 사람을 포함한 만물의 세 요소는 마음과 기와 몸이다. 하늘마음이 하늘의 세 요소로 만물을 만들었으므로, 만물에서 보면 하늘의 마음은 만물이 있기 이전에 이미 있었다. 그러나 만물이 만들어지기 이전에 하늘의 마음만 있는 것은 아니다. 하늘의 마음이 자신의 마음으로 만물의 마음을 만들었고, 자신의 기운으로 만물의 기운을 만들었으며, 자신의 몸으로 만물의 몸을 만들었으므로, 만물이 만들어지기 이전에 이미 리도 있고, 기도 있다. 기 없이 리만 홀로 있는 경우는 절대로 없다.

만물을 만드는 하늘의 마음을 예술가의 예술정신으로 비유할 때 늘 오해가 될 수 있는 것은 하늘의 마음과 예술가의 예술정신에 차이가 있기 때문이다. 예술가의 예술정신은 예술품을 만들려는 생각·계획·계산·헤아림·조작·분별 등이 있지만, 하늘의 마음에는 천지만물을 만들고 싶은 의지만 있을 뿐 생각·계획·계산·헤아림·조작·분별 등이 없다. 하늘의 마음은 무위자연이다. 다만 천지만물을 만들고 싶은 의지 하나만이 물의 흐름처럼 쉬지 않고 작동한다. 완전한 움직임은 생각·계획·계산·헤아림·조작·분별·알아차림·깨달음 등을 뛰어넘은 움직임이다. 주자는 이를 다음과 같이 설명한다.

리에는 감정이나 계획·계산·헤아림·조작 등이 없다.[42]

예술가가 만든 예술작품 중에도 예술가의 계획·감정·계산·헤아림·조작 등이 없이 무심코 불쑥 솟구쳐 올라온 열정만 가지고 미친 듯이 작업하여 만들어낸 것이 있다. 그런 작품이 가장 우수한 작품이 되는 경우가 많다.

주자는 「태극도」에 있는 태극을 리로 보고, 음양오행을 기로 보았다. 그러나 「태극도」를 자세히 보면, 태극이 음양이고, 음양이 오행이며, 오행이 결합하여 만들어진 것이 사람이고, 만물이다. 태극은 마음과 몸의 본질을 표현한 것이고, 음양과 오행은 마음과 몸의 작용을 표현한 것이며, 사람과 만물도 태극과 하나라는 것을 표현한 것이다.

---

42. 理無情意無計度無造作(『朱子語類』 권1).

주자의 이기설이 복잡해진 가장 큰 이유는 「태극도」의 설명에서 태극을 리로 보고, 음양을 기로 본 데서 기인한다.

④ 이기의 관계

리와 기는 언제나 함께 있지만, 같은 것은 아니다. 리는 어디까지나 리이고 기는 어디까지나 기이다. 그것은 운전기사가 아무리 자동차 안에서 운전만 하고 있어도, 운전기사가 자동차가 될 수 없고 자동차가 운전기사가 될 수 없다. 이를 리와 기가 떨어져 있지도 않지만, 섞여서 하나가 되지도 않는다고 한다. 주자는 이를 다음과 같이 설명한다.

이른바 리와 기는 결단코 다르다. 다만 물체에 있는 모습을 보면 둘이 함께 붙어 있어서 분리할 수 없다. 각각이 한 곳에 있기는 하지만, 그러나 둘이 각각 별개의 존재라는 것을 의심할 수 없다.[43]

리와 기의 관계를 한 나무의 뿌리와 지엽의 관계와 같은 것으로 생각하면 쉽게 이해할 수 있다. 지하에 있는 뿌리와 지상에 있는 지엽은 늘 붙어 있어서 떨어져 있은 적이 없지만, 뿌리와 지엽이 하나인 것이 아니다. 어디까지나 뿌리는 뿌리이고, 지엽은 지엽이다. 리와 기의 관계를 이처럼 생각하면 잘 이해할 수 있다.

---

43. 所謂理與氣決是二物 但在物上看 則二物渾淪 不可分開 各在一處 然不害二物之各爲一也(『性理大全』권26, 理氣).

리와 기는 바라보는 기준에 따라서도 각각 다른 각도로 보인다. 리를 기준으로 만물을 바라보면 하나의 리인 태극이 만물에 다 같이 들어 있으므로 만물에 들어 있는 리는 다 같은 것으로 보이지만, 만물이 각각 다르게 보이는 것은 만물을 구성하고 있는 기가 각각 다르기 때문이다. 말하자면 만물에 들어 있는 리는 다 같지만, 만물이 각각 다른 까닭은 모양·크기·질량·성분 등의 차이 때문이다. 그러나 기를 기준으로 만물을 바라보면, 만물의 모양·크기·질량·성분 등이 다 다르지만, 그것은 외형적인 면에서의 차이뿐이고 만물을 구성하고 있는 재료인 기를 중심으로 보면 만물의 기는 오행이고 음양일 뿐이므로 다 같지만, 만물의 가치에 차이가 있는 것은 만물 각각에 들어 있는 리가 어느 정도 반영되고 있는가의 차이에 기인한다.

하늘에 있는 달을 기준으로 달이 떠 있는 모든 강을 바라보면 달은 다 같은 달이지만, 강이 다 다른 것은 강의 모양·강의 크기·강물의 양·강물의 청탁 등의 차이 때문이다. 그러나 강을 기준으로 강을 바라보면 강을 구성하고 있는 재료인 물은 다 같은 H_2O이기 때문에 큰 차이가 없지만, 강이 각각 다른 까닭은 강물에 비친 달의 상태가 다 다르기 때문이다. 말하자면, 리에서 만물을 보면 만물에 있는 리가 다 같지만, 만물에서 보면 만물을 구성하는 기본 재료인 기가 같다 하더라도, 만물에 드러나고 있는 리의 정도가 다르다. 만물의 가치는 만물에 드러나는 리의 정도에 따라 다르다. 이를 주자는 다음과 같이 표현한다.

만물의 한 근원을 논하면 리는 다 같지만, 기는 다르다. 만물의

형체에서 보면 기의 요소는 기본적으로 거의 같지만, 리는 절대
로 같지 않다.[44]

멀리서 보면 실상이 잘 보이지 않지만 가까이에서 보면 실상이
잘 보인다. 멀리서 산을 바라보면 푸르고 아름다운 산의 모습이
보이지만, 산속에 들어가 가까이에서 산의 실상을 보면, 그 속에
온갖 썩어가고 있는 더러운 것들까지 다 보인다. 리에서 리를 보
면 리가 다 같은 것을 알지만 리에서 기를 보면 기의 외형만 보기
때문에 기가 다 다르게 보인다. 그러나 기에서 기를 보면 기의 본
질을 볼 수 있으므로 기가 다 같은 것으로 보이지만, 기에서 기에
묻어 있는 리를 보면, 기의 영향으로 인해 리의 드러남이 다 다르
다. 사람의 진정한 가치는 사람에게 들어 있는 리를 얼마나 드러
내는가에 달려 있다.

주자학 본래의 목적은 인성론을 전개하여 성의 실체를 알고 성
을 회복하는 것이었으므로, 성의 실체를 알기 위해 우주론을 전
개하여 이기론의 체계를 정비하고 난 뒤에는, 이기론을 바탕으로
인성론을 정리해야 한다.

2. 주자의 인성론

(1) 성의 근원으로서의 천

주자학의 핵심은 인성론이다. 주자학이 이고에게서 발원할 때 관

---

44. 論萬物之一原 則理同而氣異 觀萬物之異體 則氣猶相似而理絶不同(『朱子大
全』 권46, 答黃商伯).

심의 초점이 성(性)을 회복하는 것이었고, 그 근거가 된 문구가 『중용』의 '천명지위성(天命之謂性)'이었으므로, 천명과 성이 늘 주자학의 핵심과제로 자리 잡고 있다. 성의 근원이 천명이기 때문에 성을 논하기 위해서는 항상 천명을 먼저 논하지 않으면 안 된다. 천(天), 즉 하늘이란 용어는 늘 두 가지 의미로 사용되고 있다. 하나는 우주 만물의 창조원리로서의 하늘이고, 다른 하나는 하늘에 의해서 만들어진 푸른 하늘이다. 창조주 하늘이 창조한 대표적인 존재가 하늘과 땅과 사람이다. 하늘에 의해 만들어진 하늘과 땅과 사람을 천·지·인 삼재(三才)라고 한다. 삼재란 세 가지 대표적인 존재라는 의미이다. 피조물로서의 하늘과 땅과 사람은 만들어지는 순서와 방식이 다르긴 하지만 피조물로서의 구조와 내용은 같다. 하늘과 땅과 사람에게는 모양을 가진 형체가 있다. 하늘의 몸은 푸른빛과 검은빛을 띤 공기층과 해·달·별들이 있고, 땅의 몸은 육지와 바다, 산과 들, 흙과 돌 등등이 있으며, 사람의 몸에는 머리와 몸과 사지가 있고, 몸 안에 오장육부가 있다. 그리고 각각의 몸에는 생명에 충만한 마음이 있고, 그 몸이 유지되도록 운행되는 힘이 있다. 하늘의 마음은 건(健)·성(性) 등으로 표현하고 두 글자로 음양(陰陽)이라고도 하고, 땅의 마음은 순(順)으로 표현하고 두 글자로 강유(剛柔)라고도 한다. 또 사람의 마음은 성(性)·인(仁) 등으로 표현하고 두 글자로 인의(仁義)라고도 한다.

창조주로서의 하늘도 마음·몸·흐름 등의 요소를 내포하고 있지만, 그것을 분류해서 말하지 않고 뭉뚱그려서 하늘·상제·창조주·도(道)·자연·혼돈 등으로 표현한다. 역사적으로 하늘이라는 용어는 창조주로서의 의미와 피조물로서의 의미가 동시에 쓰이

고 있다. 공자와 맹자가 말하는 하늘은 주로 창조주로서의 하늘
이고, 순자가 말하는 하늘은 피조물로서의 하늘이며, 주자학에서
말하는 하늘은 이 두 요소를 다 내포하고 있으므로, 주자가 지칭
하는 하늘은 어느 하늘을 지칭하는지 살펴야 한다.

주자는 창조주로서의 하늘에 대해 다음과 같이 설명한다.

> 하늘이 음양오행으로 만물을 만들어내고, 기로써 형체를 이루
> 면, 리가 또한 거기에 부여된다.[45]

주자가 위의 인용문에서 말하는 하늘은 창조주로서의 하늘이
다. 하늘마음은 만물을 낳고 기르는 마음이지만, 마음 하나만으
로 만물을 낳고 기를 수는 없다. 하늘이 만물을 만들어내기 위해
서는 우선 만물의 몸을 만들 수 있는 재료가 있어야 하는데, 그
재료가 음양오행이다. 천지 사이에는 만물이 만들어지기 전에 이
미 만물의 재료가 되는 음양오행이 있다. 하늘은 음양오행으로 만
물의 몸을 구성하기 위한 질료를 만든다. 기를 질료와 형체로 나
눌 수 있다. 만물이 만들어지는 과정은 먼저 만물의 몸을 구성하
는 재료인 질료가 만들어지고, 다음에 그 질료가 뭉쳐져서 형체
가 만들어진다. 이를 주자는 음양오행을 가지고 만물의 질료를 만
들고, 기를 가지고 만물의 형체를 만든다고 했다. 주자는 음양오행
을 기로 정의하면서 여기서 음양오행과 기로 나누어 설명하여 이

---

45. 天以陰陽五行 化生萬物 氣以成形而理亦賦焉(『中庸章句』 제1장의 朱子
注).

해하기 어렵게 만들었다. 흙으로 도자기를 빚어 만드는 과정에 비유하여 이해하면 음양오행은 도자기의 재료인 흙이고, 기는 도자기를 만들때 사용하는 도구 정도로 이해하면 될 것이다. 위의 인용문은, 하늘이 음양오행으로 만물의 재료를 만든 뒤에 기구를 써서 만물의 형체를 만들고, 형체를 만듦과 동시에 거기에 리를 넣어서 만물을 완성하는 것으로 해석할 수 있다.

주자는 또 다음과 같이 설명하기도 한다.

> 천지는 만물을 낳는 것을 마음으로 삼는다.[46]

위의 인용문에서는 주자가 창조주 하늘을 천지로 표현했다. 천지와 만물은 하늘에 의해 만들어진 피조물이지만, 하늘과 땅이 만들어지면, 하늘과 땅에 하늘마음이 들어가 있으므로, 하늘과 땅이 합작하여 만물을 만든다. 엄밀히 말하면 만물은 하늘이 만드는 것이지만, 하늘에 의해 만들어진 하늘과 땅이 하늘을 대신해서 만물을 만든다. 이는 하늘이 남자와 여자를 만들면, 하늘에 의해 만들어진 남자와 여자가 하늘을 대신해서 자녀를 만드는 것과도 같은 이치이다.

하늘이 만물을 만드는 것은 만물을 만들고 싶어 하는 하늘의 마음이 만물을 만드는 방향으로 움직이면서 시작한다. 하늘의 마음이 만물을 만드는 방향으로 움직이는 것이 천명이다.

주자는 천명의 움직임을 유행(流行)한다는 말로 표현한다.[47] 유

---

46. 天地以生物爲心(『孟子』公孫丑章句上 제6장의 朱子注).

행이란 거대한 강의 물줄기가 꾸불꾸불 흘러가는 것과 같은 뜻이다. 밤과 낮이 순환하고 사계절이 순환하는 것이 바로 하늘의 명령에 따른 것으로 파악한 것이다. 거대한 강의 물줄기는 아래로 가려는 의지 하나만 있을 뿐, 바다로 가는 계획이나 계산에 따라 흘러가는 것이 아니다. 그냥 무위자연으로 흘러간다. 하늘의 명으로 운행되는 대자연의 움직임도 그렇다. 무위자연으로 밤낮이 바뀌고 사계절이 순환한다. 대자연이 무위자연으로 순환하면 그 대자연의 순환에 편승하여 만물이 생겨나고 자라지만, 그 또한 무위자연으로 진행된다.

하늘의 명이 나타나는 구체적인 모습은 기의 운행이다. 사계절이 순환하는 것도 하늘의 명에 따른 기의 운행이다. 봄에 싹이 트고, 여름에 무성해지며, 가을에 결실하고, 겨울에 저장했다가 봄에 다시 싹이 트는 것도 기의 운행에 따른 생명의 이어짐이다. 사람의 삶도 이에서 벗어나지 않는다. 사람의 몸에도 기가 움직인다. 밤이 되면 자고 아침에 일어난다. 봄에 기지개를 켜고 가을에 움츠린다. 사람의 몸에 흐르는 기운이 하늘의 흐름을 타고 생명을 이어간다. 하늘의 명은 하늘의 마음에서 나와 움직이는 것이므로 기로 이해할 수 있지만, 언제나 하늘의 마음과 함께 한다.

주자는 "명이라는 글자는 오직 리만을 가지고 말하는 것이 있고, 오직 기만을 가지고 말하는 것이 있다"라는 안향(安鄕)의 질문에 대해 다음과 같이 대답한다.

------

47. 주자는 『태극도설해』에서 태극이 움직여 음양을 낳는 것을 천명이 유행하는 것으로 설명했다.

또한 모두 서로 떨어질 수 없다. 대개 하늘은 기가 아니면 사람에게 명령을 내릴 수 없고, 사람 또한 기가 아니면 하늘의 명을 받을 수가 없다.[48]

명은 마음과 몸을 연결하는 연결고리가 된다. 하늘의 마음에서 명이 내려지면 하늘의 몸이 그것에 맞게 반응한다. 하늘이 만물을 살리도록 명을 내리면, 하늘의 몸이 그것에 따라 움직인다. 사람의 마음도 그렇다. 사람의 마음이 어떤 희망을 표시하면 몸에 있는 기가 그에 따라 움직이고, 몸이 그 기의 움직임에 따라 행동한다. 사람의 마음이 자고 싶다고 희망하면, 몸에 있는 기가 자는 방향으로 움직이고, 그에 따라 사람의 몸이 자는 행동으로 옮겨간다. 하늘의 명이 하늘의 몸을 운행하는 것처럼, 사람의 기가 사람의 몸을 운행한다. 기는 마음과 몸을 연결하는 연결고리인 셈이다. 하늘의 명이나 사람의 기는 리의 요소와 기의 요소를 겸하는 것으로 이해할 수 있다.

주자는 하늘에 의해 만물이 생성되는 과정을 『주역』「계사전상」에 있는 "어어가는 것이 선이고, 이루어진 것이 성이다[繼之者善成之者性]"라는 말을 근거로 다음과 같이 설명한다.

생명을 만들어가는 것에 선한 마음이 드러나고, 생명을 완성한 것에 성(性)이 자리 잡는다. 생명을 만들어가는 선한 마음은 움

---

48. 也都相離不得 蓋天非氣無以命於人 人非氣無以受天所命(『朱子語類』 권4, 性理一 揚道夫錄).

직이는 곳에서 드러나는 것이고, 생명을 완성하여 자리 잡는 성은 멈춘 곳에서 자리 잡는다. 생명을 만들어가는 데서 드러나는 선한 마음은 하늘마음에서 흘러나오는 것이고, 생명이 완성되어 성이 자리 잡은 것은 만물이 각각 자기의 생명을 완성한 것이다. 생명을 만드는 선한 모습은 생명을 만들고 길러가는 모습이고, 생명이 완성되어 성이 자리 잡은 것은 다자란 생명이 멈추어 있는 모습이다. 만물의 생명이 다 자라서 성이 자리 잡아 각각 완성되어 있는 모습을 보면, 마치 조화옹의 작용함이 멈춘 것처럼 보이지만, 그러나 봄이 오면 다시 생명현상이 꿈틀거려 이어가는 좋은 모습이 드러난다. 이를 곡식에 비유해보면, 가을에 결실하고 겨울에 저장하면 수많은 낱알이 각각 일을 완성하여 멈추고 있는 깃 같지만, 봄이 오년 노 각각 발아하여 싹이 나온다. 인물도 금수도 모두 그렇다. 사람이 어머니의 자궁 속에서 부모의 기를 받는 것은 생명을 이어가는 좋은 과정이고, 태어나 사람의 모습이 된 것은 완성되어 본성을 가지게 된 것이다. 본성을 갖게 된 뒤에는 또 스스로 이어가는 좋은 모습이 된다.[49]

49. 繼之者善也 成之者性也 繼之者善是動處 成之者性是靜處 繼之者善是流行出來 成之者性則各自成箇物事 繼善便是元亨 成性便是利貞 及至成之者性各自成箇物事 恰似造化都無可做了 及至春來 又流行出來 又是繼之者善 譬如禾穀 則秋斂冬藏 千條萬穟 各自成一箇物事 及至春 又各自發出生 以至人物 以至禽獸 皆是如此 且如人方在胞胎中 受父母之氣 則是繼之者善 及其生出 又自成一箇物事 則是成之者性也 既成其性 又自繼善(『周易』繫辭傳上朱子注).

생명의 샘물이 만물을 살리는 방향으로 흘러나오는 것처럼, 하늘의 명도 만물을 살리는 방향으로 흘러나온다. 그 흐름은 만물을 살리려는 하늘의 마음을 이은 것이다. 하늘의 마음을 이어받아 흐르는 그 흐름은 참으로 좋은 흐름이고 착한 흐름이다. 그런 의미에서 '이어가는 것이 선한 모습이다'라고 표현했다. 하늘의 명은 대자연의 흐름을 주도한다. 모든 생명체는 그 흐름을 이어받아 생명을 이어간다. 사계절의 순환도 하늘의 명에 따른 흐름이다. 봄·여름에는 모든 식물에서 싹이 나와 자란다. 이는 생명체가 결실을 향해 나아가는 과정이다. 가을·겨울이 되면 결실한 씨앗이 여물어지면서 저장된다. 씨앗이 여물어 저장되는 기간인 겨울은 조화옹의 역할이 멈춘 것같이 보이지만, 봄이 되면 씨앗 속에 잠들어 있던 생명력이 다시 꿈틀거려 싹을 틔우고 자란다. 이처럼 생명체는 자연의 흐름에 맞추어 성장과 완성을 거듭한다. 이처럼 성장과 완성을 거듭하는 것은, 식물에서뿐만 아니라 동물에서도 마찬가지다.

천지만물은 하늘의 명에 따른 대자연의 순환에 순응하면서 생명을 이어간다. 맹자가 말한 것처럼, 하늘의 흐름에 따르면 살고, 하늘의 흐름에 거스르면 살지 못한다.[50]

(2) 성론

하늘은 밤과 낮이 교차하고, 사계절이 순환하며, 해와 달이 번갈아 지구를 돌도록 명령한다. 하늘이 대자연이 순환하도록 명령하는 것은 만물이 살아갈 수 있는 바탕을 제공하는 것이다. 만물이

---

50. 順天者存 逆天者亡(『孟子』 離婁章句上).

대자연의 순환에 편승하여 생명을 이어갈 수 있게 된 것은 대자연을 순환시키는 하늘의 명령 덕분이다. 하늘은 대자연이 순환하도록 명령하는 한편, 만물 하나하나를 만들어내기도 한다. 하늘은 음양오행의 기를 뭉쳐서 형체를 만들고, 그 만들어진 형체에 자기의 마음을 넣어놓기 때문에 만물은 모두 하늘마음을 가지고 있다. 하늘이 사람을 만들 때도 그렇다. 먼저 음양오행의 기를 뭉쳐서 사람의 몸이 되게 한 뒤에, 그 몸에 하늘마음을 넣어놓는다. 사람의 몸에 들어 있는 하늘마음이 성(性)이다. 하늘이 사람을 만드는 과정에서는 사람을 만들고 싶어 하는 마음이 쉬지 않고 이어진다. 그 과정을 생명의 샘에서 솟아난 생명의 물이 생명을 만드는 방향으로 계속 이어지는 것에 비유하여 『주역』에서는 계지(繼之)라는 말로 표현했다. 생명을 만드는 방향으로 이어지는 하늘의 명은 만물을 낳고 싶어 하는 하늘의 마음을 잇는 것이므로 선하다고 표현했다. 하늘의 뜻을 이어 만물을 만드는 하늘의 작업은 선한 작업이다. 선한 작업의 결과 만들어진 만물은 만물의 몸과 몸에 들어 있는 성의 이중구조로 존재한다. 만물에 들어 있는 성은 다시 밖으로 흘러나온다. 만물 중의 대표적 존재가 사람이므로, 사람의 성이 하늘의 명을 가장 잘 드러낼 수 있다. 사람도 몸과 몸에 들어 있는 성의 이중구조로 되어 있다. 하늘에서 사람을 만들기까지 이어지는 작업 과정이 선이고, 작업 과정이 종결되어 완성된 사람의 몸에 들어 있는 것이 성이다. 성은 하늘마음이므로 다시 솟아나 새로운 생명을 만드는 방향으로 이어진다. 그 이어지는 과정이 또 선이다. 그러므로 하늘의 차원에서 보면 선이 먼저 있고 성이 나중에 생기지만, 사람으로 완성된 뒤의 사람의 차원에서 보면 성이 먼저 있고, 선이 나중이다. 이를 주자는 다음과 같이 설명한다.

> 천지에서 말하면 선이 먼저이고 성이 나중이다. 이는 천지의 마음이 나타나서 사람을 만드는 것이므로, 나타나는 것이 선이고 완성된 것이 성이기 때문이다. 사람이 만들어진 상태에서 말하면 성이 먼저이고 선이 나중이다.[51]

하늘이 만물의 몸을 만드는 것에는 시간적·공간적 지배를 받는다. 만물의 몸이 만들어지기까지는 시간이 걸리고 공간도 필요하지만, 만들어진 만물에 들어 있는 성은 시공간을 초월한다. 만물에 들어 있는 성은 만물 하나하나에 작용하지만, 제각각 다른 성이 아니라, 하나의 성이다.

하늘은 만물을 만들기도 하고, 만들어진 만물이 최선의 상태로 살아갈 수 있도록 그 하나하나에 직접 명령을 내리기도 하지만, 장군이 병사들에게 명령하는 것처럼 목소리를 통해서 내리는 것이 아니다. 하늘마음은 생명으로 나아가는 마음이다. 하늘마음은 우주에 충만해 있으므로 만물 하나하나에 다 닿아 있다. 하늘마음은 우주에 가득한 빛과 같다. 빛은 우주 공간에 빈틈없이 가득차 있지만, 물체가 없으면 반사하지 않기 때문에 없는 것처럼 보인다. 하늘마음도 그렇다. 하늘마음은 우주에 가득한 빛처럼 물체가

---

51. 在天地言 則善在先性在後 是發出來方生人物 發出來是善 生人物便成箇性 在人則性在先 善在後(『性理大全』권29).

있으면 물체에 전달되고 물체는 전달된 하늘마음을 반사한다. 그러므로 물체가 없는 곳에는 하늘마음이 없는 것처럼 보인다.

하늘마음이 물체에 닿는 것은 삶을 향해 나아가도록 하는 명령이다. 태양이 빛을 발하는 것이 잠시도 쉼이 없는 것처럼, 하늘마음이 물체에 와 닿는 명령도 쉼이 없다. 그 명령이 사람에 닿아 있는 것이 성(性)이다. 하늘의 명령이 성이고 성이 하늘의 명령이다. 하늘이 준 것은 명(命)이고, 사람이 받은 것은 성(性)이다. 하늘의 명령은 사람의 귀로 듣는 것이 아니라, 느낌으로 받아들인다. 하늘의 명령이 사람에게 들어와 있는 성이므로, 하늘의 명령이 쉼이 없는 것처럼, 사람의 성에서 나오는 마음의 소리도 쉼이 없다. 배고픔을 느끼는 것은 먹으라고 하는 하늘의 명령이고, 피로를 느끼는 것은 쉬라는 하늘의 명령이며, 졸리는 느낌이 느는 것은 자라는 하늘의 명령이다. 하늘의 명령은 느낌으로 알아차린다.

하늘의 명령대로만 사는 사람은 하늘마음으로 사는 사람이고, 하늘마음으로만 사는 사람은 하늘과 같다. 하늘같은 사람은 모든 고통에서 벗어난다.

하늘의 명령이 하나이듯이, 모든 물체에 들어와 있는 성은 모두가 하나로 통해 있는 하나의 성이다. 주자는 성의 근원에 관한 질문에 다음과 같이 답한 적이 있다.

"성이 만물의 한 근원이 됩니까?" 하고 묻자 대답했다. "이른바 성이란 것은, 사람과 사물이 공통으로 얻어 가진 것이다. 오직 나만이 그런 것이 아니라, 다른 사람도 그러하며, 오직 사람만이 그러한 것이 아니라 만물이 그러하다."[52]

하늘의 명이 만물의 성이므로, 나에게 있는 성은 남에게 있는 성과 같은 것이고, 만물에 있는 성과도 같은 것이다. 성이 나의 본질이므로, 본질에서 나와 남은 하나이고, 나와 만물도 하나이다. 성을 회복하지 못한 사람은 본질을 잃어버리고 사는 사람이고, 나와 남을 다른 것으로 구별하면서 사는 사람이다. 그런 사람은 헛된 삶을 사는 사람이고, 고통스러운 삶을 사는 사람이다.

성에 대한 지금까지의 주자의 설명은 맹자의 성선설에 해당하는 설명이다. 주자는 당나라 말기에 시작된 새로운 유학의 두 흐름을 통합하는 차원에서 맹자의 성선설과 순자의 성악설을 통합해야 했다. 이 과제를 해결하기 위해 주자는 천지지성과 기질지성으로 나누어 설명한 장재의 기론에 착목했다. 주자는 천지지성을 본연지성으로 바꾸어, 성의 두 가지 측면을 본연지성과 기질지성으로 나누어 설명함으로써 맹자의 성선설과 순자의 성악설을 통합했다.

주자는 기존의 성설에 대해 다음과 같이 정리했다.

맹자가 말한 성은 본연의 성이고 순자·양자·한유가 말한 성은 기질의 성이다. 순자는 악의 면, 양자는 반선반악의 면을 파악하고 있음에 비해, 한유는 성을 세 종류로 나누어 파악했는데, 순자·양자·한자 중 한자의 성설이 가장 뛰어나다.[53]

---

52. 問性爲萬物之一源 曰 所謂性者 人物之所同得 非惟己有是 而人亦有是 非惟人有是 而物亦有是(『性理大全』卷二十九).

맹자가 말한 성은 하늘에서 받은 천명 그 자체를 설명한 것이므로, 맹자가 말한 성은 본래부터 가지고 있는 성이라는 의미에서 본연지성이라 하고, 순자와 양웅, 한유 등이 말한 성은 몸에 들어있는 성을 말한 것이므로 기질지성이라 한다. 기질지성은 기질에 따라 다 다르기 때문에, 모두 다 같다고 할 수가 없다. 순자는 사람의 성을 다 악하다고 했고, 양웅은 선과 악이 섞여있다고 했으며, 한유는 착한 것, 중간쯤 되는 것, 악한 것의 세 종류가 있다고 했다. 주자는 이 중에서 한유의 성설이 가장 정확하다고 평했다. 기질지성은 다 다르기 때문에, 분류방식이 정확하기만 하다면, 많이 분류할수록 더욱 정확할 것이다. 위의 세 사람 중에서는 셋으로 분류한 한유의 성설이 제일 자세하다.

주자는 본연지성과 기질지성의 차이에 대해서 나음과 같이 설명한다.

> 천지지성이 있고 기질지성이 있다. 천지지성은 태극본연의 묘한 본질이다. 만물에 있는 성이 만 가지로 다르게 보이지만 본질적으로 하나이다. 기질지성은 음양의 두 기가 교감하고 운행해서 생긴 것이므로 본질적으로 하나에서 비롯된 것이지만 만 가지로 다르다.[53]

---

52. 孟子言性 只說得本然底 論才亦然 荀楊韓諸人 雖是論性 其實只說得氣 荀子只見得不好人底性 便說做惡 楊子見半善半惡底人, 便說善惡混. 韓子見天下有許多般人, 所以立爲三品之說, 就三子中韓子說又較近(『性理大全』卷二十九).

53. 朱子曰 有天地之性 有氣質之性 天地之性 則太極 本然之妙 萬殊之一本也 氣質之性 則二氣交運而生 一本而萬殊(『性理大全』卷三十).

천지지성은 장재가 사용한 말인데, 주자는 천지지성으로 말할 때도 있고, 본연지성으로 바꾸어 말할 때도 있다. 본연지성은 하늘에서 받은 성이다. 마음이 물건이 아니듯, 성은 물건이 아니므로, 물건처럼 주고받는 것이 아니다. 옹달샘의 물이 흘러내려 작은 웅덩이가 만들어졌을 때 옹달샘의 물과 웅덩이의 물이 하나로 이어져 있듯이, 하늘의 마음과 사람의 성은 하나로 이어져 있다. 옹달샘의 물이 쉬지 않고 흘러내리듯이, 하늘마음도 사람의 몸으로 쉬지 않고 흘러들어오는데, 그것이 본연지성이다. 옹달샘의 물과 웅덩이의 물은 시차도 있고 공간도 다르지만, 하늘마음과 사람의 성 사이에는 시간과 공간을 초월한다.

본연지성이 사람 몸에 있을 때는 언제나 기질 속에 있으므로 사람 몸에서 존재하는 성은 항상 기질지성이다. 성을 물에 비유하면, 본연지성은 옹달샘에서 웅덩이로 흘러들어오는 맑은 물이고, 기질지성은 흙으로 된 웅덩이에 들어 있는 물이다. 맑은 물이 계속 흘러들어오더라도, 웅덩이의 진흙이 계속 섞여 들어간다면 웅덩이의 물은 자꾸 흐려진다. 흘러들어가는 진흙에 해당하는 것은 '내 것 챙기기 위한 욕심'이다. 사람이 부모로부터 태어날 때 기질을 받아서 태어나므로, 악한 부모에게서는 악한 자녀가 태어나기 쉽다. 그렇지만, 갓난아이는 '내 것 챙기려는 계산'이 없으므로, 부모에게서 받은 기질이 더 악화하지 않는다. 웅덩이에 진흙이 들어가지 않고 맑은 물만 계속 흘러 들어가면 웅덩이의 물은 맑아지게 마련이다. 갓난아이의 성도 이와 같다. 부모로부터 받은 기질이 더 악화하지 않은 상태에서, 본연지성이 맑은 물처럼 계속 들어가기 때문에, 아이가 부모보다 더 착한 경우가 많다.

성과 몸의 관계는 리와 기의 관계와 같다. 주자는 이러한 내용을 다음과 같이 설명한다.

> 리가 있은 뒤에 기가 있고, 기가 있으면 반드시 리가 있다. 다만 받은 기가 맑은 자는 성인이 되고 현인이 되니, 마치 보배로운 구슬이 맑은 물에 있는 것과 같다. 받은 기가 탁한 자는 어리석고 못난 사람이 되니, 마치 구슬이 탁한 물에 있는 것과 같다. 이른바 명덕을 밝히는 것은 탁한 물에 가서 구슬을 건져내는 것과 같다. 만물에도 또한 리가 있으니, 마치 보배로운 구슬이 지극히 더럽고 탁한 곳에 떨어져 있는 것과 같다.[54]

주자는 리와 기의 관계를 구슬과 물의 관계로 설명했는데, 여기서 말한 리는 성으로 이해하는 것이 더 확실하겠지만, 무생물에도 리가 들어 있으므로 주자는 성이라는 말보다 리라는 말을 사용했다. 리기에 관한 주자의 이 설명을 기질에 들어 있는 성에 관한 설명으로 이해하면 선명해진다.

본연지성을 구슬 그 자체, 기질지성을 물에 잠겨 있는 구슬로 볼 때, 모든 물이 구슬을 가지고 있다는 점에서 차이가 없지만, 물의 청탁에 따라 구슬의 빛남이 다르다. 성인·현인의 기질은 지극히 맑은 물과 같아서 구슬 자체가 거의 그대로 드러나지만, 어리석은 사람과 못난 사람의 기질은 흐린 물과 같아서 구슬의 빛이

---

54. 有是理而後有是氣 有是氣則必有是理 但氣稟之清者 爲聖爲賢 如寶珠在清冷之中 稟氣之濁者 爲愚爲不肖 如珠在濁水中 所謂明明德者 是就濁水中揩拭此珠也 物亦有是理 又如寶珠落在至污濁處(『性理大全』 권13).

거의 드러날 수 없다. 사람의 성에 비해 만물의 성이 더욱 드러나기 어려운 이유도 이처럼 이해할 수 있다. 그러나 몸속에 들어 있는 성을 물속에 들어 있는 구슬로 비유한 위의 설명은 적절한 비유인 측면도 있지만, 한편으로는 성을 하나의 물건으로 착각하게 하는 위험성이 있다. 착각하지 않고 제대로 이해할 수 있도록 주의하지 않으면 안 된다.

주자는 성을 본연지성과 기질지성으로 구분함으로써 성선설과 성악설로 양분되어 내려온 두 흐름을 통합할 수 있었다.

주자는 다음 인용문에서 기질이 탁해지지 않았다 하더라도 몸을 구성하고 있는 오행의 배합 비율의 차이에 따라 사람의 마음이 달라진다고 설명했는데, 이에 따르면 기질지성의 내용을 더욱 확실하게 이해할 수 있다.

사람의 성은 비록 같지만, 사람의 기에 편중이 없을 수가 없다. 목(木) 기운이 많은 자는 늘 측은지심이 많고 수오·사양·시비지심은 막혀서 잘 나타나지 않는다. 금 기운이 많은 자는 수오지심이 늘 많고 측은·사양·시비지심은 막혀서 잘 나타나지 않는다. 수·화 기운 또한 그러하다. 오직 음양이 합하여 덕을 이루고, 오성이 온전히 갖춰진 연후에 바르고 알맞게 되어 성인이 될 수 있는 것이다.[55]

---

55. 人性雖同 稟氣不能無偏重 有得木氣重者 則惻隱之心常多 而羞惡辭讓是非之心爲其所塞而不發 有得金氣重者 則羞惡之心常多 而惻隱辭讓是非之心爲其所塞而不發 水火亦然 唯陰陽合德 五性全備然後中正而爲聖人也(『宋元學案』권12, 晦翁學案).

본연지성은 만물에게 다 들어 있지만, 기질의 차이 때문에 온전히 나타나는 것이 있고 비뚤어지는 것이 있다. 만물 중에 가장 맑고 순수한 것을 가진 존재가 사람이므로, 사람의 성이 가장 잘 나타난다. 성이 나타나는 것은 헤아릴 수 없을 만큼 다양하지만, 맹자는 그것을 큰 범주로 분류하여 측은지심·수오지심·사양지심·시비지심의 네 가지로 설명했다. 성은 마음 깊숙한 속에 있어서 직접 알기가 어렵지만, 성에서 나온 측은지심·수오지심·사양지심·시비지심은 알 수 있다. 말하자면, 지하수는 알 수 없지만, 지하수에서 솟아난 샘물은 샘을 들여다보면 알 수 있는 것과 같은 이치이다. 샘물을 보면 그것이 지하수에서 나온 것이므로 샘물을 통해서 지하수를 알 수 있는 것처럼, 측은지심·수오지심·사양지심·시비지심을 보면 그것이 나타나기 이전의 성을 알 수 있다. 그래서 맹자는 측은지심·수오지심·사양지심·시비지심을 성을 알 수 있는 단서라는 의미에서 사단(四端)이라 했다.

측은지심을 보면 그것이 인(仁)에서 나온 것임을 알 수 있고, 수오지심을 보면 그것이 의에서 나온 것임을 알 수 있으며, 사양지심을 보면 그것이 예에서 나온 것임을 알 수 있고, 시비지심을 보면 그것이 지에서 나온 것임을 알 수 있다. 맹자가 말한 인의예지는 성에서 나타난 측은지심·수오지심·사양지심·시비지심을 통해서 판단한 성의 내용이다. 그러므로 인의예지는 네 마음이 아니라 하나의 성일 뿐이다. 하나의 성이 네 가지로 나타나므로 네 가지 이름으로 부른 것이 인의예지이다. 맹자는 성이 사단으로 나타나는 것은 인간에게 국한되므로 인의예지를 인간의 조건으로 규정했다.

본연지성이 사단으로 나타날 때 오행의 배합 비율에 따라 다르게 나타난다. 목 기운이 많은 사람은 측은지심이 많고, 금 기운이 많은 사람은 수오지심이 많으며, 화 기운이 많은 사람은 사양지심이 많고, 수 기운이 많은 사람은 시비지심이 많다.

그러므로 온전한 사람이 되기 위해서는 탁한 기질을 맑게 해야 하는 노력 외에, 오행의 기질이 골고루 조화되도록 하는 노력도 해야 한다. 기질을 변화시키는 노력이 주자학의 중요한 과제가 되는 까닭이 이 때문이다.

지하수가 가만히 있지 않고 쉼 없이 솟아나는 것처럼, 성은 쉼 없이 흘러나온다. 지하수가 흘러나와 샘에 고여 있는 것을 샘물이라 하듯, 성에서 흘러나와 마음에 고여 있는 것을 정(情)이라 한다. 측은지심·수오지심·사양지심·시비지심의 사단은 물론 정이다. 인생살이가 복잡해지는 것은 모두 정에서 비롯된다. 희로애락이 모두 정이고, 행복을 느끼는 것도 정이고 고통을 느끼는 것도 정이다. 정에 겨워 울고 정에 겨워 웃는다.

(3) 정

주자는 명과 성과 정을 다음과 같이 정의한다.

하늘에 있는 것이 명이고, 사람에게 들어와 있는 것이 성이며, 성이 나타난 것이 정이다.[56]

주자는 성·정·욕의 내용과 관계에 관하여 다음과 같이 물에

---

56. 在天爲命 稟於人爲性 旣發爲情(『朱子語類』卷五).

비유하여 설명했다.

성은 아직 움직이기 전이고, 정은 움직인 뒤이다. 마음은 본래 움직이기 전의 성과 움직인 뒤의 정을 다 포함하고 있다. 마음이 움직이기 전의 상태가 성이고, 움직인 뒤가 정이니, 이른바 마음이 심과 정을 통괄한다는 것이다. 욕심은 정이 외부로 나온 것이다. 마음을 물에 비유하면, 성은 물이 고요한 것이고, 정은 물이 흐르는 것이며, 욕심은 물이 파도치는 것이다. 파도에는 좋은 것도 있고 좋지 않은 것도 있다. 욕심 중의 좋은 것은 내가 인을 하고 싶다는 것과 같은 것이고, 좋지 않은 것은 오로지 밖으로 치달아 나가는 것이다. 각종의 파도는 대개가 좋지 않은 욕심이니, 천리(天理)를 없애기 때문이다. 물이 막혀서 터지면 해롭지 않음이 없다. 맹자가 성을 정의 차원에서 보면 선이라 할 수 있다고 한 것은 성에서 똑바로 흘러나온 정은 원래부터 좋지 않은 것이 없음을 말할 것이다.[57]

천명을 지하수에 비유하면, 성은 지하에서 솟아나는 물이고, 정은 솟아난 물이 흐르는 것이고, 욕심은 흐르는 물이 물결치는 것이다. 지하에서 솟아나는 물은 아직 흐르지 않기 때문에 움직

---

57. 性是未動 情是已動 心包得已動未動 蓋心之未動則爲性 已動則爲情 所謂心統性情也 欲是情發出來底 心如水 性猶水之靜 情則水之流 欲則水之波瀾 但波瀾有好底有不好底 欲之好底 如我欲仁之類 不好底則一向奔馳出去 若波濤洶浪 大段不好底欲 則滅却天理 如水之壅決 無所不害 孟子謂情可以爲善 是說那情之正從性中流出來者 元無不好也(『朱子語類』性理二).

이기 전이라고 했다. 지하에서 솟아나는 물과 흐르는 물 전체를 담고 있는 골짜기를 마음으로 이해하면 된다. 물이 흐를 때는 원래의 길대로 순조롭게 흐르는 것도 있고, 물길이 막혀 터져서 길 아닌 다른 데로 흐르는 것도 있다. 원래의 물길로 흐르는 물은 아름다운 물결을 이루며 잔잔하게 흘러가지만, 물길이 터져 다른 데로 흘러가는 물은 물결이 거칠어지면서 사납게 변하여 골짜기를 망가뜨린다. 주자에 따르면, 물길이 터져 다른 길로 가는 물은 거칠게 물결치지만, 그중에서 좋은 물결이 오직 하나가 있다. 그것은 본래의 물길로 돌아가려고 하는 물결이다. 그것을 제외한 다른 물결은 걷잡을 수 없이 거칠어져 해롭지 않음이 없다.

맹자가 정을 선한 것으로 볼 수 있다고 한 것은 성에서 똑바로 나온 정을 설명한 것이니, 그런 정은 원래 좋지 않은 것이 없다. 그런 의미에서 성을 선하다고 할 수 있다. 성에서 똑바로 흘러나온 정은 사단이다. 사단은 선하지 않음이 없다. 그렇지만 사단이 밖으로 나올 때 잘 분별하지 않으면 상황에 맞지 않을 수도 있다. 이러한 점을 주자는 다음과 같은 말로 정리했다.

> 측은지심과 수오지심에도 또한 절도에 맞는 것과 맞지 않는 것이 있다.[58]

> 이 네 가지는 때때로 발하여 움직이지만 바른 것과 바르지 않은 것이 있다.[59]

---

58. 惻隱羞惡 也有中節不中節(『朱子語類』卷五十三 陳淳錄).

하루에도 바르게 나왔다가 아니었다가 하지만, 어디를 가도 사단의 발이 아닌 것이 없다.[60]

　사람은 의식을 가지고 분별하기 때문에, 마음을 쓸 때 늘 외부 상황에 맞도록 분별한다. 밥을 먹어야 할 때 배고픔을 느끼는 것은 하늘의 명령이지만, 때와 장소를 가리지 않고 그냥 먹지는 않는다. 잘 분별하여 먹어도 되는 상황일 때 먹는다. 사단이 아무리 착한 마음이라고 하더라도 아무렇게나 행동하면 안 된다. 측은지심·수오지심·사양지심·시비지심 등의 사단의 마음을 쓸 때도 때와 장소에 맞아야 하고, 남과도 조화를 이룰 수 있어야 한다. 사람의 행동에는 두 가지 요건을 갖추어야 한다. 착한 마음으로 행동해야 하고, 상황에 맞게 행동해야 한다. 착한 마음으로 행동하는 것은 공자가 말한 질(質)에 해당하고, 상황에 맞게 행동하는 것은 문(文)에 해당한다. 질은 행동할 때의 마음 바탕을 말하는 것이고, 문은 상황에 맞게 행동하는 능력을 말한다. 문과 질이 조화를 이루어야 군자라고 한 공자의 말이 이런 뜻이다.

　학자들이 많이 헷갈리는 것 중의 하나가 사단과 칠정의 관계이다. 사단은 맹자가 말한 측은지심·수오지심·사양지심·시비지심이고, 칠정은 『예기』에 있는 희로애구애오욕(喜怒哀懼愛惡欲) 즉, 기뻐하는 마음·성내는 마음·슬퍼하는 마음·두려워하는 마음·사랑하는 마음·싫어하는 마음·하고자 하는 마음의 일곱 가지 정

---

59. 四者 時時發動 特有正不正耳(上同).
60. 日間一正一反 無往而非四端之發(上同).

을 말한다. 일반적으로는 주자가 물의 비유에서 말한 것처럼, 물이 똑바로 흐를 때처럼 성이 똑바로 나타난 것을 사단이라 하고, 물길이 막혀 물이 옆으로 터진 데로 흘러간 것처럼, 성이 똑바로 나오지 못하고 비뚤게 나온 것을 칠정이라 한다. 사단은 선한 정이지만, 칠정에는 선한 것도 있고 악한 것도 있다. 이러한 설명이 학자들이 이해하는 일반적인 방식이다.

그러나 엄밀히 말하면 사단은 성이 발현된 정인데, 정은 똑같은 것이 없으므로 정의 종류는 무한하지만, 맹자는 그 무한한 종류의 정을 큰 범주로 분류하여 네 가지로 정했을 뿐이다. 그러므로 분류방식에 따라 사단을 일곱 가지의 정으로 분류할 수도 있다. 또 칠정을 네 가지의 정으로 분류할 수도 있다. 그러므로 사단은 네 가지 정이고, 칠정은 일곱 가지 정이라고 고정하는 것은 잘못이다. 학자들이 가장 많이 착각하는 것 중의 하나는 『중용』에 나오는 희로애락을 『예기』에 나오는 희로애구애오욕의 칠정과 같다고 보는 것이다. 『중용』에 나오는 희로애락은 오히려 『맹자』에 나오는 사단과 같은 것으로 봐야 모든 것이 잘 이해된다. 주자가 유기보(劉圻父)에게 칠정과 사단에 관한 질문을 받았을 때, 칠정과 사단을 같은 정으로 설명한 까닭이 이러한 이유 때문이다.

> 희로애오(喜怒愛惡)는 인의(仁義)이고, 애구(哀懼)는 주로 예(禮)이며, 욕(欲)은 수(水)에 속하므로 지(智)이다.[61]

---

61. 曰 喜怒哀惡是仁義 哀懼主禮 欲屬水則是智(『朱子語類』卷八十七 義剛錄).

그러나 주자도 대개는 사단을 바른 정으로 보고 칠정을 비뚤어진 정으로 보는 일반적인 견해에 따른다.

정에는 성이 바르게 발현된 정도 있고, 비뚤게 발현된 정도 있다. 당나라 말기의 이고는 성의 회복을 위해 정을 없애야 한다고 했는데, 이는 불성의 회복을 위해서 번뇌를 없애야 한다는 불교의 논리에 맞춘 것이었다. 주자는 불교를 배척해야 하는 처지에서 이고의 복성멸정론을 비판한 적이 있다.

이고의 복성론은 정을 멸하여 성을 회복한다는 것인데, 이는 틀린 것이다. 정을 어떻게 없앨 수 있겠는가. 이는 곧 불교의 설인데 거기에 빠져 스스로 알지 못한 것이다.[62]

이고에 대한 주자의 이 말은 제자들에게 많은 영향을 끼쳤다. 주자학이 이고에서 발원된 것이지만, 후대 제자들이 주자학의 교재를 편찬할 때, 이고의 사상을 빼고 주돈이의 태극도설에서 출발했으므로, 그것이 주자학을 난해하게 만든 원인이 되었다.

성과 정은 다 같이 마음에 들어 있다. 마음은 성과 정을 담고 있는 그릇이다. 이 때문에 성이 정으로 발현할 때 마음이 관여하게 되므로 심통성정론(心統性情論)이 생겼다.

---

62. 李翱復性 則是云滅情以復性 則非 情如何可滅 此乃釋氏之說 陷於其中不自知(『朱子語類』卷五十九).

(4) 심통성정론

주자는 성과 심의 관계를 태극과 음양의 관계로 설명한다.

> 성이 태극이라면 심은 음양이다. 태극은 단지 음양 안에 있어
> 음양과 떨어질 수가 없다[63]

태극이 음양 가운데 있으므로 음양과 분리할 수 없듯이, 성이 마음속에 있으므로 마음과 분리될 수 없다. 마음은 성과 정을 담고 있는 그릇과 같다. 성은 리(理)이므로 크기가 없다. 크기가 없는 성을 담고 있는 마음 또한 무한하다. 마음이 무한하다는 것은 물질이 아니기 때문이다. 물질이 아니므로 텅 비어 있어서 무한한 리를 담을 수 있다.

성이 정으로 발현되는 그 모든 현상이 마음 안에서 일어난다. 성이 정으로 발현되는 과정을 마음이 주재하기 때문에 마음이 성과 정을 총괄한다고 하는 심통성정설(心統性情說)이 생겼다. 심통성정에 관해 주자는 다음과 같이 설명한다.

> 마음이 성과 정을 총괄하는 것이다. 조용하여 움직이지 않는
> 데, 인의예지의 리가 거기에 갖추어져 있다. 움직이지 않는 곳
> 에 있는 것이 성이고, 움직이는 곳에 있는 것이 마음이라는 말
> 이 있는데, 만약 그렇다면 이는 하나를 나누어 두 곳으로 만들

---

63. 曰性猶太極也 心猶陰陽也 太極只在陰陽之中 非能離陰陽也(『朱子語類』
권5, 劉砥錄).

게 된다. 마음과 성은 동정으로 말할 수 없다. 모든 것에는 심장이 있지만, 그 안에는 반드시 비어 있다. 닭의 심장이나 돼지의 심장 등을 잘라서 열어보면 알 수 있다. 사람의 마음도 그렇다. 다만 이 비어 있는 조그만 곳에 수많은 진리가 다 들어와 있으므로, 하늘과 땅을 두루 다스리고, 옛날과 지금을 다 포괄하고 있다. 미루어 넓혀 가면, 하늘의 모든 것과 땅의 모든 것이 여기에 있지 않음이 없다. 이것이 사람 마음의 묘한 까닭이다. 리가 사람의 마음에 있는 것을 성이라 한다. 성은 마음의 밭과 같다. 가운데 텅 비어 있는 곳을 가득 채우고 있는 것이 리 아닌 것이 없다. 마음은 신명이 깃들어 있는 집이면서 한 몸을 주재하는 주체이다. 성은 수많은 도리인데, 하늘에서 받아서 마음에 갖추어져 있으면서, 알아차리고 기억하고 염원하고 헤아리는 곳에서 발현하는데, 그것이 모두 정이다. 그러므로 마음이 성과 정을 총괄하는 것이라고 한다.[64]

마음은 성과 정이 들어 있는 그릇과 같다. 하늘의 명이 마음으로 들어온 것이 성이고 성이 발현된 것이 정이다. 하늘의 명은 사람이 좌우할 수 없는 것이므로, 성 또한 사람이 좌우할 수 없는

---

64. 心統性情者也 寂然不動 而仁義禮智之理具焉 動處皆是情 有言靜處是性 動處是心 如此則將一物分作兩處了 心與性不可以動靜言 凡物有心 而其中 必虛 如雞心猪心之屬 切開可見 人心亦然 只這些虛處 便包藏許多道理 彌 綸天地 該括古今 推廣得來 蓋天蓋地 莫不有此 此所以爲人心之妙歟 理在 人心 是之謂性 性如心之田地 充此中虛 莫非是理而已 心是神明之舍 爲一身 之主宰 性便是許多道理 得之於天 而具於心者 發於智識念慮處皆是情 故 曰心統性情者也(『性理大全』 권33, 性理 心性情).

것이다. 그렇다면 사람이 자유롭게 선택할 수 있는 것은 무엇인 가? 사람의 마음은 성·정과 어떤 관계가 있는 것이고, 마음속에 있는 성과 정을 조절할 수 있는 것은 무엇인가? 주자의 설명을 근 거로 분석해보자.

마음은 형체가 없이 텅 비어 있는 것으로 조그마하게 보이지 만, 사실은 시공을 초월하고 있어 무한하고 영원하다. 천지 우주 를 다 끌어안을 수 있고 과거·현재·미래를 하나로 꿸 수 있다. 마 음을 밭에 비유한다면, 밭에 빈틈없이 씨앗이 뿌려져 있듯이, 사 람의 마음 밭에 빈틈없이 하늘의 명인 성이 뿌려져 있다. 밭의 씨 앗은 낱낱으로 뿌려져 있지만, 성은 모든 삶의 도리가 다 들어 있 는 하나의 씨앗이다. 하늘에서 성이 뿌려지는 것은 사람이 관여 할 수 없지만, 성에서 정으로 발현되는 과정에서는 관여한다.

성이라는 씨앗이 뿌려져 있는 마음 밭을 사람의 의식이 뒤덮고 있다. 의식에는 알아차리고, 기억하고, 염원하고, 헤아리고, 계산 하는 등의 기능이 들어 있기 때문에, 의식이 깨어 있을 때는 보고 듣고 냄새 맡고 맛보고 하는 등의 감각을 할 때마다, 감각기관을 통해서 들어오는 감각 대상을 알아차리기도 하고, 그것을 통해서 기억을 떠올리기도 한다. 가만히 있을 때도 망상이 떠오르기도 하 고, 골똘히 생각하기도 한다. 의식에서 일어나는 이런 작용들은 사람 스스로에 의해서 생겨나는 것이다. 사람이 마음속에서 선택 할 수 있는 것은 의식에서 일어나는 이런 작용들뿐이다. 사람이 생각하고 헤아리고 계획하고 염원하는 것 등은 의지대로 할 수 있다. 마음 밭에 있는 성은 옹달샘의 지하수처럼 쉬지 않고 의식 밖으로 올라오는데, 이때 의식의 개입에 따라 다르게 발현한다. 성은 삶으로 나아가는 마음이므로 끊임없이 삶의 방향으로 나타난다. 예를 들면 밤이 늦어 자야 할 때가 되면 성이 자고 싶은 마음으로 발현되는데, 이 순간 생각이나 계산의 개입에 따라 그 방향을 바꿀 수 있다. 마음이 성과 정을 총괄하는 것은 바로 이 부분이다. 사람의 성은 다 같지만, 성이 발현할 때 의식의 개입에 따라 정이 여러 갈래로 갈라져 나오고, 그 갈라져 나온 정이 사람의 삶을 끌고 가기 때문에 사람의 삶이 복잡해진다.

사람의 마음 밭에 깔린 성은 하늘의 명으로 뿌려진 하늘마음이므로, 사람이 성이 발현하는 대로 살기만 하면 하늘마음으로 사는 것이 된다. 하늘마음으로 사는 사람은 하늘이다. 하늘로 사는 사람에게는 고통이나 불행이 없다.

그렇다면 사람이 하늘로 살지 못하는 까닭은 무엇일까? 그 해답은 심통성정의 설명에서 이미 나왔다. 그 까닭은 성이 마음 밭에서 발현할 때, 마음이 잘못 개입하기 때문이다. 마음이 개입한다는 것은 의식에서 작용하는, 생각하고 헤아리고 분별하고 계산하고 알아차리는 등의 기능이 개입하는 것이다. 사람의 의식은 사람의 몸에 있는 감각기관에서 비롯된 것이므로 모두 기(氣)이다. 의식이 기이므로 의식에서 일어나는 기능들 또한 기이다. 그러므로 기질이 혼탁한 사람은 성이 발현되는 순간, 의식에서 작용하는 기능들이 자꾸 왜곡된 방향으로 개입하므로, 성이 발현하는 대로 살기가 어려워진다. 이를 주자는 다음과 같이 말한다.

명덕이란 사람이 하늘에서 얻은 것으로, 텅 빈 상태로 신령하고 어둡지 않아 모든 도리를 갖추고 있으면서 만사에 응하는

것이다. 다만 기품에 구애되고, 인욕에 가려져 때때로 혼미해진
다.[65]

명덕이란 밝은 덕이란 뜻이다. 덕은 성이 변질하지 않고 똑바로
발현되는 마음의 능력이다. 사람의 마음은 하늘마음으로 이루어
져 있고, 사람의 몸은 천지의 기운으로 만들어진 것이므로, 사람
은 성을 똑바로 발현할 수 있는 마음의 능력을 갖추고 태어난다.
덕을 가진 사람은 성을 똑바로 실천할 수 있는 사람이므로, 하늘
같은 사람이다. 하늘같은 사람은 전지전능한 능력으로 살기 때문
에, 안 되는 일이 없다. 그 때문에 덕이란 글자에 밝다는 의미의
수식어를 붙여 밝은 덕이라고 한 것이다.

사람이 모두 밝은 덕을 가지고 태어났지만, 성이 발현될 때 순
간적으로 이기적인 생각을 하면, 성이 왜곡된 방향으로 발현되어,
욕심이 많아지고 기질이 탁해진다. 그럴수록 이기적인 생각이 더
많이 개입하고, 그로 인해 기질이 더욱 탁해지는 악순환이 일어
난다.

그렇다면 이미 욕심이 많아지고 기질이 탁해진 사람에게도 하
늘마음으로 사는 방법이 있을까? 물론 방법이 있다. 주자학의 목
적은 사람이 하늘처럼 살 수 있는 방법을 찾는 것이다. 그 방법이
바로 주자학의 수양론이다.

---

65. 明德者 人之所得乎天而虛靈不昧 以具衆理而應萬事者也 但爲氣稟所拘 人
欲所蔽 則有時而昏(『大學章句』經一章의 朱子注).

3. 주자의 수양론

성은 하늘의 명으로 사람의 마음 밭에 뿌려놓는 하늘마음이므로, 성에 따라서 살기만 하면 아무 문제가 없지만, 사람이 살면서 성을 잃어버리기 때문에 오만가지 문제가 다 생긴다. 이런 문제들을 해결하기 위한 것이 학문이다. 학문이란 잃어버린 성을 회복하는 것이다. 잃어버린 성을 회복하는 방법이 수양이므로 수양이 학문의 핵심이 된다.

(1) 수양론의 기본 체계

사람이 하늘마음으로 살 수 없는 까닭은 자신이 마음을 잘 못 쓴 것에도 원인이 있지만, 부모로부터 혼탁한 기질을 타고난 것에도 원인이 있다. 이에 관해서 주자는 사람의 부류를 다음과 같이 분류하여 설명한다.

> 무릇 사람이 말하고 움직이고 사려하고 경영하고 행동하는 것은 모두 기(氣)가 하는 일이지만, 거기에도 리가 깔려 있으므로, 리가 발하여 효·제·충·신·인·의·예·지가 되는 것이니, 그 또한 모두 리이다. 그러나 사람이 타고난 기질에 따라 말한다면, 어두움과 밝음, 맑음과 흐림의 차이가 있어서 상지(上智)와 생지(生知)의 자질이 있는 것이다. 기(氣)가 청명하고 순수하여 터럭만큼의 혼탁함도 없으면 생지안행의 바탕이 되어, 배우지 않아도 전능하니, 요순 같은 성인이 그러한 분들이다. 그다음은 생지에 버금가는 것으로, 반드시 배운 뒤에 알고, 행한 뒤에 이른다. 또 그다음은 타고난 자질에 치우침이 있고, 또 가려진 바가

있어, 반드시 혹독한 공부를 하여 다른 사람이 하나를 노력하면, 자기는 백을 노력하고, 다른 사람이 열을 노력하면 자기는 천을 노력한 뒤에야 바야흐로 생지에 버금가는 사람 수준에 이를 수 있는 자이지만, 정진하여 중단함이 없으면 성공할 것이다. 성공하기만 하면 모두 같다.[66]

사람은 의식이 있어 생각하고 계산하고 계획하고 경영하며 삶을 꾸려간다. 의식에서 삶을 꾸려가기 위해 발휘하는 것은 다 기의 범주에 해당하는 것이지만, 그 바탕에 여전히 리가 깔려 있으므로, 리에 맞게 생각하고 계산하고 계획하고 경영하면 리를 실천할 수 있다. 그러나 사람에게는 타고난 기질에 차이가 있어, 기질이 밝고 맑은 사람도 있고, 어둡고 탁한 사람도 있다. 기질이 완전하게 맑고 순수한 사람은 하늘처럼 살 수 있다. 그러나 타고난 기질이 약간 어둡고 흐린 사람은 맑고 순수하게 되도록 노력해야 하는데, 그런 노력이 학문이다. 학문은 머리로 하늘마음을 알아야 하고, 몸으로 수행을 해야 한다. 이 두 가지가 학문이고, 학문의 핵심이 수양이다. 타고난 기질이 아주 탁하고 어두운 사람은 혹독한 공부를 해야 한다. 다른 사람보다 백배 이상 노력해야 기질을 맑고 순수하게 할 수 있다. 그렇다 하더라도 목적을 이루기만 하

---

66. 凡人之能言語動作 思慮營爲 皆氣也而理存焉 故發而爲孝弟忠信仁義禮智 皆理也 然 就人之所稟而言 又有昏明淸濁之異 故上智生知之資 是氣淸明純 粹 而無一毫昏濁 所以生知安行 不待學而能 如堯舜是也 其次則亞於生知 必學而後知 必行而後至 又其次者 資稟旣偏 又有所蔽 須是痛加工夫 人一 己百 人十己千 又有方能及亞於生知者 及進而不已 則成功一也(『性理大全』 卷三十).

면 다 똑같다. 주자가 말하는 학문의 핵심은 수양이고, 수양의 목적은 기질을 바꾸어 맑고 순수하게 되도록 하는 것이다.

(2) 격물치지

학문의 목적은 성을 회복하여 성에 따르는 삶을 살 수 있도록 하는 데 있다. 성을 따르는 삶을 회복하는 방법에는 크게 두 가지로 나눌 수 있다. 하나는 성을 따르는 삶이 어떤 것인지 직접 아는 것이고, 다른 하나는 성의 발현을 막고 있는 요소를 걷어내는 것이다. 성은 하늘마음이므로 모양도 없고, 소리나 냄새도 없으므로, 성을 따르는 삶이 어떤 것인지를 알기는 참으로 어렵다. 이런 어려움을 해결하는 가장 좋은 방법이 격물치지이다. 격물(格物)은 다른 것에 다가가는 깃이고, 치지(致知)는 다른 깃에서 성에 따르는 요소를 아는 것이다. 모든 사물에는 공통의 성이 있으므로, 다른 사물을 살펴 거기에 있는 똑같은 삶의 방식을 찾으면 그것이 성에서 발현된 것임을 알 수 있고, 그것을 알면 나도 그와 같은 방식으로 살면 된다. 뭇 생물들을 살펴서 그들의 공통된 삶의 방식을 찾아내는 것도 격물치지에 해당한다.

봄날에 개구리가 밤새 개굴개굴 노래하는 이유를 조사해보면, 그것이 연애하기 위한 것임을 알 수 있다. 밤에 뻐꾸기가 밤새 뻐꾹 뻐꾹 노래하는 것도 연애하기 위한 것이고, 귀뚜라미가 귀뚤귀뚤 노래하는 것도 연애하기 위한 것이며, 매미가 맴맴 노래하는 것도 연애하기 위한 것이다. 그렇다면 모든 생물체는 다 연애하기 위해 노력한다고 단정할 수 있을까? 만약 그렇다면 생물체가 연애하는 것은 성에서 나온 것이므로, 나도 열심히 연애하면 될 것이다. 그렇지만, 아직 다른 생물체를 다 조사하지 않았기 때문에 모든 것이 다 그렇다고 단정할 수는 없다. 그렇다면 모든 생물체가 다 연애한다고 단정하기 위해서는 모든 생물체를 다 조사해야 하지만, 그것은 불가능하다. 이런 점이 격물치지의 방법이 가진 한계로 생각할 수 있겠지만, 사실은 그렇지 않다. 이런 의문점을 주자는 활연관통이란 체험적 깨달음을 통해 해소하고 있다. 그 내용이 『대학』 전5장에 있는 주자의 격물보전(格物補傳)이다.

근래에 조심스럽게 정이천의 뜻을 보완하여 다음과 같이 정리했다. 이른바 지혜를 이룸이 사물에 다가가는 데 있다고 한 것은, 나의 지혜를 이루고자 한다면 그 방법이 사물에 다가가 그 사물에 있는 리를 찾아보는 데 있음을 말하는 것이다. 사람의 마음은 신령하여 온갖 지혜를 다 가지고 있고, 세상의 모든 사물은 리를 다 가지고 있지만, 오직 사물의 리를 다 찾아보지 않았기 때문에 지혜가 다 이루어지지 않은 것이다. 이 때문에 대학에서 가르침을 시작할 때 반드시 배우는 자에게 세상의 모든 사물에 다가가, 이미 알고 있는 사물의 리를 바탕으로 자꾸 더 찾아내어, 모든 리를 다 찾아내는 데 이르도록 하는 것이니, 오랫동안 힘쓰다가 보면, 어느 날 아침에 모든 것이 하나로 관통하는 데 이르게 될 것이니, 그렇게 되면 모든 사물의 외형과 내면, 본질과 현상이 환하게 내 눈에 들어오게 되어, 내 마음 전체의 큰 능력을 다 발휘할 수 있게 될 것이니, 이것이 사물의 참모습이 나에게 다 들어오고, 나의 지혜가 다 이루어지는 것이라고 하는 것이다.[67]

모든 것의 외형으로 나타나는 것만 보면 알 수 있는 것은 외형뿐이다. 개구리가 밤새 개굴개굴 노래하고 있는 것을 보고 알 수 있는 것은 개구리가 개굴개굴 노래한다는 것뿐이다. 그러나 잘 살펴보면 개구리가 개굴개굴 노래하는 것은 개구리의 연애하고 싶은 마음이 밖으로 드러난 것임을 알 수 있다. 이런 방식으로 외형을 보고 마음을 살피기 시작하면, 뻐꾸기도 연애하고 싶어서 노래하고, 귀뚜라미도 연애하고 싶어서 노래하며, 매미도 연애하고 싶어서 노래한다는 것을 알게 된다. 이렇게 자꾸 살펴 가다가 보면, 모든 생명체를 다 조사하지 않아도 어느 순간에 모든 생명체가 다 연애하고 싶어 하는 마음을 가지고 있다는 것을 깨닫게 되는 때가 온다. 이는 이론적으로는 설명되지 않는다. 1m 높이에서 떨어뜨리면 3분의 2만큼 다시 튀어 오르는 공이 있다면 이 공을 1m 높이에서 떨어뜨렸을 경우 이 공은 영원히 튀어 오른다. 왜냐하면 1m를 3분의 2로 곱해 가더라도 영원히 0이 되지는 않기 때문이다. 그러나 실지로 체험해보면 그렇지 않다. 이 공은 몇 번 튀어 오르다가 지면에 붙어버리고 다시 튀어 오르지 않을 때가 온다. 이처럼 이론의 세계와 실제 체험의 세계는 다르다. 생명체가 연애하고 싶어 노래한다는 것을 조사해가다 보면, 모든 생명체를 다 조사하지 않아도, 어느 순간이 되면 모든 것이 다 그렇다는 것

---

67. 間嘗竊取程子之意 以補之 曰所謂致知在格物者 言欲致吾之知 在卽物而窮
其理也 蓋人心之靈 莫不有知 而天下之物 莫不有理 惟於理 有未窮故 其知
有不盡也 是以 大學始敎 必使學者 卽凡天下之物 莫不因其已知之理 而益
窮之 以求至乎其極 至於用力之久 而一旦豁然貫通焉 則衆物之表裏精粗無
不到而吾心之全體大用無不明矣 此謂物格 此謂知之至也.

을 깨달을 때가 온다. 이것이 활연관통이다. 활연관통을 통해 모든 것이 그렇다는 것을 깨닫게 되면 그것이 하늘마음에서 나온 것임을 확신하게 되고, 자기도 성실하게 그 방식을 따르게 된다.

연애하는 일이 하늘마음에서 나온 것임을 확신한다면, 연애해야 할 때가 되면 연애하는 데 모든 에너지를 다 소모해야 한다. 그렇게 하는 것이 성실이다. 『시경』 첫머리에 있는 「관저」라는 시에는 임이 그리워 밤을 지새우는 내용이 나온다. 연애하는 일이 하늘마음에서 나온 것임을 알면 연애를 성실하게 할 수 있지만, 연애하는 일 외의 다른 일에 대해서는 어떤 마음에서 나오는 것인지 모르기 때문에, 다시 살펴봐야 한다. 잘 살펴서 활연관통하고, 또 다른 부분의 삶에 대해 살펴서 활연관통하는 노력을 계속하더라도, 삶 전체를 다 살필 수가 없을 것 같지만, 삶의 내용을 하나하나 살펴서 활연관통하는 일을 계속하다가 보면, 어느 순간 모든 삶을 활연관통하는 때가 온다. 이 순간이 총체적인 활연관통의 순간이다. 총체적으로 활연관통하면, 나의 마음이 온전히 하늘마음이 되어, 세상의 모든 이치에 달통한다. 활연관통의 방식은 생명체를 조사하는 데만 국한되지 않는다. 무생물을 살피는 데도 적용되고, 경전을 공부하는 데도 적용된다.

『논어』에 있는 말들은 주로 공자의 말씀이다. 말씀은 외부에 드러난 것이다. 한 그루의 나무는 외부에 수많은 잎으로 덮여있지만, 그 모든 잎은 한 뿌리로 연결되어 있다. 『논어』에 있는 공자의 말씀도 그렇다. 공자의 모든 말씀은 나무를 뒤덮고 있는 잎과 같다. 잎들이 하나하나 다 다르듯이 말씀의 내용도 하나하나 다 다르다. 심지어 인(仁)에 대한 설명도 같은 것이 없다. 외형만 보면 나무를 뒤덮고 있는 수많은 잎이 다 다르므로, 전체를 다 파악할 수가 없다. 『논어』에 있는 공자의 말씀도 각각 다른 외면적인 의미만 살피면 『논어』를 아무리 읽어도 다 파악할 수 없다. 그러나, 잎 하나를 살펴서 그 잎이 뿌리의 몸짓을 하고 있음을 알아차리고, 또 다른 잎을 살펴 그 모양과 움직임이 다르더라도 그 역시 뿌리의 몸짓임을 알아차리다가 보면, 어느 순간 모든 잎의 몸짓이 다 뿌리의 몸짓임을 알게 되는 때가 온다. 『논어』에 있는 공자의 말씀을 읽을 때도 격물치지의 방법으로 읽어야 한다. 공자의 말씀 한마디를 읽으면서 그 말씀이 나오게 된 공자의 마음을 파악하고, 또 다른 말씀을 읽으면서 또한 그 말씀이 나오게 된 공자의 마음을 파악하는 방식으로 읽어나가면, 어느 순간 모든 말씀이 다 공자의 마음 하나로 꿰어지게 된다. 공자의 말씀을 통해 공자의 마음을 알게 되면, 그 마음이 바로 하늘마음임을 알게 된다. 경전을 읽으면서 글자의 뜻을 조사하는 등의 문헌학적인 방법도 의미가 있지만, 경전 공부의 가치는 격물치지에 있다.

사람은 몸 스스로가 알아서 살아가는 것이 아니다. 몸은 마음이 지시하는 대로 움직인다. 마음은 가만히 있는 것이 아니다. 옹달샘에서 물이 계속 솟아나듯이, 계속 솟아나 삶을 이끌어 가는데, 그것을 의(意)라 한다. 의는 소리라는 뜻의 음(音)과 마음이란 뜻의 심(心)을 합한 글자이므로, 글자 그대로 해석하면 '소리 내고 싶은 마음'이다. 개구리는 연애하고 싶은 마음이 있을 때 개굴개굴 소리를 내는데, 그 소리가 바로 연애하고 싶은 의(意)이다. 사람도 마찬가지다. 마음에서 뜻[意]이 나오고, 그 뜻에 따라 소리내고 행동한다. 사람의 마음은 하늘마음과 욕심으로 구분된다. 활연관통하여 하늘마음을 아는 사람은 하늘마음에서 나오는 뜻[意]과 욕심에서 나오는 뜻을 구별할 수 있다. 하늘마음에서 나오는 뜻은 함께하고 싶은 쪽으로 나오지만, 욕심에서 나오는 뜻은 혼자 갖고 싶은 쪽으로 나온다. 먹을 것이 있을 때 옆에 있는 사람과 함께 하고 싶은 뜻이 생기면, 하늘마음에서 나온 것이고, 혼자서 먹고 싶은 마음이 생기면, 욕심에서 나온 것이다.

하늘마음을 아는 사람은 하늘마음에서 나온 뜻을 성실하게 따르게 되는데, 그렇게 되는 것을 『대학』에서는 뜻이 성실하게 지켜진다는 뜻으로 의성(意誠)이라 했다. 뜻이 정성스럽게 지켜지면, 욕심이 사라지고 마음 전체가 하늘마음으로 가득 찬다. 욕심이 하늘마음으로 바뀌는 것이 마음이 바르게 되는 것이다. 『대학』에서 말한 '심정(心正)'이 바로 그것이다.

격물치지 공부를 주자는 한 단어로 줄여서 궁리로 표현한다.

(3) 거경

경(敬)은 마음 씀씀이를 흐트러지지 않도록 경건하게 유지하는 것을 말한다. 사람이 살아가면서 마음을 흩뜨려도 좋은 것은 없다. 삶의 전반에 걸쳐 마음은 언제나 경건하게 유지되지 않으면 안 된다. 일할 때 이해득실을 따지지 않고, 원칙대로 순수하게 임하는 것이, 일을 경건하게 하는 것이고, 사람을 대할 때 경건하게 잘 받드는 것이, 사람을 공경하는 것이며, 학문을 할 때 잡념이 없이 집중하는 것 또한 경을 하는 것이다. 이와 같은 광범위한 경의 의미 중에서 주자학에서 특히 중시한 것은, 학문할 때 마음을 경건하게 간직하는 것이고, 그중에서 특히 성이 발현될 때 왜곡되지 않도록 마음을 붙잡는 경이다.

경이 수양의 핵심으로 설명된 것은 『논어』에서 공자가 군자에 대한 자로의 질문에 답하여, "경으로 자기를 닦는다"라고 한 말에서 비롯된다.[68] 자기를 닦는다는 것은 마음을 닦는다는 말이다. 자기의 마음 밭에 있는 성이 의식 밖으로 나올 때, 욕심으로 바뀌지 않도록 마음을 다잡는 것이 경이다. 가만히 있을 때는 마음을 경건하게 잘 붙잡고, 움직일 때는 마음이 흐트러지지 않도록 오직 움직이는 것에만 집중하면, 잡념이 일어나지 않고, 잡념이 일어나지 않으면, 마음이 왜곡될 일이 없다. 사람의 마음이 왜곡되지 않으면, 하늘마음이 충만해진다. 하늘마음이 실질적인 리이다. 주자는 다음과 같이 말한다.

> 천지 사이에 있는 본질을 말하면 실리(實理)뿐이다. 사람의 몸에서 말하면 오직 경을 한 연후에야 마음이 참된 곳에서 유행하여 그치지 않는 것을 볼 수 있다. 경을 유지하는 것이 약간만이라도 중단되면 곧 성실하지 못하게 된다. 성실하지 못하면 어떤 것도 유지되지 못한다. 그렇게 되면 실리가 사라진다.[69]

천지 사이에는 하늘마음이 빈틈없이 깔려 있다. 사람의 몸에도 본래는 하늘마음이 빈틈없이 깔려 있지만, 하늘마음이 계속 욕심으로 바뀌면 마음이 욕심으로 가득해진다. 욕심은 원래 없었던

68. 子路問君子 子曰 修己以敬(『論語』憲問).
69. 就天地之間言之 是實理 就人身上言之 惟敬然後 見得心之實處流行不息 敬才間斷便不誠 不誠則無物 是息也(『朱子語類』권96).

마음이므로 헛것이다. 헛것이 마음을 채우면 참된 마음은 사라진다. 그러므로 천지 사이에 참된 마음이 가득한 것처럼, 사람의 몸에 참된 마음이 가득하게 되기 위해서는 하늘마음이 욕심으로 바뀌지 않도록 경건한 상태를 유지해야 한다.

경건한 마음을 유지하는 구체적인 방법을 주자는 정이천의 말을 인용하여 다음과 같이 말한다.

주자는 말했다. "정자는 일찍이 주일무적(主一無適)을 말했고, 일찍이 정재엄숙(整齋嚴肅)을 말했다.[70]

주일(主一)은 하나에 집중하는 것이다. 가만히 있을 때는 잡념이 일어나지 않도록 경건한 마음을 유지해야 하지만, 그럴수록 잡념이 더 많이 일어난다. 이를 막기 위해 오히려 하나에만 마음을 집중하는 것이 좋다. 경전 구절 하나를 골똘하게 생각해도 좋고, 가만히 경전 구절을 암송해도 좋고, 경전 구절을 소리 내어 읽어도 좋다. 또 움직일 때는 마음이 움직이는 것에만 집중하고, 일할 때는 하는 일에만 집중하면 된다. 그렇게 하는 것이 모두 주일이다. 무적(無適)이란 마음이 흩어져 다른 데로 가지 못하도록 다잡는 것을 말한다. 주일하면 저절로 무적이 된다.

정재엄숙이란 몸가짐이 흐트러지지 않도록 잘 간직하는 것을 말한다. 몸가짐이 흐트러지면 마음도 흐트러지기 때문에, 마음을

---

70. 朱子曰 程子嘗以主一無適言之 嘗以整齋嚴肅言之(「進聖學十圖箚」第四 大學圖)에서 인용.

흐트러지지 않게 하기 위해서는, 몸가짐을 흐트러지지 않게 잘 간직해야 한다. 이런 방법들을 주자는 그의 경재잠(敬齋箴)에서 잘 설명하고 있다.

의관을 바르게 하고
시선을 높은 곳으로 두며
마음을 가라앉혀서
하느님을 대해야지

걸음걸이는 신중하게
손놀림은 공손하게
땅을 가려 밟기를
개밋둑 사이로 지나가듯

문을 나서면 손님 대하듯
일할 때는 제사 받들 듯
조심하고 또 조심해서
소홀함이 조금도 없어야지

입 다물기를 병마개처럼
뜻 지키기를 성문처럼
오직 진실하고 오직 한결같아
경솔한 움직임을 삼가야지

동으로 가면서 서쪽 생각을 말고

남으로 가면서 북쪽 생각을 말며

일할 때는 그 일에만 마음 두어

다른 데로 가는 마음 없어야 한다

둘을 해도 둘로 갈라지지 말고

셋을 해도 셋으로 갈라지지 말라

오직 한마음으로 오직 한결같이

모든 것의 변화를 잘 살펴라

오직 이것에만 힘쓰는 것이

경건함을 유지하는 비결

움직일 때도 가만있을 때도 경을 지키면서

안이 밖을 고치고 밖이 안을 고친다

잠시라도 틈이 생기면

사욕이 만 가지로 일어나

불붙이지 않아도 뜨거워지고

얼리지 않아도 차가워진다

털끝만큼이라도 어긋나면

하늘과 땅이 뒤바뀌어

삼강이 다 무너지고

구법이 또한 허물어진다

아! 나 소자는

늘 잊지 않고 경을 합니다

먹으로 써서 경계로 삼아

마음 깊이 새깁니다[71]

경재잠의 내용은 일상생활 전반에서 경건한 마음을 유지하는
방법을 구체적으로 설명한 것이다. 옷과 갓을 가다듬고 시선을 높
은 곳에 두어 언제나 마음으로 하느님을 맞이하는 것이 경건한
마음을 유지하는 핵심이다. 부모를 무시하는 아이가 경거망동하
기 쉬운 것처럼, 하느님을 무시하는 사람은 경거망동하기 쉽다. 늘
하느님을 의식하고, 하느님을 마주하면 마음이 경건해진다.

손놀림과 발길음 하나하니에도 공손하고 신중해야 마음이 흐
트러지지 않는다. 사막에는 몇 길씩 되는 높이의 개밋둑이 즐비한
곳이 있다. 그런 개밋둑 사이를 말 타고 지나갈 때 마음을 집중하
여 곡예 하듯 피하면서 지나가듯이, 평소의 일거수일투족에 마음
을 집중해야 한다.

문밖에 나가면 수많은 사람을 만난다. 못난 이, 어리석은 이, 가
난한 이, 불쌍한 이들도 많다. 그런 사람들을 볼 때 무시하는 마
음이 생기는 것은 자기에게 오만한 마음이 있기 때문이다. 하늘마

---

71. 正其衣冠 尊其瞻視 潛心以居 對越上帝 足容必重 手容必恭 擇地而蹈 折旋
蟻封 出門如賓 承事如祭 戰戰兢兢 罔敢或易 守口如瓶 防意如城 洞洞屬屬
罔敢或輕 不東以西 不南以北 當事而存 靡他其適 弗貳以二 弗參以三 惟精
惟一 萬變是監 從事於斯 是曰持敬 動靜無違 表裏交正 須臾有間 私欲萬端
不火而熱 不冰而寒 毫釐有差 天壤易處 三綱旣淪 九灋亦斁 於乎小子 念哉
敬哉 墨卿司戒 敢告靈臺(『朱子文集』권85).

음을 가진 사람에게는 모든 사람이 하늘처럼 귀하게 보인다. 따라서 길거리에서 만나는 사람들을 대하는 마음이 손님을 받드는 마음이 되어야 마음이 흐트러지지 않는다. 일할 때 대충 해치우려는 마음이 들면 마음이 흐트러진다. 의미 없는 일이 없고, 귀하지 않은 일이 없다. 욕심으로 하는 일은 천하지만, 하늘마음으로 하는 일은 귀하다. 일할 때의 마음가짐은 제사 받들 때의 마음가짐이 되도록 노력해야 한다.

욕심이 끼어들면 말을 함부로 하게 되고, 뜻이 허물어진다. 말을 조심하고 뜻을 지켜서 진실하고 신중해야 욕심이 끼어들지 못한다.

동으로 갈 때는 서쪽 생각하지 말고 오직 동쪽으로 가는 데만 마음을 집중해야 하고, 남쪽으로 갈 때는 북쪽을 생각하지 말고 오직 남쪽으로 가는 데만 마음을 집중해야 한다. 돈을 벌기 위해 일하는 사람은 일하고 있을 때도 마음은 돈에 가버린다. 큰돈을 벌 수 있다고 생각될 때는 무리하게 일을 하고, 별로 돈이 되지 않을 것으로 생각되면 일이 지겹고 따분해진다. 마음이 다른 데로 가지 않고 오직 일에만 집중할 때 일이 제대로 된다.

마음은 오직 하나여야 한다. 화장실 갈 때의 마음과 올 때의 마음이 같아야 한다. 요리할 때의 마음과 설거지할 때의 마음이 다르면 안 된다. 마음이 바뀌지 않고 한결같아야 모든 것이 제대로 처리된다.

오직 마음을 집중해야 마음이 경건하게 유지된다. 마음이 경건하면 몸가짐이 엄숙해지고, 몸가짐에 흐트러짐이 없으면 마음이 경건해진다. 잠시라도 마음이 흐트러지면 바로 욕심이 들어오고, 욕심이 들어오면, 욕심을 채우게 될 때 마음이 뜨거워지고, 욕심을 못 채우게 될 때, 마음이 차가워진다. 하늘마음으로 살면 세상이 낙원이 되지만, 욕심으로 살면 세상이 지옥으로 바뀐다. 마음가짐 하나가 이처럼 중요하므로, 잠시도 마음이 흐트러지지 않게 해야 한다.

한 가지 일에 집중하여 마음이 흐트러지지 않게 하는 좋은 방법 중에 호흡에 집중하는 것이 있다. 호흡에 의식을 집중하면 마음이 흐트러지지 않도록 붙잡을 수 있다. 거기다가 들숨과 날숨을 쉴 때 공기의 양을 일정하게 하면 호흡의 길이가 차츰 길어지면서 몸의 기가 맑아진다. 호흡 수련법 중에 단군조선시대 때부터 내려오는 조식(調息)이 있다. 조식 수련은 경건한 마음을 유지하면서 기를 맑게 하는 이중의 효과가 있다. 주자는 조식 수련에도 몰입했는데, 그 내용을 조식잠(調息箴)이라는 잠언에 담았다.

코끝에 흰 부분이 있으니
나는 그것을 바라본다
어느 때 어느 곳에서나
편안하고 부드러운 모습으로

들숨을 끝까지 하고 내쉴 때는
봄 연못의 물고기와 같이 서서히
날숨을 끝까지 하고 들이쉴 때는
뭇 벌레들이 겨울잠을 자듯 깊이

천지의 기운이 열리고 닫히는

그 오묘한 작용, 끝이 없으니

누가 그것을 주재하는가!

저절로 이루어지는 일이라네

구름에 누워 하늘 나는 신선의 일은

내가 감히 논할 바 아니지만

이 하나를 지켜 조화로움에 처하면

천이백 세 누릴 수 있으리[72]

주자의 문집에 명(銘)은 여러 개가 들어 있지만, 잠(箴)은 경재잠과 조식잠 두 개뿐이다. 이를 보면 주자가 조식 수련에 상당히 몰입했던 것으로 짐작할 수 있다.

마음을 경건하게 유지하는 모든 방법을 오늘날의 말로 표현하면 명상이지만, 전통적으로는 경 공부, 거경(居敬), 주정공부(主靜工夫), 정좌 등으로 표현했다. 거경은 가만히 있을 때와 움직일 때를 가리지 않고 지속해야 하지만, 그중에서 가만히 있을 때 가만히 앉아서 하는 공부를 중시했는데, 그것을 정좌(靜坐)라 한다.

주자는 자신이 경 공부를 하면서 체험한 것을 다음과 같이 술회한 적이 있다.

사람은 정좌하여 사념이 없는 때도 있고, 또 도리를 생각하는

---

72. 鼻端有白 我其觀之 隨時隨處 容與猗移 靜極而噓 如春沼魚 動極而噏 如白
蟲蟄 氤氳開闔 其妙無窮 孰其尸之 不宰之功 雲臥天行 非予敢議 守一處和
千二百歲(『朱子文集』 권85).

때도 있다. 어찌 나누어서 두 길로 여길 수 있겠는가. 정좌할 때와 독서 할 때의 공부를 말하면 전혀 다르다. 정좌하여 함양할 때는 느낌으로 살펴 도리를 생각해내는 것이니, 이것이 바로 함양이다. 일깨우고 이끌고 가서 도리를 가지고 저 사악한 생각과 망념을 물리치는 것을 말하는 것이 아니다. 다만 자기가 도리를 생각하고 있기만 하면, 그때 저절로 사악한 생각이 일어나지 않는다. 말이 진실하고 미더우며, 행동이 독실하고 경건하여, 서 있을 때는 진실함과 미더움과 독실함과 경건함이 앞에 놓여 있는 것을 보는 듯하고, 수레에 타고 있을 때는 그것이 손잡이에 기대어 있음을 보는 것 같이 하면, 저절로 사악한 생각이 들어오지 못한다.[73]

실지로 정좌를 하고 있으면 사악한 생각이나 망념이 끝없이 일어난다. 그것을 일어나지 않도록 하려고 사투를 벌이게 마련이다. 주자도 이런 경험을 많이 했었던 것 같다. 계속해서 일어나는 망념이나 잡생각이 원수처럼 여겨지기도 한다. 그럴 때 자기가 찾아낸 약간의 도리를 터득하게 되면, 자기 마음을 일깨우고 충동하여 그 도리를 가지고 가서 망념과 잡생각을 물리치려고 애썼던 경험도 많았던 것으로 짐작된다. 그런 경험을 통해서 주자는 자기

---

73. 人也有靜坐無思念底時節 也有思量道理底時節 豈可畫爲兩途 說靜坐時與
讀書時工夫 迥然不同 當靜坐涵養時 正要體察思繹道理 只此便是涵養 不
是說喚醒提撕 將道理去卻那邪思妄念 只自家思量道理時 自然邪念不作 言
忠信行篤敬 立則見其參于前 在輿見倚于衡 只是見這忠信篤敬在眼前 自然
邪念無自而入(『宋元學案』十二 「晦翁學案」).

의 도리로 망념이나 잡생각을 물리치려고 노력하는 것이 별 도움이 되지 않는다는 것을 깨달았다. 그럴수록 오히려 분란이 일어나기만 한다. 이는 수련 과정에서만 그런 것이 아니라 세상에서 일어나는 일에서도 그런 것 같다. 나쁜 사람들이 나쁜 짓 하는 것을 보고, 착한 사람들이 착한 마음을 가지고 가서 그들을 물리치려고 하면, 오히려 큰 싸움이 일어나 큰 혼란에 빠지는 경우가 많다. 다투는 사람들은 수준이 비슷하기 때문이다. 수준이 월등하게 다르면 다투지 않는다. 태권도 9단짜리는 태권도 하수들과 다투지 않는다. 9단짜리가 가만히 있기만 해도 태권도 하수들은 스스로 물러간다. 정좌 수련의 과정에서 일어나는 망념과 잡생각을 대할 때도 마찬가지인 듯하다. 망념과 잡생각을 없애려고 하지 말고, 자신의 수련에 집중하여 도리가 몸에 터득되면 망념과 잡생각은 스스로 물러간다. 낮에 밖에서 행동할 때도 그러하다. 끊임없이 망념과 잡생각이 일어나 집중력을 떨어뜨리고 삶을 혼란하게 만들 때, 망념과 잡생각을 없애려 해도 쉽지 않다. 이럴 때는 망념과 잡생각을 내버려 두고 자기의 마음을 다잡으면 된다. 진실하고 미덥게 말하는 데 힘쓰고, 잠시도 쉬지 않고, 독실하고 경건하게 행동해야 한다. 혼자 서 있으면서 아무것도 하지 않을 때는 진실하고 미더운 마음과 독실하고 경건한 자태가 눈앞에 있는 듯이 여기고, 차 속에 있을 때는 그것이 차의 손잡이에 기대어 있는 듯이 여겨서, 잠시도 흐트러지지 않게 몸과 마음을 다잡으면, 망념과 잡생각이 스스로 물러간다. 주자는 체험을 통해서 이를 깨달은 것 같다.

주자가 설명한 수양철학의 내용은 궁리와 거경으로 집약된다.

이 두 수양 방법은 수레의 두 바퀴와 같고, 사람의 두 발과 같아서, 늘 병행해야 하는 것으로 설명된다.

> 배우는 자의 공부는 거경과 궁리만이 있을 뿐이다. 이 두 가지는 서로 도와 발전한다. 잘 궁리하면 거경이 날로 진전되고, 거경을 잘하면 궁리가 날로 치밀해진다. 비유하자면 사람의 두 발과 같다. 왼발이 가면 오른발이 멈추고, 오른발이 가면 왼발이 멈추는 것과 같다.[74]

(4) 예 실천을 통한 수양

성을 회복하는 방법에는 욕심이 밖으로 나오지 못하게 막는 것이 있다. 주자는 『주역』「문언전」에 있는 '경이직내 의이방외(敬以直內 義以方外)'를 수양의 두 방법으로 설명한 적이 있다.

> 중사가 물었다. "경과 의를 양옆에 끼고서 지키고 실천하면, 이로 말미암아 위로 하늘의 덕에 바로 도달할 수 있습니까?" "양옆에 끼고서 지키고 실천한다는 말이 가장 좋다. 경을 가지고 마음속을 바르게 붙잡고, 의를 가지고 외부의 잘못을 방어하는 것, 이 두 가지를 양옆에 끼고 지키고 실천해야 한다. 잠깐만 방치해도 안 된다.[75]

---

74. 學者工夫 唯在居敬窮理二事 此二事互相發 能窮理 則居敬工夫日益進 能居敬 則窮理工夫日益密 譬如人之兩足 左足行則右足止 右足行則左足止(『朱子語類』 권9, 輔廣錄).

경이직내(敬以直內) 즉, '경을 가지고 속을 곧게 한다'라는 말의 뜻은, 성이 정으로 발현될 때 왜곡되지 않고 똑바로 발현될 수 있도록 마음속을 다잡는다는 의미이고, 의이방외(義以方外) 즉, '의로운 마음을 행하여 밖을 방정하게 한다'라는 말의 뜻은 마음이 밖으로 나타날 때 의로운 마음을 행하여 잘못되지 않도록 막는다는 의미이다. 의(義)는 인의 마음이 외부로 드러날 때의 마음이다. 남의 성공을 보고 축하하는 것이 의로운 것이고, 남의 실패를 보고 위로하는 것도 의로운 것이다. 반대로 남의 성공을 보고 샘이 나는 것은 욕심이고, 남의 실패를 보고 고소해하는 마음도 욕심이다.

마음이 밖으로 나올 때 잘 살펴서, 의로운 마음으로 나오는 것만 행동으로 옮기고, 욕심으로 나오는 것이면 행동하지 말고 멈춰야 한다. 그렇게 하면 잘못된 행동을 방지할 수 있다. 만약 어떤 마음이 의로운 마음인지 분간이 가지 않을 때 구체적으로 해결하는 방법이 예이다. 예는 의로운 마음이 구체적으로 드러난 행동 방식이므로, 행위가 예에 맞으면 의로운 마음에서 나온 것이고, 그렇지 않으면 욕심에서 나온 것으로 판단하면 된다. 맹자가 말한 예는 본마음이 사양하고 공경하는 마음으로 나타나는 것이지만, 사양하고 공경하는 마음이 나타나 남에게 예를 갖추는 구체적인 행동 방식도 다 예로 정의된다. 그러므로 예에는 늘 본질과 형식이라는 두 측면이 있다. 본질을 망각하고 예의 형식만 추구하

---

75. 仲思問(…)敬義夾持 直上達天德自此 曰(…)崔是他下得夾持兩字好 敬主乎中 義防乎外 二者相夾持 要放下曇時也不得(『朱子語類』 권95).

면 진정한 예가 되지 못한다. 예를 행동으로 실천할 때는 언제나 그 행동에 예의 정신이 깃들어 있어야만 참된 예가 된다. 이 경우 예의 형식은 바뀔 수 있어도 예의 정신은 바뀌지 않는다.

위에서 언급한 예의 내용은 주로 맹자의 사상을 바탕으로 설명한 것이므로, 순자의 예 사상은 이와 다르다. 순자는 사람의 본심을 악한 마음으로 판단한다. 순자에 따르면, 악한 마음이 여과 없이 밖으로 드러나면 악한 행동을 하게 되어, 세상이 어지러워지므로, 사람에게 악한 행동을 하지 않도록 절제하는 행동 원리와 방식이 예다. 순자의 예는 인간이 만들어낸 것이므로, 때와 장소에 따라 달라질 수도 있다.

주자는 맹자 계열의 사상과 순자 계열의 사상을 결합해야 했으므로 서로 다른 예의 내용을 다음과 같이 표현함으로써 절묘하게 결합하는 솜씨를 보였다.

> 예란 천리가 상황에 맞게 드러나는 행동 원리이고, 사람의 일을
> 원만하게 하는 거동과 법칙이다.[76]

맹자가 말하는 예와 순자가 말하는 예는 내용이 다르다. 맹자가 말하는 예는 하늘마음에서 나오는 사양하는 마음이다. 하늘마음이 밖으로 나올 때는 옥에 조화로운 결이 있는 것처럼, 바깥의 상황에 조화를 이룬다. 순자가 말하는 예는 하늘마음과는 상관이 없다. 사람들의 마음이 악하므로 절제하지 않으면 서로 다

---

76. 禮者 天理之節文 人事之儀則也(『論語』學而篇 제12장의 주자 주).

투어 혼란해진다. 따라서 다투지 않도록 만든 규칙·예법·법률 등이 다 예에 포함된다. 예에 대한 주자의 정의에서 보면, 천리가 상황에 맞게 드러나는 행동 원리는 맹자의 예에 관한 정의로 볼 수 있고, 사람의 일이 원만해지도록 사람이 만든 거동과 행동 수칙은 순자의 예에 대한 정의로 볼 수 있다. 천리가 상황에 맞게 발현되어 사람의 일이 원만하게 진행되는 거동과 행동 수칙이 되는 것이 가장 바람직하다.

주자는 예의 중요성을 고려하여 당시의 상황에 맞는 예를 새로 제정했지만, 예의 제정은 황제가 주도해야 하므로, 주자는 그럴 자격이 없다. 그래서 어쩔 수 없이 가정 안에서만 사용할 목적으로 만들었다는 의미로 '가례'라 이름 붙였다. 그러나 주자가 만든 가례는 나중에 중국과 한국에서 시행하는 예법의 근간이 되었다.

주자가 『가례』를 저술한 목적은 예의 두 측면의 조화로운 통합을 위한 것이었다. 주자는 『가례』의 서문에서 이렇게 적고 있다.

예에는 근본정신이 들어 있고, 외부로 드러난 형식이 있다. 집안에 시행되는 것을 말하자면, 명분을 지키는 것과 애경을 실천하는 것이 근본정신이고, 관혼상제와 의장도수(儀章度數)는 그 드러난 형식이다. 예의 근본정신은 집안에서 일상생활을 가능하게 하는 변함없는 바탕이니, 하루라도 닦지 않을 수 없다. 예의 드러난 형식은 또한 모두 사람 사는 도리의 기준이 되는 것이니, 비록 예를 시행하게 되는 때와 장소가 따로 있지만, 그러나 평소에 분명하게 알아놓고, 익숙하게 연습해 놓지 않으면, 막상 예식을 하게 되었을 때, 내용과 절차를 합당하게 진행할 수

없다. 그러니 또한 하루라도 공부하고 연습하지 않을 수 없다.[77]

주자는 예의 근본정신과 형식을 모두 중시하면서 골고루 공부하고 익힐 것을 당부한다. 주자가 설명한 예의 근본정신에 들어 있는 것이 명분과 애경이다. 명분은 순자가 강조한 사상을 한유가 다시 제창한 이래 구양수와 사마광으로 이어져 오던 것이고, 애경은 맹자가 강조한 측은지심과 공경지심을 이고가 다시 제창한 이래 주돈이, 장재, 정이천으로 이어져 오던 것이므로, 주자가 명분과 애경을 예의 근본정신으로 확정한 것은 맹자의 사상과 순자의 사상을 통합한 것이 되고, 동시에 이고에서 시작된 형이상학적 흐름과 한유에서 시작된 형이하학적 흐름을 통합한 것이 된다.

제2항 주자의 교육사업과 정치원리

학문과 교육은 동전의 양면과 같다. 진리를 얻기 위해 스승에게 배우는 것이 학문이고, 진리를 얻도록 학생에게 가르치는 것이 교육이다. 주자학에서도 학문을 중시하는 것과 똑같이 교육을 중시한다.

유학의 목표가 진리를 얻는 것이지만, 가정과 사회를 떠나지 않

---

77. 凡禮 有本有文 自其施於家言之則名分之守 愛敬之實 其本也 冠婚喪祭儀章
度數者 其文也 其本者 有家日用之常體 固不可以一日而不修 其文又皆所以
紀綱人道之始終 雖其行之有時 施之有所 然非講之素明 習之素熟 則其臨事
之際 亦無以合宜應節 其亦不可一日而不講且習焉者也(『家禮』序文).

기 때문에, 유학에서는 심오한 진리를 가르치기 전에 가정과 사회에서의 윤리를 먼저 가르친다. 심오한 진리가 일상생활에서 드러나는 것이어야 하고, 일상생활에서의 언어와 동작이 심오한 진리를 머금어야 삶이 온전해진다. 주자는 제자인 유자징(劉子澄)에게 『소학』을 찬술하게 할 정도로, 제자들에게 예를 강조했다. 『소학』은 학생들에게 물 뿌리고, 청소하고, 사람들과 응대하고, 나아가고 물러나는 방법을 가르치고, 예·악·활쏘기·말타기·글쓰기·산수 등의 교육을 중시했다.

주자는 은거한 뒤, 학문을 연구하고 가르치는 작은 정사(精舍)를 복건성 안에 세 곳 세웠고, 서원 두 곳을 재건했으며, 여섯 개 서원에서 강의했다. 현판 글씨를 썼거나 연혁에 관한 글을 남긴 서원이 열세 군데에 이른다. 그중에 돋보이는 것은 백록동서원의 재건이었다.

주자는 1179~1181년 사이 강서성(江西省) 남강군(南康郡)의 지사가 되었을 때, 9세기에 건립되었다가 거의 폐허가 되다시피 한 백록동서원을 재건하고 스스로 원장이 되어, 유학의 윤리 도덕을 강의하는 한편, 전국의 유명한 학자들을 초청하여 학술적인 토론을 하는 등 교육과 학문을 활발하게 진행했다. 그 뒤 백록동서원은 유명해져 학교 교육의 모범이 되었다. 주자는 백록동서원에 부자유친·군신유의·부부유별·장유유서·붕우유신의 오륜을 학문의 목표로 설정하여 제일 앞쪽에 게시하고, 이어서 『중용』에 있는, 널리 배울 것·자세하게 물을 것·신중하게 생각할 것·밝게 분별할 것·독실하게 행할 것(博學之·審問之·謹思之·明辨之·篤行之)의 다섯 가지 학문의 요목을 게시하고, 다섯 가지 학문의 요목 중에 널리 배우는 박학·자세하게 묻는 심문·신중하게 생각하는 신사·밝게 분별하는 명변을 궁리의 요목으로 삼고, 독실하게 행하는 독행을 수신·처사·접물(接物)로 구분했다. 이어서 독행의 내용 중의 수신의 내용에 해당하는 것으로, 말을 진실하고 미덥게 하고, 행실을 독실하고 경건하게 할 것(言忠信 行篤敬)·분노를 누르고 욕심을 막을 것, 선으로 옮겨가고 허물을 고칠 것(懲忿窒慾 遷善改過), 처사에 해당하는 것으로, 바르게 의로움을 행하고 이익을 도모하지 말 것, 도를 밝히고 공 세우는 것을 헤아리지 말 것(正其義 不謀其利 明其道 不計其功), 접물에 해당하는 것으로, 자기가 하기 싫은 것을 남에게 시키지 말 것, 행동한 것이 제대로 안 되면 도리어 자기에게서 원인을 구할 것(其所不欲勿施於人 行有不得反求諸己)을 게시했다.

주사는 위의 글을 게시한 뒤 제자들에게 다음과 같은 학문의 자세를 당부했다.

내가 조심스럽게 살펴보니, 옛 성현이 사람들에게 학문을 하도록 가르친 뜻은 그들에게 의리를 강구하고 밝혀 몸을 닦은 연후에 다른 사람에게 다가가게 한 것이지, 한갓 옛글을 많이 보고 기억하는 데 힘쓰게 하고, 글이나 문장을 잘 지어서 이름을 날리게 하며, 이익이나 벼슬을 하도록 하는 데 있는 것이 아니다. 지금 사람들이 학문을 하는 것은 이와 반대다. 그러나 성현들이 사람을 가르친 법이 경전에 다 남아 있으니, 뜻 있는 선비는 마땅히 숙독하고 깊이 생각하여 묻고 따져봐야 한다. 참으로 사람 사는 도리가 어떠한지 잘 알아서 자기가 반드시 그렇게 되도록 해야 한다. 법도나 규칙 등을 어찌 다른 사람이 만든 뒤에 그것을 지키고 따르겠는가! 근세 학당에 규율이 있지만, 학자를 대하는 것이 너무 소홀하고 그 법식이 또 반드시 옛사람의 뜻이라 할 수 없으므로, 이제 다시 이 학당에 걸지 않기로 하고, 다만 성현이 사람들을 가르칠 때 학문을 하는 큰 실마리로 삼아 열거했던 위와 같은 조목들을 문틀 위에 걸었으니, 제군들은 서로 더불어 강학하여 그 뜻을 밝히고 규칙을 잘지켜 자신이 실천할 수 있기를 구하면, 생각하고 헤아리고 말하고 움직일 때 경계하고 조심하고 두려워하는 것을 반드시 저내용보다 더 엄하게 할 수 있을 것이다. 그렇지 않고 저 내용과반대로 나아가게 되면 이른바 규율은 기필코 확고하게 하기 위한 것이었지만, 잘못되면 대충대충 하게 된다는 것이다. 제군들은 유념해야 할 것이다.[78]

사람들이 욕심 채우는 방향으로만 달려가면 온 힘을 기울여 남들과 경쟁하기 때문에 사회적으로 큰 발전이 있는 듯하지만, 결국 마음이 피폐해지고 사회가 큰 혼란에 빠진다. 송나라가 안정되지 못하고 자꾸 혼란해지는 이유는 사람들의 마음에 도덕심이 자

---

78. 憙竊觀古昔聖賢所以教人爲學之意 莫非使之講明義理 而修其身 然後推以及人 非徒欲其務記覽爲詞章以釣聲名取利祿而已也 今人之爲學者 則旣反是矣 然聖賢所以教人之法具存於經 有志之士固當熟讀深思 而問辨之 苟知其理之當然 而責其身而必然 則夫規矩禁防之具 豈待他人設之而後有所持循哉 近世於學有規 其待學者爲已淺矣 而其爲法又未必古人之意也 故今不復以施於此堂 而特取凡聖賢所以教人爲學之大端條列如右 而揭之楣間 諸君其相與講明遵守 而責之於身焉 則夫思慮云爲之際 其所以戒謹而恐懼者必有嚴於彼者矣 其有不然而或出於此言之所棄 則彼所謂規者必將取之固不得而略也 諸君其亦念之哉(『朱子文集』 권74, 白鹿洞書院揭示).

리 잡지 못했기 때문이다. 이를 걱정한 주자는 당시 나라를 안정시키는 근본 방법이 사람들에게 도덕심을 갖게 하는 것이고, 도덕심을 갖게 하는 것이 교육에 달려 있다는 것을 알았기 때문에, 교육에 심혈을 기울였다. 주자가 시도한 교육의 내용은 기존의 교육 내용을 완전히 바꾼 교육 혁명이었다. 당시 학생들이 학문에 임하는 목적은 주자가 지적한 것처럼, 옛글을 많이 기억하고 글이나 문장을 잘 지어 과거시험에 합격하고, 이름을 날려서 출세하는 데 있었고, 교육의 내용도 그런 방향으로 흘러갔다. 그것은 학문의 원래 목적인, '수양을 하여 사람들을 편안하게 하는' 데 있는 것이 아니었다. 당시 사람들의 학문은 공자가 말한, 위인지학이었지, 위기지학이 아니었다. 이를 염려한 주자는 학생들에게 참된 학문을 하도록 깨우쳤다. 주자는 교육혁명가로 나선 것이었다.

교육을 바로잡는 일을 대규모로 실시하기 위해서는 역시 정치적인 역할이 필요하므로, 정치에 관심을 가지지 않을 수 없다. 옛 학자들이 학문을 완성한 뒤에 교육과 정치로 진출하는 것이 이 때문이다. 정치의 목적은 사람들에게 본성을 회복하도록 하는 데 있고, 본성을 회복하는 방법은 교육을 통해서 가능하므로, 정치란 결국 교육을 제대로 하는 데 필요한 것이다. 주자는 이를 다음과 같이 정리한다.

'이른바 인심은 위태롭고 도심은 미약하므로, 오직 정밀하게 하고 오직 한결같이 하여, 진실로 중용의 진리를 잡아야 한다'라는 것은 요·순·우로 전해진 밀지이다. 사람은 태어나면서부터 형체에서 생기는 사욕에 얽매여 있으므로 인심이 없을 수 없지만, 반드시 천지의 바른 것을 얻기 때문에 또한 도심이 없을 수 없다. 일상생활 중에 두 마음이 함께 있으면서 번갈아 승부를 다투니, 개인 한 사람의 시비득실(是非得失)과 온 세상의 치란안위(治亂安危)가 거기에서 비롯되지 않음이 없다. 그러므로 정밀하게 택하여 인심이 도심에 끼어들지 못하도록 하고, 지키기를 한결같이 하여 천리가 인욕으로 흐르지 않게 하면, 행하는 일이 모두 중용을 얻게 되어, 세상 어디를 가더라도 대처함에 타당하지 않음이 없게 된다. 어찌 인심이 스스로 위험에 빠뜨리는 대로 내맡겨서, 때때로 도심이 완전히 사라지는 것을 당연하게 여기며, 도심이 자꾸 미약해지는 대로 내맡겨, 도심이 완전히 사라지지 않고 잠깐 남아 있는 것을 요행으로 여기겠는가! 요·순·우로 전해진 것이 이것이었는데, 탕·무는 이를 듣고 알아서 자기를 돌이켜 중용의 도에 이른 자이다. 공자께서 안연과 증참에게 전한 것도 중용의 도이고, 증자가 자사와 맹자에게 전한 것도 또한 중용의 도이다. 그러므로 "어느 날 하루 극기복례 하면 천하가 인으로 돌아온다"라고 했고, 또 "내 도는 하나로써 꿰뚫고 있다", "도는 잠시도 없어질 수가 없으니 없어진다면 도가 아니다. 그러므로 군자는 보이지 않는 곳에서 조심하고 들리지 않는 곳에서 두려워한다", "호연지기는 지극히 크고 지극히 굳세어서 바른 마음으로 길러서 해치지 않으면 천지 사이에 꽉 찰 것이다" 등으로 말했으니, 이는 옛 성현들이 전해준 묘한 진리이다. 유학을 공부하는 사람들이 서로 어울려 신중하게 지키고 함께 배우면, 비록 세상이 아무리 넓어도 다스리는 방법이 여기에서 벗어나지 않는다고 여기게 될 것이다.[79]

주자는 '욕심을 버리고 도심을 붙잡는 것이 학문의 핵심'임을 밝히고, 성인들의 여러 말들을 인용하여 그것을 입증한 뒤에 정치의 방법이 이에서 벗어나지 않음을 밝혔다. 주자가 학문의 핵심을 경전의 여러 말을 근거로 하여 밝힌 것은 그것이 그만큼 중요하기 때문이다. 정치와 교육은 이에서 벗어나는 것이 아니다. 모든 정치의 기본은 개인적 수양이다. 수양이 되지 않은 사람은 정치를 할 수 없다. 이에서 보면 주자는 맹자 사상과 순자 사상을 종합하여 체계화했지만, 그 무게중심은 맹자의 사상에 놓여 있음을 알 수 있다.

---

79. 所謂人心惟危道心惟微 惟精惟一 允執厥中者 堯舜禹相傳之密旨也 夫人自有生而梏於形體之私 則固不能無人心矣 然而必有得于天地之正 則又不能無道心矣 日用之間 二者竝行 迭爲勝負 而一身之是非得失 天下之治亂安危 莫不係焉 是以 欲其擇之精 而不使人心得以雜乎道心 欲其守之一而不使天理得以流於人欲 則凡其所行無一事之不得其中而於天下國家 無所處而不當 夫豈任人心之自危 而以有時而泯者爲當然 任道心之自微 而幸其須臾之不常泯也哉 夫堯舜禹之所以相傳者 旣如此矣 至於湯武則聞而知之 而又反之以至於此者也 夫子之所以傳之顔淵曾參者此也 曾子之所以傳之子思孟軻者亦此也 故其言曰一日克己復禮天下歸仁焉 又曰吾道一以貫之 又曰道不可須臾離也 可離非道也 是故君子戒愼乎其所不睹 恐懼乎其所不聞 又曰其爲氣也 至大至剛 以直養而無害 則塞乎天地之間 此其相傳之妙 儒者相與謹守而共學焉 以爲天下雖大而所以治之者不外乎此(『朱子文集』권36, 〈答陳同甫〉).

제3장

■

주자의 말년과 주자 이후의 유학

제1절
주자의 탄압과 명예 회복

당나라 말기에 한유와 이고에서 시작된 새로운 유학의 두 흐름이 주자에 이르러 하나로 통합되면서 유학의 새로운 학풍이 진작되었다. 주자의 문인들이 대거 모였고, 주자의 학문에 동조하는 많은 지식인이 등장했다. 이로 말미암아 대중적 도덕교육이 가능한 분위기가 살아났다. 이는 정권을 장악한 권력자들에게 위협이 될 수밖에 없었다. 주자의 학풍이 대중적으로 지지를 얻게 되면, 정치기반이 약한 황제는 지지기반을 확보하기 위해 주자를 이용하기 마련이다. 주자의 나이 55세 때인 1194년에 즉위한 영종 황제는 재상 조여우(趙汝愚)의 추천을 받아 주자를 수도 임안으로 불렀다. 이미 권력을 장악한 세력들은 위협을 느끼기 때문에 가만히 두고 보지 않는다. 영종을 옹립한 공신 한탁주(韓侂胄)가 주자를 파직시켰다. 이듬해에 주자의 학문을 거짓된 학문이란 뜻의 위학(僞學)으로 지목하고 탄압하기 시작하여, 저서의 간행과 유포를 금지했고 정치활동을 비롯한 공적인 모든 활동을 금지했다. 그럴수록 주자를 따르는 학생들의 열의는 더욱 높아져 갔다. 그것이 탄압받고 있는 주자로서도 큰 위안이 되었다. 주자는 마지막 순간까지 학문과 저술의 속도를 늦추지 않았다.

주자는 죽을 때까지도 정치적인 명예가 회복되지 않다가 죽은 뒤에 바로 회복되었다. 주자의 명예가 회복되었다는 것은 주자의 진가가 드러나기 시작했다는 것을 의미하고, 정치를 장악하고 있던 기득권 세력들이 주자학을 추종하는 신진세력들을 무시할 수 없는 상황이 되었다는 것을 의미한다. 주자 사후 9년째인 1209년과 1230년에 시호가 내려졌고, 1241년에는 그의 위패가 공자의 사당에 모셔졌다. 이는 주자학이 엄청난 영향력을 갖게 되었다는 것은 의미한다.

제2절
육구연의 생애와 철학

제1항 육구연의 생애와 학문 여정

육구연(陸九淵: 1139~1193)의 호는 상산(象山), 자는 자정(子靜)이다. 1139년 강서(江西) 무주(撫州) 금계 육방(陸坊) 청전촌(青田村) 사람이다. 여섯 형제 가운데 막내였으며, 넷째 형 구소(九韶), 다섯째 형 구령(九齡)과 함께 '삼육자(三陸子)'로 일컬어진다. 육구연은 어릴 때부터 철학적인 문제들에 관심을 가졌던 것으로 보인다. 『송사』「유림열전」에는 다음과 같은 기록이 있다.

3, 4세 때 부친에게 "하늘과 땅의 끝나는 곳이 어디입니까?" 하고 물은 적이 있었는데, 부친은 웃기만 하고 대답하지 않았다. 육구연은 이 문제를 생각하느라 침식을 잊었다. 총각이 되었을 때 행동거지가 보통 아이들과 달라 보는 이들이 존경했다. 그는 사람에게 다음과 같이 말한 적이 있다. "사람들이 이천의 말을 읊조리는 것을 들으면 내 마음이 상한다." 또 말하기를 "이천의 말이 공자 맹자의 말과 같지 않은 것은 무엇 때문인가?"라고 질문했다.[80]

상산이 이천에 대해 불만을 가진 것은 8세 때의 일이다. 상산의 불만은 이천의 이기설 때문이었을 것이다. 이천의 학문적 목적은 성을 회복하는 것이었고, 성을 회복하기 위해 먼저 성을 알아야 했다. 그러나 성이 욕심에 가려서 알기 어려우므로, 이천은 다른 것에 다가가 다른 것에 있는 성을 알고 그것을 미루어 자기의 성을 안다고 하는 우회적 방법을 택했다. 생물체의 본질은 성으로 정의되지만, 생물체를 포함한 모든 물체의 본질은 리로 정의된다. 본질에서 보면, 생물의 성과 만물의 리가 같은 것이므로, 만물의 본질을 표현하려면 리라고 해야 한다. 이천은 다른 것에 다가가 다른 것에 있는 리를 하나하나 찾아가다 보면 어느 날 모든 리가 하나라는 것을 알고, 그것을 통해서 자기의 성을 알 수 있다는 방법을 전개했고, 주자도 이 방법을 계승했다.

---

80. 生三四歲 問其父天地何所窮際 父笑而不答 遂深思 至忘寢食 及總角 擧止異凡兒 見者敬之 謂人曰(…)聞人誦伊川語 自覺若傷我者 又曰(…)伊川之言 奚爲與孔子孟子之言不類.

『대학』에는 격물치지라는 말이 있지만, 그 내용이 이천이 설명한 것과는 다르다. 주자는 이천의 말을 참고하여 『대학』의 격물치지에 해당하는 내용을 스스로 보완했다. 이에 대한 평가는 사람에 따라 다르다. 이천과 주자가 설명한 격물치지의 내용을 매우 중요하게 생각하는 사람도 있지만, 필요 없는 것으로 판단하는 사람도 있다. 탁한 물이 가득 고여 있는 웅덩이만 들여다보고 있는 사람은 웅덩이에 흘러들어오기 전의 맑은 물을 아는 데 많은 어려움이 있지만, 그다지 탁하지 않은 물이 고여 있는 웅덩이를 들여다보고 있는 사람은 맑은 물을 아는 데 큰 어려움이 없다. 사람의 마음도 그렇다. 욕심이 많은 사람은 자기의 성이 욕심에 덮여서 보이지 않으므로 알기가 어렵지만, 욕심이 적은 사람의 성은 많이 가려져 있지 않기 때문에 아는 데 큰 어려움이 없고, 성을 회복하는 데도 큰 어려움이 없다. 마음을 들여다보고 욕심이 움직이고 있으면 억제하고, 본심이 움직이면 붙잡으면 된다. 만약 욕심이 하나도 없는 사람이 있다면 그는 성을 회복할 필요가 없다. 그런 사람은 마음 내키는 대로 살면 된다.

욕심 없는 사람의 삶의 방식을 두 부류로 분류할 수 있다. 하나는 갓난아이의 삶의 방식이고, 다른 하나는 성인(聖人)의 삶의 방식이다. 갓난아이는 마음 내키는 대로 살지만, 외부의 상황에 맞게 분별하지 못하기 때문에 상황에 맞지 않을 때가 많다. 그러나 성인은 마음 내키는 대로 살지만, 그 삶이 외부의 상황에 맞게 드러나므로, 언제나 외부의 상황과 조화를 이룬다. 노장철학에서 말하는 삶은 모든 분별을 거부하기 때문에, 갓난아이의 삶과 유사하지만, 갓난아이와의 차이점은 세속에서의 삶이 가짜의 삶이라는 것을 알기 때문에 세속에 나오지 않는 데 있다.

이천과 주자가 격물치지의 방법으로 '오늘 격일물(格一物), 내일 격일물' 하는 방식을 택한 것은 성을 아는 것이 너무 어렵기 때문이었다. 상산은 착한 마음을 타고났고, 그 마음이 계속 유지되었던 것으로 보인다. 만약 그렇다면 상산에게는 정이천이 말한 격물치지의 방법이 필요가 없다. 가만히 마음을 들여다보기만 하면 성에서 나온 마음과 그렇지 않은 마음을 알 수 있으므로, 자기의 성을 알기 위한 '오늘 격일물(格一物), 내일 격일물' 하는 방식이 필요가 없다. 상산이 이천에게 불만을 가졌을 때의 나이가 8세 때였다는 말이 사실이라면 상산은 8세 때 이미 『논어』와 『맹자』를 독파하여 그 내용을 이해했던 것으로 보아야 한다. 공자와 맹자가 정이천처럼 격물치지의 방법을 설하지 않았던 것은 당시의 사람들이 송나라 때의 사람들보다 욕심이 적었기 때문일 것이다. 송나라 때의 사람들이 대부분 공자와 맹자 때의 사람들보다 욕심이 많았다면 그들은 공맹 시대의 격물치지 방법으로는 자신의 성을 이해하기 어려웠을 것이기 때문에, '오늘 격일물 내일 격일물'하는 방법을 제창한 것으로 이해할 수 있다. 상산이 8세의 어린 나이에 『논어』와 『맹자』를 읽고 성을 회복하는 것을 이해했다고 한다면 상산은 철학의 천재였음이 틀림없다.

상산은 13세 때 큰 깨달음을 얻고 다음과 같은 말을 남겼다.

우주 안의 일이 내 안의 일이며, 내 안의 일이 우주 안의 일이다.[81]

웅덩이 안이 지하수에서 나온 물로 가득하다면, 웅덩이 안의 물과 지하수 전체의 물은 하나이다. 웅덩이 안의 물이 지하수 전체이고 지하수 전체가 웅덩이 안의 물이다. 사람의 마음도 그렇다. 내 마음속에 욕심이 없으면 내 마음이 곧 우주 마음이고, 우주 마음이 곧 내 마음이다. 상산은 13세 때 사람의 마음이 우주의 마음과 하나임을 깨달았다. 사람이 우주의 마음으로 살면 사람이 우주이다. 그런데 현재 그렇지 못한 까닭은 우주의 마음인 본래마음을 잃어버렸기 때문이다. 그렇다면 이제 남은 과제는 하나로 귀결된다. 그 잃어버린 마음을 도로 찾는 것이다. 상산은 맹자의 말에 마음이 꽂히지 않을 수 없었다. 상산은 다음과 같이 말한다.

> 학문의 길은 다른 것이 아니다. 잃어버린 마음을 구하는 것일 뿐이다. 맹자의 이 말을 듣고 누가 멍해지지 않을 수 있겠는가![82]

잃어버린 마음은 본래부터 가지고 있었던 마음이다. 그 마음은 모두의 마음이고 하늘의 마음이다. 하늘마음으로 사는 사람은 하늘과 같다. 학문이란 바로 자기의 본래마음을 알고 회복하여 하늘과 하나 되는 것이다. 이를 육상산은 다음과 같이 말한다.

---

81. 宇宙內事乃己分內事 己分內事乃宇宙內事(『宋史』 권434 「儒林列傳」 또는 『象山集』 권33, 36).
82. 學問之道 無他 求其放心而已矣 孟子之斯言 誰爲聽之不藐者(『陸象山全集』 권32, 拾遺).

마음은 단지 하나의 마음이다. 나의 마음이 내 친구의 마음이
고, 위로 수천 수백 년 전의 성현의 마음이며, 아래로 수천 수
백 년 뒤에 다시 한 성현이 나오더라도 그 마음은 또한 이와 같
다. 마음의 본체는 매우 크다. 만약 자기의 마음을 다 발휘한
다면 하늘과 하나가 된다. 학문이란 다만 이를 이해하는 것이
다.83

잃어버린 본래마음을 찾는 것보다 더 중요한 것이 없다. 이 목
표를 가지고 있지 않은 사람은 아무리 열심히 학문을 하더라도
학문이 될 수 없다. 당시에는 학문의 목적을 잊어버리고 있는 학
자들이 많았기 때문에, 상산은 쉬지 않고 이를 강조했다. 학문의
목적을 잊어버리고 학문하는 사람은 학문을 하고 있어도 학문에
뜻이 없는 것이다.

학자들은 반드시 뜻을 가져야 한다. 글을 읽고 단지 글자의 뜻
만을 이해하는 것은 뜻이 없는 것이다.84

목적을 잘못 정한 사람은 아무리 열심히 하더라도 의미가 없
다. 그것은 도둑을 잡으러 가는 경찰이 도둑이 달아난 방향과 반
대의 방향으로 뒤쫓아 가는 것과 같다. 열심히 쫓아갈수록 점점

---

83. 心只是一個心 某之心 吾友之心 上而千百載聖賢之心 下而千百載復有一聖
賢 其心亦只如此 心之體甚大 若能盡我之心 便與天同 爲學只是理會此(『陸
象山全集』 권15, 어록 문인 周淸叟廉夫錄).
84. 學者須是有志 讀書只理會文義 便是無志(『陸象山全集』 권35).

더 멀어질 뿐이다. 이런 점 때문에 상산은 먼저 바른 목적을 세우는 것을 계속 강조했다. 이에 대해 당시의 사람들은 상산을 비난하는 사람들도 있었다.

> 근래 나에 대해 이러쿵저러쿵 말하는 사람들이 다음과 같이 말하고 있다. "먼저 그 큰 뜻을 세우는 것, 한 구절을 제외하고는 철학적 기량이 전혀 없다." 내가 그것을 듣고 말했다. "참으로 그렇다."[85]

당시의 사람들 가운데는 학문을 한다고 하면서 학문의 본래 목적을 상실하고, 과거시험 준비나 명성을 얻기 위해서 하는 사람들이 많았던 것으로 보인다. 그런 목적을 위해서 하는 학문은 학문이 아니다. 상산은 그 중요성을 알기 때문에 자기에게 비난하는 것에 대해서까지도 오히려 자부심을 느끼고 반응했다.

뜻을 제대로 가지고 본래마음을 찾는 목적을 분명히 한 뒤에는, 본래마음을 회복하는 방법에 매달려야 한다. 상산이 말한 학문방법은 생각을 바르게 하는 것이다.

> 생각의 바르고 바르지 않음은 순간에 달려 있다. 생각이 바르지 못한 사람도 순간에 알아차리면 즉시 바르게 되고, 생각이 바른 사람도 순간에 잃어버리면 즉시 바르지 않게 된다. 이런

---

85. 近有議吾者 云除了先立乎其大者一句 全無伎倆 吾聞之 曰誠然(『陸象山全集』 권34, 語錄).

일들은 모두 마음먹기에 달렸다.[86]

상산에 의하면 학문의 목적은 하나이고 방법은 간단하다. 목적이 하나이므로 흔들리지 않고, 방법이 간단하므로 집중할 수 있다. 상산이 마음을 바로잡는 방법으로 제시한 것은 생각을 바르게 하는 것이다. 본래의 마음이 왜곡되는 것은 생각을 잘못하기 때문이다. 생각은 쉬지 않고 일어난다. 생각이 바르게 일어나면 마음이 바르게 유지되지만, 생각이 바르지 않게 일어나면 바로 왜곡되어 욕심에 빠진다. 그러므로 사람이 살아가면서 매 순간 일어나는 생각을 집중적으로 관찰하여 바르지 않은 생각은 억제하고 바른 생각을 따르면 본마음은 유지된다. 상산이 말하는, 쉽고 간단한 방법이란 바로 이것이다.

13세 때의 깨달음이 있고 난 뒤로 상산의 학문은 탄력이 붙을 수밖에 없다. 깨달으면 모든 것을 다 이루므로, 학문이 완성되는 것으로 생각하기 쉽지만, 그렇지 않다. 깨닫는 순간부터 공부가 더욱 치열해진다. 이는 외국어를 공부하는 사람의 경우를 보면 바로 알 수 있다. 외국어를 공부할 때 처음에는 단어를 익혀가지만, 여전히 귀가 뚫리지 않는다. 그때의 공부는 지겹고 게으름이 난다. 그러나 어렴풋이 귀가 뚫리기 시작할 때가 되면 완전히 귀가 뚫려서 모르는 단어가 없을 때까지 공부에 가속도가 붙는다. 상산이 13세 때 깨달은 것은 완전한 깨달음이 아니었다. 그것은 외

---

86. 念慮之正不正 在頃刻之間 念慮之不正者 頃刻而知之 卽可以正 念慮之正者 頃刻而失之 卽是不正 此事皆在其心(『陸象山全集』 권22, 雜著 · 雜說).

국어를 공부하다가 귀가 약간 뚫리기 시작했다는 신호이다. 상산은 학문에 매진했다.

목적을 잊어버리고 학문에 종사하는 사람들은 머릿속에 단어나 용어들을 기억하고, 의견이나 이론들을 정리하는 것을 학문으로 착각하기 쉽다. 그런 방식의 학문을 하면 머릿속에 많은 이론이 기억되지만, 가슴으로 느끼는 기쁨과 행복감이 없다. 참다운 학문을 하면 순박해지고 알차게 되지만, 목적이 잘못된 학문을 하면 머릿속에서 이론을 잡다하게 전개한다.

> 지금 세상에서 학문하는 자들이 추구하는 학문의 길에는 두 가지가 있다. 하나는 소박하고 참된 길이고, 다른 하나는 논의하고 따지기만 하는 길이다.[87]

원래의 목적을 잃지 않고 학문을 하면 소박하고 참된 자기의 본마음을 회복할 수 있지만, 많은 이론을 만들어 그 이론들을 따지고 정리하는 방식의 학문을 하면 머리가 복잡해질 뿐 헛되고 피곤하다.

사람의 마음이 본마음으로 가득해지면 몸에서 위엄이 배어 나온다. 본마음은 하늘마음이므로 몸에서 하늘의 위엄이 배어 나오는 것이다. 일반인들은 평소에 욕심에 빠져 있다가도 자녀에게는 가끔 하늘마음으로 대할 때가 있다. 그때 부모님의 몸에서는 위엄이 번져 나온다. 어머니는 약하고 아는 것도 많지 않지만, 아들딸

---

87. 今天下學者 有兩途 一途朴實 一途議論(『陸象山全集』 권32).

이 고개를 치켜들고 대들 수 없는 까닭은 그런 위엄 때문이다. 부모님의 위엄은 주로 자녀에게 다가갈 때 배어 나오지만, 다른 사람에게 다가갈 때는 하늘마음이 사라지므로, 그 위엄도 함께 사라진다. 그러나 본심을 가지고 있는 선비에게는 위엄이 변함없이 번져 나온다. 상산의 몸에서도 그런 위엄이 어느 정도 배어 나온 것으로 보인다.

상산은 학문이 무르익을수록 유명해졌고, 많은 사람이 상산을 주목하기 시작했다. 상산은 1172년 34세 때 과거시험에 응시했는데, 시험답안지를 검토하던 당시의 시험 감독관 여조겸(呂祖謙)이 바로 상산의 답안지임을 알아보고 칭찬을 아끼지 않았다. 그로 인해 상산은 더욱 유명해졌다.

1174년에 여조겸이 주자와 상산의 만남을 주선하기 위해 운을 띄웠다. 주자는 상산을 만나기 전에 여조겸의 동생인 여조검에게 보낸 편지에서 상산에 대해 다음과 같이 평한 적이 있다.

육자정의 현명함을 소문으로 들은 지 아주 오래전입니다. 그러나 문자를 벗어던져 생략해 버리고 직접 근본으로 나아가는 뜻을 가지고 있다고 들은 것 같은데, 그것은 『중용』의 널리 배우고, 자세히 묻고, 신중히 생각하고, 분명히 따져본 다음에야 독실하게 실행한다는 취지에 비추어 어떠할지 모르겠습니다.[88]

---

88. 陸子靜之賢 聞之盡久 然似聞有脫略文字直趨本根之意 不知其與中庸學問思辨然後篤行之旨 又如何耳(『朱子文集』 권47).

주자는 육상산을 만나기 전에 위와 같은 우려를 하기도 했다. 1175년에 주자와 상산은 여조겸의 주선으로 아호사(鵝湖寺)라는 절에서 만났다. 그때 참석한 학자들은 최소한 11명이었다.

주자와 상산의 토론에서 합의점에 도달하지 못한 내용은 주로 학문의 방법에 대한 것이었다. 주자는 공부 방법으로 '오늘 격일물 내일 격일물'하는 방법과 경전의 내용을 두루 읽고 분석하는 것을 강조한 데 반해, 상산은 주자의 학문방법을 지리멸렬하기 쉬운 방법으로 보고, 그런 방법을 초월하여, 마음을 직접 들여다보고 본마음이 왜곡되지 않도록 붙잡을 것을 강조한 것이었다.

주태경(朱泰卿: 호 亨道)은 아호사의 모임에 참석했는데, 후일 그는 당시 주자와 상산의 토론에서 드러난 차이점에 대해 다음과 같이 술회한 바 있다.

> 아호의 모임에서 논의가 교육 방법에 이르렀는데, 원회의 의견은 사람들에게 두루 살펴 널리 본 뒤에 핵심에 도달하게 하는 것이었고, 육씨 형제의 의견은 먼저 사람의 본심을 밝힌 이후에 널리 살펴보게 하는 것이었다. 주자는 육씨 형제의 교육 방법이 너무 간단하다고 여겼고, 육씨 형제는 주자의 교육 방법이 지리멸렬하였다고 여겼으니 이 때문에 합치되지 못했다.[89]

주자와 육상산은 토론에서 합치점을 찾지는 못했지만, 많은 변

---

89. 鵝湖之會 論及敎人 元晦之意 欲令人汎觀博覽而後歸之約 二陸之意欲先發明人之本心而後使之博覽 朱以陸之敎人爲太簡 陸以朱之敎人爲支離 此頗不合(『陸象山全集』 권36, 주형도주).

화가 일어났다. 등산객이 산의 정상을 향해 오를 때, 정성을 다해 올라가야 정상에 도착할 수 있지만, 정상에 도착하는 시간과 방법은 사람마다 다르다. 산의 맨 아래에서 올라가는 사람은 정상에 도착하는 시간도 오래 걸리지만, 올라가는 방법도 다양하고 복잡하다. 그러나 산 중턱에서 출발하여 올라가는 사람은 도착하는 시간도 빠르지만, 올라가는 방법도 쉽고 간단하다. 진리의 정상에 올라가는 것도 이에 비유할 수 있다. 진리의 정상이란 욕심이 하나도 없는, 본심만이 가득한 상태로 볼 수 있고, 진리의 정상으로 올라가는 길은 욕심을 지워가는 과정으로 이해할 수 있으므로, 욕심이 적은 사람일수록 정상에 가까운 지점에서 출발하게 된다. 주자와 상산은 진리의 정상으로 가는 출발점이 달랐다. 주자가 산의 맨 아래에서 출발했다면 상산은 중턱에서 출발한 것이다. 상산이 주자보다 욕심이 훨씬 적어서 그럴 수도 있지만, 성장환경에 따라서 다를 수도 있다. 주자는 일찍 부친을 여의고 어려움을 감내하며 온갖 세파에 시달렸다. 공자도 그랬고 맹자도 그랬다. 어려운 환경에서 자라면 후천적으로 마음이 훨씬 복잡해진다. 또한 어려운 사람들과 늘 소통하면서 그들의 마음과 그들의 처지에서 출발하지 않을 수 없다. 그러나 상산은 비교적 부유한 집안에서 어려움을 모르고 유복하게 성장했다. 그래서 그는 오직 자기의 철학적 목적을 향해 매진할 수 있었기 때문에, 진리의 산 중턱에서 쉽고 간단한 방법으로 빠르게 올라갈 수 있었다. 상산의 처지에서 보면, 산의 맨 아래에서 자기가 출발한 지점까지 올라가는 방법은 전혀 의미 없는 구간이므로, 그 구간에서 추구하는 여러 방법에 관해 관심을 가질 필요가 없다. 사실 그 구간은 맨 아래에서 출발하는 사람들에게는 매우 중요하고 어려운 구간이다. 그 구간에서의 길은 복잡다단하므로 길을 잃기 쉽다. 그러나 상산에게는 그 중요한 구간이 의미 없는 구간이므로, 그 구간에 대한 복잡한 설명이 지리멸렬한 설명으로 보인다. 주자와 상산의 토론에서 합의점에 도달하지 못한 까닭은 이러한 이유 때문으로 이해할 수 있다.

주자와 상산은 서로 상대의 이론에 비판을 가하면서도 상대의 이론이 자기의 단점을 보완할 수 있는 유익함이 있다고 보고 관심을 가졌다. 주자는 상산 형제의 이론에 대한 문제점을 다음과 같이 제기한 적이 있다.

자수 형제의 기상은 참으로 좋으나, 그 병폐는 강학을 전부 폐기하고 오로지 실천에만 힘쓰며, 실천하는 도중에 사람들에게 성찰하도록 이끌어 본심을 깨닫게 하는 것인데, 이점이 그의 학문에서 가장 큰 화근입니다. 요컨대 마음을 보존하여 경건하게 간직하는 것이 근실하고, 겉과 속이 다르지 않은 점은 실로 다른 사람보다 뛰어나지만, 애석한 것은 그가 자신감이 넘치고 범위가 좁아서, 남의 좋은 점을 취하지 않으므로 이단의 학문으로 흘러가도 스스로 알지 못할 것입니다.[90]

주자는 강학에 소홀하면서 실천하는 도중에 성찰하여 본심을

---

90. 子壽兄弟 氣象甚好 其病却是盡廢講學而專務踐履 却於踐履之中 要人提撕
省察悟得本心 此爲病之大者 要其操持勤實 表裏不二 實有以過人者 惜乎
其自信太過 規模窄狹 不復取人之善 將流於異學而不自知耳(『朱子文集』권
31, 答張敬夫).

깨닫게 하는 상산의 방법에 대해 의문을 제기한다. 상산은 정이천과 주자가 말하는 격물치지의 방법을 부정하고 자신의 마음을 직접 들여다보고 마음에서 일어나는 생각을 바르게 하는 것을 주장하는데, 이는 욕심이 가득한 사람에게는 매우 위험한 방법이 될 수 있다. 욕심이 가득한 사람은 비뚤어진 생각을 하면서 그것을 바른 생각이라 착각할 수 있기 때문이다. 또 상산은 자신감이 넘치고 범위가 좁아서 남의 좋은 점을 취하지 않으므로 이단으로 흐르기 쉬운 점을 우려하기도 했다. 주자가 상산을 선가의 학에 가깝다고 우려한 것도 이러한 맥락이다. 진리의 정상에 있는 사람들의 대표적 철학이 도가철학이다. 중국의 선종은 도가철학의 성격을 띠고 있다. 주자가 상산을 선가에 가깝다고 한 것은 상산의 철학이 도가철학의 성격을 띠고 있는 것을 의미한다. 공자와 맹자는 진리의 정상에 도달하는 것을 목표로 출발했고 실지로 도달했다. 그러므로 공자와 맹자의 철학에도 도가철학의 성격을 내포하고 있다. 공자가 무언(無言)과 무아(無我)를 말하고 풍류를 즐기는 점과 은자들을 만나고 싶어 한 것 등은 도가철학의 성격을 띠고 있음을 말해주는 것이다. 다만 도가철학은 진리의 산 아래로 내려오지 않기 때문에 진리의 산 아래에 있는 사람을 직접 정상으로 인도하지 못하는 면이 있지만, 공자와 맹자의 철학은 산 아래에서 정상으로 인도하는 철학이다. 주자가 육상산을 비판한 것은 육상산이 진리의 산 아래에서 출발하지 않기 때문에 많은 사람을 인도할 수 있는 역량이 부족하다는 점이다. 육상산을 좁다고 한 것은 이를 두고 한 말이다.

그러면서도 주자는 육상산의 근실하고 한결같은 기상을 우러

러볼 수밖에 없었다. 주자가 상산의 기상을 보고 다른 사람들보다 뛰어난 점이 있다고 한 것은 진리의 길을 앞서가고 있음을 느꼈기 때문이다. 이는 주자가 왕자합(王子合)에게 답한 편지글에서 한 다음의 말에서도 짐작할 수 있다.

전달의 말에 여조겸을 송별하면서 아호에 이르렀을 때 유자수 형제가 와서 합류했는데, 강론하는 사이 매우 유익함을 깨달았다.[91]

상산은 상산 대로 주자와의 토론을 통해서 자신의 부족한 부분에 대해서 알게 되었다. 자신의 공부 방법이 일반인들에게는 안 믿는 방법일 수 있다는 것을 알았고, 자신의 공부 방법이 외골수에 빠질 수 있다는 것도 알았다. 이러한 이유로 인해 주자는 상산의 방법을 가지고 자신의 부족한 부분을 보완하려 했고, 상산은 주자의 방법으로 자신의 부족한 부분을 보완하려 했다. 아호의 만남 이후의 두 학자의 학문 경향은 서로를 향해 다가가는 경향을 보인 것이다. 여러 차례 서신을 주고받으면서 의견 교환을 하기도 했다.

그러던 중 주자는 1181년 상산을 백록동서원으로 초청하여 강의를 의뢰했고, 초청을 받은 상산은 '군자는 의(義)를 밝히고, 소인은 이(利)를 밝힌다'라는 제목으로 강연했다. 사람의 폐부를 찌르

---

91. 前月末 送伯恭至鵝湖 陸子壽兄弟來會 講論之間 深覺有益(『朱子文集』 권 49, 答王子合).

는 상산의 목소리에 청중들이 경청했다. 강의 도중에 감동한 청중들이 눈물을 흘리기도 했다고 한다. 백록동서원에는 그때의 강의내용을 비석에 새겨 넣을 정도로 상산의 강의가 명강의였다. 강의내용의 한 부분을 소개하면 다음과 같다.

진실로 깊게 생각해야 할 것은 자기 자신이다. 결코 자신이 소인의 길로 가서는 안 된다. 이익과 욕심을 추구하는 습성이 생기면 깜짝 놀라 마음이 아프고 머리가 아파야 한다. 오로지 의로운 일에 뜻을 두고 날로 힘써야 한다. 널리 배우고 자세하게 물으며, 신중하게 생각하고 분명하게 분별하며, 독실하게 행해야 한다. 이렇게 하여 과거(科擧) 시험장에 나아가면 그 글 모두가 반드시 평소 배운 것과 가슴 속에 쌓아둔 것을 말하게 될 것이니, 성인의 가르침에 어긋나지 않을 것이다. 그로 인해 벼슬을 하게 되면, 반드시 알고 있는 것을 다 발휘하여, 부지런히 일하며 나라에 마음을 쏟고, 백성에 마음을 쏟을 뿐, 자기의 이익을 헤아리지 않을 것이니, 그렇게 되어야 군자라고 할 수 있지 않겠는가![92]

상산과 주자의 우호적 교류가 좀 더 이어졌지만, 오래 가지 못했다. 주자는 다시 자신의 방식으로 회귀하고 상산 또한 자신의

---

92. 誠能深思是身 不可使之爲小人之歸 其於利欲之習 怛焉爲之痛心疾首 專志乎義而日勉焉 博學審問 愼思明辨而獨行之 由是而進於場屋 其文必皆道其平日之學 胸中之蘊 而不詭於聖人 由是而仕 必皆共其識 勤其事 心乎國 心乎民 而不爲身計 其得不謂之君子乎(『陸象山全集』 권23).

방식으로 회귀함으로써 두 학자의 학문이 완전히 하나로 합치되지는 못했다.

상산은 많은 대중에게도 늘 명강의를 했다. 그의 강연은 머리에 넣어둔 지식이나 이론을 전달하는 것이 아니었다. 상대방의 폐부를 찌르며 상대방의 마음을 파고들었다. 『논어』를 읽고 『논어』의 내용을 머릿속에 외어 그것을 전달하는 사람은 2500년 전의 것을 전달하는 것이므로, 오늘날 사람들의 삶과는 무관한 것이 된다. 그런 방식의 강의는 살아 있는 강의가 아니다. 상산은 머리에 기억된 경전의 내용을 전달하는 것이 아니었다. 마음을 비우면 상대의 마음과 하나가 될 수 있다. 상대의 마음과 하나가 된 상태에서 상대에게 절실한 것을 전해주기 때문에 듣는 사람들이 늘 몰입할 수 있었다.

상산의 한계는 모든 사람이 공감할 수 있는 폭넓은 학문방법을 갖고 있지 않다는 것이었다. 때문에 상산의 학문방법에 적응이 되지 않은 일부 제자들은 주자에게로 옮겨가기도 했다.

1190년 광종 소희(紹熙) 원년에 형문군(荊門軍)을 맡아 군성(軍城)을 수리하고 변방의 방어를 공고히 하는 등의 치적을 쌓았으나, 1193년 12월 14일 재임 중에 54세의 나이로 병사했다. 그의 장례 때 관원과 백성들이 조문했고 슬피 울었다. 시호는 문안(文安)이다. 주요 저서로 『상산선생전집(象山先生全集)』 36권이 있다.

상산의 무덤은 강서성 복주시 금계(金溪)현 육방(陸坊) 청전촌(青田村) 동산(東山)에 있고, 1957년 강서성 성급보호문물이 되었다.

육구연

제2항 육구연의 철학사상

1. 심즉리

상산의 대표적인 학설로 심즉리를 들 수 있다.

> 사단은 곧 이 마음이며 하늘이 나에게 부여한 것이 곧 이 마음이다. 사람에겐 모두 이 마음이 있으며 마음엔 모두 이 리가 있으니, 마음이 곧 리이다.[93]

　내 마음이 우주 마음임을 알면 내 마음이 바로 리이다. 리가 흔히 '이치'로 많이 번역되어 있지만, 잘못인 듯하다. 성은 하늘의 명에 의해 생명체에 주어진 하늘마음이다. 하늘은 하늘마음을 생명체에만 넣도록 명하지 않는다. 생물을 포함한 만물에도 하늘마음을 넣도록 명하므로, 만물 하나하나에 하늘마음이 다 들어 있다. 만물에 들어 있는 하늘마음을 송나라의 학자들이 리(理)라는 말로 표현한 것이므로, 리는 오늘날 말로 표현하면 '하늘마음' 또는 '하늘의 섭리', '우주의 섭리', '섭리' 등으로 번역하는 것이 좋을 것이다. 많은 사람의 경우 성이 나타날 때 왜곡되어 욕심으로 바뀌어버리기 때문에, 성을 리라고 해도 되지만, 마음을 리라고 하면 안 된다. 마음을 리라고 하면 욕심이 리가 되고 만다. 그러나 욕심이 없는 사람은 성이 변질하지 않고 나타나 사람의 마음을

---

93. 四端者 卽此心也 天之所以與我者 卽此心也 人皆有是心 心皆具是理 心卽理也(『陸象山全集』권11).

채우므로, 사람의 마음을 리라고 할 수 있다. 상산의 심즉리설은 이 경우를 표현한 것이다. 현대의 뇌 과학적 지식을 참고하면 성이 나타날 때 왜곡되지 않더라도 뇌에서 물질이 분비되므로, 엄밀히 말하면 성과 마음은 약간의 차이가 있을 것이지만, 그러나 이질적인 내용이 아니므로 마음을 리로 이해해도 큰 무리가 없을 것이다. 리라는 개념은 생명체를 포함한 만물 전체에 들어 있는 하늘마음을 의미하고, 성이라는 개념은 생명체에 들어 있는 하늘마음만을 의미하므로, 성을 리라고 할 수는 있지만, 리를 성이라고 할 수는 없다. 마찬가지로 심즉리설의 내용에서도 심을 리라고 할 수는 있어도 리를 심이라고 할 수는 없다. 상산의 심즉리설은 이재(李宰)에게 보낸 편지에 나타나지만,[94] 그가 심즉리라는 것을 깨달은 것은 훨씬 이전의 일일 것이다. 그가 13세에 깨달은 '우주 안의 일이 내 안의 일이며, 내 안의 일이 우주 안의 일'이란 말에 이미 심즉리의 내용이 들어 있다.

나의 마음이 우주의 마음이고 나의 마음이 리이기 때문에 나의 마음이 둘일 수 없고, 우주의 리 또한 둘일 수 없다.

성스럽고 순조로운 옛 말들은 거의 부절을 합하듯 일치한다. 마음이란 하나의 마음이고, 리란 하나의 리이다. 지극히 당연한 것은 하나로 귀결되고 정밀한 의리는 둘이 아니다. 이 마음과 이 리가 실로 둘임을 용납하지 않는다.[95]

---

94. 大人者不失其赤子之心 四端者 卽此心也 天之所以與我者 此心也 人皆有是心 心皆具是理 心卽理也(『陸象山全集』 권11).

경전은 사람들에게 하늘을 알게 하고, 하늘처럼 살도록 유도하는 가르침의 기록이다. 나의 마음이 하늘마음이고 우주의 마음이므로 나는 하늘이고 우주이다. 경전의 내용은 나에 대한 설명이고 주석이다. 상산은 다음과 같이 말한다.

참으로 근본을 알면 육경은 모두 나를 주석한 것이다.[96]

상산의 심즉리설에는 전제조건이 따른다. 상산이 말한 심은 욕심을 제거하고 난 뒤의 심이다. 일반사람들이 전제조건을 이해하지 못하고 마음이 곧 리라는 결론만 받아들이면 자기의 욕심을 리라고 착각하게 되어, 욕심을 마음껏 부릴 수도 있고, 악행을 서슴지 않고 저지를 수도 있다. 상산의 학설은 이러한 위험성을 내포하고 있다.

2. 본심 상실의 원인

상산이 말하는 마음[心]은 본심을 말하는 것이고, 인의를 말하는 것이다. 상산이 사람들이 본심을 지키지 못하는 근본 이유로 든 것은 생각을 잘못하고 판단을 잘못하기 때문이다. 사람에게 매 순간 생각이 일어나는데, 생각이 바르게 일어나면 본심이 유지되지만, 바르지 않은 생각이 일어나면 그 생각으로 인해 마음이 비뚤어진다. 어리석고 못난 사람은 늘 자기를 남과 비교하여 열등감에

---

95. 古聖順之言 大抵若合符節 蓋心一心也 理一理也 至當歸一 精義無二 此心此理實不容有二(『陸象山全集』권1, 與曾宅之).
96. 苟知本六經皆我註脚(『語錄』권1).

사로잡히기 때문에 그로 인해 바른 생각을 하기 어렵고, 재주 있고 똑똑한 사람은 늘 남보다 앞서는 것에 익숙해져서 생각을 바로 하기 어렵다.

> 어리석고 못난 사람은 남을 따라가지 못하기 때문에 욕심에 갇혀 본심을 지키지 못하고, 똑똑하고 재주 있는 사람은 남보다 앞서가기 때문에 의견에 갇혀 본심을 지키지 못한다.[97]

어리석고 못난 사람은 열등감에 사로잡혀 본심을 지키기 어렵다. 사람의 욕심 중에 열등감이 차지하는 비중이 매우 높다. 열등감이 많은 사람은 욕심에 사로잡혀 벗어나기 어렵다. 똑똑하고 재주 있는 사람은 남보다 앞서려는 욕심이 생긴다. 그들은 남보다 앞서기 위해 의견이나 담론 또는 학술적으로 어려운 개념이나 이론 등을 만들어 그 속에 매몰된다. 그러므로 중요한 것은 열등감에도 사로잡히지 않고 이론의 노예가 되지도 않은 상태에서 본심을 지키도록 노력하는 것이다.

3. 학문과 교육의 필요성

학문의 출발은 생각에 달려 있다. 사람이 모든 것을 판단하게 되는 출발점은 생각이다. 모든 일은 생각에서 시작된다. 학문의 길도 마찬가지다.

---

97. 愚不肖者不及焉 則蔽於物欲而失其本心 賢者智者過之 則蔽於意見而失其本心(『陸象山全集』 권1).

사람의 마음에 들어 있는 의리는 실로 하늘이 준 것으로 없어질 수 없다. 하늘에서 받은 그것이 물욕에 가려지면 리를 어그러뜨리고 의로움을 어기는 데 이른다. 그 까닭은 생각을 잘해보지 않아서 그렇다. 진실로 잘 돌이켜 생각해보면 옳은 것과 그른 것, 취해야 할 것과 버려야 할 것이 은연중에 꿈틀거려 확연히 밝아지니 결단코 의심할 것이 없어진다.[98]

사람이 추구해야 할 것이 많지만, 생각을 잘해보면, 그중에서 가장 중요하고 가장 고귀한 것을 해야겠다는 결론에 도달한다. 그것은 학문이다. 그러므로 제일 먼저 정해야 할 것은 학문을 해야 한다는 뜻을 확정하는 것이다. 상산은 먼저 가장 큰 것에 뜻을 두어야 한다는 것을 강소한다. 학문에 뜻을 두고 난 뒤에는, 마음을 들여다보고 쉬지 않고 일어나는 마음이 욕심에서 나온 것인지, 본심에서 나온 것인지를 잘 판별해야 한다.

부자연이 자기 집으로 돌아가는데, 진정기가 물었다. "육 선생님은 사람을 가르칠 때 무엇을 가장 먼저 합니까?" "뜻을 판별하는 것입니다." "무엇을 판별하는 것입니까?" "의로움과 이로움을 판별하는 것입니다." 자연이 대답한 내용이 절실하고 요긴하다.[99]

---

98. 義理在人心 實天之所與 而不可泯滅焉者 彼其受 蔽於物 而至於悖理違義 蓋亦弗思焉耳 誠能反而思之 則是非取捨 蓋有隱然而動 判然而明 決然而無疑者矣(『陸象山全集』 권32, 拾遺 〈思則得之〉).

본심과 욕심의 갈림길에서 고민하는 사람들에게는 생각하고 판별하는 것이 도움이 되지만, 이미 욕심에 빠져버린 사람은 늘 욕심 채우는 방향으로 생각하고 판별하기 때문에, 생각과 판별이 도움이 되지 못한다. 욕심에 빠져버린 사람은 생각을 많이 해도 스스로 헤쳐나오기가 어렵다. 이 경우에 강학과 교육이 필요하다.

욕심에 덮여 가려지고 이탈되고 빼앗겨서 빠져버리면 마음이 그 때문에 신령스럽지 못하고, 리가 그 때문에 밝아지지 않는다. 이렇게 된 것을 바름을 얻지 못한 것이라 한다. 그의 견해는 비뚤어진 견해이고, 그의 설명은 비뚤어진 설명이니, 한 번 욕심에 빠지면 강학을 통하지 않고는 돌아올 방법이 없다. 그러므로 마음이 비뚤어진 것과 바른 것을 마땅히 따지지 않을 수 없다.[100]

욕심에 푹 빠져버린 사람은 혼자 힘으로 돌아 나오기가 어렵다. 욕심으로 생각하고 욕심으로 판단하기 때문에 비뚤어진 생각을 바른 생각으로 여기고, 비뚤어진 판단을 바른 판단으로 여긴다. 그런 사람에게는 교육이 절실하다. 교육의 목적은 비뚤어진 사람을 일깨워서 바른 사람으로 만드는 것이다. 오늘날 학자들은

99. 傅子淵自此歸其家 陳正己 問之曰 陸先生敎人何先 對曰辨志 復問曰 何辨 對曰義利之辨 若子淵之對 可謂切要(『陸象山全集』 권34, 권36, 年譜 〈乾道八年條〉).
100. 有所蒙蔽 有所移奪 有所陷溺 則此心爲之不靈 此理爲之不明 是謂不得其正 其見乃邪見 其說乃邪說 一溺於此 不由講學 無自而復 故心當論邪正 不可無也(『陸象山全集』 권11).

바른 마음을 회복하는 데 힘쓰지 않고 오히려 경전의 자구를 외우고 문장을 짓는 것에 주력한다. 그렇게 하는 것은 본래의 목적을 잊어버리고 지엽적인 것에 매달리는 것이다.

> 지금의 학자들은 다만 지엽적인 데만 마음을 쓰고, 실질적인 곳을 구하지 않는다.[101]

제일 먼저 해야 하는 것이 학문의 목표를 확고하게 하는 것이다. 목표가 잘못되면 아무리 열심히 노력해도 허사다. 허사 정도로 그치는 것이 아니라 오히려 손해일 수도 있다. 배를 저어가는 사람이 목표의 반대 방향으로 저어가면 열심히 저을수록 손해다. 차라리 가만히 있는 것보다 못하다.

학문은 진리를 향해 나아가는 과정이다. 진리를 얻는다는 것은 자기의 내면에 있는 하늘마음을 회복하는 것을 말한다. 하늘마음은 만물이 공통으로 가지고 있는 본질이다. 학문의 목표는 천하 만물이 하나로 연결된 본질에 도달하는 것이다.

> 반드시 사사물물을 방치하거나 간과해서는 안 된다. 사사물물의 리를 살펴보면 천하의 사사물물이 다만 하나의 리일 뿐, 두 리가 없다. 반드시 하나인 최고의 지점에 도달해야 한다.[102]

---

101. 今之學者 只用心於枝葉 不求實處(『象山全集』卷35).
102. 須是事事物物不放過 磨考其理 且天下事事物物只有一理 無有二理 須要到其至一處(『陸象山全集』권35).

얼음은 본질이 물이다. 그것을 모르고 얼음인 줄로만 알고 있다면 그것은 본질을 잊어버리고 헛되게 존재하는 것이다. 얼음이 얼음으로만 존재하면 얼었다 녹았다 해야 하고 다른 얼음들과 경쟁도 해야 하지만, 물임을 알고 물로서 존재한다면 얼어도 물이고 녹아도 물이므로 얼고 녹는 일에 연연하지 않고, 담담하게 존재할 수 있을 것이다. 사람이 그렇다. 사람이 각각 독립적인 개체라고 생각하기 쉽지만, 본질에서 모두 하나이다. 하나임을 모르기 때문에 개체적 존재가 되어 생로병사를 하고 남들과 다투기도 한다. 하나임을 모르고 사는 삶은 본질적인 삶이 아니다. 사람에게 가장 중요한 것은 모두 하나인 본질을 빨리 터득하는 것이다.

상산은 사람을 가르칠 때 늘 본질을 중시하도록 했다. 한 그루의 나무는 잎과 가지가 있고 뿌리가 있다. 보이는 것은 잎과 가지뿐이지만, 중요한 것은 뿌리이다. 잎과 가지가 뿌리를 모르고, 잎과 가지로만 존재한다면 제대로 존재하는 것이 아니다. 잎과 가지가 뿌리를 알고 뿌리의 뜻으로 존재할 때 잎과 가지가 잎과 가지답다.

> 내가 사람을 가르칠 때 그들의 근본을 중시하도록 하고, 말단에 얽매이지 않도록 했다.[103]

본질을 잃고 사는 사람이 본질을 회복하여 제대로 살도록 노력하는 것이 학문이고, 사람에게 그렇게 되도록 깨우치는 것이 교육이다.

---

103. 吾之敎人 大槪使其本常重 不爲末所累(『陸象山全集』 권34).

4. 격물치지

득도하는 과정을 진리의 산 정상으로 올라가는 과정으로 비유하면 이해하기 쉽다. 산으로 올라가는 길이 여러 갈래인 것처럼 보이지만, 정상에 올라가서 보면 모두 하나가 된다. 사사물물에 각각리가 있는 것으로 생각하기 쉽지만, 리는 모두 하나이다. 그러므로 사사물물의 리를 하나하나 확인할 필요는 없다.

격물은 공부하는 곳이다. 백민이 말했다. "어떻게 격물합니까?"
선생이 말했다. "물리를 연구하면 된다." "천하 만물은 번잡하기
그지없는데 어떻게 다 연구할 수 있습니까?" "만물이 모두 나
에게 갖추어져 있다. 다만 리를 밝히려고만 하면 리를 하나하
나 다 이해하지 않아도 저절로 밝아진다."[104]

만물의 리가 모두 하나이기 때문에 나에게 있는 리가 만물의리이다. 따라서 나에게 있는 리를 밝히기만 하면 된다. 나에게 있는 리가 나의 마음이다. 나에게 있는 리를 밝히면 나의 마음이 신령하여, 저절로 어질고 지혜롭고 용감해진다. 내 마음이 본래의마음으로 가득해지면 욕심이 비집고 들어올 틈이 없어진다.

반드시 크게 의심스럽고 크게 두려운 것이 있지만, 깊이 생각하
고 통절하게 살펴서 결단코 세속의 악습을 제거하기를 더럽고

---

104. 格物是下手處 伯敏云 如何樣格物 先生云 研究物理 伯敏云 天下萬物 不
勝其繁 如何盡研究得 先生云 萬物皆備於我 只要明理 然理不解自明(『陸
象山全集』권35, 語錄).

추악한 것을 버리듯 하고, 도적과 원수를 피하듯 하면, 이 마음
이 신령하여 저절로 어질어지고 저절로 지혜로워지며 저절로
용감해져서, 사사로운 의견이나 속된 악습이 햇살 속의 눈처럼
녹아 없어지니, 비록 가지고 있으려 해도 안 된다. 이렇게 되는
것을, 지혜가 이른다고 하는 것이다.[105]

리를 터득한다는 말을 들으면 리라는 것이 어떤 물건처럼 고정
된 것으로 생각하기 쉽지만, 사실은 고정된 것이 아니다. 하느님은
고정된 모습을 한 것이 아니고, 판에 박힌 움직임을 하는 것도 아
니다. 하느님이 리이고, 리가 하느님이다. 리의 움직임이 고정되지
않은 것은 바람의 방향이 일정하지 않은 것과 같다. 바람의 움직
임과 완전히 하나가 된 티끌 하나가 있다면, 그 티끌은 바람과 혼
연일체가 되어 움직인다. 바람의 움직임이 티끌의 움직임이고 티
끌의 움직임이 바람의 움직임이다. 사람도 우주와 일체인 본질을
회복하면 우주와 하나가 되어 움직인다.

군자는 리의 차원에서 일을 처리하고, 리의 차원에서 상(象)을
보기 때문에, 변하고 움직여 가만히 잊지 않으며, 우주에 두루
흐르며, 위아래로 멈춤이 없으며, 굳세고 부드러움이 서로 바뀌
며, 일정한 원칙을 가지고 있는 것이 아니라, 우주의 변화에 따
른다.[106]

---

105. 必有大疑大懼 深思痛省 決去世俗之習 如棄穢惡 如避寇讐 則此心之靈 自
有其仁 自有其智 自有其勇 私意俗習 如見晛之雪 雖欲存之而不可得 此乃
謂之知至(『陸象山全集』 권15, 與傅克明).

우주에 가득한 리는 둘이 아니라 하나다. 만약에 리를 밝혀 리의 차원에서 판단하고 움직인다면 모든 것과 하나가 되어 움직인다.

> 천하의 바른 리는 둘이 아니다. 만약 리를 밝게 터득하여 리와 하나가 되면, 천지도 이와 다를 수 없고, 귀신도 이와 다를 수 없으며, 천고의 성현도 이와 다를 수 없다.[107]

호수의 물은 하나일 뿐 둘이 아니다. 그러므로 호수에 떠 있는 얼음덩어리 하나가 자기의 본질이 물인 줄 알고 물로서 존재한다면 모든 얼음과 하나이고 물 전체와 하나이다. 사람도 그렇다. 사람의 마음은 우주의 마음이고 사람의 리는 우주의 리이다. 사람의 몸도 본질에서 우주의 몸과 하나이다. 그런데 사람이 스스로 자신과 우주를 분리하는 칸막이를 치고, 자기를 그 속에 가두었다. 얼음은 호수의 물과 하나지만, 얼음에 눈이 있어 눈에 보이는 다른 얼음을 물과 구별하여 '너'라 하고, 보고 있는 얼음덩어리를 '나'라고 규정해버리면 '나'는 물 전체와 분리되고 만다. 사람이 우주와 분리되는 것도 이와 같다.

리가 우주 사이에 가득하게 하나로 통해 있어서 막힌 적이 없

---

106. 君子以理制事 以理觀象 故曰變動不居 周流六虛 上下無常 剛柔相易 不可爲典要 唯變所適(『陸象山全集』 권34, 語錄).
107. 天下正理 不用有二 若明此理 天地不能異此 鬼神不能異此 千古聖賢不能異此(『陸象山全集』 권21, 잡저).

는데, 너 스스로가 빠지고 매몰되어, 자기를 덮고 가려서, 어둑어둑하게 함정 속에 빠져, 다시는 높고 원대한 것을 알지 못한다. 그러므로 함정을 부수고 그물을 뚫도록 해야 한다.[108]

우주가 사람을 칸막이한 것이 아니다. 사람이 스스로 우주와 칸막이를 했다.[109]

사람이 '나'라는 것을 가지고 나의 삶을 사는 것은, 우주와 하나인 자기를 우주와 칸막이를 치고, 그 칸막이 속에 자기를 가둔 것이다. 칸막이는 원래 없었다. 칸막이에 갇혀 있는 자기는 가상이다. '나'란 가상이고, 나의 삶 또한 가상의 삶이다. 그러면서 칸막이에 갇힌 가상의 나는 남들과의 싸움에서 이기기 위해 안간힘을 쓴다.

지금 세상 사람들은 얕게는 소리·색·냄새·맛을 추구하고, 좀 더 진전되면 부·귀·이익·출세를 추구하며, 좀 더 진전되면 문자·문장·기술·예술을 추구하고, 또 어떤 사람은 그런 것을 아랑곳하지 않고 오히려 학문을 담론한다. 내가 모두를 통틀어서 한마디로 단언한다면, 이기고 싶은 마음의 발로이다.[110]

---

108. 此理在宇宙間何嘗有所礙 是你自沉埋自蒙蔽 陰陰地在個陷穽中 更不知所謂高遠底 要決裂破陷穽窺測破箇羅網(『陸象山全集』권35).
109. 宇宙不曾限隔人 人自限隔宇宙(『陸象山全集』권34, 語錄).
110. 今世人 淺之爲聲色臭味 進之爲富貴利達 又進之爲文章技藝 又有一般人 都不理會 却談學問 吾總以一言斷之 日勝心(『陸象山全集』권34).

상산이 보기에 세상 사람들은 온갖 형태의 삶을 추구하면서 살아가지만, 그 삶의 내용을 한마디로 표현하면 남과의 경쟁에서 이기고 싶은 마음에서 벗어나지 않는다. 상산에 따르면, 세상 사람들은 스스로 칸막이를 쳐놓고, 그 속에 갇혀 가짜의 삶을 살기 때문에 아무리 열심히 살아도 잘못 사는 것이다. 가장 중요한 것은 칸막이를 걷어내고 우주와 하나인 나의 본래 모습을 되찾는 것뿐이다. 나의 본래 모습을 되찾는 것이 바로 상산이 말하는 배움의 본령이다.

> 진실로 배움에 본령이 있으면, 앎이 이른다는 것은 이에 이르는 것이고, 인을 지킨다는 것은 이를 지키는 것이며, 때맞게 익힌다는 것은 이를 익히는 것이고, 설명한다는 것은 이를 설명하는 것이며, 즐거워한다는 것은 이를 즐거워하는 것이다.[111]

우주와 나 사이에 스스로 칸막이를 쳐놓은 것을 걷어내는 것보다 더 중요한 것이 없다. 배운다는 것은 바로 그것을 배우는 것이다. 안다는 것은 칸막이를 걷어내어야 한다는 것을 아는 것이고, 어진 마음으로 지킨다는 것은 칸막이를 걷어내고 우주와 하나 된 상태를 지키는 것이며, 때맞게 익힌다는 것은 칸막이 걷어내는 방법을 익히는 것이고, 설명한다는 것은 칸막이를 걷어내는 것에 관해 설명하는 것이며, 즐거워하는 것은 칸막이를 걷어내고

---

111. 苟學有本領 則知之所及者 及此也 仁之所守者 守此也 時習之 習此也 說者 說此 樂者樂此(『陸象山全集』 권34).

우주와 하나 되는 본래의 나로 돌아가는 것을 즐거워하는 것이다. 세상에 이보다 더 즐거운 일은 없다.

5. 정좌와 득도

득도란 우주와 나 사이에 내가 쳐놓은 칸막이를 걷어내어, 우주와 하나인 본래의 내 모습을 회복하는 것이다.

칸막이를 치는 것은 '나'라는 것을 만드는 것이다. 본래 우주와 나는 둘이 아니라 하나였다. 우주가 나이고 내가 우주이므로, 우주도 없고 나도 없이 분리되지 않은 하나일 뿐이다. 그러나 내가 우주와의 사이에 칸막이를 치고 그 속에 갇히면, 그때부터 참된 모습을 잃어버리고 가짜의 삶을 살게 된다. 삶 그 자체가 멍청한 삶인 것이다. 멍청한 삶에서 벗어나는 길은 '나'를 없애는 것밖에 없다. '나'를 없애는 것은 우주와 나 사이를 막아놓은 칸막이를 걷어내는 것이다.

칸막이를 걷어내는 데 매우 효과가 큰 것이 정좌 수련이다.

어느 날 선생님을 모시고 앉아 있었는데 물을 것이 없어 가만히 있었더니, 선생님께서 말씀하셨다. "배우는 자는 늘 눈을 감는 공부가 또한 좋다." 내가 이 말을 듣고 일이 없기에 편안히 앉아 눈을 감고 힘써 마음을 붙잡아 보존하느라 밤을 새워 낮을 이었다. 이처럼 반 달 정도 수련한 뒤 어느 날 아래층으로 내려가다가 홀연히 이 마음이 맑고 맑아져 우주의 한가운데 자리하고 있음을 깨달았다. 나는 기이하게 여겨서 선생님을 뵈러 갔더니, 선생님께서 나를 보고 눈을 떼지 않고 말씀하셨다. "리가 너에게 벌써 나타났구나!" 내가 선생님께 어떻게 아셨는지 여쭈었더니 "눈동자를 보고 알았다"라고 하셨다.[112]

본래의 마음을 회복하여 본래마음이 내키는 대로 행동하면 저절로 도리에 합치된다.

참으로 본래마음이 보존되면 리가 저절로 밝아져 측은해야 할 곳에서는 저절로 측은하게 되고, 부끄러워하고 미워해야 할 곳에서는 저절로 부끄러워하고 미워하게 되며, 사양해야 할 곳에서는 저절로 사양하게 되고, 옳고 그름이 앞에 있으면 저절로 변별된다.[113]

제3항 육구연의 영향과 한계

상산이 심오하고 고상한 철학을 확립했지만, 대중성을 확보하지 못했기 때문에, 상산의 철학은 시대를 주도하는 철학이 되지 못했다. 당시에 대중성을 확보한 철학은 주자학이었다. 주자는 당나라 말기에 시작된 이고 계열의 형이상하적 흐름과 한유 계열의 형이

---

112. 他日侍坐無所問 先生謂曰 學者能常閉目亦佳 某因此無事 則安坐瞑目 用力操存 夜以繼日 如此者半月 一日下樓 忽覺此心 已復澄瀅中立 竊異之 遂見先生 先生目逆而視之曰 此理已顯也 某問先生何以知之 曰占之眸子而已 (『陸象山全集』권35, 어록문인 詹阜民子南 錄).
113. 苟此心之存則此理自明當惻隱處自惻隱當羞惡處自羞惡當辭遜處自辭遜是非在前自能辨之(『陸象山全集』권34).

하학적 흐름을 중용철학의 정신으로 통합하여 집대성했기 때문에 대중적인 포용력을 갖추었다. 이에 비해 상산의 철학은 도가철학의 성격까지 내포하는 유학의 형이상학적 방향으로 집중했기 때문에, 당시의 대중들을 다 포용할 수 있는 철학이 되지 못했다. 거기다 54세의 나이에 생을 마감한 것도 학문을 더 넓히지 못한 원인이기도 했다.

스포츠 선수 중에는 뛰어난 선수가 명감독이 되기 어렵다. 뛰어난 선수가 감독이 되면 시원찮은 선수들을 이해하지 못하기 때문에, 선수 전체를 골고루 이끌고 가기 어렵다. 철학도 그렇다. 대중의 주목을 받을 수 있는 철학은 다수의 사람이 이해할 수 있도록, 폭넓은 체계를 갖추어야 한다. 상산의 철학은 매력이 넘치지만, 대중적 지지를 받을 수 있는 폭넓은 체계를 갖추지 못했다. 상산의 제자 중 일부가 주자의 문하로 옮겨간 것도 그런 이유 때문이었다. 남송 말기에 대중적 지지를 받게 된 것은 주자학이었다.

송나라가 유학을 정치이념으로 삼았지만, 유학이 정비되지 못하여 대중적 지지를 받지 못했기 때문에 안정된 정치를 강력하게 추진하지 못했다. 남송 말기에 이르러 주자에 의해, 유학의 흐름이 하나의 체계로 정비되었기 때문에 주자학을 바탕으로 강력하고 안정된 정치를 할 수 있게 되었다.

이도전(李道傳: 1170~1217)은 1211년 조정에 상소문을 올려 도학가들이 관심을 가진 주요 사안들을 언급했다. 그는 학자들의 사기를 진작시킬 수 있는 세 가지의 구체적 일을 황제가 채택해야 한다고 건의했다. 첫째, 영종 초기에 주자학을 금지한 학금은 정책적 오류였음을 선언할 것, 둘째, 태학은 반드시 주희의 『논어집주』, 『맹자집주』, 『대학·중용장구』, 『대학·중용혹문』을 교과서로 삼을 것, 셋째, 주돈이·정명도, 정이천 형제·소옹 및 장재를 공묘에 배향할 것의 세 가지였다. 이도전은 이러한 몇 가지 조치들이 지식인들의 사기를 진작시키고, 인재가 이로 인해 많아진다면 조정도 안정적으로 개선될 수 있을 것으로 생각했다. 정부는 이도전의 건의를 다 받아들이지는 못했지만, 1212년 주자의 『논어집주』와 『맹자집주』를 태학의 교과서로 채택했고, 영종 재위 기간에 장식·주회·여조겸·육구연·주돈이·정명도 정이천 형제·장재·심지어 장구성에게까지 추가로 시호를 내렸다. 1241년 1월, 송나라 이종은 칙령을 반포하여 정통 사상으로 주자학을 전면 수용했으며, 아울러 주희·주돈이 및 정명도 정이천 형제의 초상화를 공자 사당 내에 모시는 특별한 의식을 거행했다. 특히 주자의 이론적 연구 성과와 그의 『사서장구집주』는 도를 세상에 널리 알리고 번영시킬 수 있다고 인정했다. 이종은 다음과 같이 언급했다.

> 내가 생각건대, 공자의 도는 맹자 이후에 전해지지 못하다가 우리나라의 주돈이·장재·정호·정이에 이르러서야 참으로 힘써 실천함이 드러나 성현의 영역을 깊이 탐구하니, 천 년 동안 끊겼던 학문이 비로소 돌아갈 곳이 있게 되었다. 소흥(紹興) 이래 또한 주회가 있었기에 정밀히 사유하고 명백히 논변하여 안과 겉이 잘 융합되었으며, 『중용』, 『대학』, 『논어』, 『맹자』라는 책으로 처음과 끝을 분명히 밝히니, 공자의 도가 더욱 세상에 크게 밝아졌다. 나는 매일 이 다섯 신하의 경전 주해를 보고 아주 많은 식견을 얻었다. 태학과 서원에서 이들을 종사케 하여

이들을 숭상하고 장려하는 뜻을 보이고자 한다.[114]

주자가 해설한 『대학』, 『논어』, 『맹자』, 『중용』은 당시 주자학의 대중화에 지대한 역할을 했다. 공자와 맹자의 사상이 새로운 시대를 이끌어갈 수 있는 새로운 사상으로 등장하기 위해서는 새로운 시대에 맞는 내용으로 재해석되어야 하는데, 주자가 그 역할을 했다. 주자는 공자와 맹자의 사상을 바탕으로, 불교적 요소와 도가적 요소를 소화하여, 당시의 상황에 맞게 재해석했다. 주자학이 당시에 많은 지지를 받게 된 것이 이 때문이었다.

주자 사후 많은 주자학자가 각계에서 활동했다. 육유(陸游: 1125~1210)가 쓴 한편의 제문에는 주희의 가르침을 받았던 제자가 약 천 명 정도라고 했는데, 통계 조사에 따르면, 주희의 지도하에 있었던 제자는 467명이다. 주희의 제자들은 여러 지역에서 모였는데, 그중에서 복건 출신이 가장 많았고, 다음으로 절강, 강서 출신이었다. 세 지역 출신을 합하면 85퍼센트 정도 되었다. 이 세 지역은 철학과 종교적 성향이 강했던 옛 동이족의 지역이었음을 고려한다면, 주자학이 이 지역에서 번성하게 된 이유를 짐작할 수 있다.[115]

주자의 후학들은 주자학을 세상에 전파하는 데 큰 역할을 했는데, 그중 대표적인 후학이 황간(黃榦: 1152~1221), 진순(陳淳:

---

114. 이도전의 건의에서 이종의 훈시까지는, 호이트 틸만, 김병환 옮김, 『주희의 사유체계』(교육과학사, 2010)에서 대부분 옮겨 적었음을 밝힌다.
115. 이 부분은 『주희의 사유체계』를 참고했음을 밝힌다.

1159~1223) 진덕수(眞德秀: 1178~1235)이다. 황간은 주자의 수제자이며 사위였다. 황간은 주자의 후학들을 결속시키는 데 큰 역할을 했고, 진순은 주자의 학술을 체계적으로 정리하는 큰 공적을 남겼다. 진순의 대표저서로 『북계자의(北溪字義)』가 있다. 230에 가까운 조항으로 주희 학설의 주요관념을 표현하는 어휘 25개를 체계적으로 해석했다. 진덕수는 주자의 직접 제자는 아니었지만, 주자의 제자인 첨체인(詹體仁: 1143~1206)으로부터 영향을 받아 주자학에 전념했다. 진덕수는 정치적 역량까지 발휘하여 주자학 발전에 큰 공을 세웠다. 그의 저서인 『대학연의(大學衍義)』, 『정경(政經)』, 『심경(心經)』 등은 주자학의 주요저서가 되었다.

주자학이 지식인들에게 큰 호응을 얻고 대중적으로 전파되기에 이르렀으므로, 남송은 주자학을 정치이념으로 삼아 안정되고 부강한 나라로 만들 기회를 맞았지만, 국제정세에 큰 변수가 생겼다. 남송은 칭기즈칸이 세운 몽골 군사를 막아낼 수 없었다. 1279년 몽골의 공격을 견딜 수 없게 되자, 육수부(陸秀夫: 1236~1279)라는 신하가 황제 조병을 업고 바다로 뛰어들어 죽음으로써, 남송이 멸망했다.

제 6 부

원나라의 출범과
원나라의 유학

제1장

■

원나라의 건국과 원나라의 정치이념

1271년 몽골의 황제 쿠빌라이는 국호를 원(元)으로 고쳤고, 1279년 남송을 멸망시키고 중국을 점령했다. 수·당 이래로, 중국인의 삶을 지탱해온 것은 형상판의 철학이었다. 형상판의 철학은 송나라가 멸망한 뒤에도 바뀌지 않았다. 중국의 역사에서 보면, 시대가 혼란한 경우는 다음의 세 경우이다. 시대를 지탱하는 철학의 판이 바뀔 때 가장 큰 혼란이 장기간에 걸쳐 일어나고, 철학의 판이 바뀌지 않으면서 그 시대를 주도하는 정치이념이 바뀔 때는 중간 정도의 혼란이 일어나며, 철학의 판이 그대로이고, 정치이념이 바뀌지 않으면서 정치 주체가 바뀔 때는 혼란이 가장 짧게 끝난다.

원나라가 중국을 점령하면서 혼란을 최소화하는 방법은 대다수 사람의 삶의 바탕이 되는 철학의 판을 그대로 유지하는 것이다. 정복자가 정복한 나라 사람들을 지배하기에 가장 좋은 방법은 그 나라 사람들이 제일 좋아하는 철학사상을 받드는 것이다. 특정 종교를 국교로 삼은 나라를 정복한 뒤에 그 종교를 더욱 강화하는 정책을 펼치는 것도 같은 미치이다.

원나라는 아시아는 물론이고 유럽 일부분과 인도의 북부까지 점령하여 거대한 제국을 형성했는데, 점령한 지역을 유지하기 위해서는 점령지의 종교를 받드는 것이 유리하다는 것을 알았다.

1234년 금나라를 점령한 몽골의 2대 황제 오고타이(1185~1241)는 주공과 공자를 숭상하는 정책을 펼쳤다. 오고타이는 연성공(衍聖公: 공자의 종손을 제후로 추대하여 부르는 호칭) 공원조(孔元措: 공자 51대 종손)를 몽골의 연성공으로 봉했으며, 공자의 사당을 수리하고 노비를 내려 관리토록 했다. 쿠빌라이는 공자를 존숭하라는 조서를 내리고 전국 각지에 공자의 사당을 세우게 하여, 관리들에게 초하루에 석전의식을 하도록 하며, 백성들에게 공자의 사당을 침범하지 못하게 했다.

오고타이 때 처음으로 학교를 설립했고, 쿠빌라이 때는 큰 도시에 국자학을 설립했다. 지원(至元) 25년에는 전국에 학교가 2만4천여 곳을 넘었다.

원나라에서는 남송 시절 크게 유행했던 주자학을 더욱 강화하여 관학으로서의 권위를 갖게 했다. 원나라에서는 1315년부터 과거제를 실시했는데, 당시의 시험 과목은 주로 주자학자들이 주해한 경전들을 사용했다. 사서(四書)는 주희의 『논어집주(集註)』, 『맹자집주』, 『대학장구』, 『중용장구』 안에서 출제하기로 정하고, 삼경(三經)의 경우에는 주희의 『시집전(詩集傳)』, 채침(蔡沈)의 『서집전(書集傳)』, 정이의 『이천역전(伊川易傳)』과 주희의 『주역본의(周易本義)』를 위주로 하고, 고주소(古註疏)를 겸용하게 했다. 『춘추』는 『좌전(左傳)』, 『곡량전(穀梁傳)』, 『공양전(公羊傳)』 및 호안국의 『춘추전(春秋傳)』을 모두 허용했고, 『예기』는 고주소(古註疏)를 사용하도록 했다. 이로 인해 주자학이 크게 유행하게 되었다.

국호를 원으로 고치기 전인 몽골은 금나라만을 멸망시키고 북방을 점령하고 있었으므로, 금나라 유학을 계승하고 있었다. 그 당시 오고타이가 남송으로 진격할 때 유학자 양유중(楊惟中)·요추(姚樞) 등에게 명하여, 군대와 함께 가서 남송의 학자들을 데리고 오도록 했는데, 군대가 호북(湖北) 지방에 이르렀을 때, 요추가 포로로 잡혀 온 저명한 유학자 조복(趙復)을 구했다. 조복은 가족이 모두 살육당한 것을 알고 강물에 뛰어들어 자살하려 했는데, 이를 안 요추가 조복을 잘 설득하여 북경으로 데리고 갔다. 양유중과 요추는 돈을 내어 태극서원(太極書院)을 짓고, 조복에게 학생을 가르치게 하니, 조복이 태극서원에서 주자학을 가르쳤다. 조복의 영향을 받은 요추·유인(劉因)·허형(許衡) 등이 남방의 성리학을 받아들여 북방에 크게 전파했다. 그중에서도 조복을 간접적으로 사사(師事)했던 허형이 가장 유명했나.

제2장

■

허형의 유학사상

허형(許衡: 1209~1281)은 처음에 유교 경전의 글자를 풀이하고 뜻을 이해하는 수준의 공부를 해오다가 조복에게 배운 요추의 제자가 되어 주자학을 알게 되었다. 그는 요추에게 정이의 『역전』, 주희의 『사서집주』, 『소학(小學)』, 『대학혹문』, 『중용혹문』 등을 배웠다. 허형은 특히 『소학』을 중시했다. 주자학의 형이상학적 매력은 불교나 도가철학의 매력을 능가하기가 쉽지 않다. 하지만, 주자학의 강점은 형이상학적 요소와 형이하학적 요소의 조화를 추구하는 중용철학에 있다. 주자학의 중용적 특징인 형이하학적 요소와 형이상학적 요소를 이어주는 대표적 경전이 『소학』이다. 일상생활을 떠나지 않으면서 심오한 진리를 추구하는 것이 중용철학의 특징인데, 그 특징을 『소학』에서 찾을 수 있으므로, 『소학』이 매우 중시되었다. 허형은 『소학』에 나오는 일상생활을 떠나지 않으면서 심오한 진리를 추구하는 학문에 매료되었다. 허형의 실천 중시의 태도는 이에서 비롯되었다고 할 수 있다.

허형은 주자학이 원나라의 관학이 되는 데 크게 공헌했다. 명나라의 유학자 설선(薛宣)은 허형을 '주자(朱子) 이후 제1인자'라고 평가하기도 했다.

제3장

■

오징의 유학사상

북방유학의 대표자가 허형이라면 남방유학의 대표자는 오징이다. 오징(吳澄: 1249~1333)은 남송에서 태어나서 27세 때까지 남송에서 살았으나, 남송이 멸망한 뒤에는 원나라에서 살았다. 오징은 남송시대 때 주자학을 직접 공부하여 계승했으므로, 허형보다 더욱 정밀하고 깊이가 있다는 평을 받는다.

오징은 유학자 집안에서 자랐다. 16세 때 과거시험장에서 요로(饒魯)의 제자인 정약용(程若庸)을 알게 되어, 요로의 재전(再傳) 제자가 되었다. 원나라시대에는 관직에 나가기도 했지만, 기간이 매우 짧았다. 원나라시대는 중국인이 몽골인에게 지배받던 시대이었으므로, 중국인 학자로서 관직 생활을 하는 것이 달갑지 않은 면이 있었을 것이다.

오징은 생애 대부분을 고향에서 주자학 연구와 제자 양성에 힘썼다. 그는 주자학 이외에도 천문학(天文學)·산학·율학 등을 두루 섭렵했다. 그는 기본적으로 주자학에 주력하면서도 상산의 심학도 부분적으로 수용했다. 주자학의 기본정신이 중용철학이고, 중용철학의 핵심은 맹자 철학과 순자 철학의 융합이고, 형이상학과 형이하학의 융합이다. 주자학을 공부하면서도 맹자의 형이상학적인 면에 관심을 두는 사람은 자연히 상산의 학문에 관심을 가질 수밖에 없다. 오징의 주요 저술로는 『오경찬언(五經纂言)』이 있다.

제4장

■

원나라의 멸망

원나라는 몽골인이 중국인을 통치하는 체제이었기 때문에 기본적으로 중국인을 우대할 수가 없었다. 중국은 인구가 많으므로 중국인을 아무리 우대해도 한족의 독립을 위한 반발은 막을 수 없다. 따라서 몽골인들이 주자학을 숭상하면서 중국인이 추구하는 이론체계를 이어가면서도 지배계층으로의 진입을 막아야 했고, 분열 정책을 쓰지 않을 수 없었다. 금나라의 치하에 있던 북방의 중국인들을 한인이라 칭하고, 남송 출신들을 남인이라 칭하여 차별함으로써 분열 정책을 펼쳤지만, 이 또한 반발을 무마하기는 쉽지 않았다.

적은 수의 사람들이 많은 수의 사람들을 지배하고, 문화의 정도가 낮은 사람들이 뛰어난 문화를 가진 사람들을 지배하기는 쉽지 않다.

쿠빌라이 초기부터 중국인들은 계속 독립운동을 했고 끊임없이 원나라 정부에 저항했다. 중국인들의 반발이 심해지자, 경제가 순조롭게 발전하지 못했다. 재정이 어려워질수록 세금이 많아지게 되고, 세금이 많아지면 백성들의 반발이 더욱 커진다. 거기에다 백성들을 탄압하고 관리하는 비용까지 더해져 국가 재정이 악화하고 세금은 더욱 늘어나 원나라는 혼란에 빠졌다.

원나라 말기에 접어들면서 농민과 일반 백성들의 저항과 반발이 대대적으로 일어났다. 유복통(劉福通: 1321~1363)의 홍건적이 반몽 항쟁을 대대적으로 일으키자, 이에 부응하여 반몽 항쟁이 전국적으로 일어났다.

1368년 주원장이 북쪽으로 진격하자 몽골인이 중국에서 철수했으므로, 중국인은 중국 땅을 되찾았다.

제 7 부

명나라의 유학

제1장

주원장의 명나라 건국과 주자학적 정치철학

제1절
명나라의 건국

원나라가 약해진 틈을 타서 전국에서 군사들이 일어났는데, 그중에서 주원장이 전국을 통일하고 원나라의 통치자인 몽골인들을 중국 땅에서 축출함으로써 중국인들이 정치의 주체가 되어 명나라를 건국했다.

제2절
주자학적 정치이념의 계승

명나라는 초기부터 과거제도를 실시하고 학교제도를 정비했다. 명나라 초기의 학자로는 방효유(方孝孺), 설선(薛瑄), 오여필(吳與弼) 등이 유명하다.

영락제 때 『사서대전(四書大全)』, 『오경대전(五經大全)』, 『성리대전(性理大全)』을 편찬하여 과거시험의 교재로 삼고, 주자학을 확고

한 정치이념으로 삼았다. 명나라가 주자학을 관학으로 삼은 것은 당시의 사람들이 여전히 주자학을 숭상하고 주자학적 분위기에서 살고 있었기 때문이다. 송나라·원나라·명나라는 정치 주체는 바뀌었지만, 다 같이 형상판의 철학인 주자학을 정치이념으로 삼았기 때문에, 철학사적으로 보면, 하나로 이어지는 동질의 시대로 이해할 수 있다. 철학의 판이 바뀌지 않고, 정치이념이 바뀌지 않으면서 정치 주체만 바뀔 때는 정치 주체가 바뀌는 과정에서 약간의 혼란이 있지만, 정치 주체가 바뀌는 순간 바로 안정될 수 있다. 송나라에서 원나라로, 원나라에서 명나라로 바뀌는 과정에서 혼란이 오래 지속되지 않았던 이유가 이 때문이다.

명나라는 원나라를 이어 주자학을 정치이념으로 삼아 주자학을 장려했으므로, 초기부터 주자학이 발달했다. 명나라는 중기에 이르러 왕수인(王守仁)이 나타나 주자학을 심화시킨 색다른 철학을 창출하여 명나라 후기를 풍미했다.

제2장

왕수인의 유학

제1절
왕수인의 생애와 학문 여정

『왕양명전집』에 실려 있는 「연보」에 따르면, 왕수인(王守仁: 1472~1529)
은 명나라 헌종 성화(成化) 8년 9월에 전동 유학자의 가문에서 태
어나 성장했다. 1489년 18세 때 루량(婁諒 호는 一齋: 1422~1491)을 만
나 정자와 주자의 격물설에 대한 설명을 듣고 성인 되는 학문에
뜻을 두었다. 루량은 주자학자로 유명한 오여필(吳與弼)의 제자이
므로, 양명은 그때 주자학을 제대로 접하고 주자학에 뜻을 두었
다. 그때부터 양명은 주자의 『어록』과 여러 서적을 두루 읽었다고
여러 사람이 기록하고 있다.

21세 때 양명은 주자의 격물설에 따라 대밭에 가서 공부하다
가 뜻을 이루지 못하고 병에 걸렸다. 「연보」에는 다음과 같이 기
록하고 있다.

이 해에 송나라 유학자들의 격물학을 공부했는데, 선생이 처음
으로 용산공을 서울에서 모시고 있으면서 주자의 서적들을 두

왕수인

루 구하여 읽었다. 하루는 선유들이 "모든 물체에는 반드시 겉과 속, 정밀한 부분과 거친 부분이 있고, 풀 한 포기 나무 한 그루에도 모두 지극한 리를 머금고 있다"라고 한 말을 생각하고, 대나무를 보고 격물공부를 하여 깊이 대나무의 리를 생각했지만, 터득하지 못하고 드디어 병에 걸리고 말았다.[1]

양명은 대나무를 종일 들여다보고 있어도 대나무의 리를 알 수 없었다. 양명은 좌절했다. 양명의 좌절은 과거시험 공부에 영향을 주었을 수도 있다. 양명은 22세 때 과거시험에 응시했지만, 실패했다. 그 뒤에도 양명은 주자학의 격물치지 공부를 이해하기 위해 많은 책을 읽으면서 노력했다. 양명은 27세가 되었을 때 다시 주자학에 대해 큰 실망을 하게 된다. 이때의 실망은 주자의 학설에 모순점이 있다는 것이었다. 이로 인해 양명은 다시 21세 때 앓았던 병이 도지기 시작했다. 그것은 기대했던 것이 좌절되었을 때 오는 마음의 병이었다. 이때 찾아낸 주자학의 모순은 나중에 「주자만년정론(朱子晚年定論)」이라는 논문으로 발표한다.

주자학에 실망한 뒤의 양명은 주자학을 통해 성인이 된다는 것을 포기하고 일단 주자학을 중단했다. 진리를 얻을 희망으로 주자학에 매달렸다가 주자학에 실망하게 되면 그만큼 좌절할 수밖에 없다. 성인이 되는 학문은 아무나 하는 것이 아니라는 생각도 들었다. 성인이 되는 꿈을 포기하면 급속도로 세속화한다. 양명은

---

1. 是年 爲宋儒格物之學 先生始侍龍山公于京師 遍求考亭遺書讀之 一日思先儒 謂衆物必有表裏精粗 一草一木 皆涵至理 官署中多竹 卽取竹格之 沉思其理 不得 遂遇疾(『王陽明全集』권32, 附錄1 年譜).

도교의 양생술에 관심을 가지고 입산할 생각을 하기도 했다.

이해에 선생은 양생을 말씀하셨다. 선생은 스스로 사장(辭章)이
나 예능은 진리에 통하기 어렵다고 생각하고 온 천하에 스승이
나 벗을 구했는데, 또 자주 만나지 못하여 마음이 당혹스러웠
다. 어느 날 주자가 송나라 광종에게 올린 상소문을 읽게 되었
는데, 거기에 '마음을 경건하게 유지하고 뜻을 잘 간직하는 것
이 독서의 근본이고, 순서대로 글을 읽되 정밀함을 다하는 것
이 독서의 방법이다'라는 말이 있었다. 이에 전날 널리 탐구했
으나 순서대로 정밀하게 글을 읽지 않아서 소득이 없게 된 것
을 후회했다. 그리하여 순서대로 독서를 했더니, 점점 젖어 들
어 무르익는 것을 알게 되었다. 그러나 사물의 리와 나의 마음
이 결국 갈라져 둘이 되는 것 같았다. 마음이 오랫동안 침울해
져 옛 병이 다시 도지니, 성현이 될 팔자가 아닌 것 같아 더욱
위축되었다. 그러던 중 우연히 도사가 양생을 담론하는 것을 듣
고 드디어 세상을 버리고 입산하려는 뜻을 가졌다.[2]

양명이 실지로 입산하여 행한 도교 수련에 관해서는 자세한 기
록이 남아 있지 않다. 양명은 도교의 양생술에 접했고, 선가의 수

---

2. 是年 先生談養生 先生自念辭章藝能 不足以通至道 求師友于天下 又不數遇
心持惶惑 一日讀晦翁上宋光宗疏 有日 居敬持志 爲讀書之本 循序致精 爲讀
書之法 乃悔全日探討雖博 而未嘗循序以致精 宜無所得 又循其序 思得漸漬
洽浹 然物理吾心終若判而爲二也 沉鬱旣久 舊疾復作 益委聖賢有分 偶聞道
士談養生 遂有遺世入山之意(『王陽明全集』 권32, 附錄1 年譜).

련법에도 관심을 가지기 시작했다. 양명은 이듬해 28세가 되었을 때 과거시험에 합격하여 관리의 길로 접어들었다.

31세 때 도교의 도사들을 만나, 도교 수련을 흠모하기도 했다. 이 해에 양명은 병을 얻어 양명동에 집을 짓고 도인술을 연마하여 많은 것을 얻었다. 양명은 이때 선학에도 심취했다는 기록이 남아 있다. 32세 때는 절에서 8개월 동안 걸쳐 수련하기도 했다.

진리로 향하는 길이 좌절되면, 진리로 향한 열정이 강한 사람일수록 아픔으로 다가온다. 인생은 아픔이다. 어디서 왔다가 어디로 가는지도 모른 채 우매하게 살아가는 자신을 돌아보는 것도 아픔이다. 무한한 우주 가운데서 티끌보다도 작은 왜소한 존재로 살아가는 자신을 돌아보는 것도 아픔이다. 일평생의 삶이 순간에 불과하다는 것을 깨달아도 아픔이 밀려온다. 많이 아픈 사람은 지금까지 살아온 방식에서 벗어나 방황하게 된다. 양명도 심하게 방황했다. 방황은 약을 찾아 헤매는 과정이다. 양명은 주자학을 통해 진리를 얻을 것으로 기대했다가 그것이 좌절되자 방황했다. 방황하던 양명은 도가나 선학에도 귀를 기울였다. 양명은 특히 선학 수련에 몰입하여 진리를 깨달을 수 있었다. 훗날 제자 왕기는 양명이 선학을 통해 깨달은 내용을 다음과 같이 기록하고 있다.

경치 좋은 곳에 움막을 지어 밤낮으로 틀어박혀서 부지런히 수련하여 본질을 관철했다. 선학에서 말하는 이른바 성을 알고 하나인 본질을 끌어안는다는 것에 그 뜻만을 통한 것이 아니라, 이미 진수를 터득했다. 스스로 이르기를 일찍이 고요한 가운데 마음속을 관조하고 있었는데, 몸이 수정으로 만든 궁전처럼 투명해졌다. 내가 없어지고 다른 모든 것이 없어지며, 하늘도 없어지고 땅도 없어져, 내가 텅 빈 허공과 하나가 되어 빛이 신기하게 빛나고 환상적인 황홀경이 되었다. 말로 표현하려 해도 말할 수 있는 방도를 잊어버린 것 같았으니, 바로 참 세계의 모습이었다.[3]

양명은 선학의 방법으로 수련을 했고 깨달음을 얻었다. 깨달음을 통해 터득한 진리의 세계는 현재의 세계를 떠나서 있는 것이 아님을 알았다. 몸이 투명해지다가 결국 없어지고 난 뒤에는 남과 나의 구별도 없어지고, 하늘과 땅의 구별도 없어지는 하나의 세계가 도래한다. 거기는 장자가 말하는 혼돈의 세계다. 불교에서 말하는 언어도단의 세계이고, 노장철학에서 말하는 무언의 경지이며, 노자가 말하는 황홀경의 세계이기도 하다. 그런데 그 진리의 세계가 현재 눈앞에 보이는 이 세계를 떠나 있는 것이 아니다.

진리로 향해 가는 길을 산의 정상으로 가는 것에 비유할 수 있다. 산의 정상에 진리가 있다고 가정하면, 진리로 향하는 길은 산 아래에서 정상으로 가는 길이다. 유학과 불교는 산의 아래에서 산 정상으로 가도록 인도하는 가르침이지만, 노장철학은 진리의 정상에 있는 사람이 진리를 바로 설명하는 가르침이다. 그러므로 유학

---

3. 築洞天精廬 日夕勤修鍊習伏藏 洞悉機要 其於彼家所謂見性包一之旨 非惟通其義 蓋已得其髓矣 自謂嘗於靜中內照 形軀如水晶宮 忘己忘物 忘天忘地 與空虛同體 光耀神奇恍惚變幻 似欲言而忘其所以言 乃眞境象也 及至居夷處困 動忍之餘 恍然神悟 不離倫物感應 而是是非非天則自見(『龍谿王先生全集』권2).

이나 불교의 가르침은 진리에 가까워질수록 노장철학과 유사해지다가, 진리의 정상에 완전히 도달하면 노장철학과 같아진다.

불교의 종파 중에서 선학의 가르침은 진리의 정상에 거의 도달한 상태에서의 깨우침이므로 노장철학과 유사하다. 진리의 정상은 모든 것이 나누어지지 않은 하나의 세계다. 시간과 공간의 개념도 없고, 너와 나의 구별도 없으며, 만물이 만물로 구분되지 않는다. 시간과 공간의 개념이 생기고, 너와 내가 구별되며, 만물이 만물로 구별되는 것은, 인간의 의식이 만들어낸 허상이다. 인간의 의식은 원래 없었다. 원래 없었으므로 의식은 가상이다. 사람들이 세상에서 고달프게 살아가는 까닭은 의식이란 헛것에 갇혀 헛된 삶을 살기 때문이다. 이를 깨닫고 의식이라는 헛것에서 벗어나면 구별이 없는 본연의 세계를 맞이한다. 본연의 세계에서는 구별되는 어떤 것도 없다. 육조대사 혜능이 본래무일물(本來無一物)이라 한 것은 이를 두고 한 말이다.

공자·맹자·석가모니 등은 모두 진리의 정상에 도달한 사람이다. 진리의 정상에서는 의식을 통한 의도된 삶을 살지 않고, 무위자연의 삶을 산다. 공자는 군자가 세상을 사는 모습을, "해야 한다는 것도 없고, 하지 말아야 한다는 것도 없으며, 오직 상황에 따른다"[4]라고 말한 적이 있다. 물의 흐름은 의도된 방식이 없다. 둑이 있으면 채웠다 가고, 낭떠러지가 있으면 떨어진다. 물이 흐르는 것처럼 움직이는 것이 무위자연이다.

선학을 통해서 진리의 정상에 도달하고 나면, 거기에 공자의 모

---

4. 無適也 無莫也 義之與比(『論語』里仁篇).

습도 보인다. 공자의 모습을 보게 되면 굳이 선학을 고집할 필요가 없다. 중국에 사는 사람은 공자의 방식이 더 익숙할 수 있다. 이를 알게 된 양명은 유학으로 돌아온다.

고향을 진리의 고장으로 비유하면, 유학과 불교는 타향에 있는 사람을 고향으로 인도하는 가르침으로 이해할 수 있고, 노장철학은 고향에 있는 사람이 고향에서의 삶을 설명하는 철학으로 이해할 수 있다. 유학으로 진리에 도달하는 것은 타향에 살던 사람이 고향에 간 것과 같다. 고향에 간 사람이 다시 타향에 가서 타향에 사는 사람들에게 고향의 모습을 설명하고, 타향의 모습에다 고향의 모습을 가미하여 고향과 타향의 융합을 시도한다. 불교의 가르침을 통해 진리에 도달하는 것도 역시 타향에 살던 사람이 고향에 간 것과 같다. 그러나 불교를 통해 진리를 얻은 사람은 진리를 얻은 뒤의 방식이 다르다. 다시 타향에 가서 타향에 사는 사람들에게 타향에서의 삶은 헛된 삶이고 고통스러운 삶이라는 것을 깨우친 뒤, 타향에서의 삶을 버리고 고향으로 돌아가도록 인도한다. 이에 비해 노장철학의 가르침은 타향에 가지 않고 고향에 머물러 있는 사람의 삶의 방식을 깨우치고, 타향으로 가는 사람에게 가지 않는 것이 좋다고 깨우치는 가르침이다. 유학과 불교는 타향에서 출발한다는 점에서 같고, 노장철학과 불교는 타향의 삶을 부정한다는 점에서 같다. 유학과 불교의 가르침에 차이가 있는 것은 중국과 인도의 환경 차이에서 비롯되는 것으로 이해할 수 있다. 인도에서는 석가모니의 가르침이 편할 수 있고, 중국에서는 공자의 가르침이 편할 수 있다.

유학은 산 아래에서 정상까지 가는 방법을 설명해놓았기 때문에 출발점에서 만나는 가르침이 심오하지 않으면서 복잡하므로, 매력을 느끼기 어렵다. 불교의 가르침은 산 아래의 삶을 부정하고 바로 진리의 정상을 설명하기 때문에 심오하면서도 간략하여 매력을 느끼기 쉽다. 양명은 주자학의 가르침에 적응하지 못해 방황하다가 선학을 통해 진리의 정상에 도달했다. 진리의 정상에 도달한 양명은 진리의 정상에서 공자를 만났다. 진리의 정상에서 만난 공자는 석가모니와 같았다. 진리의 정상에 도달한 양명은 공자의 가르침에 들어 있는 심오한 진리를 알게 되어 공자의 가르침으로 돌아왔다.

> 오직 폐하께서 부처님을 좋아하시는 마음이 지극하지 않을까 두렵습니다. 진실로 만약 폐하께서 부처님을 좋아하시는 마음이 과연 참되고 절실하며, 간절하고 지극하다면, 단지 그 이름만 좋아하지 마시고 반드시 부처님의 진리를 얻도록 힘쓰십시오. 단지 불교의 말단을 좋아하지 마시고 반드시 불교의 본질을 구하도록 힘쓰십시오. 그렇게 하시면 요순 같은 성인의 경지에 이르실 수 있고 삼대의 융성함을 회복하실 수 있습니다. (…) 폐하께서 진실로 부처님의 진리를 얻으시고 불교의 본질을 구하고자 하시면 부처님에게 구하지 마시고 성인에게서 구하시며, 외국에서 구하시지 마시고 중국에서 구하시기를 청합니다. (…) 부처님은 외국의 성인이고 성인은 중국의 부처님입니다.[5]

진리의 정상에서는 공자·석가모니·노자·장자 등이 모두 하나가 되어 있다. 공자가 석가모니이고 석가모니가 공자다. 그러므로 공자를 좋아하면서 석가모니를 비판할 필요가 없고, 석가모니를 좋아하면서 공자를 비판할 필요가 없다. 공자를 좋아하면 열심히 공부하여 공자의 경지에 도달하는 것이 중요하다. 공자의 경지에 도달하면 거기서 석가모니도 만난다. 석가모니를 좋아하여 석가모니의 경지에 도달하면 거기서 공자를 만난다. 진리의 정상에서는 모두가 하나로 만나지만, 정상으로 올라가는 길이 다르므로, 중국에서 진리를 얻고자 한다면, 공자의 가르침을 따르는 것이 순조로울 것이다.

양명은 유학으로 돌아왔다. 34세 때 양명은 수도 북경에서 유학을 강의하기 시작했다. 양명이 학생들에게 강조한 것은 먼저 성인이 되는 목표를 확정하는 것이었다. 양명은 35세 때 환관 유근(劉瑾)을 탄핵하다가 투옥된 대선(戴銑) 등의 석방을 탄원하다가 오히려 왕에게 미움을 사서 장형 40대를 맞고 귀주(貴州) 용장(龍場)의 역승(驛丞)이라는 직책으로 유배에 가까운 좌천을 당했다. 양명은 37세가 되는 해의 봄에 용장에 도착했다. 용장은 귀주의 서북쪽 산속에 있는 만족(蠻族)들이 사는 곳이었다. 역승이란 직책은 역의 관리인이지만, 실지로는 이름뿐이고, 오지에서 스스로 살 궁리를 해야 하는 궁벽한 처지였다. 양명은 견디기 어려운 여건에서도 돌집을 짓고 그 안에 들어가 밤낮으로 정좌 수련에 들어갔다.

---

5. 乃惟恐陛下好佛之心有所未至耳 誠使陛下好佛之心 果已眞切懇至 不徒好其名 而必務得其實 不但好其末 而必務求其本 則堯舜之聖可至 三代之盛可復矣(…)陛下誠欲得其實 而求其本 則請毋求諸佛 而求諸聖人 毋求諸外夷 而求諸中國(…)夫佛者 夷狄之聖人 聖人者 中國之佛也(『王陽明全集』「別錄」1「奏疏·諫迎佛疏」).

그러다가 어느 날 새벽녘에 홀연히 깨달았다. 양명은 그때의 경험을 다음과 같이 기록하고 있다.

> 한밤중에 갑자기 격물치지의 뜻을 크게 깨달았다. 나도 모르게 소리 지르며 벌떡 일어났다. 주위에서 모두 놀랐다. 처음으로 성인의 도가 나의 성(性)에 자족하다는 것을 알았다. 전에 사물에서 리를 구한 것이 잘못이었다.[6]

양명은 선학의 방법으로 깨달음을 얻고 난 뒤에 유학으로 돌아왔지만, 여전히 주자학에서 말하는 격물치지 공부가 석연치 않아 늘 마음속의 과제로 남아 있었다. 그러다가 37세가 된 어느 날 밤 용장에서 격물치지에 대한 깨달음을 얻은 것이다. 너무나 기뻐서 소리를 지르며 벌떡 일어났다. 그동안 격물치지에 대해 고심하던 양명이 격물치지의 바른 내용을 깨달은 것이다. 격물의 격(格)은 주자가 '이른다'라는 뜻으로 해석했었는데 그것이 잘못이란 것을 알았다. 격은 맹자의 격군심(格君心)이란 말에서 보면 정(正)이란 뜻이다. 격군심(格君心)은 임금의 마음을 바르게 한다는 뜻이므로, 격물이란 물(物)에 나아가는 것이 아니라, 물(物)을 바르게 한다는 뜻임을 깨달은 것이다. 본래 만물은 만물로서 존재하지 않았다. 『노자』에 다음과 같은 말이 있다.

---

6. 忽中夜大悟格物致知之旨 不覺呼躍而起 從者皆驚 始知聖人之道 吾性自足 向之求理於事物者誤也.

욕심 비우기를 끝까지 하여 고요한 본심을 지키면 만물이 아울러 일어난다.[7]

　호수에 수많은 얼음덩어리가 떠 있는 경우, 본질에서 보면 모두 하나의 물일 뿐 얼음덩어리는 하나도 없다. 그런데 얼음덩어리에 눈이 생기면 달라진다. 눈에 보이는 얼음덩어리들을 얼음덩어리로만 판단하는 순간, 얼음덩어리는 물이라는 본질에서 벗어나 얼음덩어리가 되고 만다. 얼음덩어리를 얼음덩어리로만 보는 것은 얼음덩어리를 모두 가상으로 만든 것이다. 만물도 마찬가지다. 본질에서 보면 만물은 모두 하나지만, 본질을 잊어버리고 만물을 만물로만 판단한다면 그 만물은 가짜다. 산도 우주의 모습이고 우주의 모습이다. 그것을 모르고 산을 산으로만 보면 가짜를 보는 것이고 물을 물로만 보면 가짜를 보는 것이다. 가짜는 죽은 것과 차이가 없다. 만물을 바라보는 사람 자신이 가짜의 모습에서 벗어나서 만물을 보면 만물이 참된 모습으로 되살아난다.

　만물의 형체가 각각 다른 것을 보고 만물을 다르게 보는 순간, 자기 자신을 왜곡시킨다. 만물을 다르게 보는 순간, 자기가 자기 몸에 갇혀 우주 전체에서 분리된다. 자기의 몸을 '나'라고 판단하면 '나'는 남과의 경쟁에서 이겨야 하므로, 욕심이 생긴다. 사람이 욕심에 눈이 멀면, 다른 것을 더욱 왜곡시키고, 다른 것을 더욱 왜곡시키면, 자기의 욕심이 더욱 커지는 악순환이 일어난다. 악순환의 고리를 끊는 방법에는 만물을 바르게 보는 방법과 자기의 욕

---

7. 致虛極 守靜篤 萬物竝作(『老子』 제16장).

심을 없애는 두 가지가 있다. 만물을 바르게 보면 자기의 안목이 바르게 되고, 자기의 욕심을 제거하면 만물이 바르게 보인다. 양명이 깨달은 것은 만물을 바르게 봄으로써 자기의 앎을 참된 것으로 만드는 격물치지의 방법이고, 노자가 말한 것은 욕심을 제거하여 만물을 바르게 보는 방법이다.

양명은 선학의 수련 방법을 통해 노장철학의 진리를 알았고, 그로 인해 격물치지의 내용을 알게 되었다. 만물을 바르게 보고, 자기의 마음이 바르게 되면, 마음에서 참된 지혜가 무한히 솟아난다. 참된 지혜가 맹자가 말한 양지(良知)이고, 인의예지의 지(智)이다. 격물은 만물을 바르게 보는 것이고, 치지는 지혜가 솟아나는 것이다. 양명은 치지를 치양지로 해석한다.

학문이란 만물을 바르게 하는 것이고 양지가 나올 수 있도록 하는 것이다. 양지는 원래 나에게 있는 것이므로, 밖에서 찾지 않아도 된다. 나의 양지만 터득하면 저절로 밖에 있는 만물의 본질을 제대로 바로 볼 수 있다. 나의 본성은 하늘에서 주어진 것이므로, 성인의 도가 나의 본성에 다 갖추어져 있다.

사람의 마음은 각각 다르다. 본마음이 가득한 사람도 있고, 본마음이 많은 사람도 있으며, 욕심이 많은 사람도 있다. 본마음이 가득한 사람은 만물을 제대로 알고 제대로 바라보기 때문에 무한한 지혜를 발휘한다. 그런 사람에게는 격물치지 공부가 필요 없다.

본마음이 많은 사람은 만물을 바라볼 때 본마음으로 보기도 하지만, 때로는 욕심으로 보기도 한다. 본마음으로 보면 만물이 바르게 보이지만, 욕심으로 보면 만물이 바로 보이지 않는다. 양명이 말하는 격물이란 욕심으로 보지 말고 본마음으로 보라는

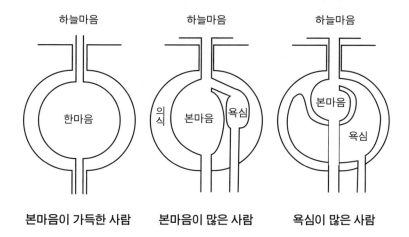

본마음이 가득한 사람　　**본마음이 많은 사람**　　**욕심이 많은 사람**

말이 된다. 본마음은 인의예지의 마음이다. 그 마음에는 온전한 지혜가 들어 있고, 온전한 능력이 갖추어져 있다. 본마음으로 보는 노력을 계속하면 만물이 계속 바르게 보이고, 만물을 바르게 보면 욕심이 없어진다. 욕심이 다 없어지면 앎이 모두 양지로 바뀐다.

양명의 방법은 욕심 많은 사람에게는 잘 통하지 않는다. 본마음으로 만물을 바라보면 만물이 바로 보인다는 말을 들어도 잘 이해하지 못한다. 욕심이 많은 사람은 본마음을 잘 모르기 때문이다. 그런 사람들은 자기의 마음속에서 본마음을 찾기는 쉽지 않기 때문에, 다른 사람이나 다른 물체에 나아가 거기에 들어 있는 공통의 마음을 찾고, 그 마음을 미루어 자기의 마음을 아는 우회적 방법을 택할 수밖에 없다. 욕심이 많은 사람이 본성을 회복하는 방법은 양명의 방법보다 주자의 방법이 효과적이다. 이를 진리의 산 정상으로 가는 과정으로 설명하면 훨씬 더 쉽게 이해할 수 있다.

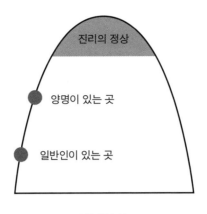

진리의 산

　본마음으로 사는 곳이 산의 정상이고, 욕심이 많은 일반인이 있는 곳이 산의 아래라면 양명이 있는 곳은 산의 중턱쯤 된다. 주자학은 산 아래에 있는 욕심 많은 사람까지 진리의 정상으로 인도하는 가르침이라면, 양명의 가르침은 산의 중턱에서 출발하여 진리의 정상으로 인도하는 가르침으로 이해할 수 있다.

　욕심 많은 일반인을 정상으로 인도하기 위해서는 주자학에서 설명하는 격물치지의 방법이 필요하지만, 그런 방법은 양명이 있는 곳까지 가는 데 필요한 방법이므로, 양명에게는 그런 방법이 필요 없다. 양명은 자기에게 필요 없는 방법을 찾기 위해 헛고생한 것이다. 그렇다고 해서 『대학』에 나오는 격물치지를 부정할 수는 없다. 격물치지를 이해하지 못해 고심하던 양명은 자기에게 맞는 격물치지의 의미를 깨달았다. 양명이 용장에서 깨달은 것은 자기에게 맞는 격물치지의 방식이었다.

　양명이 자기가 깨달은 방식을 학생들에게 가르치기 시작하자, 많은 제자가 몰려올 정도로 반응이 좋았다.

39세 때 여릉(廬陵)이란 현을 다스리는 직책인 지현(知縣)이 되어, 관직 생활과 제자 양성을 병행했다. 관리로서의 양명은 토적이나 반군을 평정하는 데 탁월한 능력을 발휘했다. 아마도 양지를 발휘하여 사건들의 본질과 현상을 잘 꿰뚫었기 때문일 것이다. 그런 와중에서도 열성적으로 제자들을 가르쳤다. 무종이 죽고 세종이 즉위한 뒤에는 옛 공로를 인정받아 신건백(新建伯)에 봉해지고, 남경병부상서(南京兵部尚書)라는 높은 관직에 올랐다. 그러나 이듬해인 51세 때 부친을 여의고, 양명을 시기하는 자들에 의해 관직에서도 물러났다. 그로부터 6년간은 고향에서 학문과 교육에 모든 것을 바쳤다. 제자들이 각지에서 구름처럼 모여들어 한 고을이 제자들로 넘칠 정도가 되었다.

그러나 1527년 양명의 나이 56세가 되었을 때 조정에서 광서 지방의 토적을 토벌하라는 명이 내려졌다. 당시 양명은 폐병과 이질 등의 병에 걸려 사양했으나 받아들여지지 않았다. 하는 수 없이 광서에 도착하여 이듬해에 본격적으로 토적 정벌에 나섰다. 2월에 사전(思田)을 평정하고, 7월에 등협(藤峽)을 파괴하여 오래 끌어오던 우환을 해결했다. 그는 토적에게 무력을 쓰기보다는 달래고 은혜를 베풀어 감화시키는 노력을 했다. 양명이 병약한 몸으로 수많은 토적과 반군을 평정한 것은 무엇보다도 양지의 발현에 의한 탁월한 통찰력 덕분이었을 것이다. 그러나 양명은 그해 11월에 병이 점점 심해져 광동에서 광서로 가는 도중에 숙소에서 57세의 나이로 생을 마감했다.

제2절
왕수인의 공부론

양명학의 목표는 욕심을 제거하여 본마음을 회복하는 데 있다. 욕심은 아교처럼 달라붙는 질긴 것이므로 욕심을 근절하는 것은 매우 어렵다. 양명학의 공부 방법은 이론적으로는 간단하지만, 실제로 그 공부는 매우 힘든 고난의 과정이다. 산의 정상을 향해 올라가던 사람이 정상에 오르기 직전에 깔딱 고개를 만날 때처럼 힘이 든다. 물론 주자학에서도 진리의 정상에 가까이 갈수록 힘든 과정이 있지만, 초기에는 어렵지 않은 것으로 느껴지기도 한다. 그것은 산을 오르는 초기에 난코스가 없어 어렵지 않은 것처럼 보이는 것과 같다. 그러나 눈앞에 정상이 빤히 보일 때는 금방 도착할 것 같지만, 그 순간이 매우 힘들고 어렵다. 양명학이 이론이 쉬운데 실지로 힘이 드는 것은 정상이 보이는 데서 깔딱 고개로 올라가는 것과 같기 때문이다. 양명학을 함에 집중력을 가지고 몰입하는 공부가 필요한 까닭이 여기에 있다.

제1항 치양지론

양명학의 공부론은 먼저 치양지론으로 집중된다. 양지는 본마음에서 나오는 것이므로 누구나 본마음만 회복하면 양지가 쏟아져 나온다. 천지만물 모든 것에는 하늘마음이 들어 있으므로, 양지가 있다. 사람과 천지만물은 본질에서 한 몸이다. 그러나 본질에서는 한 몸이지만 각각 모양도 다르고 상태도 다르다. 사람의 양지는 감각기관을 통해서 나온다. 사람이 다른 동식물보다 감각기관이 정밀하므로 사람의 양지가 더 영명하다. 무생물은 감각기관이 없으므로 물리법칙에만 의존한다. 양명은 이를 다음과 같이 표현한다.

> 사람의 양지가 곧 초목와석(草木瓦石)의 양지이다. 만약 초목와석에 사람의 양지가 없다면 초목와석이 될 수 없다. 어찌 초목와석만 그렇겠는가! 천지에도 사람의 양지가 없으면 또한 천지가 될 수 없다. 천지만물은 사람과 원래 한 몸이다. 양지가 나오는 구멍이 가장 정밀한 곳이 사람의 마음이므로, 다른 것보다 좀 신령스럽고 밝다.[8]

양지는 본래의 마음에 갖추어져 있는 것이지만, 욕심에 눈이 멀면 양지를 발휘할 수 없으므로, 욕심을 제거하는 공부를 해야 한다. 공부의 목적은 양지를 발휘할 수 있도록 하는 것이다.

> 또 다음과 같이 말씀하셨다. 내 마음의 본체를 알면 마음이 저절로 알게 된다. 아버지를 보면 저절로 효도할 줄 알고, 형을 보면 저절로 공경할 줄 알며, 어린이가 우물에 빠지려고 하는 것을 보면 저절로 불쌍하게 여길 줄 안다. 이것이 바로 양지이니

---

8. 人的良知 就是草木瓦石的良知 若草木瓦石無人的良知 不可以爲草木瓦石矣 豈惟草木瓦石爲然 天地無人的良知 亦不可爲天地矣 蓋天地萬物與人 原是一體 其發竅之最精處 是人心 一點靈明(傳習錄).

밖에서 구할 것이 없다. 만약 양지가 발휘될 때 욕심이 그것을 막지 않는다면, 이른바 마음속에 측은지심이 가득하여 인을 다 쓸 수가 없다는 것이다. 그러나 보통의 사람들은 욕심이 가로막아버리므로, 반드시 치지격물 공부를 하여, 사사로운 욕심을 이기고 본래마음을 회복해야만, 마음속의 양지가 막히지 않고 가득 차서 두루 발휘된다. 이것을 앎을 이루었다고 하는 것이다. 앎이 이루어지면 뜻이 성실하게 지켜진다.[9]

사람의 모든 잘못은 잘못된 앎에서 비롯된다. 사람들은 잘못 알기 때문에 고통 받지 않아야 할 것을 고통 받고, 바로 해야 할 일 처리를 거꾸로 한다. 본심을 회복하여 바로 알게 되면 모든 잘못에서 벗어날 수 있다. 배움의 핵심은 바르게 알 수 있는 양지를 회복하는 것이다. 학문은 양지를 얻는 것 이상이 아니다.

배우고 묻고 생각하고 분별하고 독실하게 수행하는 공부를 하면, 비록 능력이 열등하여 열심히 힘쓰지 않으면 안 되는 사람일지라도, 남이 하나를 노력할 때 자기는 백을 노력하여, 본마음을 끝까지 확충하고 성을 다 발휘하여 하늘을 알게 되는데, 이 또한 내 마음의 양지를 이루는 것에 불과하다. 양지 외에 다

---

9. 又曰 知是心之本體 心自然會知 見父自然知孝 見兄自然知弟 見孺子入井自然知惻隱 此便是良知 不假外求 若良知之發 更無私意障礙 即所謂充其惻隱之心 而仁不可勝用矣 然在常人 不能無私意障礙 所以須用致知格物之功 勝私復理 即心之良知 更無障礙 得以充塞流行 便是致其知 知致則意誠(『傳習錄上』, 徐愛 錄).

시 터럭만큼이라도 더할 것이 있겠는가![10]

양명이 말하는 학문의 목적은 양지를 이루는 것으로 귀결된다. 본성을 다 발휘하여 하늘을 아는 것도 양지로써 아는 것이고, 천지만물과 내가 하나라는 것을 아는 것도 양지로써 아는 것이다. 그러므로 양명은 양지를 이루는 것을 학문의 모든 것으로 여긴다.

제2항 존천리 알인욕

격물치지 공부를 하여 욕심을 다 제거해야 양지를 이룰 수 있다. 진리를 얻는 것은 마음속에 있는 욕심을 다 제거하는 것이다. 욕심을 다 제거하여 마음속이 본래마음으로 가득해지면 천지만물과 하나인 본래 모습을 회복하게 된다. 본래 모습을 회복하면 마음속이 양지로 충만해진다. 양지를 다 이루는 것이 본래 모습을 회복하는 것이고, 본래 모습을 회복하는 것이 양지를 다 이루는 것이다.

욕심을 다 제거하고 본심을 다 회복하는 방법은 간단하다. 마음을 들여다보면 거기에 본래마음도 있고 욕심도 있다. 이를 확인한 뒤에 본래마음은 보존하고 욕심은 제거하면 된다. 본래마음은 하늘마음이며 리(理)이다. 하늘마음이 사람의 마음속으로 왜곡되

---

10. 夫學 問 思 辨 篤行之功 雖其困勉至於人一己百 而擴充之極 至於盡性 知天 亦不過致吾心之良知而已 良知之外 豈復有加於毫末乎(『傳習錄上』, 薛侃錄).

지 않고 들어온 마음이 본래마음이고, 왜곡되어 변질한 마음이 욕심이다. 본래마음은 하늘마음이므로 본래의 마음을 리로 볼 수 있다.[11] 본래의 마음이 하늘마음이고 천리(天理)이다.

마음속을 들여다보아 본래마음을 보존하고 욕심을 제거하면 마음속이 본래마음으로 가득 채워진다. 이러한 양명의 공부 방법이 바로 존천리 알인욕(存天理遏人欲)이다.

> 서애가 물었다. "부모 섬기는 효도, 임금 섬기는 충성, 벗과 사귀는 신의, 백성을 다스리는 어진 마음 등 사람 사이에 많은 도리가 있습니다. 아마도 살피지 않을 수 없습니다." 이에 선생이 탄식하면서 말씀하셨다. "이 설의 폐해가 오래되었으니, 어찌 한마디 말로 깨우칠 수 있겠는가! 지금 우선 질문한 내용에 대해서 말하겠다. 아버지를 섬길 때, 아버지에게 효도해야 하는 도리가 있는지 찾아내야 하는 것이 아니다. 임금 섬길 때도, 임금에게 충성해야 하는 도리가 있는지 찾아내야 하는 것이 아니다. 벗을 사귀고 백성을 다스릴 때도, 벗과 백성에게 미더움과 사랑의 도리가 있는지 찾아내야 하는 것이 아니다. 모든 것은 나의 마음에 있다. 마음은 리다. 이 마음이 사욕에 가려지지 않으면, 마음

11. 하늘마음은 사람을 살리는 마음이므로 밤이 되면 자라고 명령한다. 이때 순수하게 하늘의 명령을 받아들이면 뇌에서 잠을 유도하는 물질이 분비되어 자고 싶은 마음이 된다. 그러나 자면 손해이므로, 자지 말아야 한다는 오기가 발동하면, 뇌에서 잠이 오지 않게 하는 물질이 분비되어, 자기 싫은 마음이 된다. 자고 싶은 마음은 하늘마음과 일치하지만, 자기 싫은 마음은 하늘마음과 일치하지 않는다. 하늘마음이 리이므로 자고 싶은 마음 또한 리라고 할 수 있다. 양명은 이런 의미에서 본래마음을 리라고 하는 심즉리를 주장했다.

이 바로 천리(天理)다. 조금이라도 밖에서 더할 것이 없다. 이 순수한 천리의 마음이 아버지 섬기는 데 발하면 효도가 되고, 임금 섬기는 데 발하면 충성이 되며, 벗을 사귀고 백성을 다스리는 데 발하면 미더움이 되고 사랑이 된다. 다만 이 인욕을 버리고 천리를 보존하는 공부를 하면 바로 그렇게 된다."[12]

욕심을 걷어내는 방법에는 두 가지가 있다. 하나는 마음속에 있는 천리를 따르고 인욕을 제거하는 것이다. 사람이 산다는 것의 기본은 몸이 살아가는 것이다. 몸은 자기 혼자서 움직이는 것이 아니라, 마음의 지시에 따라서 움직인다. 그러므로 사람이 몸을 움직일 때, 몸을 움직이게 하는 마음이 천리인지 인욕인지를 판단하여, 천리를 따르고 인욕을 거부하면 된다. 이런 방법의 삶을 계속하면 인욕이 차츰 소멸한다. 이러한 방식이 양명이 말한 사상 마련(事上磨練)이다. 사상 마련이란, 일하면서 수련하는 것을 말한다. 일할 때도 늘 마음의 움직임을 들여다보고, 본심이 움직이면 따르고, 욕심이 움직이면 거부하는 것이 사상 마련이다.

다른 하나는 욕심을 만들어내는 근원을 제거하는 것이다. 욕심은 잘못된 생각으로 인해 만들어지므로, 마음을 집중하여 잘못된 생각이 일어나지 않도록 하면 욕심은 사라진다. 이러한 공

---

12. 愛曰 如事父之孝 事君之忠 交友之信 治民之仁 其間有許多理在 恐亦不可不察 先生嘆曰 此說之蔽久矣 豈一語所能悟 今姑就所問者言之 且如事父 不成去父上求個孝的理 事君 不成去君上求個忠的理 交友治民 不成去友上民上求個信與仁的理 都只在此心 心即理也 此心無私欲之蔽 即是天理 不須外面添一分 以此純乎天理之心 發之事父便是孝 發之事君便是忠 發之交友治民便是信與仁 只在此心 去人欲存天理上用功便是(『전습록상』 徐愛 錄).

부 방법이 양명의 정좌공부이다. 정좌공부를 오늘날의 말로 표현하면 명상이다. 양명은 정좌를 매우 강조했다. 사람들이 양명학을 선학이라 비판하는 이유도 이 때문이다.

제3항 정좌

천리를 보존하는 것과 욕심을 제거하는 것은 비례한다. 천리를 보존하는 만큼 욕심이 제거되고, 욕심을 제거하는 만큼 천리가 보존된다. 그러므로 천리를 완벽하게 보존하면 욕심이 저절로 제거되고, 욕심을 완전하게 제거해도 천리가 보존된다. 욕심을 제거하는 방법 중에 욕심이 생기는 근원을 차단하는 방법이 있다. 욕심은 잘못된 생각에서 나오는 것이므로, 아예 생각 자체가 일어나지 않도록 마음을 고요하게 보존하면 된다. 그런 방법 중에 정좌가 있다. 정좌는 고요히 앉는다는 뜻이다. 가만히 앉아서 잡념이 일어나지 않도록 마음을 붙잡으면 욕심이 생기는 근원이 차단되므로 욕심이 사라진다.

하루는 학문하는 공부에 대해 논하시면서 선생님께서 다음과 같이 말씀하셨다. "사람들에게 학문을 가르칠 때 한쪽에만 집착하면 안 된다. 처음 배울 때는 마음이 흐트러지고 뜻이 달아나므로, 붙잡아 묶어도 안정되지 않는다. 생각과 헤아림이 거의 욕심을 채우는 방향으로 달려가기 때문에, 정좌를 가르쳐서 생각과 헤아림을 멈추는 노력을 오랫동안 지속하게 하여, 마음과 뜻이 조금 안정될 때까지 기다려야 한다. 다만 실속 없이 고요함만 지켜서 몸이 마른 나뭇등걸같이 되고 마음이 타버린 재처럼 되게 하는 것은, 역시 잘못된 것이다. 반드시 그들에게 마음을 성찰하여 욕심을 잘 다스리도록 해야 한다. 성찰하여 잘 다스리는 공부를 하면 한가할 때가 없다. 마치 도적을 내쫓듯 깨끗이 쓸어내어 말끔하게 하려는 뜻이 있어야 한다. 일이 없을 때는 여색·재물·명예 등을 좋아하는 사욕(私)을 하나하나 끝까지 찾아내어, 반드시 뿌리째 뽑아내어 영원히 다시 일어나지 않게 해야, 비로소 통쾌할 수 있다. 늘 고양이가 쥐를 잡듯 집중해서 응시하고 귀 기울여 들어서, 하나의 잡념이라도 싹터 움직이면, 그 순간 바로 제거해야 한다. 못을 자르고 쇠를 끊듯 해야지, 조금이라도 느슨하면 안 된다. 여타의 편법을 써서 숨겨주어도 안 된다. 사욕을 방치하여 도망갈 길을 열어줘도 안 된다. 이렇게 해야 참되고 실질적인 공부가 되어, 비로소 깨끗이 쓸어내어 맑게 할 수 있다. 더 쫓아내야 할 사욕이 다 없어지면 저절로 몸가짐이 단정해질 때가 있다. 비록 '무엇을 생각하고 무엇을 염려하겠는가?'라고 『주역』에서 말했지만, 이는 처음 배울 때의 일이 아니다. 처음 배울 때에는 반드시 성찰하여 잘 다스릴 것을 생각해야 한다. 이것이 맹자께서 말씀하신 '성실하게 될 것을 생각하는 것'이다. 오로지 하나의 천리를 생각하여 천리의 온전한 전체에 이른 상태가 되면, 비로소 '무엇을 생각하고 무엇을 염려하겠는가?'라고 하는 경지에 도달한다."[13]

사람들은 대부분 욕심을 가지고 있고, 욕심을 채우는 방향으로 달려가고 있다. 양명은 이러한 사람들을 바른길로 갈 수 있도록 하는 구체적인 방법을 제시했다. 먼저 정좌 공부를 가르쳐 어느 정도 욕심에 끌려가는 것을 멈출 수 있도록 해야 한다는 것이다. 욕심에 빠진 사람은 자신이 욕심에 빠졌다는 사실을 알지 못하고, 더구나 욕심에 끌려가고 있다는 사실은 더욱 모른다. 이를 깨우쳐서 욕심에 끌려가는 자신을 돌아보고 멈출 수 있게 하는 방법으로 양명은 정좌를 들었다.

학문의 과정은 욕심과 전쟁하는 것처럼 치열해야 한다. 욕심보다 더 끈질긴 적을 찾기가 어렵고 이기는 것 중에 자기의 욕심을 이기는 것보다 더 힘든 것이 없다.

제4항 사상 마련

사람이 살아가는 것은 낮에는 나가서 일하고, 밤에는 들어와 쉰다. 일을 제대로 하기 위해서는 본래의 마음을 회복해야 하지만, 본래의 마음만 가지고 일을 잘할 수는 없다. 일하면서 일어나는

---

13. 一日論為學工夫 先生曰 教人為學 不可執一偏 初學時 心猿意馬 拴縛不定 其所思慮 多是人欲一邊 故且教之靜坐 息思慮 久之 俟其心意稍定 只懸空靜守 如槁木死灰 亦無用 須教他省察克治 省察克治之功 則無時而可閒 如去盜賊 須有箇掃除廓清之意 無事時 將好色 好貨 好名等私 逐一追究搜尋出來 定要拔去病根 永不復起 方始為快 常如貓之捕鼠 一眼看着 一耳聽着 纔有一念萌動 即與克去 斬釘截鐵 不可姑容 與他方便 不可窩藏 不可放他出路 方是真實用功 方能掃除廓清 到得無私可克 自有端拱時在 雖曰何思何慮 非初學時事 初學必須思省察克治 即是思誠 只思一個天理 到得天理純全 便是何思何慮矣(『傳習錄上』 陸澄 錄).

마음의 변화를 잘 읽어서, 일하는 가운데서 일어나는 욕심을 제거해야 한다. 가만히 앉아서 마음을 가라앉히면 마음이 고요해지면서 욕심이 다 사라진 것처럼 느껴지지만, 사실은 욕심이 사라진 것이 아니라 대부분 작동을 멈추고 마음속에 감추어져 있다. 마음속에 남아 있는 욕심은 남과 경쟁할 때 불쑥 고개를 내밀고 나올 때가 많다. 남과 경쟁할 때 남이 앞서가는 것을 보고 샘이 나는 것도 욕심이고, 내가 이겼을 때 기뻐하는 것도 욕심이다. 밤에는 숨어 있는 욕심을 찾아내기 어렵지만, 낮에 활동할 때 마음을 들여다보면 고개를 밀고 나오는 욕심을 알아차리기 쉽다. 낮에 욕심의 실상을 알아차리면 그때마다 다시는 그런 욕심을 부리려고 하지 않도록 참회하는 마음으로 반성하고, 다시는 그런 일이 없도록 작심해야 한다. 반성을 계속하는 것은 마음을 단련하는 데 매우 좋은 수련법이다. 낮에 일 처리 하는 과정에서 고개 밀고 나오는 욕심을 다 제거하면 양지가 충만해져, 일 처리를 원만하게 할 수 있고 사람도 온전해질 수 있다. 양명이 사상 마련을 강조하는 이유가 이 때문이다.

> 묻기를 "가만히 있을 때는 마음이 편안함을 느끼겠는데, 일을 접하자마자 바로 달라지는 것은 왜 그렇습니까?" 하고 물었더니, 선생님께서 말씀하셨다. "이는 다만 가만히 있을 때 함양할 줄만 알고, 극기 공부를 하지 않았기 때문이다. 이런 상태에서 일에 나아가면 갈팡질팡하다가 넘어지게 된다. 사람은 반드시 일하면서 단련해야 바로 서서 살아갈 수 있다. 그래야 가만히 있을 때도 안정되고, 움직일 때도 안정된다."[14]

많은 경험을 통해서 마음을 단련해야 마음이 제대로 단련된다. 가만히 앉아서 욕심을 제거하면 욕심이 제거된 것처럼 느껴질 때가 많지만, 사실은 욕심이 제거된 것처럼 보일 뿐, 밖으로 드러내지 않고 숨어 있는 경우가 많다. 욕심은 마음속에 끈질기게 뿌리박고 있어서 좀처럼 제거되지 않는다. 사람들이나 사물들을 접할 때마다 마음을 단련하는 노력을 계속해야 욕심이 겨우 제거되는 때가 온다. 사람의 삶은 마음을 수련하는 과정이어야 한다. 마음을 수련하여 욕심이 다 제거되면 마음속은 하늘마음으로 가득 찬다. 마음속에 가득한 하늘마음을 양명은 리로 보아 심즉리를 주장했다.

제3절
왕수인의 철학사상

제1항 심즉리

하늘마음이 사람에게 들어와 있는 것이 성이고 성이 흘러나온 것이 정이다. 성과 정을 합해서 마음이라 한다. 성도 마음이고 정도 마음이며, 성과 정을 담고 있는 그릇 전체를 또 마음이라 한다. 인욕을 제거하고 천리를 보존하는 공부를 해서, 마음속에 욕심이

---

14. 問 靜時亦覺意思好 才遇事便不同 如何 先生曰 是徒知養靜 而不用克己工夫也 如此 臨事便要傾倒 人須在事上磨 方立得住 方能靜亦定 動亦定(傳習錄上) 陸澄 錄).

사라지고 성에서 나온 사단의 정으로 가득해지면, 성과 정이 같은 것이므로 성과 정을 담고 있는 마음 그 자체가 리이다. 이러한 의미에서 양명은 심즉리를 제창했다. 심즉리는 양명 이전에 이미 육상산도 제창한 바 있다. 심즉리의 이론적 바탕을 양명의 말에서 찾아보면 다음과 같다.

> 마음의 본체가 곧 성이다. 성이 곧 리이다.[15]

> 마음이 곧 성이고 성이 곧 리다.[16]

양명의 심즉리는 심이 성이고 성이 리이므로 심이 리라는 결론에 도달한다. 천리를 보존하고 인욕을 제거하여 사람의 마음이 본마음으로 가득 차면, 그 본마음은 성과 다른 것이 아니다. 성이 리(理)라면, 마음이 모두 리(理)다. 양명의 심즉리에는 엄격한 전제조건이 따른다. 욕심에 가려진 마음은 리라고 할 수 없다. 오직 욕심을 완전히 제거하고 난 뒤의 순수한 본마음이 리라는 것이다. 심즉리에 전제된 이 엄격한 전제조건을 무시하고 심즉리만 받아들이면 욕심을 가진 사람이 자기의 욕심을 리로 착각하여 욕심 채우는 일을 마음대로 추구할 수 있다. 이런 위험성이 있음에도 양명이 심즉리를 주장한 이유는 다음과 같은 이유 때문이다.

---

15. 心之本體 卽是性 性卽是理(『傳習錄上』陸澄 錄).
16. 心卽性 性卽理(『傳習錄上』陸澄 錄).

제군은 내가 말한 뜻의 요지를 알아야 한다. 내가 지금 설한 '마음이 바로 리'와 같은 것은 어떠하냐? 단지 세상 사람들이 마음과 리를 나누어 다른 것으로 봄으로써 많은 병폐가 생겼기 때문이다.[17]

주자가 처음부터 심과 리를 둘로 나누지는 않았다. 주자의 철학적 목적과 양명의 철학적 목적이 다른 것은 아니다. 철학을 하게 된 목적은 둘 다 마음의 문제를 해결하기 위해서였다. 사람이 본래의 마음을 유지하지 못하면 욕심에 사로잡혀서 부질없이 온갖 병폐와 고통을 자아낸다. 이를 해결하는 방법은 본래의 마음을 회복하는 것밖에 없다. 이 점은 주자와 양명이 일치한다. 주자와 양명의 견해가 달라지는 것은 그다음부터다. 주자는 본래의 마음을 회복하는 근본 방법을 마음의 본체인 성의 회복에서 찾았다. 성을 회복하여 성에 따라 살기만 하면, 마음은 본마음으로 채워질 것이기 때문이다. 그런데 성을 회복하기 위해서는 성을 아는 것이 중요하지만, 성은 알기 어려우므로 사람을 포함한 만물에 들어 있는 리를 연구하여 리를 앎으로써 그것을 미루어 간접적으로 성을 알 수 있다는 논리를 바탕으로, 만물에 다가가 그 속에 있는 리를 궁리해야 한다는 격물치지 공부 방법을 주장했다. 주자학이 일세를 풍미하게 되고 원나라와 명나라를 이어 관학이 되었기 때문에, 많은 사람이 주자학에 매달리면서 리에 관한 연구가

17. 諸君要識得我立言宗旨 我如今說簡心卽理是如何 只爲世人分心與理爲二故便有許多病痛(『傳習錄下』黃以方 錄).

공리공론으로 치달아 많은 병폐가 일어났다. 마음의 병통을 해결하기 위해 리에 관심을 갖게 되었지만, 리에 관한 관심이 집중되면서 마음의 문제와 관계없이 리만 따지는 헛된 학문 분위기가 팽배해진 것이다. 학자라는 평가를 받고 싶어서 리를 공부하고, 관리가 되기 위해 리를 공부하게 되면 많은 부작용이 생긴다. 리가 본래의 의미를 상실하고 욕심 채우는 수단으로 바뀌면, 리가 우상으로 돌변하여, 리를 높이는 것이 우상을 숭배하는 것처럼 될 수도 있다. 이를 염려한 양명은 사람들의 관심을 철학의 출발점이었던 마음으로 되돌리기 위해 심즉리를 주창한 것이다.

주자가 파악한 인간은 욕심으로 가득한 인간이다. 그런 인간의 마음으로는 진리를 행할 수 없다. 그러나 그런 사람이라 할지라도 욕심의 밑바닥에 본성이 자리 잡고 있고, 본성이 리이기 때문에 리를 강조한 것이지만, 양명이 파악한 사람은 본심을 가진 사람이다. 아마도 주자학을 통해 마음을 많이 수련했기 때문일 것이다. 마음을 들여다봤을 때 본심이 느껴진다면 굳이 외물에 가서 외물의 리를 하나하나 궁리하지 않아도 된다. 오직 마음을 직접 들여다보고, 거기에 있는 본심을 확대하면 된다. 이러한 공부 방법을 위해 양명의 심즉리는 효과가 있다.

그러나 오늘날 뇌 과학의 지식을 참고하면 양명의 심즉리에는 어폐가 있다. 성과 정이 다 마음이므로 심즉리라고 말하면, 성도 리(理)고 정도 리(理)라는 말이 된다. 그러나 정에는 성이 발휘될 때 뇌에서 분비된 물질이 섞여 있으므로 기(氣)의 소요가 들어 있다. 양명의 심즉리로 보면 정도 리가 되지만, 정에는 기의 요소가 들어 있으므로, 양명이 말한 심즉리는 어폐가 있다. 다만, 정에 기의 요소가 섞여 있다 하더라도, 성이 변질한 정이 아니라면, 정의 내용이 성과 일치하므로, 그런 의미에서 본다면, 정을 리로 보는 것을 이해할 수 없는 것은 아니다.

양명은 또 "기가 곧 성이고, 성이 곧 기이니, 원래 성과 기를 나눌 수 있는 것이 없다"라고 하고,[18] "이른바 움직이는 것도 하나인 본질이고, 가만히 있는 것도 하나인 본질이다. 본체와 작용은 근원이 하나이다"[19]라고 말하기도 한다. 많은 사람이 양명의 이런 말들을 접하면 곤혹스럽기도 한데, 그 까닭은 양명의 말을 같은 시기의 말로 판단하기 때문이다.

산의 정상을 향해 올라가는 사람이 뒤따라오는 사람에게 설명할 때는 올라간 위치에 따라 다르다. 진리의 정상으로 갈 때의 설명도 이와 같다. 진리의 정상에 도달하기 전에는 정상으로 가는 길을 여러 가지로 설명할 수 있지만, 진리의 정상에 도달하면 모든 것이 하나가 되어 버린다. 진리의 정상은 한 점이다. 하늘·땅·사람도 하나이고, 정신과 물질도 하나이며, 몸과 마음도 하나이다. 움직임과 멈춤도 하나이고, 밝음과 어두움도 하나이며, 나와 너도 하나이다. 모든 구별이 사라져 하나가 되어 버리는 것이 진리의 정상이고 본질이다. 단군조선에서 강조하던 '하나사상'이 그것이고, 장자가 말하는 혼돈·자연·도 등이 그것이다. 모든 것이 하나인데 인간의 의식이 모든 것을 분리해낸다. 하나인 본질에서 천·지·인을 분리해내고, 몸과 마음, 정신과 물질, 움직임과 멈춤,

---

18. 氣卽是性 性卽是氣 原無性氣之可分也(『傳習錄中』啓問道通書).
19. 所謂動亦定 靜亦定 體用一原也(『傳習錄中』答陸原靜書).

시간과 공간, 너와 나 등등을 분리해낸다. 구별되는 모든 것은 인간의 의식이 하나에서 분리해 낸 것이다. 양명도 그렇다. 양명이 진리의 정상으로 가고 있을 때는 리와 기를 나누고 몸과 마음을 나누며, 너와 나를 나눈다. 나의 마음은 기의 요소에 가려 욕심으로 바뀌지만, 욕심을 제거하고 나면 기의 요소가 관여하지 못하여, 마음이 모두 본래의 마음이 된다. 본래의 마음이 온전한 리이므로, 심즉리이다. 하늘마음도 리이고, 사람의 본심도 리이다. 진리의 정상인 한 점에 도달하고 나면 모든 것을 초월하여 하나가 된다. 성(性)과 기(氣)도 하나이고, 동(動)과 정(靜)도 하나이다. 그 하나의 점은 모든 것이 분리되기 이전의 세계이다. 양명은 그것을 성즉기(性卽氣), 기즉성(氣卽性)으로 표현하기도 하고, 동즉정(動卽定), 정즉정(靜卽定)이라 하여 정(定)으로 표현하기도 한다.

시차를 잘 이해하지 못하고 양명의 사상에 심즉리만 있는 것으로 알면, 성즉기(性卽氣)를 알 수 없다. 양명 전체를 이해한 뒤에 양명의 말을 살펴보고, 그 말이 어떤 때 어떤 상황에서 한 말인지를 분석해야 제대로 이해할 수 있다.

제2항 지행합일

아는 것에는 머리로 아는 것과 몸으로 아는 것이 있다. 머리로 아는 것은 완전한 앎이 아니다. 완전한 앎이란 몸으로 아는 것이다. 수영하는 법을 머리로만 아는 사람은 수영할 줄 아는 사람이 아니다. 몸으로 알아서 물에서 헤엄칠 수 있어야 완전히 아는 것이다. 욕심이 많은 사람은 해서 안 될 것이 많다. 생각 없이 움직이면 늘 탈이 난다. 그러므로 먼저 욕심 없는 사람들이 하는 행동 방식을 안 뒤에 억지로라도 그렇게 행동하도록 노력해야 한다. 이 경우에는 먼저 안 뒤에 행동해야 하므로, 선지후행(先知後行)이다. 그러나 욕심이 하나도 없는 사람은 행동 방식을 먼저 알 필요가 없다. 그냥 내키는 대로 행동하면 된다. 마치 좋은 경치를 보고 좋은 경치라는 것을 아는 것과 좋은 경치를 좋아하는 것이 동시적으로 일어나는 것과 같고, 나쁜 냄새가 날 경우 나쁜 냄새라는 것을 아는 것과 나쁜 냄새를 피하는 행동도 동시적으로 일어나는 것과 같다. 주자학에서는 욕심 많은 사람의 실천을 설명하느라 선지후행을 주장하지만, 양명은 심즉리 상태에서의 실천을 설명하느라 지행합일을 주장한다.

> 앎이란 행동의 시작이고 행동이란 앎이 완성되는 것이다. 성학은 단지 하나의 공부이다. 지와 행을 두 가지 일로 나누면 안 된다.[20]

참된 삶은 머릿속의 앎으로 결정되는 것이 아니다. 행복도 머릿속의 앎으로 결정되는 것이 아니다. 오직 가슴에서의 느낌으로 결정된다. 가슴에서 느끼는 것은 몸으로 느끼는 것이다. 머릿속에서의 앎이 몸의 느낌으로 이어지지 않는다면 그것은 참된 앎이 아

---

20. 知者行之始 行者知之成 聖學只一個功夫 知行不可分作兩事(『傳習錄上』陸澄 錄).

니다. 참되지 않은 앎은 자기의 삶과 관계가 없다.

오늘날의 학문에서는 주로 머릿속의 지식을 추구한다. 시험문제의 답안도 머릿속의 지식을 측정하는 것으로 되어 있다. 공자의 인(仁)에 관한 박사학위 논문도 지식을 나열한 것이므로, 논문을 쓴 사람이 어질게 사는 사람이라는 보장이 없다. 양명의 지행합일을 연구하는 학자들조차 지행합일의 내용을 머릿속에서 분석하고 정리하는 것에 그치는 경우가 대부분일 것이다. 학문이 바로 되지 않으면 학문을 통한 참된 삶을 기대하기 어렵고, 행복을 기대하기도 어렵다. 곰곰이 생각해 봐야 할 일이다.

격물치지가 된 사람은 지혜와 행동력을 동시에 발휘한다. 무너지기 시작한 건물을 보는 순간, 그 건물이 위험하다는 것을 알고 들어가지 않는다. 그것을 아는 것과 거기로 들어가지 않는 것은 동시에 일어난다. 아버지가 땀을 흘리고 계시는 것을 보는 순간, 아버지가 더워하신다는 것을 알고 시원하게 해 드린다. 그러나 욕심으로 사는 사람의 경우는 지와 행이 일치하지 않는다. 욕심으로 사는 사람은 무너지기 시작하는 건물을 보더라도 무너지는 것을 알지 못하고, 땀을 흘리는 아버지의 모습을 보더라도 왜 그러한지 알지 못한다.

욕심으로 사는 사람은 간혹 땀을 흘리는 아버지의 모습을 보고 그 이유를 알았다 하더라도, 아버지를 시원하게 해 드리는 것이 자기에게 손해라는 생각이 들면 행동으로 옮기지 않는다. 그런 사람은 효도해야 하는 이유를 배워서 알아야 하고, 안 뒤에는 억지로라도 효도하도록 노력해야 한다. 그러다 보면 어느 순간 욕심이 없어져서 저절로 효도하게 된다. 욕심 많은 사람은 선지후행을 해야 한다. 지행합일은 욕심이 없는 사람에게만 가능하다.

제3항 천인일체

진리의 정점에 도달하면 너와 나가 하나일 뿐만 아니라 모든 것이
하나가 된다. 천지인이 하나이고 우주 안의 모든 것이 하나이다.
이런 사상적 배경에서 양명에게도 천인일체사상이 등장한다.

> 사람의 마음은 하늘 못이어서 모든 것을 다 담고 있다. 원래 하
> 나의 하늘인데 다만 사욕이 가로막으면 하늘의 본체가 사라
> 진다. (…) 만약 지금 마음이 양지 이루기를 염원하여 가로막은
> 것을 일제히 걷어내면 본체가 회복되어 바로 하늘의 못이 된
> 다.[21]

사람의 마음은 하늘마음이고 사람의 몸 또한 하늘의 몸이다.
하늘마음이 무한하여 우주 안의 모든 것을 담고 있듯이, 사람의
마음도 무한한 하늘의 못과 같아서 모든 것을 다 담고 있다. 그러
나 그 마음을 사욕이 가로막고 있으므로, 맹자가 처자도 거느릴
수 없다고 했을 정도로, 담을 수 있는 것이 없다. 사람이 해결해야
할 가장 중요한 과제는 가로막고 있는 사욕을 걷어내는 것이다.

---

21. 人心是天淵 無所不賅 原是一個天 只爲私欲障礙 則天之本體失了(…)如今念
念致良知 將此障礙窒塞一齊去盡 則本體已復 便是天淵了(『傳習錄』下).

사욕을 걷어내기만 하면 사람의 마음은 모든 것을 다 담고 있는 원래의 하늘 못처럼 된다. 사람은 하늘을 포함한 천지만물 모두와 하나이다. 이를 알고 천지만물과 하나가 되어 사는 사람이 대인이다. 소인은 사욕에 가려서 사욕의 판단으로 살아간다. 사욕은 자기 것 챙기는 마음이다. 사욕은 나와 남을 구별한 다음 남과의 경쟁을 통해 내 것 챙기는 방향으로 나를 끌고 간다. 사람들이 각각 남남이 되어 경쟁하면서 사는 것은 사욕에 가려서 그런 것이지, 본래 그런 것이 아니다. 소인도 본질에서는 천지 만물과 하나이지만, 욕심에 눈이 멀어 그런 자기를 알지 못하고, 자기와 남이 하나가 될 수 없도록, 남과의 사이에 칸막이를 친다. 남과의 사이에 칸막이를 치는 것은 자기를 우주와 분리하여 자기를 작은 공간에 가두는 것이므로, 자기를 왜소하게 만드는 것이다.

대인이란 천지만물을 한 몸으로 여기는 자다. 그는 천하를 한 집처럼 보고, 중국을 한 사람처럼 본다. 몸과 몸 사이에 칸막이를 쳐서 너와 나를 나누는 자는 소인이다. 대인이 천지만물을 한 몸으로 여기는 것은 생각을 그렇게 해서가 아니다. 어진 마음에서 본래 그렇게 느낀다. 천지만물과 하나인 것은 어찌 대인만이겠는가! 비록 소인의 마음도 또한 그렇지 않음이 없다. 그러나 소인은 단지 스스로 자기를 왜소하게 만들 뿐이다. (…) 본래의 마음은 하늘의 명으로 내려준 성에 바탕을 두고 있으므로 저절로 신령스럽고 밝아 어둡지 않은 것이다. 그래서 명덕이라 한다.[22]

본래의 마음은 하늘마음이므로 신령스럽고 밝다. 본래의 마음으로 살면 최선의 삶이 보장된다. 그런 의미에서 명덕이라 했다. 덕은 하늘마음을 실천할 수 있는 마음의 능력이다. 그 마음의 능력은 모든 면에서 안 되는 것이 없으므로 밝다는 의미의 명(明)이란 글자로 수식하여 명덕이라 한 것이다.

명덕을 밝힌다는 것은 천지만물의 하나인 본질을 알아서 그 본질을 회복하는 것이고, 친민(親民)이란 천지만물과 하나가 된 마음으로 모든 것에 도달하는 것이다.[23]

모든 사람은 다 명덕을 가지고 있지만, 사욕에 가려 명덕이 숨어버렸기 때문에 밝은 능력을 발휘하지 못한다. 덕 그 자체는 밝고 신령스럽지만, 사욕에 갇혀 밝은 빛을 드러내지 못하므로 다시 밝은 빛을 드러낼 수 있도록 사욕의 그림자를 제거하는 것이, 밝은 그 빛을 다시 밝히는 것이다. 명명덕은 밝은 마음의 본래 능력을 회복하는 것이므로, 명덕을 밝히고 나면 밝은 능력을 발휘하게 된다. 마음의 밝은 능력을 발휘하면 내 마음이 천지만물 모두에 도달하여 천지만물을 내 몸을 사랑하듯이 사랑하게 된다. 그것이 내 마음의 쓰임새다.

---

22. 大人者以天地萬物爲一體者也 其視天下猶一家 中國猶一人焉 若夫間形骸而分爾我者 小人矣 大人之能以天地萬物爲一體也 非意之也 其心之仁本若是 其與天地萬物而爲一也 豈惟大人 雖小人之心 亦莫不然 彼顧自小之耳 (…) 是乃根於天命之性而自然靈昭不昧者也 是故謂之明德(『大學問』).
23. 明明德者 立其天地萬物一體之體也 親民者 達其天地萬物一體之用也(『大學問』).

제4항 심외무물

진리의 정점에 도달하면 천지만물이 나이고, 천지만물의 마음이 내 마음이므로, 나 외에 어떤 것도 없고, 내 마음 외에 어떤 것도 없다. 호수에 수많은 얼음덩어리가 떠 있어도 얼음덩이리가 본래 물이라는 것을 알면 모든 얼음덩어리가 하나가 된다. 모두가 하나이면 많은 얼음덩어리가 얽혀서 일어나는 혼란이 모두 사라진다. 모두가 하나이면 모든 번민이 없이 고요해진다. 마치 밤에 깊은 잠에 빠졌을 때는 모든 것이 구별되지 않는 하나의 세계에 들어가 있으므로, 고요한 것과 같다. 그러다가 잠을 깨고 일어나면 인간의 의식이 살아나 눈에 보이는 만물을 하나하나 구별한다. 눈에 보이는 만물은 원래 나이기 때문에 만물이 아니다. 그런데 의식이 살아나서 만물을 구별하게 되면, 비로소 만물이 만물로 존재하게 되는데, 그 만물은 나의 의식이 만들어낸 것이다. 나의 의식이 만들어내지 않은 만물은 존재하지 않는다. 나의 의식도 마음이므로 만물이 만물로 존재하는 것은 나의 마음이 만든 것이다. 불교에서 말하는 일체유심조(一切唯心造)이다. 이러한 내용을 양명은 심외무물(心外無物)이라 했다. 어느 날 양명의 친구 한 사람이 이에 대한 의문을 제기했다.

> 선생님이 남진을 유람하실 때, 한 벗이 바위틈에 있는 꽃나무를 손으로 가리키며 물었다. "천하에 마음 바깥에 아무것도 없다는데, 이와 같은 꽃나무는 깊은 산중에 있으면서 스스로 피고 스스로 지는 것이니, 우리의 마음과 무슨 관계가 있는 것인

가?" 선생님이 말씀하셨다. "그대가 이 꽃을 보기 전에는 이 꽃
은 그대의 마음과 함께 고요한 상태로 돌아간다. 그대가 와서
이 꽃을 본 순간 이 꽃의 색깔이 일시에 드러난다. 그러므로 이
꽃이 그대의 마음 밖에 있지 않다는 것을 알 수 있다.[24]

꽃을 보고 꽃으로 의식하기 전에는 꽃이 아니었다. 의식이 꽃
에 가 닿기 전에는 꽃과 나는 하나이므로 깊은 잠에 빠져 있을 때
처럼 고요하다. 이를 양명은 "함께 고요한 상태로 돌아간다"라고
했다. 의식이 꽃에 가 닿아서 꽃이라 의식했을 때 비로소 꽃이 되
었다. 꽃이 원래 나와 구별되지 않은 하나이다가, 나와 구별되어
꽃이 된 것은 의식이 만들어낸 것이다. 이 세상의 어떤 것도 나의
의식이 만들어내지 않은 것이 없다. 이런 의미에서 양명은 마음
바깥에 아무것도 없다고 한 것이다. 육조 혜능이 읊었다고 하는
본래무일물(本來無一物)의 의미도 이와 같다.

제5항 사구교

양명은 선악에 대한 네 구절을 제자들에게 가르쳤다. 이 네 구절
의 가르침을 잘 이해하지 못한 제자들이 마지막으로 양명에게 이
를 확인하기 위해 질문한 일이 있었다. 양명이 56세 때, 남월을 정

---

24. 先生遊南鎭 一友指巖中花樹 問曰 "天下無心外之物 如此花樹 在深山中 自
開自落 於我心亦何相關" 先生云 "爾未看此花時 此花與爾心同歸於寂 爾來
看此花時 則此花顏色 一時明白起來 便知此花不在爾的心外(『傳習錄』下).

벌하기 위해 출정하기 전날인 9월 8일 저녁에, 전덕홍과 왕기가 양명을 찾아가 사구교(四句教)와 사무설에 관해 질문한 적이 있었는데, 양명이 천천교(天泉橋) 위에 자리를 옮겨 두 제자와 사구교의 내용을 깨우쳤다. 이를 '천천증도(天泉證道)'라 한다.

> 무선무악은 심의 본체이고, 유선유악은 뜻이 움직일 때 생겨나는 것이고, 선을 알고 악을 아는 것은 양지이고, 선을 하고 악을 없애는 것은 격물이다.[25]

사구교의 내용을 제자들이 잘 이해하지 못한 이유는, 제자들이 맹자의 성선설을 받아들이고 있었기 때문일 것이다. 양명은 맹자를 높였다. 양명 사상의 바탕에는 맹자 사상이 깔려 있다. 그런 양명이 맹자의 설명과 다른 사구교를 가르쳤으므로, 제자들은 당혹스러웠을 것이다. 심의 본체는 성(性)이다. 양명이 심의 본체를 무선무악이라 한 것은 성을 무선무악으로 정의한 것이다. 그러나 잘 살펴보면 양명의 성무선무악설은 맹자의 성선설과 일치하는 것임을 알 수 있다. 성은 하늘마음이므로 절대적이다. 선악은 상대 개념이다. 절대 개념에 상대 개념의 술어를 쓰면 안 된다. 하느님은 절대자이므로 상대 개념의 술어로 설명할 수 없다. '하느님은 선한 분이다' 또는 '하느님은 악한 분이다' 등의 말은 잘못이다. 남녀는 상대 개념이고, 사람은 절대 개념이므로, '사람은 남자다'

---

25. 無善無惡是心之體　有善有惡是意之動　知善知惡是良知　爲善去惡是格物 (『傳習錄』下).

또는 '사람은 여자다' 등의 표현 역시 잘못된 표현이다. 성은 하늘 마음이므로 절대 개념이다. 그러므로 '성은 선하다' 또는 '성은 악하다' 등의 표현은 잘못된 표현이다. 그렇다면 맹자가 말한 '성이 선하다'라는 표현이 문제가 된다. 맹자의 성선설을 잘 살펴보면 맹자가 아무 생각 없이 '성을 착한 것'으로 표현한 것이 아님을 알 수 있다.

> 맹자께서 말씀하셨다. "성에서 나온 정을 선하다고 할 수 있으므로. 그런 의미에서 '성이 선하다'라고 한 것이다."[26]

지하수는 '맑다', '흐리다' 등의 표현을 하면 안 된다. 맑은 지하수도 있고 흐린 지하수도 있을 때는 그런 표현이 가능하지만, 흐린 지하수가 없다고 한다면 '지하수는 맑다'라는 표현을 하면 안 된다. 맑은 것이라는 표현은 흐린 것이 있을 때 가능하다. 흐린 것이 없을 때는 맑다는 표현을 하면 안 된다.

지하수에서 솟아난 샘물에는 맑은 물도 있고 흐린 물도 있다. 솟아날 때 변질하지 않고 솟아난 물은 맑은 물이지만, 진흙이 섞여 들어간 물은 흐린 물이다. 샘물의 차원에서 보면 지하수는 맑은 물하고 동질이고, 흐린 물하고는 동질이 아니다. 따라서 샘물의 차원에서 지하수를 설명할 때는 지하수는 맑은 물이라고 할 수 있다. 만약 지하수를 '맑다', '흐리다' 등의 말로 표현할 수 없다고 한다면, 흐린 물도 맑은 물처럼 지하수에서 나온 것이므로, 지

---

26. 孟子曰 乃若其情 則可以為善矣 乃所謂善也(『孟子』 告子章句上).

하수와 같다고 우길 수가 있다. 이를 우려하면 지하수는 맑다고 표현하는 것이 낫다. 맹자는 이러한 이유에서 '성이 선하다'라고 했다. 성은 '선하다', '악하다' 등의 말로 표현할 수 없지만, 성에서 왜곡되지 않고 나온 정이 선하고, 왜곡되어 나온 정이 악하므로, 정의 차원에서 성을 말하면 성은 선하다고 표현하는 것이 좋다. 만약 그렇게 표현하지 않으면, 악한 사람들이 자기들의 정도 선한 사람의 정처럼 성에서 나왔기 때문에, 선한 사람과 차이가 없다고 오해할 염려가 있다. 맹자의 성선설은 이러한 점을 고려하여 출현한 것이다.

맹자가 정의 차원에서 성을 말했다면, 양명은 성의 차원에서 성을 말했다. 양명은 진리의 정점에서 판단한 내용을 많이 설명했는데, 성무선무악설(性無善無惡說)도 그러한 맥락이다. 맹자 시대의 사람들은 진리의 정점에 가까이 간 사람들이 적었기 때문에 진리의 정점에서 멀리 있는 사람들을 기준으로 설명한 것이다. 이에 비해 양명은 진리의 정점에 가까이 간 사람들이 많았으므로 진리의 정점에서 판단한 내용을 많이 설명했다고 이해할 수 있다.

성 그 자체는 절대이므로 선과 악으로 구분할 수 없다. 그러나 성이 나타나 정이 되는 과정에서 마음이 작용하여 선으로 끌고 가기도 하고, 악으로 끌고 가기도 한다. 자기가 선을 하고 있는지 악을 하고 있는지를 아는 것은 양지이다. 양지는 성이 가지고 있는 능력이므로 절대적인 능력이다. 사람의 앎이 상대적이기만 하면 선과 악을 구분하기 어렵다. 상대적인 판단기준을 가진 사람은 자기중심적으로 판단하기 때문에, 선한 사람도 자기가 선하고 악한 사람이 악하다고 주장하지만, 악한 사람도 자기가 선하고 선한 사람을 오히려 악하다고 주장할 것이므로, 선한 사람과 악한 사람이 뒤엉켜 싸우게 될 것이다. 그러나 사람에게 양지가 있다면 다르다. 양지는 절대적인 차원에서 판단하기 때문에 악한 사람이 악한 일을 할 때 자기가 악하다는 것을 안다. 격물은 바로잡는 것이다. 격물의 핵심은 악을 선으로 바로잡는 것이다.

성의 차원에서 보면 모두가 하나이므로 고요하다. 그런 상태는 선악의 구별도 없다. 성이 나타나 기질 속으로 들어갈 때는, 기질의 영향을 받아 동요하기 쉽다. 기질의 영향을 받지 않고 그대로 유지되고 있는 것이 선이고, 기질의 영향을 받아 왜곡된 것이 악이다. 기질의 영향으로 선이 되고, 기질의 영향으로 악이 되기도 하는 사람의 선과 악은 상대적인 선과 악이다. 그러나 어떤 경우에도 기질에 영향을 받지 않아 신을 지키고 있는 사람에게는 악이 없다. 악이 없는 사람에게는 선이라는 말을 붙일 수 없으므로, 무선무악이라고 해야 할 것이다. 그런 사람의 삶이 최고이다. 양명은 다음과 같이 설명한다.

> 무선무악은 리가 고요한 상태이고, 유선유악은 기에서 움직인 것이다. 기에서 움직임이 없으면 무선무악이니, 그런 상태를 지선이라 한다.[27]

갓난아이는 악을 하지 않기 때문에 갓난아이는 선을 하는 것

---

27. 無善無惡者理之靜 有善有惡者氣之動 不動於氣 卽無善無惡 是謂至善(『傳習錄上』).

도 아니다. 갓난아이의 움직임은 선도 아니고 악도 아닌, 그냥 자연일 뿐이다. 어른이 되어도 자연의 모습으로 사는 사람의 삶은 갓난아이 때의 삶을 잃지 않고 사는 사람이다. 그런 사람에게는 악이 없으므로 선도 없다. 오직 자연의 모습일 뿐이다. 갓난아이는 대부분이 자라면서 악도 하고, 선도 하여, 상대적인 삶을 살지만, 어른이 되어서도 자연의 모습으로 사는 사람은 상대적인 삶을 살지 않는다. 맹자는 갓난아이 때의 마음을 잃지 않은 사람을 대인이라 했다. 대인이 성인이다. 살아 있을 때는 대인이라 하고 죽은 뒤에는 성인이라 한다. 양명은 성인의 삶을 무선무악으로 설명했다.

> 성인은 무선무악이다. 좋아하는 마음을 냄이 없고 싫어하는 마음을 냄도 없다. 기에 동요되지 않기 때문이다.[28]

성인은 하늘처럼 사는 사람이고, 성 그 자체로 사는 사람이기 때문에 상대 세계에 빠지지 않는다. 성인은 선을 하는 사람도 아니고 악을 하는 사람도 아니다. 선악에 빠지지 않고 자연의 삶을 사는 사람이다.

---

28. 聖人無善無惡 只是無有作好 無有作惡 不動於氣(『傳習錄上』).

제4절
유불도 삼교의 동이

유학·불교·노장철학은 모두 진리의 정점에 관해 설명하고 있다. 진리의 정점에서는 모두가 하나다. 산의 정상을 향해 올라가는 길은 여러 갈래로 나누어져 있지만, 모든 길은 정상에 도달한 순간 하나가 된다. 정상에 도달하기 전에 정상으로 가는 길을 조사하면 길이 모두 다르다. 방향도 다르고 과정도 다르다. 사람들은 대부분 진리의 정점에 도달하지 않은 채로 유학·불교·노장철학을 분석하여 다르다고 주장하지만, 진리의 정점에서 바라본 양명에게는 모든 것이 하나로 보인다. 양명은 다음과 같이 말한다.

> 겸하여 취한다고 말하면 옳지 않다. 성인은 성을 다하여 천명대로 사는 경지에 이르렀다. 무엇이든 갖추지 않음이 있겠는가! 어찌 겸하여 취하는 일이 있겠는가! 신선이나 불교에서 말하는 삶이 모두 나의 삶이다. 내가 성을 다하여 천명에 이른 상태에서 이 몸을 온전하게 기르면 그것이 바로 신선의 삶이고, 내가 성을 다하여 천명에 이른 상태에서 세속에 물들지 않으면 그것이 바로 부처의 삶이다. 다만 후세의 유자들이 성학의 전체를 보지 못하기 때문에 저 두 가지 삶의 방법을 다른 것으로 보았다. 집에 비유하면 방 세 칸짜리 집 한 채를 지었는데, 유자들이 모두 내가 쓰는 것인 줄 모르고, 부처를 보면 왼쪽 방 한 칸을 떼어서 그에게 주고, 노자를 보면 오른쪽 방 한 칸을 떼어서 그에게 주어 자기는 스스로 가운데 방에 거처한다. 이는 하나

만 붙잡아 전체를 망치는 것이다. 성인은 천지만물과 동체이다. 유·불·노장 모두가 나의 삶이다. 이것을 대도라 한다. 부처와 노장은 자기 몸만 챙기므로, 그런 면을 일컬어 소도라 한다.[29]

양명의 제자들도 양명이 유학·불교·노장철학이 하나라고 한 말을 잘 이해하지 못하고, 양명이 유학·불교·노장철학을 다 끌어 안은 것으로 이해했다. 유학·불교·노장철학이 하나임을 안다면 하나만 붙잡으면 다 붙잡는 것이다. 다 끌어안는다는 것은 각각 다른 것임을 전제할 때 하는 말이다. 각각 다른 것을 다 끌어안는 다는 것은 말은 그럴듯하지만, 사실은 가능한 것이 아니다. 종교 간의 대화를 통해 화합한다는 것도 말은 그럴듯하지만, 가능한 것이 아니다. 유학하는 사람이 진리의 정점에 닿으면 그는 불교의 진리로 사는 사람이기도 하고, 노장철학의 진리로 사는 사람이기 도 하다. 불교학자와 노장철학자도 마찬가지다. 진리의 정점에서 모두 다 하나이므로 각자의 길을 열심히 가서 진리의 정점에 도 달하면 비로소 전체를 다 끌어안은 것이 된다. 진리의 정점에 도 달하지 않은 사람이 유학·불교·노장철학을 다 수용하려 하더라 도 수용할 수 없다. 불교학자가 속세를 떠나고, 노장철학자가 속세 로 내려오지 않으려고 고집한다면 아직 진리의 정점에 도달한 것

---

29. 說兼取 便不是 聖人盡性至命 何物不具 何待兼取 二氏之用 皆我之用 即吾
盡性至命中完養此身謂之仙 即吾盡性至命中不染世累謂之佛 但後世儒者不
見聖學之全 故與二氏成二見耳 譬之廳堂 三間共爲一廳 儒者不知皆吾所用
見佛氏則割左邊一間與之 見老氏 則割右邊一間與之 而己則自處中間 蓋學
一而廢百也 聖人與天地萬物同體 儒佛老莊皆吾之用 是之謂大道 二氏自私
其身 是之謂小道(『王陽明全集』年譜 52세조).

이 아니므로, 소도(小道)에 불과하다.

제5절
양명학의 성격과 한계

제1항 양명학의 대중성

양명학은 당시에 큰 호응을 받아 일세를 풍미하게 되었다. 그렇게 된 이유로는 여러 가지를 들 수 있을 것이다. 첫째의 이유로 들 수 있는 것은 주자학의 타락이다. 주자학이 관학으로 자리 잡은 이래, 주자학은 마음수련의 역할보다 출세의 수단으로 변모했다. 출세의 수단으로 주자학을 하게 되면, 욕심 비우기를 내용으로 하는 주자학이 욕심 채우는 수단으로 바뀌어 많은 부작용을 낳는다. 주자학에서 중시하는 중심 개념이 리였다. 그래서 주자학을 리학(理學)이라 부르기도 한다. 그러나 주자학의 교재가 과거시험의 출제과목이 된 뒤에는 리를 얼마나 논리적으로 잘 분석하고 정리하느냐에 따라 과거시험의 당락이 결정되기 때문에, 사람들이 욕심을 비우기 위해 리를 연구하는 것이 아니라, 욕심을 채우기 위해 리를 연구한다. 욕심 채우는 목적으로 연구하는 리는 본심 회복과는 전혀 관계가 없다. 리에 관한 논의는 단지 현실성 없는 공리공론이라는 괴물로 바뀌어, 세상을 재단하고 시비를 가리는 수단이 된다. 이러한 때에 양명이 나타나 모든 사람의 공통과 제인 마음을 철학의 중심으로 다시 부각함으로써 철학의 빈곤으로 우왕좌왕하던 사람들의 갈증을 해소했다. 이 점이 양명학이 대중적 지지를 받게 된 이유이다. 두 번째 이유는 순수한 마음을 가진 사람 중에는 복잡한 주자학의 이론보다 양명학의 진리 추구 방법이 훨씬 쉽게 다가올 수 있었기 때문이다. 이점이 양명학이 주목받게 된 두 번째 이유로 들 수 있겠다. 세 번째는 순수한 마음으로 주자학을 공부하여 상당히 진척된 학자들에게는, 진리로 가는 산 중턱에서 정상으로 가는 방법을 설명한 양명의 이론이 훨씬 긴요하게 다가올 수 있었기 때문일 것이다. 이 세 가지 점으로 인해서 양명학은 양명이 생존한 당시에 일세를 풍미할 정도로 대유행을 하게 되었다.

제2항 양명학의 도가적 성격

유학에서의 공부가 진전되어 진리의 정점에 근접했을 때의 공부 방법을 정리한 것이 양명학이기 때문에, 양명학은 도가적 성격을 강하게 띠고 있다. 산의 정상을 기독교에서 말하는 에덴동산에 비유한다면, 에덴동산에 사는 아담과 하와도 있지만, 선악과를 따먹고 에덴동산에서 추방된 사람들도 있다. 에덴동산에서 추방된 사람들은 에덴동산을 등지고 산 아래로 내려온 사람들이다. 에덴동산에서 내려온 사람들은 온갖 고통과 불행을 맛본 뒤에, 180도 방향을 바꾸어, 내려온 산의 정상으로 돌아가야 하는데, 돌아가는 길을 인도하는 대표적인 가르침이 유학과 불교이었다. 이에 비해 아직도 에덴동산에 사는 아담과 하와 같은 사람들이 에덴동산에서의 삶을 설명한 철학을 도가철학으로 이해할 수 있다. 이 비유에서 본다면 유학이나 불교는 둘 다 진리의 정상에 가까워질수록 도가철학에 가까워진다. 중국의 선학과 양명학이 도가철학의 성격을 띠는 것이 이 때문이다.

유학사상은 심화할수록 도가철학과 닿게 되고 도가철학을 포함하게 된다. 공자의 사상이 그렇고 맹자의 사상이 그렇다. 공자의 제자 중에서도 증점(曾點), 안회(顔回) 칠조개(漆雕開), 민자건(閔子騫) 등이 도가적 성격을 띠고 있는 사람이다. 후대에 도가철학의 성격을 많이 띤 대표적인 학자로는 송나라의 정호(程顥)·육구연(陸九淵) 그리고 왕양명을 들 수 있겠다.

제3항 욕심이 많은 사람에게는 뜬구름 같은 이야기

왕양명을 진리의 산 중턱에서 정상으로 올라가는 과정을 설명한 것으로 본다면, 진리의 산 중턱에 올라가 있는 사람들은 양명학에 전폭적으로 호응할 수 있지만, 아직도 여전히 산 아래에 있는 욕심 많은 사람에게는 쉽게 와 닿지 않는 난해한 철학이 된다. 이 점이 양명학이 갖는 큰 문제점이다.

제4항 심즉리설의 한계와 문제점

양명의 심즉리설은 오늘날 뇌 과학이론을 참고하면 엄밀히 말해서 문제가 있다. 양명이 말한 마음의 주체는 성이다. 성은 하늘마음이고 순수한 리, 그 자체이다. 그러나 성이 정으로 나타나는 순간 뇌에서 분비물이 분비된다. 예를 들면, 성은 생명으로 향하는 의지이므로 밤이 되면 잠을 자도록 유도한다. 그럴 때 뇌에서 잠을 자도록 하는 분비물이 분비되어 자고 싶은 정이 생기므로, 정에는 물질이 들어 있다. 그러므로 사람의 정은 리와 기가 결합한 것으로 봐야 한다. 그러나 잠을 자도록 하는 성의 의지와 잠을 자려고 시도하는 정이 같은 내용이므로, 심을 리로 파악하는 것도 큰 무리가 없을 것 같기는 하다. 그러나 엄밀하게 정의를 내리면 심을 바로 리라고 하기에는 어폐가 있다.

그리고 또 하나의 문제점은 양명의 심즉리를 욕심 많은 사람이 받아들이면 자기의 욕심을 리로 착각하여 자기의 욕심을 마음껏 추구할 수도 있다는 데 있다. 실지로 양명의 제자 가운데는 타락하여 욕심을 마음껏 추구하는 분위기도 있었다. 이런 점은 양명학의 위험 요소가 되기도 한다.

제3장

■

양명의 후학들

태권도 9단짜리가 단상에서 시범하면, 몸동작이 현란하다. 공중을 날아다니며 송판도 격파하고 몇 바퀴씩 몸통을 회전하기도 한다. 많은 사람이 넋을 잃고 바라보며 열광한다. 그리고 무수히 많은 사람이 그 몸동작을 따라 하기도 하고, 다른 사람들에게 따라 하도록 유혹히기도 한다. 태권도 9단짜리의 화려한 몸동작은 아름답게 핀 꽃이다. 꽃나무가 꽃을 피우기 위해서는 뿌리가 땅에서 물과 꿀과 향기를 뽑아내어 줄기와 가지에 전달해야 하고, 줄기와 가지는 그것을 꽃봉우리에 전달하는 힘든 과정을 거쳐야 겨우 꽃이 핀다. 태권도 9단짜리가 연출하는 화려한 몸동작은 어려서부터 목표를 확실하게 세워서 오랜 기간 쉬지 않고 연습한 뒤에 겨우 피워낸 꽃이다. 사람들이 꽃에 매혹되면, 자기도 그와 같은 꽃을 피우고 싶고 다른 사람들에게도 꽃피우는 방법을 가르쳐서 태권도 9단짜리의 영광을 누리고 싶어 한다. 그것은 태권도 9단짜리와 같은 영광을 누리고 싶은 욕심의 발로이다. 진정 자기도 태권도 9단짜리처럼 꽃피우고 싶다면, 태권도 9단짜리의 초기의 목표를 공감해야 하고, 길고 힘든 연습 과정을 거쳐야 한다. 욕심이 많은 사람일수록 초기의 목표에는 관심이 없다. 길고 힘든 연습 과정을 거치지도 않으면서 꽃피우는 흉내를 내는 일에 뛰어든다. 그러다가 자기 몸도 망가뜨리고 다른 사람의 몸도 다치게 한다. 이러한 예는 철학이나 종교에도 적용되는 것 같다. 과거의 많은 종교와 철학이 타락하는 원인도 이와 같은 현상으로 이해할 수 있을 것이다.

양명학도 예외가 아니다. 양명학의 중심학설인 치양지, 심즉리, 알인욕존천리, 천인일체, 사상 마련, 지행합일, 심외무물 등은 왕양명이 피운 화려한 꽃이다. 당시의 많은 사람이 양명이 피운 화려한 꽃에 매료되었다. 그러자 양명의 일부 제자들은 양명의 철학적 목적에 공감하지도 않고, 양명처럼 긴 시간 동안의 힘든 수련 과정을 거치지도 않은 채, 꽃피우기에만 주력하여 부작용을 낳기도 했다. 양명의 후학 중에는 양명학의 수양철학을 계승하는 학자도 있었지만, 양명학을 곡해해서 변질시킨 학자도 있었다.

제1절
왕기

왕기(王畿: 1498~1583), 자가 여중(汝中)이다. 세상에서 용계(龍溪)선생이라 부른다. 양명이 철학을 전개하는데 한 획이 되었던 것이 용장에서의 격물치지에 대한 깨달음이었다. 양명은 격물을 정물(正物), 치지(致知)를 치양지(致良知)의 뜻임을 깨달은 뒤, 치양지를 매우 강조했다. 이점에 착안한 왕기는 양지의 중요성을 더욱 강조하여 만병통치의 명약으로 바꾸어놓았다. 양명은 양지를 이루기 위해서는 외물에 나아가 외물 하나하나의 리를 궁구하지 않아도, 만물이 다 나에게 갖추어져 있으므로, 내 안에 있는 양지를 이루기만 하면 되는 것으로 설명했다. 그러나 내 안의 양지를 이루기 위해서는 처절한 노력으로 마음속의 욕심을 걷어내야 한다. 그러나 왕기는 처절한 노력을 강조하지 않는다.

> 만약 반드시 현재 나에게 있는 양지가 요순의 양지와 다르므로 반드시 공부와 수양하여 깨달아 얻은 뒤에 얻을 수 있다면 굽은 것을 바로잡으려다가 너무 곧아져 버리는 실수를 벗어나지 못한다. 밝고 밝은 하늘과 넓고 큰 하늘이 다르다고 할 수 있겠는가![30]

왕기는 현재 나에게 있는 양지가 요순의 양지와 완전히 일치한다고 말한다. 양지에 대한 이러한 견해는 양명과 차이가 없다. 그러나 양명은 양지가 욕심에 가려져 발휘되지 않기 때문에 마음속에 한 점의 욕심도 없어질 때까지 수련해야 한다는 것을 강조하지만, 왕기는 이를 강조하지 않는다. 만약 공부하고 수련하여 깨달아 얻어야 한다고 하면 그것은 굽은 것을 바로잡으려다가 너무 곧아져 오히려 해롭게 된다고 주장한다. 왕기는 또 다음과 같이 말한다. 양지는 숨어 있는 것이 아니고, 현재 드러나 있는 것이기 때문에 성인의 양지와 완전히 일치하지만, 차이는 양지를 챙기

---

30. 若必以現在良知與堯舜不同 必待工夫修證而後可得 則未免於矯枉之過 曾謂昭昭之天與廣大之天有差別否(『龍溪全集』권2, 松原晤語).

고 못 챙기는 차이뿐이다.

> 선사가 양지 두 글자를 제출한 것은 바로 현재를 가리켜서 말
> 한 것이다. 현재의 양지를 보면 성인의 양지와 같지 않음이 없
> 다. 같지 않은 것은 챙기는 것과 못 챙기는 것의 차이뿐이다.[31]

왕기는 양지를 양명보다 더 크게 부각한 뒤에 모든 사람이 다
양지를 챙길 수 있는 것은 아니라고 한다. 왕기가 양지를 챙기는
방법으로 제시한 것은 깨달음이다. 왕기는 깨달음의 종류를 해오
(解悟) 증오(證悟) 철오(徹悟)의 셋으로 나누어 설명한다.

> 선사의 학문은 처음에 언어를 통해서 들어갔고, 좀 지나서는
> 고요한 가운데 깨달아 얻었으며, 오랑캐 지역에 거처하며 곤란
> 한 상황에 처했을 때는 마음을 움직여 성질을 참아내고 부족
> 한 것을 보완했으니, 그 깨달음이 모든 것에 관통했다. 모든 경
> 론과 변화는 다 깨달은 이후에 처리한 일들에 불과하다.[32]

왕기는 양지를 얻는 것뿐만이 아니라 인생의 궁극적인 모든 문
제의 해답을 양명의 깨달음을 소개하는 것으로 마무리했다. 양명
의 세 깨달음은 경전의 말과 글을 통해 깨닫는 해오, 정좌를 통해

---

31. 先師提出良知二字 正指現在而言 見現在良知與聖人未嘗不同 所不同者 能
致與不能致耳(『龍溪全集』권4, 與獅泉劉子問答).
32. 先師之學 其始亦從言入 已而從靜中取證 及居夷處困 動忍增益 其悟始徹
一切經論變化 皆悟後之緒餘也(『龍溪全集』권17).

깨닫는 증오, 어려운 환경에서 일을 처리하는 과정에서 깨닫는 철오가 그것이다.

왕기는 양명의 나이 56세 때 찾아가 가르침을 받은 사구교에 상당한 비중을 두었다. 양명이 깨우쳐 준 사구교의 내용은 무선무악은 마음의 본체이고, 유선유악은 마음이 움직일 때 생겨나는 것이며, 선을 알고 악을 아는 것은 양지이고, 선을 하고 악을 없애는 것은 격물이라는 것이었다. 왕기는 사구교의 내용을 양명의 심즉리·심외무물·만물일체사상과 연계하여 자기의 논리로 정리했다.

> 심·의·지·물은 다만 하나의 일이다. 만약 마음을 깨달아 알면 심은 무선무악의 심이고, 의는 무선무악의 의이며, 지는 무선무악의 지이고, 물은 무선무악의 물이다.[33]

심·의·지·물이 하나라는 것은 양명의 만물일체와 심외무물의 사상으로 본 것이다. 마음의 본체를 무선무악이라 한 것을 마음을 무선무악이라고 고친 것은, 마음의 본체를 리라 하고, 마음을 리라 한 양명의 설명에서 보면 마음의 본체와 마음이 일치하기 때문이다. 마음이 무선무악이므로 마음과 일치하는 의·지·물도 무선무악이 된다. 이와 같은 왕기의 설명은 양명의 핵심사상을 형식논리로 연결하여 조합한 것이다. 말과 글은 마음을 담는 것이지만, 마음을 완벽하게 다 담을 수는 없다. 『논어』에 나오는 공자

---

33. 心意知物 只是一事 若悟得心 是無善無惡之心 意即是無善無惡之意 知即是無善無惡之知 物亦是無善無惡之物(『龍溪全集』권1, 天泉證道記).

의 인(仁)에 대한 설명도 전부 다르다. 각각의 말에 들어 있는 목적
·이유·과정 등을 생략하고 말의 의미만 가지고 형식논리로 끼워
맞추면, 인의 내용이 이상하게 되어 버린다. 양명 사상에 대한 왕
기의 이해에는 이러한 문제점이 있는 듯하다.

제2절
전덕홍

전덕홍(錢德弘, 1496~1574)은 명나라 절강(浙江) 여요(餘饒) 사람이다.
본명은 관(寬)이고, 호는 서산(緖山)이며, 자는 덕홍 또는 홍보(洪甫)
이다. 양명(王陽明)의 제자로 양명학의 수련법을 계승하고 강조했
다. 전덕홍은 왕기(王畿)와 함께 양명학의 내용을 다른 학자들에
게 보충 설명을 하는 등의 조교로서의 역할을 했다.

1532년에 진사가 되었고, 형부시중(刑部侍中)에 이르렀다. 곽훈
(郭勳)의 죄를 논하다가 투옥되었고, 나중에 평민으로 강등되었다.
천하를 두루 돌아다니면서 양명학의 보급에 힘썼고, 『전습록(傳習
錄)』과 『왕문성공전서(王文成公全書)』를 편집할 때 중심적인 역할을
했다. 저서에 『평호기(平濠記)』와 『서산회어(緖山會語)』, 『서산집(緖
山集)』 등이 있다

왕기가 귀적설(歸寂說)을 내놓으면서 도가의 성격을 띠게 된 것
과 달리, 전덕홍은 성의를 중심으로 하는 수양에 주력했다. 철저
한 수양의 과정을 거치지 않고 섣불리 도가적 성격을 띠면 하학
(下學) 없는 상달(上達)을 추구하는 것처럼 되어 자칫하면 황당하

고 공허해질 수도 있고, 또 자기의 마음이 이미 진리라고 착각하여, 내키는 대로 행동하고 무슨 일이든 하게 되는 위험에 빠지기도 한다. 수양에 주력하면서 도가의 성격에까지 이르지 못하면 상달 없는 하학에 머무르게 되어 답답하고 따분해질 수도 있다. 공자가 말한 것처럼 하학하여 상달해야 빈틈이 없이 원만한 중용철학이 된다. 이 점에서 보면 전덕홍의 철학과 왕기의 철학을 하나로 융합하면 이상적인 철학이 될 수 있을 것이다. 왕기의 후학들이 전덕홍의 철학을 수용하여 보완하고, 전덕홍의 후학들이 왕기의 철학을 수용하여 보완하면 이상적이지만, 철학사의 흐름으로 볼 때 그렇게 되기는 쉽지 않다.

전덕홍은 성의를 강조했다. 성의는 『중용』에서 보면, 수양의 핵심이다. 『중용』에 따르면, 성실함 그 자체는 하늘의 일이고 성실하게 되려고 노력하는 것은 사람이 해야 할 일이다. 성실함 그 자체로 움직이면 힘쓰지 않아도 알맞게 되고 생각하지 않고 대처해도 제대로 되는데, 그런 사람이 성인이므로, 성인이 되는 것은 하늘처럼 되는 것이다. 하늘처럼 되기 위해서는 성실해지도록 노력해야 하는데, 그 방법이 학문이므로, 전덕홍은 학문을 격물치지로 이해했다. 격물은 몸을 바르게 하는 것이고, 몸을 바르게 하는 것은 몸에 들어 있는 욕심을 제거하고 본심으로 가득 채우는 것이다. 양지는 본심에서 발휘되는 것이므로, 격물이 되면 저절로 치양지가 된다. 양지는 하늘마음에서 나오는 지혜이다. 지혜를 가지면 하늘처럼 살 수 있다. 하늘마음의 움직임은 쉼이 없는 성실 그 자체이다. 성의를 제대로 하기 위해서는 격물치지를 해야 한다. 격물치지를 하면 저절로 뜻이 정성스러워진다.

전덕홍은 격물치지 외에도 양명의 사상 마련을 이어받아 일상 생활에서의 성의 공부를 강조한다. 일상생활에서 마음을 들여다보면 본심과 욕심이 늘 교차한다. 마음을 들여다보고 욕심이 싹트는 것이 확인되면 행동으로 옮기기 전에 그 욕심을 제거해야 하고, 본심에서 싹트는 것이 확인되면 멈추지 않고 지속해야 한다. 이러한 방법이 사상 마련이다. 사상 마련을 통해 욕심이 제거될수록 뜻은 더욱 정성스럽게 된다.

결론적으로 말하면, 전덕홍은 하학이 없는 상달의 위험성을 경계하여 양명의 수양 과정을 강조한 것으로 이해할 수 있다.

제3절
추수익

제1항 추수익의 생애

추수익(鄒守益: 1491~1562)은 명나라 강서(江西) 안복(安福) 사람이다. 자는 겸지(謙之)이고, 호는 동곽(東廓)이다. 추현(鄒賢)의 아들이자 왕수인(王守仁)의 제자다. 정덕(正德) 6년(1511) 회시(會試)에서 수석으로 급제하여 한림편수(翰林編修)에 제수되었지만 1년 뒤에 사직하고 돌아왔다. 이때부터 왕수인을 좇아 학문에 매진했다.

세종(世宗)이 즉위한 뒤 다시 관직에 나갔으나, 직간(直諫)하다가 황제의 노여움을 사 광덕주판관(廣德州判官)으로 좌천되었다. 광덕주에 있으면서 추수익은 복초서원(復初書院)을 건립하여 강학했다.

그 뒤 남경국자좨주(南京國子祭酒)에 올랐으나, 역시 직간하다가 파직되었다. 그 뒤 고향으로 돌아가 후학양성에 전념했는데, 많은 학자가 그를 따랐다. 시호는 문장(文莊)이다. 저서에 『동곽집(東廓集)』과 『동곽유고(東廓遺稿)』가 있다.

추수익의 철학은 양명이 가장 강조했던 치양지로 집약된다.

제2항 양지의 유지

사람은 원래부터 양지를 가지고 있다. 양지는 하늘마음의 능력이다. 사람은 누구나 하늘마음을 가지고 태어나므로, 사람은 누구나 태어나면서 양지를 가지고 있다. 그런데 문제는 사람이 세속적 삶을 살면서 욕심에 빠져 양지가 사라지는 데 있다. 이를 방지하는 방법은 마음을 경건하게 유지하는 것이다. 추수익은 다음과 같이 말한다.

> 성문의 요지는 다만 경으로 자기를 닦는 데 있다. 경이란 양지의 정밀하고 밝은 상태를 유지하여 티끌 세상에 섞이지 않게 하는 것이다. 조심하고 두려워하여 항상 정밀하고 항상 밝으면 문밖을 나서서 만나는 사람을 손님 대하듯 하고, 일을 처리할 때는 제사 모시듯 하게 된다. 그러므로 천승의 나라를 다스리되 다만 일을 경건하게 하는 것으로 강령을 삼은 것이다.[34]

맑은 물에 진흙이 섞여 들어와 흙탕물이 되듯이, 본심에 이기심이 섞여 들어와 욕심이 되면, 양지가 사라진다. 양지를 유지하기 위해서는 이기심이 섞여 들어오지 않도록, 마음을 경건하게 유지하는 것이 중요하다. 양지는 원래 정밀하고 밝은 것이다. 경건한 마음으로 이기심이 섞여 들어오지 않도록 경계하고 조심하며, 이기심이 섞여 들어올까 늘 두려워하면, 본심이 유지되고 양지의 정밀하고 밝은 기능이 계속 발휘되어, 사람을 대할 때 저절로 손님 대하듯 하게 되고, 일을 처리할 때 저절로 제사 모시듯 신중하게 된다. 따라서 사람이 조심해야 할 첫 번째 노력은 본심을 유지하여 양지를 계속 발휘하게 하는 것이다. 첫 번째 노력의 핵심은 마음을 경건하게 유지하는 것이고, 경건하게 유지하는 중요한 방법은 이기심이 들어오지 않도록 경계하고 조심하며, 이기심이 들어올까 두려워하는 것이다. 그런데 양지를 유지하는 것보다 더 문제가 되는 것은 이미 욕심에 빠져 본심을 잃어버림으로써 양지를 발휘할 수 없게 되었을 때이다. 그런 경우에는 먼저 양지를 다시 터득해야 한다. 양지를 다시 터득하는 것이 치양지이다.

제3항 치양지의 수단

추수익은 다음과 같이 말한다.

---

34. 聖門要旨 只在修己以敬 敬也者 良知之精明而不雜以塵俗也 戒愼恐懼 常精常明 則出門如賓 承事如祭 故道千乘之國 直以敬事爲綱領(『東廓文集』권 4, 簡胡鹿崖).

성실한 마음으로 쉬지 않고 굳세게 노력하는 것은 양지를 터득하기 위한 수단이고, 분노를 누르고 욕심을 막으며, 선으로 옮겨가고 허물을 고치는 것은 양지를 터득하는 구체적 방법들이다.[35]

양지는 본마음에서 나오는 마음의 능력이므로, 본마음을 회복하면 양지는 저절로 터득된다. 본마음은 인욕을 제거하고 천리를 보존하면 회복된다. 인욕을 제거하는 방법으로 추수익은 분노를 누르는 것과 욕심을 막는 것을 제시하고, 천리를 보존하는 방법으로 허물을 고치고 선을 회복하는 것을 제시한다. 이 방법의 공부는 한 번이나 두 번 정도로 해서 되는 것이 아니다. 쉬지 않고 굳세게 노력하는 성실함이 뒷받침되지 않으면 안 된다. 추수익은 사람의 욕심을 제거하여 양지를 회복하는 방법으로 마음을 고요하게 가라앉혀서 욕심을 줄여나가는 것이 중요하다고 설명한다.

마음을 고요하게 가라앉히는 데 주력하여 욕심을 줄여나가는 것은 모두 치양지의 다른 이름이다.[36]

고요하게 마음을 가라앉혀서 욕심을 줄이는 것이 치양지의 공부이지만, 추수익은 이것만으로는 치양지의 공부가 온전해질 수 없다고 깨우친다. 하루 24시간 한순간도 흐트러짐이 없이 본심을

---

35. 夫乾乾不息於誠 所以致良知也 懲忿窒欲 遷善改過 皆致良知之條目也(『東廓文集』권4, 復聶雙江).
36. 主靜寡欲 皆致良知之別名也(『東廓文集』권5, 復黃致齋).

붙들기 위해서 가만히 있을 때의 공부와 움직일 때의 공부를 나누지 않고 언제나 안팎이 하나로 통하도록 해야 함을 강조한다.

그러므로 치양지 공부는 반드시 마음의 본체에 합치되도록 해야 한다. 공부를 제대로 하지 못하면 마음의 본체에 합치되지 않는다. 마음의 본체에 합치되지 않으면 공부한 것이 아니다. 우리가 닭이 울 때부터 해가 기울어질 때까지, 해가 기울어질 때부터 닭이 울 때까지, 과연 경계하고 조심하며 두려워하고 두려워하며 이 마음의 본체를 보존하여, 세속의 감정에 끌려 조금이라도 자기 본마음을 더럽히는 일이 없도록 해야 하고, 기질에 끌려 조금이라도 자기의 본마음에서 이탈함이 없도록 해야 하며, 견문이나 추측에 끌려 조금이라도 자기의 본마음을 쪼아대지 않아야 비로소 하늘의 덕에 합치되고 하늘의 밝음에 합치되는 것이니, 이렇게 되어야 『중용』에서 말한 것처럼, 하늘처럼 높아져서 하늘마음 그 자체가 되어야 한다는 높은 뜻을 이루는 것이다. 만약 느낌에 따라 바깥일에 통하려는 것에만 매달리면 바깥일에 끌려 다니게 되고, 고요하여 움직이지 않으려는 것에만 매달리면 오로지 마음속에만 붙들려 있게 되므로, 비록 정도의 차이가 있을 뿐, 본성에 문제가 생기는 것은 같다.[37]

---

37. 故致良知工夫須合得本體 做不得工夫 不合本體 合不得本體 不是工夫 吾儕自鷄鳴至於日昃 自日昃至於鷄鳴 果能戒愼恐懼 保此本體 不以世情一毫自汚 不以氣質一毫自離 不以聞見推測一毫自鑿 方是合德合明 皜皜肫肫宗旨若依於感則爲逐外 依於寂則爲專內 雖高下殊科 其病於本性 均也(『東廓文集』권6, 再答雙江).

머릿속에서 여러 가지 지식을 암기하는 것은 공부가 아니다. 반드시 마음의 본체에 합치되어야 공부한 것이 된다. 마음의 본체는 하늘마음이므로 하늘마음과 하나 되는 것이 공부의 목적이어야 한다. 하늘마음에 합치되는 것은 마음에 한 점의 욕심도 없어야 가능하다. 한 점의 욕심도 남아 있지 않게 하기 위해서는 한순간도 마음이 흐트러지게 하면 안 된다. 추수익은 이를 '우리가 닭이 울 때부터 해가 기울어질 때까지, 해가 기울어질 때부터 닭이 울 때까지' 한순간도 놓치지 않고 경계하고 조심하며 두려워하고 두려워하며 이 마음의 본체를 보존하도록 노력하는 것이라 한다. 마음의 본체를 보존하기 위해서는 세속의 감정에 끌리지 않아야 한다. 세속에는 욕심을 자극하는 많은 것들이 있다. 돈 많은 사람들을 부러워하는 이야기가 여기지기시 들려오고, 권력자들에 관한 이야기가 화제의 중심이 되며, 성공한 사람들의 이야기가 많은 사람에게 회자하고 있다. 이런 것들에 휩쓸리면, 자기의 본마음이 흔들리고, 그 틈을 비집고 욕심이 파고들어 온다. 또한 사람의 몸에서 오는 기질적인 욕구가 끊임없이 자기에게 도전해 온다. 마음이 몸을 지배하지 못하고, 오히려 몸에 지배를 받으면 본마음이 훼손된다. 배가 고프다가 밥을 먹게 되면, 자기도 모르게 많이 먹고 싶은 욕심이 틈새로 파고들어와 과식하게 된다. 배고픔의 고통을 견딘 사람은 배고픔에서 벗어나기 위해 돈을 많이 벌어야 겠다는 욕심이 침입해 들어온다. 그러다가 욕심이 자꾸 커져서 본심을 밀어내면, 사람은 본마음에서 이탈되어 욕심에 갇힌다. 사람들은 보고 들은 이야기의 내용에 끌려가기도 한다. 강력한 힘으로 승리한 사람들을 부러워할수록, 그런 사람들과 다르게 착한 구석이 있는 자기를 바보처럼 생각하게 되어, '착하게 사는 내가 바보다', '남에게 착하게 살라고 가르치는 것 또한 잘못이다'라는 식으로 본마음을 쪼아대어 차츰 사라지게 한다. 이런 등등의 방법으로 본마음을 지키지 못하면 원래의 하늘마음을 유지할 수 없다. 남의 나라를 침략하여 땅을 넓힌 사람이 영웅 취급을 받고, 남의 나라 군소 기업들을 착취하여 억만장자가 된 사람이 부러움의 대상이 되는 분위기가 될수록, 사람들의 착한 마음이 사라지므로, 이를 경계해야 한다. 하늘마음으로 사는 사람이 바람직하고, 행복하고, 참된 사람으로 평가되어야 사람들에게 하늘마음을 회복하려는 의지가 생긴다. 하늘마음으로 사는 사람은 가만히 있을 때는 마음이 고요하여 아무 동요가 없다가, 외물이 다가올 때는 저절로 느낌이 일어나 모든 것에 가장 잘 대응하게 된다.

하늘마음을 유지하기 위해 공부하는 사람은, 가만히 있을 때는 본마음을 고요한 상태로 유지하는 수련을 해야 하고, 움직일 때는 느낌에 따라 바깥일에 통하는 공부를 쌓아야 한다. 이 두 공부는 분리되지 않고 늘 하나로 이어지도록 동시적이어야 할 필요가 있다. 왜냐하면, 본마음을 고요하게 유지하는 공부에만 전념하면 세상을 등진 채 일평생 입산수도로 마감하는 편향된 삶이 될 수 있고, 느낌에 따라 바깥일에 통하는 공부에 주력하다 보면 바깥일에 끌려 다니는 세속적인 삶으로 전락할 우려가 있기 때문이다.

제4항 치양지의 효과

치양지를 하여 마음의 본체에서 발휘되는 지혜로 세상의 모든 일에 조화롭게 적응하면, 『중용』에서 말하는 중화(中和)를 이룰 수 있다. 중화를 이룬 삶은 중화를 이루지 못한 때의 삶과 정반대가 된다.

> 그러므로 조심하고 두려워하여 중화를 이루면, 하늘과 땅을 제자리에 있게 하고, 만물을 제대로 자라게 할 수 있다.[38]

중(中)은 속에 있는 본마음이고 화(和)는 조화이다. 중화를 이룬다는 것은 속에 있는 본마음을 가지고 외부의 상황과 늘 조화롭게 사는 것을 말한다. 중화를 이루지 못한 사람은 욕심에 갇혀있으면서 외부의 상황에 적응하지 못하고 늘 갈등하면서 산다. 중화를 이룬 사람이 바로 서 있는 사람이라면 중화를 이루지 못하고 사는 사람은 거꾸로 서 있는 사람이다. 거꾸로 서 있는 사람에게는 머리 위에 있어야 할 하늘이 발밑에 있고, 발밑에 있어야 할 땅이 머리 위에 있다. 땅에서 자라고 있는 식물들이 거꾸로 자라고 있다. 세상은 생물들의 약육강식으로 피비린내 나는 아비규환의 지옥이다. 그러나 중화를 이루고 사는 사람은 바로 서 있는 사람에 해당한다. 그에게는 모든 것이 제대로 되어 있는 천국으로 보인다. 하늘이 머리 위에 있고 땅이 발아래 있으며 식물들이 제대로

---

38. 故戒懼以致中和 則可以位天地 育萬物(『東廓文集』 권4, 復夏敦夫).

자라고 있다. 세상은 생물들이 서로 도우면서 조화롭게 살아가는 천국이다. 치양지를 통해 치중화를 하면 내가 바뀌고 세상이 바뀐다.

추수익의 철학은 철저한 수양을 바탕으로 진리에 도달하는 조화의 철학이라는 점에서 전덕홍의 철학과 왕기의 철학을 조화롭게 융합할 수 있는 철학이라고 할 수 있다.

제4절
섭표

섭표(聶豹: 1487~1563)는 강서(江西) 길안(吉安) 사람이다. 자는 문울(文蔚)이고, 호는 쌍강(雙江)이다. 1517년에 진사가 되고, 화정지현(華亭知縣)에 배수되었다. 1540년에 우첨도어사(右僉都御史)가 되었고, 병부상서·태자태보 등을 지냈다. 양명의 치양지설에 심취하여 양명의 제자로 자처했다. 저서에 『곤변록(困辨錄)』과 『쌍강문집(雙江文集)』 등이 있다.

왕기는 심·의·지·물을 하나로 보아, 심·의·지·물 각각을 다 무선무악으로 설명했다. 마음의 본체를 무선무악이라 한 양명의 학설을, 마음을 무선무악으로 왜곡시키면, 위험성이 따른다. 마음을 무선무악으로 보면 현재의 마음에 선악을 따질 것이 없다. 더구나 현재의 마음을 리로 받아들이고 나면 마음이 내키는 대로 행동하는 것을 진리로 착각할 수 있다. 사람들이 이처럼 착각하게 되면, 마음대로 행동하는 것에 대해 선악을 따지는 것을 따분하고 답답하게 여기는 분위기가 팽배할 수 있다.

섭표가 마음의 본체를 강조하는 것은 이러한 위험성을 감지했기 때문일 것이다. 마음의 본체는 나무의 뿌리에 해당한다. 나뭇잎이 뿌리를 알고 뿌리가 시키는 대로 움직이면 탈이 없지만, 뿌리를 무시하고 자기 마음대로 행동하면 다른 나뭇잎과 다투게 되고 갈등하게 된다. 사람의 삶도 이와 마찬가지다. 사람이 마음의 본체를 알고 마음의 본체에 따라 살아야 제대로 사는 것이다.

양지는 마음의 본체가 가진 기능이므로 양지를 이룬다는 것은 마음의 본체를 회복한다는 뜻이다. 섭표는 마음의 본체에 대해서 다름과 같이 말한다.

> 마음에 확실한 본체가 없다고 말한다면 마음의 본체를 왜곡하는 것이 크다. 환하게 속에 있으면서 고요한 상태로 움직이지 않으면서 모든 변화의 바탕이 되는 것이 확실한 본체이다.[39]

왕기가 양명의 도가철학적 성격을 강조한 면이 있었던 것에 비해, 섭표는 치양지를 강조한 양명철학의 출발점을 놓치지 않고, 양지의 본체인 심(心)의 정체 확립을 강조한다.

> 지란 심의 본체이니, 바로 명덕이다. 치란 허령한 본체를 가득 채우는 것이다.[40]

---

39. 謂心無定體 其於心體 疑失之遠矣 炯然在中 寂然不動而萬化攸基 此定體也(『雙江集』권6, 與歐陽南野書).

섭표가 말한 지는 양지이다. 양지는 마음의 본체가 가진 능력이다. 마음의 본체는 인의예지를 실현할 수 있는 밝은 능력을 갖추고 있으므로 명덕이라 한다. 마음의 본체는 양지가 있어서 외물을 보는 순간 바로 대응하는 방법을 알아차린다. 그러므로 양지는 인·의·예와 마찬가지로 마음의 본체가 가진 밝은 능력이다. 양지를 이룬다는 것은 그 본래의 능력을 회복하는 것이다. 마음의 본체가 가진 허령한 능력이 욕심에 막히면 발휘되지 못하므로, 욕심을 제거하여 마음의 본체가 가진 허령한 능력을 가득 채우는 것이 치양지이다.

> 마음의 본체가 가진 양지는 본래 고요하지만, 외물에 감응하면 알아차림이 있다. 알아차림은 양지가 나타난 것이다. 나타난 것을 양지로 여겨서 나타나기 전의 뿌리를 잊어버리면 안 된다. 마음은 속에서 주인이 되어 있지만, 바깥에 응한 뒤에는 외물을 다 포괄한다. 외물은 마음의 그림자이다. 바깥으로 응하는 것을 마음으로 알고 드디어 바깥에서 마음을 찾으면 안 된다. 그러므로 학문의 길은 안에서 주인 노릇을 하는 고요한 것에서 찾는 데 있다. 마음이 고요하면서 항상 안정되게 하면 감응하여 통하지 않음이 없고, 바깥에 대응하지 못할 것이 없으며, 움직여 판단하지 못할 것이 없어서 천하의 모든 일이 다 처리된다.[41]

마음의 주체가 외물에 대응할 때는 의식을 동원한다. 밤에 숙면

---

40. 知者 心之體也 卽明德也 致者 充滿其虛靈之本體(『雙江集』 答尤子益問).

할 때는 의식이 닫혀 있으므로 마음의 주체가 있어도 의식을 동원할 수 없으므로 외물을 알아차리지 못하고 대응하지 못한다. 사람의 알아차리는 능력은 두 가지가 있다. 하나는 마음의 본체에 갖추어져 있는 양지이고 다른 하나는 의식 속에 있는 알아차리는 능력이다. 마음이 외물을 간파하여 대응하기 위해서는 마음의 주체가 주도하고 의식 속의 알아차리는 능력이 보조해야 한다. 마음의 주체는 내 몸속에만 있는 것이 아니라 우주에 충만하다. 마음의 주체에서 보면 나와 남의 구별이 없이 하나다. 외물을 외물로 구별하는 것은 의식 속에 있는 알아차리는 능력이다. 외물을 외물로 구분하는 것은 모두 의식 속의 알아차리는 능력에서 비롯하는 것이므로, 외물이 외물로 존재하는 것은 의식이 만들어낸 허상이다. 마음의 주체에서 보면 산은 산이 아니고, 물은 물이 아니다. 나무는 나무가 아니고 바위는 바위가 아니다. 모든 것은 구분되지 않고 연결된 하나의 존재다. 산을 산으로, 물을 물로, 나무를 나무로, 바위를 바위로 구분한 것은 의식에 의한 것이다. 만물은 의식이 만들어낸 허상이므로 섭표는 마음의 그림자로 표현했다.

마음이 외물에 대응할 때 외물을 외물로 대하는 것은 의식이므로, 외물로 대하는 것에서 마음의 본체를 찾으면 마음의 본체를 찾는 것이 아니라 의식을 찾는 것이다. 마음을 고요하게 가라앉혀 깊은 곳에 자리 잡은 본체를 찾아내어야 마음의 본체를 제

---

41. 良知本寂 感於物而後有知 知其發也 不可遂以知發爲良知 而忘其發之所自 也 心主乎內 應於外而後有外 外其影也 不可以其外應者爲心 而遂求心於外 也 故學問之道 自其主乎內之寂然者求之 使之寂而常定也 則感無不通 外無 不該 動無不判 而天下之能事畢矣(『雙江集』 答歐陽南野 第三書).

대로 찾는 것이다. 마음의 본체는 의식이 아니다. 마음의 본체에서 보면, 산이 산으로 보이지 않고, 물이 물로 보이지 않는다. 의식이 작동하지 않으므로 모든것이 구별되지 않는다. 본체에서 보면 우주에 가득한 하나만이 존재한다. 하나이기 때문에 고요하다. 고요한 하나를 확실하게 붙잡는 것이 모든 철학의 핵심이다. 이 점을 놓치지 않으려는 섭표의 설명은 매우 뛰어나다.

섭표가 가장 강조하는 것은 마음의 본체를 찾는 것이고, 그것이 학문이다. 당시 심즉리 사상에 대한 곡해에서 야기될 수 있는 혼란을 바로잡는 방안으로 섭표는 마음의 본체를 강조하여 양명의 사상을 잘 설명했지만, 여전히 난해한 점이 있다. 일반대중들이 이해하기 어려우면 대중들에게 호응받기 어렵다. 대중들에게 호응받지 못하면 시대를 이끌어가는 시대사조의 역할을 하기 어렵다.

제4장

■

양명학의 변질

사람은 유전적으로 각각 다른 능력을 타고 태어난다. 주로 여름에 능력을 발휘하는 사람이 있고 겨울에 능력을 발휘하는 사람이 있다. 아이스크림을 잘 만드는 사람은 여름에 능력을 발휘하지만, 군밤을 잘 굽는 사람은 겨울에 능력을 발휘할 것이다. 여름이 되면 군밤을 잘 굽는 사람은 군밤 굽는 것을 그만두고 아이스크림 만드는 법을 배워야 생존할 수 있다. 군밤 굽는 사람이 아이스크림 만드는 법을 배워도 원래부터 아이스크림을 잘 만드는 사람을 따라가기 어렵다. 그러다가 겨울이 다가오면 군밤 굽는 일로 바꾸어 다시 능력을 발휘하고, 아이스크림을 잘 만드는 사람은 아이스크림 만들기를 그만두고 군밤 굽는 방법을 배우기 시작한다.

철학사상도 이처럼 변화와 흐름을 탄다. 선천적으로 마음을 잘 챙기는 사람이 있고, 몸을 잘 챙기는 사람이 있다. 시대도 또한 마음을 잘 챙기는 사람이 주도하는 시대가 있고, 몸을 잘 챙기는 사람이 주도하는 시대가 있다. 마음을 잘 챙기는 사람이 주도하는 시대에는 사람들이 대부분 마음 챙기는 것을 중시하면서 살아간다. 사람들은 그냥 사는 것이 아니라 세계관이나 가치관 등을 가지고 살아간다. 마음을 중시하는 시대의 사람들은 마음을 중시하는 형이상학적 가치관과 세계관을 가지고 산다. 그들의 삶을 지탱하고 있는 철학의 판은 형상판이다. 형상판의 철학으로 삶이 오래 지속되면 욕심 많은 사람이 종교와 형이상학적 성격의 철학을 욕심 채우는 수단으로 악용하게 되므로, 사람들은 종교와 철학을 혐오하기 시작한다. 사람들이 종교와 철학에 알레르기 반응을 일으키기 시작할 때가 되면, 사람들의 관심은 마음 챙기는 것에서 몸 챙기는 것으로 바뀐다. 이럴 때 사람들의 선택방식에 두 가지의 양상이 있을 수 있다. 체질적으로 몸 챙기는 능력이 뛰어난 사람은 재빨리 마음 챙기는 것에서 몸 챙기는 것으로 변신하여 능력을 발휘하기 시작한다. 체질적으로 마음 챙기는 능력이 뛰어난 사람은 자기의 능력을 버리고 몸 챙기는 방법을 배우기 시작한다. 이러한 과정을 거쳐 시대가 마음을 주로 챙기는 시대에서 몸을 주로 챙기는 시대로 바뀌고, 시대를 떠받치는 철학의 판이 형상판에서 형하판으로 바뀐다. 판이 바뀌는 과정에서는 장기간에 걸친 극심한 혼란을 겪는다. 중국은 수·당·송·원·명을 거치면서 사람들의 삶을 지탱했던 철학의 판이 형상판이었지만, 명나라의 말기에 접어들면서 형상판이 한계를 맞이하기 시작했다.

명나라는 건국 초기부터 주자학을 관학으로 삼고, 과거시험의 출제범위를 주자의 사서삼경(서경은 제자인 채침이 정리한 것임)으로 한정함으로써, 욕심의 제거를 목적으로 정리한 주자학이 욕심을 채우는 수단으로 전락했다. 주자학이 권력욕이나 명예욕을 채우는 수단으로 전락하면 사람들은 주자학의 핵심개념들을 과거시험의 답안을 작성하기 위한 수단으로 삼아 머리로 암기하고 분석하는데 그친다. 주자학의 핵심 개념들은 욕심을 제거하기 위한 노력의 결과 만들어진 것이었지만, 과거시험 답안작성의 목적으로 바꾸면 주자학이 변질하여 욕심을 제거하기 위한 노력이 사라진다. 주자학의 이기론이나 성정론은 현실성 없는 공리공론으로 바뀌고, 정치권력을 탐내는 사람들에게 권력 유지의 수단으로 악용된다. 주자학에서 가장 중요하게 여겨지는 개념이 리이다. 리는 우주 만물의 본질로서 나무에 비유하면 뿌리에 해당한다. 리는 하늘의 섭리이다. 그런데 리가 정치에 악용되면 하늘의 아들로 표현되는 천자가 리의 상징으로 둔갑한다. 사람들이 천자에게 대항하는 것은 리에 대항하는 것으로 여겨져 리의 이름으로 처단할 수 있다. 리의 이름으로 처단하는 것은 하늘의 이름으로 처단하는 것과 같다. 하늘의 이름으로 처단할 때 무서운 일이 일어나는 것처럼, 리의 이름으로 처단힐 때도 똑같은 일이 일어난다. 이런 현상들을 뒷날 대진은 다음과 같이 설명한 적이 있다.

> 윗사람이 리를 가지고 아랫사람을 문책하면 아래에 있는 죄는 사람마다 그 수를 다 헤아릴 수 없다. 사람이 법에 걸려 죽으면 오히려 불쌍하게 여기는 자가 있지만, 리에 걸려 죽으면 그 누가 불쌍하게 여기겠는가![42]

대진의 이 말은 명나라 말기에 리를 앞세워 백성을 탄압했던 시대 상황을 잘 말해주는 것이다. 사람이 나쁜 짓을 하다가 법에

---

42. 上以理責其下 而在下之罪 人人不勝指數 人死於法 猶有憐之者 死於理 其誰憐之(『孟子字義疏證』卷上).

걸려 죽을 때에는 동정하는 사람이 있지만, 정치이념에 걸려 죽을 때에는 아무도 동정하지 않는다. 정치이념은 그 시대 사람들이 다 함께 공감하는 국시(國是)이다. 국시를 어기는 자에 대해서는 아무도 동정할 수 없다. 민주주의가 국시인 나라에서는 반민주적인 범죄를 저지른 사람에게는 동정하지 않고, 과거 왕권이 강화되던 시기에는 역적에게 동정하지 않듯이, 리가 정치이념이 되었을 때, 리를 무시했다는 죄명을 덮어쓰면 동정조차 받을 수 없다. 이러한 상황이 계속되면 사람들은 차츰 리에 대해 알레르기 반응을 일으키게 된다.

명나라 말기에는 농민에 대한 착취가 계속되었고 그로 인해 농민의 저항도 끝없이 이어졌다. 그때마다 농민들은 처참하게 희생당했다. 이런 상황에서 욕심을 제거하고 천리를 보존해야 한다고 주장한 양명의 철학은 서서히 빛을 잃을 수밖에 없었다. 양명의 철학이 빛을 잃었다는 것은 이제 더는 형상판의 철학이 지속될 수 없음을 의미한다. 형상판의 철학이 한계를 맞으면 철학의 형상판이 형하판으로 판 갈이를 해야 한다. 판 갈이가 시작되면 급격한 혼란이 시작된다. 이런 시기에 왕간이 등장한다.

제1절
왕간의 보신철학

왕간(王艮, 1483년~1541년)의 자는 여지(汝止), 호는 심재(心齋)이다. 태주(泰州) 안풍장(安豊場) 출신이다. 어릴 때 집이 가난하여 학업을 이어갈 수 없었으나, 25세 때 공자묘(孔子廟)에 인사드린 뒤 『효경』, 『논어』, 『대학』 등의 경전을 열심히 공부했다. 38세 때 처음으로 양명을 찾아가 그의 학문에 감명을 받고 제자가 되었다. 왕간은 양명의 사후에 일반서민을 대상으로 강좌를 열었다. 그의 강의에는 일반인뿐만 아니라 소농·대장장이·어부·나무꾼 등도 와서 청강할 정도로 인기가 있었다. 저술은 별로 하지 않았으므로 지금까지 전해오는 것은 후인이 편집한 『왕심재선생유집(王心齋先生遺集)』 두 권뿐이다.

왕간은 양명에게 배웠지만, 몸 챙김을 중시하는 시대로 접어드는 시대 상황에 맞는 철학을 만들어내기 위해 고심했다. 양명학의 성립은 용장에서 격물치지에 관한 양명의 깨달음이 발판이 되었을 정도이므로, 격물치지의 내용은 양명학에서 치지히는 비중이 높다. 왕간은 격물치지의 내용을 분석하다가 새로운 사실을 발견했다.

> 격물의 물(物)은 물에 본말이 있다고 할 때의 물이다. 그 본이 어지러우면서 말이 다스려지는 것은 없으며, 두텁게 해야 할 것을 엷게 하고 엷게 해야 할 것을 두텁게 하는 것은 있지 않다. 이것이 격물이다. 그러므로 바로 이어서 말하길, '이것을 본을 안다는 것이라 하고, 이것을 지혜가 이르는 것이라 한다'라고 했다.[43]

---

43. 格物之物 即物有本末之物?? 其本亂而末治者否矣 其所厚者薄而其所薄者厚 未之有也 此格物也 故即繼之曰 此謂知本 此謂知之至也(『王心齋先生遺集』 권1).

왕간은 격물치지의 의미를 『대학』 안에서 찾아내었다. 『대학』에는 다음과 같은 말이 있다.

모든 것에는 본말이 있고 일을 처리하는 데는 처음과 끝이 있으므로, 먼저할 것과 나중에 할 것을 알면 거의 제대로 된다. (…) 천자에서부터 서인에 이르기까지 하나같이 모두 수신을 근본으로 삼아야 한다. 근본이 어지러우면서 말단이 잘 다스려지는 것이 없고, 두텁게 해야 하는 것을 엷게 하고 엷게 해야 하는 것을 두텁게 해서 되는 것은 있지 않다. (…) 공자께서 말씀하셨다. "소송을 듣는 것은 나와 남이 다를 것이 없다. 그러나 나는 반드시 소송이 없어지게 한다." 진실을 숨기는 자는 말을 제대로 하지 못하니, 크게 백성들의 마음을 두려워하기 때문이다. 이렇게 하는 것을 근본을 아는 것이라 한다. 이렇게 하는 것을 근본을 아는 것이라 한다. 이렇게 되는 것을 지혜가 이른다고 한다.[44]

왕간은 '모든 것에는 본과 말이 있다'라는 뜻의 물유본말(物有本末)에 있는 물(物)이 격물(格物)의 물(物)에 해당한다고 보았다. 모든 것에는 나무에 뿌리가 있고 지엽이 있듯이, 근본과 말단이 있다. 근본이 더 중요하고 말단이 상대적으로 덜 중요하다. 이런 것이

---

44. 物有本末 事有終始 知所先後 則近道矣(…)自天子以至於庶人壹是皆以修身爲本 其所亂而末治者否矣 其所厚者薄 而其所薄者厚 未之有也(…)子曰 聽訟吾猶人也 必也使無訟乎 無情者不得盡其辭 大畏民志 此謂知本 此謂知本 此謂知之至也(『大學章句』經一章~傳五章).

모든 것의 바른 모습이다. 왕간은 모든 것에 더 중요한 근본과 덜 중요한 말단이 있는 것이 모든 것의 바른 모습이라고 보았다. 왕간에게는 만물의 바른 모습이 격물로 이해되었다. 모든 것에는 근본과 말단이 있으므로 근본을 중시하고 말단을 덜 중시하는 것이 근본을 아는 것이고, 그렇게 하는 것이 지혜가 이르는 것으로 설명했다. 왕간이 말하는 지혜는 근본을 말단보다 더 중시할 줄 아는 것이다. 지혜롭게 처리하는 예가 바로 재판에 임하는 공자의 태도이다. 재판에 임해 소송하는 사람들의 말을 듣고 판단하는 것은 말단에 끌려가는 것이다. 재판관들은 누구나 그렇게 한다. 그러나 마음이 말의 근본이므로 공자는 소송하는 사람들의 마음을 꿰뚫어 보았다. 말을 듣고 마음을 꿰뚫어 보면 소송하는 자 중에 누기 거짓인지 알 수 있기 때문이다.

격물치지에 대한 주자의 해석이나 양명의 해석은 다 난해하지만, 왕간의 해석은 누구나 알 수 있을 정도로 쉽고 간단하다. 왕간은 자기가 찾아낸 격물치지의 내용을 『대학』의 원문에 있는 수신에 적용한다. 『대학』에서는 '천자에서부터 서인에 이르기까지 하나같이 모두 수신을 근본으로 삼아야 한다'라고 했다. 수신이 제가·치국·평천하보다 더 중요한 것은 사실이다. 수신이 되지 않으면 제가·치국·평천하가 될 수 없다. 그렇지만 왕간은 근본에 해당하는 수신의 내용을 안신·보신 등으로 바꾸어 설명한다.

수신하는 것은 근본을 세우는 것이다. 근본을 세우는 것은 몸을 편안하게 보존하는 것이다. 몸을 편안케 하여 집을 편안케 하면 집이 안정되고 몸을 편안케 하여 천하를 편안케 하면 천하가 평화로워진다. 그러므로 '자기를 닦아서 다른 사람을 편안케 하고 자기를 닦아서 백성을 편안케 한다'라고 했다. 자기 몸을 닦으면 천하가 평화로워지지만, 몸을 편안케 할 줄 모르면서 바로 천하 국가의 일을 담당하는 것을 근본을 잃는 것이라고 한다.[45]

왕간은 수신을 몸을 편안하게 보존하는 것으로 설명했다. 본래 수신의 의미는 몸을 편안하게 보존하는 것이 아니라 마음을 바로 잡는 것이었다. 마음이 바르게 되면 마음이 하늘마음으로 바뀐다. 하늘마음이 되면 집을 안정시키고 나라를 잘 다스리며 천하를 평화롭게 할 수 있는 힘이 나온다. 그러나 왕간은 마음을 바르게 하는 수신의 의미를 몸을 편안하게 보존하는 것으로 의미를 바꾸었다. 왕간의 설명은 몸 하나를 건사하기 어려운 당시의 사람들에게 설득력이 있었을 것이다. 모든 사람이 각각 자기 몸을 편안하게 보전할 수 있으면 온 세상이 평화로워지는 것 또한 사실이다. 근본적으로는 마음을 바르게 하는 것이 중요하지만, 더 급한 것은 몸을 편안하게 보전하는 것이다. 몸을 보전한 뒤에라야 마음을 편안하게 할 수 있다. 왕간은 몸을 보전하는 방법에 대한 설명을 덧붙인다.

밝고 지혜로운 것은 양지이고, 명철보신하는 것은 양지양능이다. 보신할 줄 아는 자는 반드시 자기 몸을 사랑한다. 자기 몸

---

45. 修身立本也 立本安身也 安身以安家 而家齊 安身以安國 而國治 安身以安天下 而天下平也 故曰 修己以安人 修己以安百姓 修其身而天下平 不知安身 便去幹天下國家事 此之謂失本也(『王心齋先生遺集』 권1).

을 사랑하는 자는 감히 남을 사랑하지 않을 수 없다. 남을 사랑하면 남도 반드시 나를 사랑한다. 남이 나를 사랑하면 내 몸이 보존된다. 자기 몸을 사랑하는 자는 자기 몸을 공경한다. 자기 몸을 공경하는 자는 감히 남을 공경하지 않을 수 없다. 남을 공경하면 남도 반드시 나를 공경한다. 남이 나를 공경하면 나의 몸이 보존된다. 그러므로 한 집안이 나를 사랑하면 내 몸이 보존된다. 내 몸이 보존된 연후에 한 집안을 보존할 수 있다. 한 나라가 나를 사랑하면 내 몸이 보존된다. 내 몸이 보존된 연후에 한 나라를 보존할 수 있다. 천하가 나를 사랑하면 내 몸이 보존된다. 내 몸이 보존된 연후에 천하를 보존할 수 있다. 내 몸을 보존할 줄 알면서 남을 사랑할 줄 모르면 반드시 모든 것을 나에게 맞추고 나의 편의대로 하며 나를 이롭게 하고 남을 해롭게 하게 되어 남이 나에게 보복하게 되므로, 내 몸을 보존할 수 없다. 내 몸을 보존하지 못하면 어떻게 천하 국가를 보존할 수 있겠는가! 남을 사랑할 줄 알면서 자기 몸을 사랑할 줄 모르면 반드시 몸이 삶겨 죽고 다리가 잘리며 생명이 버려지고 몸이 죽게 되므로, 내 몸을 보존할 수 없다. 내 몸을 보존하지 못하면 어떻게 임금과 부모를 보존할 수 있겠는가![46]

---

46. 明哲者良知也 明哲保身者良知良能也 知保身者則必愛身 能愛身則不敢不愛人 能愛人則人必愛我 人愛我則吾身保矣 能愛身者則必敬身 能敬身則不敢不敬人 能敬人則人必敬我 人敬我則吾身保矣 故一家愛我則吾身保 吾身保然後能保一家 一國愛我則吾身保 吾身保然後能保一國 天下愛我則吾身保 吾身保然後能保天下 知保身而不知愛人 必至於適己自便 利己害人 人將報我 則吾身不能保矣 吾身不能保 又何以保天下國家哉 知愛人而不知愛身 必至於烹身割股 舍生殺身 則吾身不能保矣 吾身不能保 又何以保君父哉(『王心齋先生遺集』권1, 『明儒學案』권32, 明哲保身論).

명철보신에 관한 설명은 난세에 매우 설득력이 있다. 왕간은 명철보신할 수 있는 지혜와 능력은 누구에게나 있다고 전제한다. 이런 설명은 당시의 사람들에게 주목받을 만하다. 지금도 몸의 건강을 유지하는 방법과 세상 살아가는 지혜에 관해 관심 가지지 않을 사람이 드물 정도이고 보면, 당시의 사람들에게 왕간의 설명은 호소력이 있었을 것이다.

내 몸이 살아 있어야 가정도 있고 나라도 있으며 천하도 있다. 내 몸이 죽고 없으면 아무 의미도 없다. 가정·국가·천하는 내 몸이 살고 난 뒤의 일이다. 우선 내 몸이 살고 봐야 한다. 내가 살기 위해서는 남에게 사랑받아야 하고 존경받아야 하므로 그러기 위해서 내가 먼저 사랑하고 존경해야 한다. 그런데 내가 남을 사랑만 하고 나를 챙길 줄 모르면 반드시 남에게 희생당하고 말 것이므로 반드시 자기 몸을 아끼고 사랑하는 것이 가장 중요한 목적이 되어야 한다. 왕간의 이러한 설명은 오늘날에도 많은 사람에게 주목받을 수 있을 것으로 생각한다. 그러나 왕간의 설명은 주자나 양명의 본뜻과 다르다. 나와 나의 몸이 중요한 것은 언제 어디서나 변함없는 진리다. 그러나 욕심에 갇혀있는 나는 본래의 나가 아니고, 조그만 몸덩이를 나의 전부로 보는 것 또한 잘못이다. 나의 마음은 우주에 충만해 있는 우주의 마음 그 자체이고, 나의 몸은 우주의 기운이 잠시 모여 있는 것이다. 나와 나의 몸이 참으로 중요한 까닭은 이러한 이유 때문이다. 나의 본래마음과 본래의 몸을 회복하는 근거가 현재의 마음과 현재의 몸에 있으므로, 현재의 몸과 마음 또한 중요하다. 본래의 마음과 본래의 몸을 회복하지 않으면서 현재의 몸과 마음을 보존하는 것에 치중하는 것은 의미가 없다.

왕간의 관심은 마음을 중시하는 것에서 몸을 중시하는 것으로 바뀌었다. 왕간이 대중들의 호응을 받게 된 것은 시대적으로 이미 형상판에서 형하판으로의 판 갈이가 시작되었음을 의미한다. 왕간이 양명의 제자이기 때문에 왕간의 철학적 출발점은 양명학이었지만, 왕간의 철학은 도중에 양명학에서 변질하였다. 양명학에서는 몸의 보존을 최우선으로 하는 철학이 나올 수 없다. 양명학에서 변질한 것은 양명학이 아니다. 아이스크림 만드는 사람에게서 아이스크림 만드는 법을 배워서 아이스크림을 만들다가 겨울을 맞이하여 아이스크림 만들기를 그만두고 군밤을 만들기 시작한 사람이 있다면, 그를 아이스크림 만드는 사람이라 할 수 없다. 또한 그가 군밤을 굽는다고 해서 아이스크림 만드는 기술에서 군밤 굽는 기술이 나왔다고 할 수는 없다. 아이스크림 집을 개조해서 군밤 집으로 만들었다고 해서 군밤 집이 아이스크림 집에서 나왔다고 할 수도 없다. 이러한 논리로 본다면 왕간의 철학을 양명학으로 볼 수는 없다.

내 몸 챙기는 것을 최우선으로 하는 철학에서는 내 몸을 기준으로 모든 판단을 한다. 내 몸을 기준으로 내 몸을 챙기려는 마음이 욕심이다. 왕간의 철학이 호응을 받게 되면, 욕심을 긍정하고 욕심을 추구하는 철학이 뒤를 잇게 된다. 욕심을 긍정하는 철학은 양명학에서 나온 것이 아니라, 양명학을 변질한 왕간의 철학에서 나온 것이므로, 욕심 긍정 철학이 양명학에서 나온 것으로 판단하는 것은 무리라고 생각된다.

제2절

하심은의 욕구 긍정 철학

하심은(何心隱: 1517~1579)은 강서성(江西省) 길안부(吉安府) 사람이다. 자는 주건(株乾), 호는 부산(夫山)이고, 원래의 이름은 양여원(梁汝元)이었다. 하심은은 안균(顏鈞)의 제자이고, 안균은 서월(徐樾)의 제자이며, 서월은 왕간의 제자이므로, 하심은은 양명학의 흐름을 잇는 학자로 분류되고 있지만, 왕간의 사상을 양명학으로 일컫는 것이 무리이듯이, 하심은의 철학사상을 양명학으로 일컫는 것 또한 무리일 것이다.

하심은은 중국 전역을 다니면서 자신의 철학사상을 사람들에게 강학하고 전파했다. 그는 열정적으로 강학했고, 당시 부패한 정치에 대해서도 과격하게 비판했다. 그는 당시 실세였던 재상 장거정(張居正)을 비판하다가 1579년 체포되어 처형되었다. 그의 저서로는 『양부산유집(梁夫山遺集)』이 있다.

하심은은 생리적 욕구를 천성(天性)에 따른 자연스러운 것으로 인정하고, 모든 사람의 생리적 욕구를 충족시켜주어야 한다고 주장하기도 한다. 이러한 하심은의 주장은 왕간의 몸 챙기는 철학에서 영향받은 것으로 이해할 수 있다. 그러므로 하심은의 욕구 긍정 철학을 양명학의 발전 과정에서 나타나는 양명학적 요소로 보는 것은 무리이다. 이 또한 양명학이 변질하여 몸 중시의 철학으로 전변된 것으로 이해해야 할 것이다.

제3절

이지의 철학사상

이지(李贄: 1527~1602)는 천주부(泉州府) 진강현(晉江縣)에서 출생했다. 이지의 스승은 왕간의 제자이자 문인인 왕벽(王襞)이므로, 이지 역시 양명학자로 분류되어 있지만, 실제는 양명학에서 벗어나 몸 중시의 철학으로 변모한 학자로 이해해야 할 것이다.

이지의 초명은 임재지(林載贄)였으나 장성하여 종가의 성(姓)을 따라 이지(李贄)라고 개명했다. 별호로는 굉보(宏甫), 탁오자(卓吾子), 이화상(李和尙), 독옹(禿翁), 백천거사(百泉居士) 등이 있다. 이지는 1552년 26세 때 복건성에서 행한 향시에 합격하여 1556년 하남 휘현 교유로 임명되었고, 1560년 남경 국자감 교관으로 발탁되었으며, 1564년 34세 때 북경 국자감 박사로 임명되었다. 이지(李贄)는 1565년에 여러 자녀를 잃으면서 노장사상에 관심을 가지기도 했고, 양명학도 공부하기 시작했다. 1572년 남경 형부주사로 임명되었고, 1576년 운남성 요안부(姚安府)의 지사로 임명되었다. 1580년에 사직하고, 황안(黃安)으로 가서 독서와 저술에 주력하다가 다시 마성으로 가서 자신의 사상을 펼쳤다. 이지의 사상이 당시의 기득권자들과 마찰을 일으켜 이단으로 몰리게 되자, 삭발하고 불교 사원에 기거하기도 했다. 1589년 마성 용담(龍潭)에 있는 지불원(池佛院)에 기거하면서 『장서(藏書)』, 『분서(焚書)』(6권)·『설서(說書)』 등을 저술했다. 1596년 마성을 떠나, 산서성 심수(沁水)에 머물며 『명등도고록(明燈道古錄)』을 저술했다. 1597년에는 북경 서산 극락사에 기거했고, 1598년에는 남경으로 가서 『장서』(68권)를

이지

출간했다. 1599년에는 선교사 마테오 리치를 만나 천주교의 교리를 접했다. 그때부터 이지는 욕구를 긍정하고 기득권층에 저항하는 그의 사상으로 인해 박해를 받기 시작했다. 1602년 장문달(張問達)의 공격을 받아 체포되었으며, 그해 3월 감옥에서 자결했다. 이지가 자결한 그해에 『구정역인(九正易因)』, 『계중팔절(系中八絶)』이 출간되었고, 1612년에 『이탁오선생유서(李卓吾先生遺書)』가 출간되었으며, 1618년에 『속분서(續焚書)』가 출간되었다. 1625년에 이지의 모든 저서가 금서로 낙인찍혀 처분되었다.

이지가 알레르기 반응을 일으킬 정도로 염증을 느꼈던 것은 지식의 노예가 된 당시 사람들의 삶의 방식에서였다. 당시의 많은 사람이 주자학이나 양명학에서 말하는 진리의 내용을 머릿속에 암기한 뒤에, 그 암기된 지식에 얽매여서 노예처럼 얼룩진 삶을 살고 있었다. 사람들이 자신들의 삶에서 오는 근본 문제를 해결하기 위한 해답을 찾는 심정으로 주자학이나 양명학을 접했다면, 주자학이나 양명학은 자기의 삶을 인도하는 생명수 같은 역할을 할 수 있었을 것이지만, 그렇지 않고 과거시험 답안을 위해 암기하거나 학자 행세하기 위한 수단으로 암기한다면, 그 이론들은 자기의 삶에서 오는 근본 문제와는 무관하다. 그런 이론을 익힐수록 사람들은 점점 더 위선적이고 가식적인 사람으로 변모한다. 이지는 그런 모습들에 대해 염증을 느꼈으므로, 머릿속에 이론이 들어가기 전의 동자의 모습에서 순수하고 진실한 모습을 발견한다.

동심이란 가식이 없이 순수하고 참되어서 가장 먼저 떠오르는 생각 그 자체인 본심이다. 만약 동심을 잃어버리면 바로 진심을 잃어버린다. 진심을 잃어버리면 참된 사람 모습을 잃어버린다. 사람이 되어서 참되지 않으면 본래의 모습을 전혀 회복하지 못한다. 동자는 사람의 최초의 모습이고, 동심은 최초의 마음이다. 최초의 마음을 어떻게 잃어버릴 수 있겠는가![47]

이지가 말하는 동심은 맹자가 말한 갓난아이의 마음과는 다르다. 갓난아이의 마음 즉, 적자지심은 갓난아이 때의 마음으로 모든 사람이 다 같이 가지고 있는 공통의 마음이다. 그 공통의 마음이 성이고 성이 하늘마음이다. 그러나 당시의 사람들은 성과 하늘마음을 너무나 왜곡시켜서 정적(政敵)과 인민들을 탄압하는 수단으로 사용하고 있었기 때문에, 이지는 그런 단어들에 대해서도 거부감을 느끼지 않을 수 없었다. 그러므로 이지의 판단으로는 모두가 공통으로 가지고 있다고 하는 적자지심을 논하기보다, 주자학이나 양명학 등에서 말하는 이론들이 주입되기 이전의 동자의 상태를 유지하고 있는 것만으로도 족했다. 동자의 마음에는 악한 마음이 없을 수 없지만, 그것조차도 이론에 오염된 것보다는 순박하다. 동자의 악한 마음은 세상을 혼탁하게 하지 않는다. 정적을 제거하는 수단이 되지도 않고 인민들을 탄압하는 무기가 되지도 않는다.

비록 독서를 많이 하더라도 동심을 잘 보호하여 잃지만 않으

---

47. 夫童心者 絶假純眞 最初一念之本心也 若失却童心 便失却眞心 失却眞心 便失却眞人 人而非眞 全不復有初矣 童子者 人之初也 童心者心之初也 夫心之初曷可失也(『焚書』 권3, 童心說).

면, 학자가 도리어 독서를 많이 하고 의리를 알아서 도리어 장애를 일으키는 것과 같은 정도는 아니다. 그러나 지금의 학자들은 이미 독서를 많이 하고 의를 알아서 동심을 막아버렸다.[48]

학자들이 비록 독서를 많이 하고 의리를 알더라도, 그것이 동심을 막아버리는 데로 흐르지만 않으면, 학자들이 독서를 많이 하고 의리를 알아서 동심을 막아버린 것과는 같은 정도가 아니라 훨씬 뛰어나다. 지금의 학자들은 독서를 많이 하고 의리를 많이 안 결과 오히려 동심을 막아버렸다. 그러므로 오늘날 사람 중에는 독서를 많이 한 사람보다는 독서를 하지 않은 사람이 더 낫고, 의리를 많이 알고 있는 사람보다는 의리를 모르는 사람들이 더 낫다. 독서를 하지 않고 의리를 모른다고 하려라도 세상 살 수 없는 것이 아니다. 사람은 누구에게는 타고난 지혜가 있다.

천하에 생지(生知)를 가지고 있지 않은 사람은 하나도 없고, 생지를 가지고 있지 않은 물체도 하나도 없다. 또한 한순간도 생지를 가지고 있지 않은 적이 없다.[49]

이지는 이론이나 사상에 노예가 되어 가식적인 삶을 사는 사람들에 염증을 느낀 나머지, 이론이나 사상에 오염되지 않은 동자

---

48. 縱多讀書 亦以護此童心 而使之勿失焉耳 非若學者反以多讀書識義理 而反障之也 夫學者 旣以多讀書識義理 障其童心矣((『焚書』 권3, 童心說).
49. 天下無一人不生知 無一物不生知 亦無一刻不生知者(『焚書』 권1, 答周西巖).

의 상태를 이상적인 인격으로 묘사한다. 타고난 생지를 그대로 간직하기만 하면 바로 부처라고도 말한다. 이지는 비록 공자의 말이나 사상이라 할지라도, 거기에 얽매이면 안 된다고 말한다. 사람에게는 각자의 삶이 있다. 그 삶을 떠나서 공자에게 의지하는 것은 잘못이다. 나의 삶을 위해 공자가 필요한 것이지, 공자를 위해 내가 사는 것은 아니다. 이지는 이를 확실히 한다.

> 그러나 이는 공자의 말이다. 나의 문제가 아니다. 하늘이 한 사람을 낳았을 때는 스스로 한 사람의 삶의 내용이 있기 마련이다. 공자에게서 모든 것을 취한 이후에 충족할 수 있는 것이 아니다. 만약 반드시 공자에게 얻어야만 족하다면, 천고 이전 공자가 없었을 때는 결국 사람이 되지 못했겠는가! 그러므로 공자에게 배우기를 원한다고 설명한 것은 맹자가 맹자의 수준에 머물게 된 까닭이다. 내가 지금 그 잘못을 통감하고 있는데, 그대는 나도 그것을 원한다고 말하는가![50]

맹자는 공자에게 배우는 것이 소원이었다고 한 적이 있다. 이를 두고 이지는 맹자가 공자에 갇힌 것으로 보았다. 이지 자신은 공자에게 갇히고 싶지 않다는 뜻을 분명히 밝힌다. 이는 오늘날 사람에게도 참고되는 바가 크다. 오늘날 사람 중에도 유학을 공부

---

50. 然此乃孔子之言也 非我也 夫天生一人 自有一人之用 不待取給於孔子而後足也 若必待取足於孔子 則千古以前無孔子 終不得爲人乎 故爲願學孔子者之說者 乃孟子之所以止於孟子 僕方痛感其非夫 而公謂我願之賊(『焚書』권1, 答耿中丞).

하는 사람이 석가모니나 예수에게 배우는 것을 싫어하고, 절에 다니는 사람이 공자나 예수에게 배우는 것을 싫어하며, 교회에 다니는 사람이 공자나 석가모니에게 배우는 것을 싫어하는 경우가 많다. 이러한 현상은 이미 노예가 되어 있기 때문이다. 먼저 자기의 삶이 있고 자기의 삶에서 문제가 생겨 견디기 어려울 정도로 아플 때, 그 해결책을 얻기 위해 공자, 예수, 석가모니 등을 참고하는 것이다. 많이 아파본 사람은 아픔을 해결할 수 있기만 하면, 누구든 상관하지 않고 참고한다. 그래야 자기의 삶에 대한 주체성을 잃지 않는다. 이지는 이러한 입장을 견지한다.

양명은 진리의 정점에 도달하여 석가모니·노자·공자의 진리가 하나라는 것을 알았고, 그들을 귀하게 받아들이는 견해를 밝혔지만, 이지는 그들의 노예가 되지 않는 것을 강조한 나머지, 그들을 멀리하는 듯한 인상을 주기도 한다. 그리고 맹자가 공자만 인정하고 공자처럼 되는 것이 소원이었다고 해서, 맹자를 공자의 굴레에서 벗어나지 못한 것으로 본 것은, 깊이 생각하지 않은 면이 있다. 이지의 주장은 일리가 있지만, 오늘날에 나타나 같은 주장을 하더라도 기득권을 가진 각 종교인에게 배척받을 것이다. 하물며 공자·주자·양명의 사상을 기득권을 유지하는 수단으로 삼고 있었던 당시의 권력자들에게 배척받지 않을 수 없다. 이지는 1602년 체포되어 감옥에서 자살함으로써 생을 마감했다.

이지가 아파했던 것은 이론의 노예가 된 기득권자들에게 탄압받고 있는 잘못된 현실이었기 때문에, 그런 것을 바로잡는 것이 이지의 목적이 되었다. 이지의 모든 이론과 사상은 그 점에서 판단해야 이해할 수 있다.

제4절
유종주의 철학사상

유종주(劉宗周: 1578-1645)의 자는 기동(起東), 호는 염대(念臺) 또는 즙산(蕺山)이다. 24세 때 진사시에 급제하여 관직이 좌도어사(左都御史)에 이르렀다. 유종주는 처음에 정주학(程朱學)을 공부하다가 양명학(陽明學)으로 돌아섰기 때문에 학계에서는 양명학자로 분류하지만, 사실은 몸 중심의 철학으로 회귀한 학자이다. 항주가 청나라의 침공을 받았을 때 절식하여 순사했다. 유종주의 철학을 학자들이 난해하다고 하는 이유는 그의 철학사상을 양명학으로 분류하고 접근하기 때문이다.

유종주는 처음에 주자학으로 출발했고, 다음에 양명학을 공부했다가, 나중에 스스로 자득하여 독자적인 철학을 전개했다. 그는 각 단계에서, 많은 저술을 했으므로 저서의 내용은 주자학의 범주에 속하는 것도 있고, 양명학의 범주에 속하는 것도 있으며, 자득한 자신의 철학사상을 피력한 것도 있다. 양명학이나 주자학의 범주에 속하는 그의 저술은 그의 참모습을 보여주는 것이 아니다. 그것은 주자학이나 양명학을 공부할 때의 내용을 정리한 것이다. 유종주의 철학사상을 제대로 이해하기 위해서는, 그의 학문과정에서 터득한 내용을 더듬으면서 읽어가야 한다.

사람들이 학문을 하게 되는 계기는 두 가지로 나눌 수 있다. 하나는 자기의 인생을 고뇌하거나 시대를 고민하다가 그 해답을 찾기 위해 학문하게 되는 경우이고, 다른 하나는 입신출세를 위해 학문에 종사하는 경우이다. 전자의 경우에 인생을 고뇌하다가 해

유종주

답을 찾은 사람이 철학자이고, 시대의 고민을 해결해낸 사람이 사상가이다. 후자의 경우에는 학문의 목적은 정치가·교육자·학자·교양인 등이 되기 위한 수단이 된다. 후자의 목적으로 학문에 종사하다가 철학과 사상을 온전하게 이해함으로써 철학자가 되고 사상가가 되는 수도 있다.

철학자나 사상가의 말과 글은 자기의 고뇌와 고민을 해결한 해답이다. 해답은 하나이지 둘이 아니므로, 모든 말과 글이 일관되게 하나로 꿰어진다. 그것은 한 나무의 모든 잎이 뿌리를 통해 하나로 꿰어지는 것과 같다. 그러나 정치가·교육자·학자·교양인 등이 되기 위해 학문에 종사하는 사람들은 고뇌와 고민이 없이 철학자나 사상가의 말과 글에 피상적으로 접근하여, 평면적으로 분석하고 정리하기 때문에 하나로 꿰지 못한다. 마치 한 나무의 뿌리를 외면한 채 잎들을 분석하고 조사하는 것과 같아서 하나로 꿰지 못하고 여러 가지 방법론을 만들어 복잡하게 분석하고 정리한다.

오늘날 학자들에게도 이러한 병폐가 있다. 예를 들면, 공자 인(仁)사상의 내용도 하나로 꿰지 못하고, 여러 범주로 나누어 복잡하게 정리하며 다양하게 설명하지만, 그런 설명은 핵심을 건드리지 못하고 변죽만 울리므로, 설명은 복잡하고 자세하지만, 내용을 제대로 이해하기 어렵다. 인(仁)의 내용은 하나밖에 없다. 공자가 그 하나의 내용을 듣는 사람의 수준과 성격에 따라 다른 말로 설명했을 뿐이다. 그것은 물은 하나이지만 원통에 들어 있는 물을 둥글다고 하고, 네모 통에 들어 있는 물을 네모라고 하는 것과 같다. 인(仁)에 관한 공자의 설명을 들은 사람이 인을 여러가지 의미로 나누어 정리하는 것은 통속에 있는 물에 관한 설명을 들은 사람이, 물의 모양을 둥근 물, 네모난 물 등으로 정리하는 것과 같다. 그런 방식으로 정리한 글을 읽으면 아무리 자세하게 읽어도 결코 물의 본질을 알 수 없다.

유종주가 연구한 주자학의 내용과 양명학의 내용은 몹시 난해하다. 유종주가 학문에 접근한 목적은 아마도 후자의 경우, 다시 말하면, 정치가·교육자·학자·교양인 등이 되기 위해서였을 것이다.

유종주는 학문하는 과정에서, 많은 저술을 남겼지만, 그 내용이 하나로 꿰어지지 않아서 난해하다. 아마 유종주 자신도 주자학과 양명학 전체를 체계적으로 이해하지 못했을 것이다. 그는 말년에 이르기까지 주자학이나 양명학에 만족하지 못하고 마음 한 구석에 석연치 않은 무엇인가가 있었다. 그러던 어느 날 그에게 깨달음이 왔다.

제1항 유종주의 깨달음

유종주는 말년에 자득한 바가 있어 다음과 같이 말했다.

> 여러 학생과 『대학』의 내용을 논하던 어느 날 밤 우연히 생각해서 터득했다. 인하여 여러 학생에게 말했다. "『대학』이란 한 권의 책은 사람의 도리에 관한 전체의 기록이다. 곰곰이 생각해보건대 우리가 앉아 있는 것은 다만 이 한 몸이다. 이를 점점 미루어 확대해 가면 가정이 되고 나라가 되고 천하가 되고, 점점 집약하여 속으로 들어가면, 마음과 뜻과 지식을 얻을 수 있

다. 이 지식은 공중에 매달려 나를 일으키고 비추는 것이 아니다. 반드시 물질에 기생해 있다. 물질의 처지에서 말하면 몸과 집과 나라와 천하가 일제히 모두 눈앞에 이르러 아무런 모자람이나 남는 것이 없이 바로 너희들의 몸에 닿아 있는 것이다. 몸이 기거할 때는 물질 속에서 일어나는, 기거하는 이치를 알 수 있고, 몸이 마시고 먹을 때는 물질 속에서 이루어지는, 마시고 먹는 이치를 알 수 있다. 이를 미루어 가면 모두 그렇지 않은 것이 없다. 모든 것이 물질에서 일어나지 않는 것이 없으므로 물질에서 보면 앎을 터득할 수 있다. 그렇게 되면 뜻이 정성스러워지는 데 이르고, 마음이 바르게 되는 데 이르고, 몸이 닦여지는 데 이르고, 집이 정리되는 데 이르고, 나라가 다스려지는 데 이르고, 천하가 평화롭게 되는데 이르러, 선후의 차례가 스스로 문란해지지 않는다. 이것이 바로 하늘이 만들고 땅이 설치하는 규모이다. 하나같이 모두 타당한 도리이니, 사람의 도리를 모두 기록한 것이 아니고 무엇이겠는가! (『大學雜言』序文)

유종주는 어느 날 인간 존재의 본질이 인간의 몸이라는 것을 깨달았다. 인간 존재뿐만 아니라 인간의 삶 전체가 물질을 바탕으로 하고 있다는 것도 깨달았다.

사람들에게는 각각의 고유한 성향이 있다. 그 성향은 유전적으로 타고난 것일 수도 있고 환경에 영향을 받아서 굳어진 것일 수도 있다. 공자는 사람을 고유한 성향에 따라 인자(仁者)와 지자(知者)의 두 부류로 분류한 적이 있다. 인자는 형상판의 철학으로 사는 사람이고, 지자는 형하판의 철학으로 사는 사람이다. 인자들은 종교성이 강하고 철학적 사유를 잘하지만, 지자는 과학적인 것을 추구하고 물질적 가치를 중시한다. 중국에 국한해서 말하면, 인자의 대변자가 맹자이고, 지자의 대변자가 순자이다.

　유종주의 깨달은 내용을 보면 유종주는 몸을 중시하는 지자에 속한다는 사실을 알 수 있다. 유종주는 주자학과 양명학을 공부할 때 많이 힘들었을 것이다. 그런데도 주자학과 양명학을 공부하지 않을 수 없었던 것은 당시 사회적 분위기 때문이었을 것이다. 처음에 주자학을 공부한 까닭은 주자학의 긴 전통에 무게를 두었기 때문일 것이고, 도중에 양명학으로 옮겨 간 것은 당시에 양명학에 호응하는 학자들이 더 많았기 때문일 것이다. 그러나 유종주는 주자학과 양명학의 어느 것도 완전하게 소화하지 못했다. 그러다가 어느 날 깨닫게 되었다. 그것은 군밤을 잘 굽던 사람이 여름에 어쩔 수 없이 아이스크림을 만들어서 팔다가 겨울이 다가오자 군밤 굽는 것이 더 옳다는 것을 깨달은 것과 같다. 아무리 군밤을 잘 굽는 사람이라 하더라고 겨울이 다가오지 않았더라면 그런 깨달음은 오지 않았을 것이다. 유종주가 몸을 중시하는 순자 철학의 성향을 가지고 있었더라도, 당시의 분위기가 욕구를 긍정하는 물질주의적 분위기로 바뀌지 않았다면, 그런 깨달음은 오지 않았을 것이다. 다시 말하면, 유종주는 형하판의 철학을 바탕으로 살아야 적성이 맞는 사람이었으나, 형상판의 철학이 지배하는 시대에 태어났으므로, 형상판의 철학을 공부할 수밖에 없었다. 그러다가 명나라 말기에 이르러 형상판의 철학이 한계에 이르러 형하판의 철학으로 판 갈이가 시작되자, 유종주의 마음 바닥에 잠재해 있던 형하판의 철학이 잠에서 깨어난 것이다.

『대학』에서는 격물·치지·성의·정심·수신·제가·치국·평천하의 과정을 설명했는데, 유종주는 이 중에서 다섯 번째인 수신이 기준이 됨을 알았다. 수신은 몸을 닦는 것이다. 몸을 기준으로 보면, 마음과 뜻은 몸 안에 있는 것이고, 가정·국가·천하는 몸 밖에 있는 것이다. 뜻과 마음은 몸 안에서 작용하는 것이고, 가정·국가·천하는 몸으로부터 확산해 나가는 것이다. 유종주에 따르면, 마음은 몸과 따로 존재하는 것이 아니라 몸에 기생해 있는 것이므로, 몸에 속하는 몸의 한 부분이다. 몸이 기거동작 할 때는 기거동작 하는 이치가 있고, 먹고 마실 때는 먹고 마시는 이치가 있다. 몸이 살면서 겪게 되는 모든 것들에는 각각 이치가 있으므로 그것을 아는 것이 격물치지이다. 격물치지가 된 사람은 몸이 흐트러지지 않고 처한 때와 장소에 맞게 움직일 수 있다. 그런 삶을 지속하는 것이 뜻을 정성스럽게 하는 것이고, 뜻을 정성스럽게 하는 것이 마음이 바르게 되는 것이다.

위와 같은 유종주의 설명은 순자 사상의 논리구조와 같다. 우리는 유종주에 대해 다음과 같이 추론할 수 있다.

유종주가 인간 존재의 본질을 몸으로 규정한 것은 순자 철학을 계승한 결과가 아니라 양명학적 사유 속에 있다가 한계에 다다라 스스로 찾아낸 결과로 봐야 한다. 유종주에 따르면, 인간의 몸이 있으므로 가정과 국가와 천하가 있고, 또 마음과 뜻과 지식이 있을 수 있다. 또한 인간은 몸의 경험을 통해 지식을 얻을 수가 있다. 몸이 밥을 먹는 경험을 해야 밥 먹고 사는 지식을 얻을 수 있고, 몸이 기거동작을 해야 기거동작에 관한 지식을 얻을 수 있다. 인간이 얻은 지식을 잘 활용하면 가정과 나라와 세계가 편안해지는 방안을 찾아낼 수 있다는 것이다. 이러한 유종주 철학의 논리체계는 순자 철학의 논리체계와 일치한다.

유종주가 독자적인 철학의 체계를 터득한 것은 만년의 일이다. 유종주의 「연보」에 따르면, 그는 죽기 일 년 전인 1644년의 연보에 다음과 같은 그의 말이 전한다.

> 그리하여 단언하셨다. "종래의 학문은 단지 하나의 공부였다. 안과 밖을 나누고, 동과 정을 나누며, 유와 무를 설하여 모든 것을 둘로 갈랐다. 모두 지리멸렬한 것이었다."[51]

유종주가 만년에 깨닫고 난 뒤에 자기의 과거를 돌아보고, 자기가 해온 학문이란 것이 이리지리 분석하고 따지기민 하여 지리멸렬한 것이었다는 사실을 알았다. 그런 것은 참된 학문이 아니라 공부를 위한 공부일 뿐이었다는 사실도 알았다. 유종주가 과거 자기가 공부한 내용을 지리멸렬한 것이었다고 한 이유는 주자학과 양명학을 체계적으로 이해하지 못했다는 것을 의미한다. 주자가 철학을 하게 된 동기를 이해하지 못하고, 단지 주자가 결론적으로 남긴 이론들을 읽고 정리하면 주자 철학의 일관된 체계를 이해하지 못하고, 잡다한 내용을 기억하는 것에 지나지 않기 때문에, 지리멸렬할 수밖에 없다. 양명학에 대해서도 마찬가지다. 유종주는 주자학과 양명학의 심층을 이해하지 못해 우왕좌왕하는 동

---

51. 於是斷言之 曰 從來學問只有一個工夫 凡分內分外 分動分靜 說有說無 劈成兩下 總屬支離(『全書』권40, 「年譜」崇禎 16年, 〈十二月書存疑雜著〉條).

안에 세상이 바뀌기 시작했다. 세상이 형상판에서 형하판으로 판 갈이를 시작한 것이다. 유종주는 때를 만났다. 여름에 위축되어 있던 스키선수는 겨울이 오면 신바람이 난다. 많은 사람에게 인정을 받게 되면 없던 능력도 생겨난다. 세상이 형하판의 철학으로 판 갈이를 시작하자, 유종주는 잠재해 있던 능력을 발휘하기 시작했다. 만년에 유종주가 깨달은 것은 물질주의 철학이었다. 마음과 세상을 연결하는 연결고리가 몸이다. 몸을 기준으로 판단하면 모든 것을 일관되게 이해할 수 있다. 유종주는 만년에 깨달은 내용을 정리하여 저서로 남겼다. 유종주 철학의 진수는 만년에 깨달은 내용 속에 오롯이 들어 있다.

제2항 생각의 중요성과 넘

유종주가 생각한 만물의 본질은 물질이다. 그는 "천지간에 가득한 것은 물질이다"라고 말한다. 물질이 모여 모양을 이룬 것이 몸이다. 모든 몸에는 각각의 기능이 있다. 모든 몸은 몸의 속성상 각각 다르게 존재한다. 일치하는 몸은 존재할 수 없다. 그러므로 그 몸들이 가지고 있는 기능은 각각 다르다. 유종주는 이 몸들 중에 "인간이 가장 신령하다"라고 정의한다. 사람의 몸에는 생기(生氣)가 작용하고 있지만, 그 생기는 인체의 어느 특정한 장소에 존재하는 것이 아니므로, 텅 빈 것처럼 보인다. 그래서 신령할 수 있다. 이 생기를 총괄하는 주인 노릇을 하는 것이 인간의 마음이다. 또 마음이 주인 노릇을 제대로 하기 위해서는 항상 깨어 있어야 한다. 마음이 어두워지지 않고 깨어 있도록 하는 것이 바로 마음의 생각하는 기능이다.

주자학이나 양명학에서 중시하는 것은 천리이다. 천리는 모두가 함께 가지고 있는 공통의 본질이므로 사람들이 천리만 회복하면 모두 하나가 될 수 있고, 사람들이 모두 하나가 되기만 하면 세상은 저절로 낙원이 된다. 그러나 유종주는 사람의 몸을 모든 판단의 기준으로 삼았기 때문에, 유종주에게는 천리가 기준이 될 수 없다. 사람의 몸이 기준이 되면 사람은 모두 남남이 되므로, 사람을 하나로 연결하는 근거가 없어진다. 사람들의 관계를 모두 남남의 관계로 판단하면, 사람들은 다투지 않을 수 없다. 사람들이 다투게 되어 있다면 이 세상은 아비규환의 지옥이 될 수밖에 없다. 생각이 여기에 이르면 이 세상을 사람들이 평화롭게 살 수 있는 세상으로 만들어야 한다고 생각하게 된다. 이렇게 추론해보면, 세상을 평화롭게 만드는 시작은 생각에서 출발한다. 유종주가 생각의 중요성을 강조하게 된 이유가 여기에 있다.

생각이란 마음이 깨어 있으면서 어둡지 않은 것이기 때문에, 생각을 극진히 하면 인간의 모든 문제를 해결할 수 있다. 그러므로 인간은 생각하는 힘을 인간의 문제를 푸는 열쇠로 삼아야 한다. 유종주는 인간에게 문제가 생기는 원인을 념(念) 때문으로 보았다. 념(念)은 금(今)과 심(心)의 합체어이다. 지금 일어나고 있는 마음은 감정이다. 유종주 철학의 중요한 개념 중에 가장 난해한 것이 념(念)이다. 유종주가 말하는 념을 감정으로 이해하면 유종주의 철학이 풀린다. 사람에게 늘 일어나고 있는 마음은 감정이다. 사람의 삶에서 제일 문제가 되는 것 또한 감정이다. 유종주가 념을 문제

삼는 이유는 념을 감정으로 보았기 때문이다.

마음·의지·앎·물체는 하나의 길로 이어져 있다. 이 외에 왜 또 념(念)이란 글자 하나가 있어야 되는지 모르겠다. 지금[今]의 마음[心]이 념(念), 즉 감정이다. 그것은 몸에 군더더기처럼 남아 있는 기운이다. 남아 있는 기운은 움직이는 기운이다. 움직일수록 본질에서 멀어진다. 그러므로 감정이 일어났다 감정이 사라졌다 하면서 마음의 병이 되고, 의지의 병이 되고 앎의 병이 되고, 물체의 병이 된다. 그러므로 감정에 선악이 있어서 물체에도 덩달아 선악이 있다. 물체에는 원래 선악이 없다. 감정에 어두움과 밝음이 있어서 앎에도 덩달아 어두움과 밝음이 있다. 앎에는 본래 어두움과 밝음이 없다. 감정에 참됨과 망령됨이 있어서 의지에도 덩달아 참됨과 망령됨이 있다. 의지에는 본래 참됨과 망령됨이 없다. 감정에 일어남과 사라짐이 있어서 마음에도 덩달아 일어남과 사라짐이 있다. 마음에는 본래 일어남과 사라짐이 없다. 그러므로 성인은 감정을 변화시켜 마음으로 돌려놓는다.[52]

존재하는 것 중에 가장 확실한 것은 몸이라는 물체이다. 몸이

---

52. 心·意·知·物是一路 不知此外何以又容一念字 今心爲念 蓋心之餘氣也 餘氣也者 動氣也 動而遠乎天 故念起念滅 爲厥心病 爲意病 爲知病 爲物病 故念有善惡 而物卽與之爲善惡 物本無善惡也 念有昏明 而知卽與之爲昏明 知本無昏明也 念有眞妄 而意卽與之爲眞妄 意本無眞妄也 念有起滅 而心卽與之爲起滅 心本無起滅也 故聖人化念歸心(『全書』 學言 中).

라는 물체가 살아가면서 먹고 마시고 움직이는 것 등에 각각 이치가 있는 것이 물체들의 바른 모습이고, 그 이치를 아는 것이 치지이므로, 격물과 치지는 하나로 이어져 있다. 모든 물체 중에서 핵심적인 것이 자기의 몸이다. 자기의 몸에 있는 이치를 알면, 성실하게 그 이치에 따라 살고자 하는 의지가 생긴다. 그것이 성의(誠意)이다. 의지에 따라 성실하게 사는 것이 마음이 바르게 된 상태이므로, 격물·치지·성의·정심이 별개의 것이 아니고, 하나로 이어져 있다. 격물·치지·성의·정심으로 이어지는 방식으로 살기만 하면 사람들의 삶이 온전해지고, 그로 인해 가정과 국가와 천하가 안정되므로, 모든 문제가 다 해결되는데, 문제는 불필요한 감정이 생겨 거기에 끌려 다니는 데 있다.

마음속에서 지금 움직이고 있는 것은 감정이다. 감정에는 순정과 욕정이 있다. 유종주는 이를 분류하지 않았지만, 설명 속에서 분류하고 있다. 그는 감정에 착함과 악함, 어두움과 밝음, 참됨과 망령됨, 일어남과 사라짐이 있다고 설명했는데, 착함·밝음·참됨은 순정에서 나오는 것이고, 악함·어두움·망령됨은 욕정에서 나오는 것이다. 유종주는 감정 자체를 부정하기 때문에, 순정에서 나오는 착함·밝음·참됨도 부정하고, 동시에 욕정에는 나오는 악함·어두움·망령됨도 부정한다. 유종주가 감정 자체를 부정하는 까닭은 사람이 지극히 이성적이어야 한다고 생각하기 때문이다. 유종주가 보기에 감정은 확실성이 없다. 믿을 수 있는 것은 확실하면서도 객관성이 있는 것이어야 한다. 그것은 이성적인 것뿐이다. 유종주에 따르면, 감정은 착했다 악했다 하고, 어두웠다 밝았다 하며, 참되기도 했다가 망령되기도 하고, 일어났다 사라졌다

하는, 종잡을 수 없는 것이다. 사람이 감정에 끌려 다니면 냉철한 이성을 지킬 수 없으므로, 혼란에 빠질 수밖에 없다. 마음의 병도 감정에 끌려 다니는 데서 생기고, 의지에 병폐가 생기는 것도 감정에 끌려 다니기 때문이며, 앎에 혼선이 생기는 것도 감정에 끌려 다니기 때문에 생기는 것이고, 물체를 볼 때 착오가 생기는 것도 감정에 끌려 다니기 때문이다. 따라서 사람이 마땅히 해야 할 것은 감정에서 벗어나 이성적인 인간으로 바꾸는 공부이다. 감정을 한 글자로 표현하면 정(情)이다. 유종주가 감정을 정으로 표현하지 않고 념(念)으로 표현한 것은 이유가 있다. 정(情)으로 표현하면 주자학과 양명학에서 설명한 정(情)과 혼선이 생기기 때문이고, 유종주 자신도 주자학과 양명학적 시각에서 이미 정의 내용을 많이 설명해놓았으므로, 그것과 혼동해서도 안 되기 때문이다. 유종주가 정을 부정한다는 것은 주자학과 양명학을 동시에 부정하는 것이고, 자기가 평생 쌓아놓은 학문적 업적을 전부 부정하는 것이 되므로, 정을 부정한다는 말을 도저히 할 수 없다. 유종주는 이러한 이유로 인해, 정 대신 념(念)이라는 글자로 표현할 수밖에 없었다.

주자학과 양명학에서는 하늘마음으로 사는 것을 가르쳤다. 하늘마음이 왜곡되지 않고 순수하게 발현된 것이 순수한 감정인데, 순수한 감정이 욕심에 가려져 있으므로 욕심을 걷어내고 순수한 감정을 회복하면 하늘마음으로 살게 된다. 따라서 주자학과 양명학에서의 공부는 욕심을 제거하고 순수한 감정을 회복하는 것에 집중되었다. 그런데 명나라 말기로 접어들면서 권력자들이 천리를 서민들을 탄압하는 무기로 삼고 있었으므로, 사람들이 천리에 알레르기 반응을 일으키게 되었다. 이러한 현실을 직시한 유종주는 천리를 부정할 수밖에 없었다. 그가 과거 주자학과 양명학을 하면서 석연치 않았던 까닭은 자기의 철학에서도 천리를 근거로 삼고 있었기 때문이었다는 것을 알았다. 그가 천리를 근거로 그의 학문체계를 세운 것은 그에게 주자와 양명을 비판할 수 있는 자기 철학이 없었기 때문이다. 유종주가 만년에 확립한 자기의 철학에서 가장 중시한 것은 지금 여기에 앉아 있는 이 몸이었다. 철학은 확실한 데서 출발해야 한다. 불확실한 감정을 중시하다 보면 철학도 불확실해진다. 유종주가 보기에 가장 확실한 것은 지금 여기에 있는 자기의 몸이다. 가장 확실한 철학은 지금 여기에 있는 이 몸을 근거로 하여 출발해야 한다는 것을 그는 깨달았다. 몸이 가장 확실한 것이고, 다음으로 확실한 것은 몸에 붙어 있는 마음·의지·알아차리는 능력·눈에 보이는 물체뿐이다. 감정을 몸에 붙어 있는 군더더기 같은 기운에서 연유하는 것으로 본 유종주는, 이 군더더기 같은 감정이 생긴 것을 유감으로 여겼다. 이런 감정만 생기지 않았더라면 사람들이 이성적으로 냉철하게 판단하여 올바르게 살 수 있다고 본 것이다. 실지로 감정의 연원은 하늘마음이지만, 유종주는 몸 이외에 어떤 것도 확실한 것으로 인정하지 않았으므로, 유종주에게 하늘과 하늘마음은 확실하지 않은 것이라는 의미에서, 헛것과 다름없는 것이었다. 헛것에서 연유하는 감정 또한 헛것이다. 사람들이 감정에 끌려 다니는 것은 헛것에 홀린 것이다.

나는 전에 감정을 없애야 한다는 이치를 학자들에게 설명한 적이 있었다. 그러자 어떤 이가 말했다. "염원하는 것은 없앨 수 없습니다. 왜냐하면 사람들이 선을 하려고 하면 반드시 이룰 수 있지만, 불선을 하려면 반드시 이룰 수 없는 것은 모두 선을 염원하기 때문입니다. 이러한 데 염원하는 것을 없앨 수 있겠습니까?" 이에 내가 대답하기를, "선을 하려고 하면서 움직이는 감정 속에서 찾아내려고 하면 이미 헛것에 들어갔으니 어찌 선을 이룰 수 있겠습니까?"라고 답했다.[53]

유종주는 넘(念)을 감정이란 뜻으로 이해하고 있지만, 질문자는 넘을 선을 염원하는 것으로 이해하고 있었으므로, 말이 엇나갈 수밖에 없다. 질문자는 사람에게 선을 염원하는 것이 있으므로 선을 하고자 하면 선을 하게 되지만, 악을 하려고 하면 잘되지 않는다고 보았다. 하늘과 하늘마음을 기준으로 판단하면 사람은 누구나 선을 염원하는 마음이 있다. 질문자가 넘을 부정할 수 없는 이유는 그에게 하늘과 하늘마음이 전제되어 있기 때문이었다. 유종주도 넘을 감정으로 이해하고, 감정을 하늘마음에서 나온 것으로 이해하지만, 유종주는 하늘마음을 헛것으로 보기 때문에, 사람의 감정 또한 헛것으로 본다. 헛것에서 무언가를 찾아내려고 하면 애당초 무리이다. 헛것은 확실하게 존재하는 것이 아니라, 생겼다 없어졌다 하는 것이다. 그러므로 헛것을 통해서 무언가를 하려고 하면 안 된다. 사람들에게 공통의 과제는 선을 하고 악을 제거

---

53. 予嘗有無念之說 以示學者 或曰 念不可無也 何以故 凡人之欲爲善而必果 欲爲不善而必不果 皆念也 此而可無乎 曰 爲善而取辨於動念之間 則已入於 僞 何善之果爲(『全書』권8, 治念說).

하는 것이다. 상식적으로 판단하면 선과 악은 감정 속에 있다. 순수한 감정이 선이고 욕정이 악이다. 그러므로 감정에 들어가야만 악을 제거하고 선을 지킬 수 있다. 그러므로 감정을 부정하는 유종주의 설명을 들으면 상식을 가진 사람이라면 의문이 생겨 질문하게 된다.

> "그렇다면 선을 하고 악을 제거하려면 어떻게 해야 합니까" 나는 다음과 같이 대답했다. "선을 하고자 하면 선을 하면 된다. 반드시 감정을 들추어서 해야 하는 것은 아니다. 악을 제거하려고 하면 제거하면 된다. 반드시 감정을 들추어서 제거해야 하는 것은 아니다. 감정을 들추어서 선을 하려고 하면 감정이 사라진 뒤에는 선을 어떻게 할 수 있으며, 감정을 들추어 악을 하지 않으려고 하면 감정이 사라진 뒤에는 악을 어쩔 것인가!"[54]

유종주에 따르면, 선을 해야 하고 악을 하지 않아야 하는 것은 만고에 변함없는 진리지만, 감정적으로 그것을 해결하면 안 된다. 감정은 생겼다 없어졌다 하는 불확실한 것이기 때문이다. 선을 하고 악을 하지 않는 방법은 이성적으로 해결해야 한다. 사람의 이성에는 생각하는 기능이 있고, 알아차리는 기능이 있다. 선과 악은 감정 속에 있는 것이 아니라 외부에 있다. 유종주가 판단하는 선과 악은 무엇일까? 질서·규칙·법 등을 지키는 것이 선이고, 안 지

---

54. 然則爲善去惡奈何 曰 欲爲善 則爲之而已矣 不必擧念以爲之也 欲去惡 則去之而已矣 不必擧念以去之也 擧念以爲善 念已焉 如善何 擧念以不爲惡 念已焉 如惡何(『全書』권8, 治念說).

치는 것이 악이다. 따라서 이성적으로 냉철히 판단하여 선을 지켜야 한다고 판단되면 그냥 지키면 되고, 악을 하지 않아야 한다고 판단되면 그냥 하지 않으면 된다. 유종주가 중시하는 것은 이성적인 판단이다. 질서·규칙·법 등을 기준으로 선과 악을 정리하는 것은 그의 제자인 황종희에 이르러 정확하고 분명하게 정리된다.

　유종주의 목적은 사람이 감정에 끌려 다니지 않고 이성적인 판단으로 살 수 있도록 하는 것이었다. 사람이 감정에 끌려 다니지 않기 위해 감정을 물리칠 수도 없고, 감정이 아예 없어지도록 할 수도 없다. 감정은 수시로 생겼다 사라졌다 하는 것이기 때문이다. 그렇다면 어떻게 해야 감정에 끌려 다니지 않을 수 있을까? 유종주는 다음과 같이 생각하는 기능을 강조한다.

> 감정은 일어났다 사라졌다 하지만 생각에는 일어났다 사라졌다 함이 없다. 생각에 의한 판단과 감정적으로 처리한 판단이 혹 합치될 때도 있고 혹 어긋날 때도 있다. 같을 때도 있지만 다른 것이다. 냉철하게 생각하는 사람은 감정에서 빠져나와 이성적인 생각으로 모든 것을 판단하지만, 감정에 빠져 멍청해진 사람은 이성적인 생각까지도 감정 속에 매몰시킨다.[55]

　유종주에 따르면, 감정은 생겼다 사라졌다 하는 것이므로 아예 없게 할 수는 없다. 감정에 빠져들지 않게 하기 위해서는 감정

---

55. 念有起滅 思無起滅也 或合之 或離之 一而二者也 愼思者 化念歸思 罔念者 轉引思而歸念 毫釐之差 千里之謬也(『全書』 권8, 治念說).

에 빠지면 안 되는 이유를 이성적인 생각을 통해 잘 판단해야 한다. 생각은 저절로 생겼다 사라졌다 하는 것이 아니므로, 언제나 생각할 수 있다. 유종주의 판단으로는 감정에 빠져들지 않을 수 있는 유일한 무기가 생각하는 힘이다.

"그렇다면 감정을 물리칠 수 있습니까?" 내가 말했다. "물리칠 수 없다. 일을 처리할 때는 일을 처리하는 마음이 작동하지만, 그때 감정이 따라 일어난다. 이 순간이 생각의 힘을 발휘하여 경계해야 하는 때다."[56]

마음의 기능에서 제일 중요한 것이 생각하는 힘이다. 생각하지 않고 되는 일이 없다. 유종주는 생각하는 힘을 발휘해야 하는 가장 중요한 순간을 감정이 일어나는 때로 보았다. 감정에 사로잡히지 않도록 냉철히 생각해야 할 것을 유종주는 강조한다. 생각하는 힘을 발휘하여 감정에 빠지지 않고 이성적으로 살도록 유도하는 역할을 유종주는 학문으로 보았다.

제3항 학문의 내용

유종주는 다음과 같이 말한다.

---

56. 然則念可屛乎 曰 不可屛也 當是事 有是心 而念隨焉 卽思之警發地也 與時 而學 卽如是而化矣(『全書』 권8, 治念說).

배움이란 감정을 다스릴 수 있게 하는 수단이다. 생각하는 힘을 통해 잘 헤아려야 한다. 들뜬 기분으로 감정에 휘말리지 않으면 감정을 뛰어넘어 이성적으로 생각하게 된다. 감정을 뛰어넘어 이성적으로 생각하고, 이성적인 생각을 뛰어넘어 마음이 텅 빈 상태가 되는 것이 배움의 지극한 경지이다.[57]

유종주가 말하는 학문의 목적은 사람에게 감정에서 벗어나 이성적인 생각에 따라 살 수 있게 하고, 최종적으로는 이성적인 생각도 뛰어넘어 마음이 텅 빈 상태가 되어 저절로 질서를 지키게 되는 데 이르도록 하는 것이다. 예를 들어, 사람이 길을 걷다가 건널목에 이르렀을 때, 교통신호등에 빨간불이 켜져 있다고 가정해 보자. 감정에 빠진 사람은 자동차가 오지 않는 때, 건너고 싶은 감정을 제어하지 못하고, 그냥 길을 건너버린다. 그러나 감정에서 벗어나 이성적인 생각으로 사는 사람은 다르다. 그는 생각 끝에, 교통신호를 지키지 않으면 사회가 점점 혼란해져서 사람이 살 수 없는 사회가 된다는 것을 알기 때문에, 건너지 않고 기다렸다가 신호등의 불이 파란 불로 바뀐 뒤에 건널 것이다. 이처럼 감정이 일어나는 순간마다 생각하는 힘으로 감정을 눌러서 이성적으로 행동하는 것은 매우 피곤한 일이다. 이러한 문제점을 해결하는 방식은 이성적으로 행동하는 것이 습관이 되도록 하는 것이다. 이성적인 삶의 방식이 습관이 되면, 신호등의 불이 빨간 불일 때, 건너고

---

57. 夫學所以治念也 與思以權 而不干之以浮氣 則化念歸思矣 化念歸思 化思歸
    虛 學之至也(『全書』 권8, 治念說).

싶은 감정이 아예 일어나지 않게 되어, 아무 생각 없이 저절로 신호등의 불이 바뀔 때까지 기다리게 되는 경지에 도달할 수 있다. 그렇게 되는 것이 유종주가 말한, '생각을 뛰어넘어 마음이 텅 빈 상태가 되는 것'이다. 마음이 텅 빈 상태가 되어 저절로 질서를 지키게 되는 데 이르는 것이 학문의 완성이고, 사람들이 그렇게 되도록 가르치는 것이 교육의 목표이다. 유종주의 사상은 결과적으로 순자의 사상과 일치한다. 순자는 학문을 완성하여 도달한 성인의 경지를, 아무 생각 없이 저절로 예를 지키는 상태가 되는 것으로 설명했다. 유종주의 철학은 주자학과 양명학을 섭렵한 뒤에, 몸을 기준으로 한 자기의 철학을 확립했지만, 결과적으로 그것은 순자의 사상으로 귀결한 것이었다.

제4항 양명학 비판

유종주는 당시의 폐해가 천리를 강조하는 데서 온 것으로 보았으므로, 천리를 강조한 양명학을 옹호할 이유가 없어졌다. 유종주가 중시한 것은, 감정을 극복하는 것이었다. 이에 반해 양명은 욕심을 제거하고 천리를 보존하는 방법으로 감정을 잘 들여다보도록 가르쳤다. 이러한 양명의 가르침을 유종주는 비판할 수밖에 없다.

> 양명 선생은 지지(知止)의 관문에는 전혀 들어가지 못했다. 다만 사람에게 감정이 일어나고 사라질 때 선을 챙기고 악을 버리는 힘을 쏟아야 한다고 가르쳤으니, 끝내 궁극적인 진리에 도

달한 것이 아니다.[58]

유종주가 볼 때, 양명은 극복해야 하는 감정을 오히려 공부하는 곳으로 삼았으므로, 양명은 진리에 도달하지 못했다고 비판한다. 유종주가 생각하는 궁극적인 진리는 지지(知止)이었다. 지지란 『대학』에 나오는 말로, 지지어지선(知止於至善) 즉, 학문의 최고경지인 지어지선을 아는 것을 의미한다. 『대학』에서는 학문의 길을 명명덕, 친민, 지어지선(止於至善)의 세 과정으로 설명했다. 학문의 세 과정은 먼저 자기가 밝은 본래의 덕을 밝히고, 다음으로 모든 백성에게 본래의 밝은 덕을 밝히게 하여, 모든 사람이 밝은 덕으로 하나가 되어 사는 최고의 세상에 머물러 사는 데 이르는 것이었다. 유종주는 대학에서 말하는 학문의 세 과정을 자기의 방식으로 해석했다. 그것은, 먼저 자기가 학문을 해서 '생각을 뛰어넘어 마음이 텅 빈 상태'에 이르고, 다음으로 남을 가르쳐서 남들이 모두 '생각을 뛰어넘어 마음이 텅 빈 상태'가 되어, 온 세상 사람이 '생각을 뛰어넘어 마음이 텅 빈 상태'가 된, 최고의 세상에서 머물러 사는 것이었다. 유종주가 보기에, 양명에게는 감정을 뛰어넘는 철학이 없으므로, 양명학은 학문의 최고 관문인, '최고의 세상에 머물러 사는 것을 아는' 데 이를 수 없다고 비판했다.

천리를 부정하는 유종주의 철학은 제자인 황종희에 이르러 본격적인 실학운동으로 전개된다.

---

58. 陽明先生 於知止一關 全未勘入 只教人在念起念滅時 用個爲善去惡之力 終非究竟一著(『明儒學案』 권62, 「蕺山學案」 來學問答).

양명학은 하늘에 도달하여 하늘과 일치하는 것에 목적을 두고 있고, 실학은 하늘을 부정하고 인간의 욕구를 충족하는 것을 강조하므로, 양명학에는 실학으로 발전할 개연성이 없다. 그런데도 많은 사람이 양명학이 실학으로 발전했다고 착각하는 이유는 다음과 같다. 양명학이 하늘과 가까이 있는 사람의 철학이기 때문에, 양명학자들이 양명학의 목적인 천인합일에 이르면 모든 것이 하나로 수렴되므로, 본질과 현실을 이원적으로 보는 이원론을 극복하고 일원론으로 귀결된다. 실학은 아예 하늘의 존재를 부정하고 하늘로 가는 방향과 반대가 되는 방향으로 달려가기 때문에 역시 이원론이 아니라 일원론이다. 일원론이라는 점에서 실학은 양명학과 외형적으로 유사성을 갖는다. 사람들은 이 유사성을 같은 것으로 착각하여, 실학이 양명학으로부터 나온 것으로 생각할 수도 있다. 그러나 양명학과 실학은 내용면에서 전혀 다르다. 양명학은 고도의 정신주의 철학이고, 실학은 물질주의 철학이다.

그렇다면 양명학의 시대가 실학의 시대로 바뀌게 된 이유와 과정은 어떠할까?

그 변화의 과정은 유종주의 깨달음에서 시작한다. 유종주는 양명학자로 시작한 뒤, 스스로의 깨달음을 통해 양명학의 흐름을 반대의 방향으로 돌려놓았는데, 그 방향이 바로 실학의 방향이었다. 유종주가 실학의 길을 열었으므로, 유종주를 양명학자로 간주하는 사람들은 유종주를 양명학을 실학으로 연결한 사람으로 평가한다.

유종주의 철학을 실학으로 구체화하는 작업은 그의 제자들에 의해서 완성되었다.

제5장

■

명나라 말기의 도덕재건운동과 동림당

명나라 말기에 이르러 관료의 부패가 극에 달하고 양명학의 변질로 인한 욕구 충족의 분위기가 일반화하면서 점차 망국의 그림자가 짙어지자, 동림서원을 거점으로 구국을 위한 도덕재건운동이 일어났다. 동림서원(東林書院)은 본래 송나라 때 양시(楊時: 1053~1135)가 세운 서원인데, 명나라 때 고헌성(顧憲成: 1550년~1612)이 귀향하여 마을 유지들의 지원을 받아 재건했다. 고헌성은 양명학의 핵심사상 중의 하나인 심즉리가 욕심 많은 사람에게 욕심을 추구하는 근거가 됨으로써 사회 기강이 흐트러지는 풍조가 생겨났기 때문에, 양명학을 비판적으로 보고 주자학에 바탕을 둔 도덕재건운동을 펼쳤는데, 그들을 동림당, 또는 동림파로 불렀다. 많은 유학자가 동림서원을 찾아와 공부하면서 명나라의 잘못된 정책들을 강력하게 비판했고, 상당수는 관계에도 진출했다.

당시 정권을 장악한 환관 위충현이 동림당에 대대적인 탄압을 가하여 동림당으로 지목된 245명을 모두 살해하고, 1625년에는 동림서원을 파괴했다. 숭정제가 즉위하여 위충현과 그 일파들을 축출하고, 다시 동림당 사람들을 기용하자 동림당 사람들이 다시 결집했으나, 얼마 가지 않아 부패한 관리들의 공격을 받아 흩어졌다.

동림당 사건은 명나라가 패망할 때 나타난 회광반조(回光返照)현상이었다. 해가 지기 전에 잠깐 밝은 빛을 발하고, 촛불이 꺼지기 직전에 빤짝하고 빛을 발한다. 사람이 죽기 직전에도 잠깐 기력이 좋아진다. 이는 촛불이 꺼지기 직전이나 사람이 죽기 직전에, 남아 있는 에너지를 다 써버림으로써 나타나는 현상이다. 명나라 말기에 동림당이 추구했던 도덕재건운동은 명나라가 가지고 있던 마지막 에너지였다. 동림당이 패망하고 나면 명나라를 지탱할 에너지가 남아 있지 않으므로 자멸할 수밖에 없다.

제6장

■

명말 청초의 실학사상과 양명학 비판

제1절

황종희의 철학사상

황종희(黃宗羲: 1610~1695)의 자는 태충(太冲)이고 호는 이주(梨洲)이
다. 1610년 명(明)나라 만력(萬曆) 38년에 절강성(浙江省) 여요현(餘
姚縣) 황죽포(黃竹浦) 남뢰리(南雷里)에서 출생했다. 부친 황존소(黃
尊素)는 진사시에 합격하여 관직에 있으면서 동림당의 주요 인사
였는데, 1626년 당시 간신 위충현에게 반기를 들었다가 처형당했
다. 황종희는 울분을 참지 못하고 위충현에게 복수를 결심했으
나, 1628년에 숭정황제(崇禎帝)가 즉위하여 위충현의 무리를 처형
하고 부친을 비롯한 동림당의 희생자들을 복권하고 벼슬을 추증
했으므로, 황종희는 위충현에 대한 복수의 기회를 잃었지만, 그의
잔당들인 허현순(許顯純), 최응원 등을 폭행했고, 부친을 처형했던
망나니와 옥졸을 살해했다. 1629년 황종희는 생전의 부친 명을
받들어 유종주(劉宗周)의 문하생이 되었다.

1642년에 부친의 사당을 세우고, 『사명산지(四明山志)』를 저술
했다. 1644년에 청군의 북경 함락 소식을 듣고 남중(南中)에 가서

황종희

명나라 재건 운동을 시작했다. 1645년에는 군대를 모아 세충영(世忠營)을 결성하여 청군과 싸워 승리하기도 했지만, 상황이 어려워지자 1649년에 반청 운동을 그만두고 고향으로 돌아가『일본걸사기(日本乞師紀)』와『해외통곡기(海外慟哭紀)』를 저술했다. 그 이듬해부터『노류집(老柳集)』,『율려신의(律呂新義)』,『역학상수론(易學象數論)』,『명이대방록(明夷待訪錄)』,『유서(留書)』,『노차집(露車集)』,『송시초(宋詩鈔)』,『심단집(心斷集)』,『남뢰시력(南雷詩曆)』,『오정집(吳艇集)』,『요강일시(姚江逸詩)』,『요강문략(姚江文略)』,『요강쇄사(姚江瑣事)』,『사명산구제고(四明山九題考)』,『명문안(明文案)』(217권)(뒤에『明文海』(482권)로 증보됨)·『명유학안(明儒學案)』62권·『맹자사설(孟子師說)』,『총목보유(叢目補遺)』3권·『명사안(明史案)』244권·『남뢰문정(南雷文定)』(뒤에『남뢰문약(南雷文約)』으로 개찬)·『금수경(錦繡經)』,『요지』(姚志)』,『명문해』(明文海, 482권)·『명문수독』(明文授讀)』62권·『장제혹문(葬制或問)』등을 저술했다. 1695년 청나라 강희(康熙) 34년 향년 86세로 생을 마감했다.

제1항 황종희의 기철학

동림당의 도덕재건운동이 실패로 돌아가고 명나라를 지탱하던 에너지가 사멸했으므로 명나라를 유지하는 힘이 고갈되었다. 황종희의 반청 저항은 지지 세력을 결집할 수 있는 원동력이 되지 못하고, 감정적 차원에서의 발악에 그쳤다. 시대의 흐름을 간파한 황종희는 더는 불필요한 발악으로 에너지를 소모할 필요가 없다는 것을 깨달았다. 황종희가 쏟아야 할 에너지는 한 가지로 압축되었다. 그것은 명나라가 망하게 된 근본 원인으로 파악한 주자학과 양명학의 한계를 뛰어넘는 올바른 정치철학을 확립하여, 훗날 중국인의 세상을 회복할 영웅에게 전달하는 것뿐이었다. 양명학이 변질하면서 나타난 가장 큰 폐단은 개인의 욕구를 마음껏 추구해야 한다는 것이었는데, 그것은 사회를 더욱 혼란하게 만드는 요인이 될 뿐이었다. 이에 유종주는 욕구를 포함한 감정 전체를 극복하는 철학을 확립했지만, 감정이 극복된 이성적 인간이란 존재할 수 없다. 만약 존재한다면 감정 없는 로봇이나 오늘날의 AI처럼 되어버린다. 유종주는 개인의 몸을 모든 것 중의 가장 확실한 근거로 삼았기 때문에, 몸을 챙기기 위한 욕심을 부정할 수 없었다. 그러므로 몸을 근본으로 삼으면서 욕심을 극복하는 것을 내용으로 하는 유종주의 철학은 자기모순에 빠질 수밖에 없다. 이에 황종희는 개인의 욕구를 긍정하되 개인만을 위한 욕구 충족으로 나아가지 않고, 모두가 다 함께 충족하는 방안을 찾기 위해 고심했고, 마침내 그 방안을 찾아내어 『명이대방록(明夷待訪錄)』이라는 책으로 정리했다. 개인의 몸을 모든 존재의 근본으로 판단하여 개인의 욕구를 긍정하되, 모두에게 이익이 될 수 있도록 절제하면서 추구해야 한다는 철학을 기존의 철학자 중에서 찾으면 순자의 철학이다. 황종희가 순자의 철학을 모든 철학의 기준으로 삼은 것이 우연이 아니다.

인심 도심은 바로 순자 성악설의 근원이 되는 내용이다. 오직 위태롭다는 것은 본성의 악함을 말한 것이고, 오직 미미하다는 것은 삶의 이치가 흩어져 각각 다르면서 형상이 없기 때문이다. 반드시 지극히 정밀하게 선택한 이후에라야 비로소 나와 하나가 된다. 그러므로 바로잡고 꾸며야 하는 이론이 생겨난다. 마음에 갖추고 있는 것은, 오직 이 지각(知覺)뿐이고, 이치는 천지만물에 있으므로, 천지만물에 있는 이치를 다 궁구해서 내 마음의 지각에 합치시킨 이후라야 도라고 할 수 있다면 이는 모두 인심도심설로 인해 생겨난 오류이다.[59]

주자학과 양명학에서 말하는 인욕을 제거하고 천리를 보존해야 한다는 공부론의 근거가 된 것이 『서경』에 나오는 인심도심설인데, 황종희는 주자학과 양명학 모두 인심도심설을 잘못 해석했다고 지적하고, 인심도심설은 원래 성악설에 바탕을 둔 것이라고 설명한다.

황종희에 따르면, 인심은 순자가 말한 나쁜 마음이므로 위험하다는 것이고, 도심은 사람이 세상을 살면서 강요당하는 수많은 선택의 순간에 발휘해야 하는 마음인데, 각각의 선택에 다 이치가 있지만, 어떤 선택이 가장 이치에 타당한지 알기 어려우므로, 오직 정밀하게 분석하여 최고의 선택을 해야 그 선택이 자기 마음에서 원하는 것과 하나가 될 수 있는데, 그런 선택을 해낼 수 있는 마음이 도심이므로, 도심을 미미한 마음으로 설명한 것이다. 그러

---

59. 人心道心 正是荀子性惡宗旨 惟危者以言乎性之惡 惟微者 此理散殊 無有形象 必擇之至精 而後始與我一 故矯飾之論生焉 於是以心之所有 唯此知覺 理則在於天地萬物 窮天地萬物之理 以合於我心之知覺 而後謂之道 皆爲人心道心之說所誤也(『南雷文定三集』 권1, 尙書古文疏證序).

므로 인심을 바로잡아 고쳐야 한다는 설명이 가능해진다.

바둑을 두는 경우를 예로 들어보자. 바둑을 둘 때 우선 두고 싶은 곳이 마음에 떠오른다면 그 마음은 인심이다. 인심에 따라 마음대로 두면 위험하다. 마음을 가라앉히고 두어야 할 곳을 하나하나 찾아보면 각각의 수가 다 일리를 가지고 있지만, 정밀하게 분석하여 이치에 가장 타당한 곳을 찾아서 두어야 한다. 그래야 그곳이 마음이 원하는 곳과 일치한다. 가장 좋은 선택을 할 수 있는 마음은 마음속 깊은 곳에 있으므로 미미하다고 한 것이다. 그러므로 바둑을 둘 때 늘 두고 싶은 마음에 끌려가지 말고 깊이깊이 생각하여 그 마음을 고치고 바꾸고 꾸미는 노력을 할 필요가 있다.

바둑뿐만 아니다. 사람의 삶은 선택의 연속이다. 다른 사람의 말 한마디를 듣고 불쑥 화가 날 때가 있다. 그 마음은 인심이다. 그 마음에 따라 화를 내면 위험하다. 그 마음을 누르고 정밀하게 분석하여 어떤 말을 해야 그 상황에서 가장 이치에 닿는 말인지 찾아내어야 한다. 그렇게 하는 마음이 도심이다. 만약 화내는 사람의 말을 들었을 때 응대하는 수많은 말이 있지만, 그중에서 상대의 말을 전폭적으로 수용한 뒤 따뜻한 마음으로 상대를 칭찬하는 말이 가장 이치에 닿는 말임을 찾아내었다면, 그 말은 자기의 인심을 도심으로 바꾸어서 한 말이고, 인심에서 나온 말을 다르게 꾸며서 한 말이 된다. 황종희가 이해하는 인심은 즉흥적으로 떠오르는 마음이고, 도심은 깊이 생각하여 찾아낸, 상황에 맞게 올바로 대응하는 마음이다. 말하자면 도심은 인심을 꾸며서 바꾼 마음이다.

황종희는 이런 이해를 바탕으로 주자학이나 양명학에서 말하는 도심을 비판한다. 그중에서도 천지만물에 있는 리를 다 궁구하여 내 마음에 있는 지각 능력으로 다 간파한 상태를 도라고 한다고 하는 주자학의 설명을 통렬하게 비판한다. 황종희의 주자학 비판은 주자학 그 자체에 대한 비판이 아니라, 당시의 사람들이 주자학을 비판하는 논리를 그대로 답습한 것이다.

황종희는 순자의 철학을 철학의 뿌리로 삼았으면서도 그 뿌리에서 피워낸 꽃은 전혀 다른 것이었다. 철학의 꽃은 철학자가 삶의 해답으로 도출해낸 방안들이다. 같은 뿌리에서 출발한 철학이라도 철학자가 처한 상황에 따라 각각 다른 꽃을 피운다. 순자가 살았던 전국시대가 혼란했던 원인은 군주의 힘이 너무 약했기 때문이었으므로, 순자는 왕권을 강화하는 철학을 만들어내었지만, 황종희가 살았던 명나라 말기의 혼란은 강력한 왕권에 기인하는 것이었으므로, 황종희는 왕권을 제약하고 민권을 강화하는 철학을 만들어내었다. 황종희는 자기가 만든 철학이 미래의 대안이 될 것임을 확신하고 자기의 철학을 미래에 나타날 인물에게 전달한다는 의미에서 『명이대방록』이란 이름으로 정리했다. 명이(明夷)란 『주역』 명이괘에서 유래한 것으로, 밝은 문명이 상처받고 있다는 뜻이고, 대방(待訪)이란 방문해 올 사람을 기다린다는 뜻이며, 록(錄)은 기록을 뜻한다.

그러면 이제 황종희가 말하는 기의 철학을 간단히 살펴보기로 하자. 황종희는 유종주의 몸 중심의 철학을 이어받았다. 몸은 기(氣)이므로, 황종희는 만물의 근원을 기로 설명한다.

하늘과 땅을 통틀어 예로부터 지금에 이르기까지 하나의 기

아닌 것이 없다. 기의 본질은 하나이다. 그러나 이 하나의 기에 오고 가고, 열고 닫고, 올라가고 내려가는 등의 다른 모습이 있으므로, 이를 분류하면 동정의 두 움직임이 된다. 동정의 두 움직임이 있으면 음양으로 나눌 수 있으므로, 이는 음양의 동정이다. 이것은 천 갈래, 만 갈래로 변화하고 어지러이 뒤섞여도 끝내 헝클어지지 않는다. 영원히 이렇게 추위와 더위가 순환하고, 영원히 이렇게 나고 자라고 거두고 저장한다. 왜 그렇게 되는지 알 수는 없지만 그렇게 될 뿐이다. 이것이 이른바 리(理)이고 이른바 태극이다. 어지럽지 않은 것을 일컬어 리라 하고, 궁극적인 것을 일컬어 태극이라 한다.[60]

황종희에 따르면, 기의 움직임은 자연현상이다. 자연현상은 복잡하기 그지없지만, 아무리 복잡해도 헝클어지지 않는다. 기의 움직임이 헝클어지지 않고 유지되는 특징을 리(理)라고 설명하고, 기의 움직임이 무한하면서도 무궁하게 이어지는 최고의 자연현상이라는 의미에서 태극이라 한다.

황종희는 기를 스스로 움직이는 존재의 본질로 설명한다. 주자학에서 리는 기를 움직이는 주체로 설명되었다. 리가 기를 움직이기 때문에 기가 움직이는 것이지, 리가 기를 움직이지 않으면 기

---

60. 通天地亘古今無非一氣而已 其本一也 而有往來闔闢昇降之殊 則分之爲動靜 有動靜則不得不分之爲陰陽 然此陰陽之動靜也 千條萬緖紛紜輻而卒不克亂 萬古此寒暑也 萬古此生長收藏也 莫知其所以然而然 是則所謂理也 所謂太極也 以其不紊而言則謂之理 以其極至而言則謂之太極(『宋元學案』「濂溪學案」下, 附梨洲太極圖講義).

자체로는 어떤 움직임도 불가하다는 설명이 주자 이기설의 기본이었지만, 모든 존재의 본질을 기로 설명한 황종희는 이를 뒤집어 기 스스로 움직이는 것으로 설명한다. 황종희의 설명에 따르면, 리란 옥에 헝클어지지 않는 무늬가 있는 것처럼, 기의 움직임에 헝클어짐이 없는 특징을 설명하는 것에 지나지 않았다.

> 기는 저절로 흘러 다닌다. 한순간이라도 흘러 다니지 않으면 하늘과 땅이 닫혀버린다.[61]

기의 움직임을 자연현상으로 이해할 수 있다. 황종희에 따르면, 기의 움직임은 저절로 행해지는 것이지 어떤 근원적인 의지에 의한 것이 아니다. 황종희는 우주가 순환하고 반복하는 것을 기가 가지고 있는 속성으로 보았다. 황종희는 기 위에 제삼의 본체가 있다는 것을 인정하지 않았다.

제2항 인성론

황종희의 기론에서와 마찬가지로, 황종희는 인간 본성의 형이상학적 본질을 부정한다. 천심·본심·성 등의 형이상학적 의미를 부정하고, 오직 인심(人心)만이 사람의 마음이라고 설명한다. 황종희의 철학적 바탕은 순자의 철학과 가장 유사하지만, 황종희는 순자

---

61. 氣自流行, 一不流行 則天地閉(『孟子師說』〈浩然章〉).

를 존중하지 않고, 맹자를 존중한다. 그 이유는 어디에 있을까?

황종희가 문제로 삼은 현실은 나라가 혼란하여 멸망해가는 모습이었다. 황종희는 안타까운 나머지 청나라에 저항하는 군사행동도 해보았지만 역부족이었다. 망해가는 나라를 바라볼 수밖에 없었던 황종희가 망국의 이유로 찾아낸 것은 강화된 왕권 때문이었다. 그 때문에 그는 왕권 강화론을 주창한 순자를 존중할 수 없었다. 그 대신 그는 오히려 혁명론을 강조한 맹자를 존중했다. 백성들의 다툼 때문에 혼란이 일어났을 때는 강력한 왕권이 필요하지만, 강력한 왕권으로 인해 혼란해졌을 때는 왕권이 약해져야한다. 같은 철학적 바탕에서 출발했지만, 순자는 왕권의 강화를 주창하고, 황종희는 왕권의 억제를 주창하는 반대의 결론에 도달했다. 황종희가 내린 결론의 내용이 맹자와 유사하므로 황종희는 맹자를 존중한 것이다. 그러나 그의 철학적 내용은 맹자의 철학과 전혀 다르게 전개된다. 그 내용은 그의 정치사회 철학에서 극명하게 드러난다.

제3항 정치사회 철학

황종희는 임금이 등장하게 된 배경을 다음과 같이 설명한다.

생명을 갖게 된 초기에는 사람들이 각각 자기의 사적인 것을 챙겼고, 사람들이 각각 자기의 이익을 챙겼으므로, 세상에 공통되는 이익이 있어도 일으킬 사람이 없었고, 세상에 공통되는 해로움이 있어도 제거할 사람이 없었다. 그러다가 어떤 사람이 나와서 자기의 이로움을 이로움으로 삼지 않고 온 세상이 다 같이 이익을 받을 수 있게 했고, 자기의 해로움을 해로움으로 삼지 않고 온 세상 사람이 공통의 해로움에서 벗어나게 했다. 그 사람의 노력은 세상 사람들보다 천만 배가 되었다.[62]

황종희의 윗글은 인류가 처음 출현했을 때의 모습과 임금이 등장하게 된 배경을 설명한 것이다. 황종희는 인류가 처음 출현했을 때의 사람들은 각자 자기 것만 챙기고 자기의 이익만 추구했다고 전제하고 있다. 사람의 몸을 기준으로 보면 사람은 각각 남남이기 때문에 자기 것을 챙기려고 할 수밖에 없다. 그러나 맹자의 판단은 이와 다르다. 태초의 인간은 착한 마음을 가지고 있었기 때문에 네 것과 내 것을 따지지 않고 모두 하나가 되어 공동체적인 삶을 살았다고 전제한다.

황종희의 철학적 바탕은 순자 철학이므로, 태초의 사람을 사리사욕을 챙기는 사람으로 전제한 것이다. 황종희에 따르면, 그런 사람들 틈에 모두의 이익을 추구하고 모두의 해로움을 제거하는 일을 한 사람이 왕이다. 옛 왕들은 남을 위해서 자기를 희생해야 했으므로 왕이 되고 싶어 하지 않았다. 그러나 후대의 왕은 온 천하를 자기의 개인 재산으로 생각하고 모든 백성을 자기의 이익을 위해서 희생시켰다. 나라가 혼란해진 원인은 후대의 왜곡된 왕들

---

62. 有生之初 人各自私也 人各自利也 天下有公利而莫或興之 有公害而莫或除之 有人者出 不以一己之利爲利 而使天下受其利 不以一己之害爲害 而使天下 釋其害 此其人之勤勞必千萬於天下之人(『明夷待訪錄』原君).

때문이므로 황종희는 이를 바로잡아야 함을 설파한다.

황종희는 신하들의 잘못도 지적한다. 황종희에 따르면, 옛날의 신하는 왕을 도와 천하 사람들을 위해 봉사하는 사람이었지만, 후대의 신하들은 백성들을 희생시켜 왕의 욕심을 채워주는 일에 주력하는 사람들이다. 신하는 그렇게 하면 안 된다. 세상을 위하고 왕을 위하지 않아야 하고, 백성을 위하고 한 성만을 위하지 않아야 한다.

황종희는 또 법의 중요성을 다음과 같이 강조한다.

논자들은 사람을 다스리면 되므로 법을 다스릴 것은 없다고 한다. 그러나 나는 법을 다스린 이후에 사람을 다스려야 한다고 말한다. 법 같지 않은 법이 세상 사람들의 손발을 족쇄로 묶어놓은 뒤에는, 잘 다스릴 수 있는 사람이라도 끝내 법에 끌려 다니면서 혹 의심을 받을까 하고 눈알을 굴리는 데서 벗어나기 어렵고, 정무를 볼 때도 자기의 분수로 해낼 수 있는 것만 하고, 편안하게 일시적이고 간단한 것만 손대니, 주어진 일 외의 업적을 기대할 수 없게 되었다. 만약 선왕의 법이 실행된다면 법에 명시되지 않은 것도 해야 한다는 생각이 떠나지 않으므로, 담당자가 옳은 사람이라면 하지 않아야 한다는 생각이 없고, 담당자가 옳지 않은 사람이라도 심각하게 법망에 걸려 세상을 해롭게 하는 데는 이르지 않을 것이다. 그러므로 법을 다스린 뒤에 사람을 다스린다고 한다. [63]

공자·맹자·주자·양명의 사상에서는 공통으로 하늘마음을 긍정하고 하늘마음을 이어받은 사람의 양심을 중시했다. 사람이 양심대로 살기만 하면 법은 필요가 없다. 법을 제정해야 하는 이유는 사람이 양심을 지키지 않기 때문이다. 따라서 법을 제정하는 것보다 더 중요한 것은 사람들에게 양심을 회복하도록 가르치는 일이다. 그러나 순자의 철학은 이와 다르다. 순자는 하늘마음을 부정하고 양심을 인정하지 않기 때문에, 사람은 자기의 욕심을 채우기 위해 남들과 다투게 되어 있다고 보았다. 그러므로 세상의 안정을 위해서는 예를 만들어 사람들이 지키도록 강요해야 한다고 주장한다. 그런 다음에 사람들에게 교양과 도덕을 가르쳐 스스로 욕심을 절제하는 힘을 길러야 한다고 주장한다. 황종희는 명나라가 망해가는 것을 지켜보면서 그 이유가 주자학과 양명학의 잘못에 기인한다고 보았기 때문에, 순자 철학에 바탕을 두고 법의 중요성을 강조한 것이다. 명나라 때에도 강력한 법이 있었지만, 그 법은 왕의 권력을 유지하기 위한 법이므로 왕권에 도전하는 일이 되면 법망에서 벗어날 수 없었다. 왕권에 대한 저항이 커질수록 법망에 걸릴 일이 많아졌으므로, 사람들은 법에 걸리지 않기만 바랄 뿐 국가를 위하는 일을 스스로 하려고 하지 않았다. 이를 목격한 황종희는 법을 중시하되, 법이 국가 발전을 위해 긍정적인 기능을 할 수 있도록 하는 법의 정신을 강조한다. 황종희

---

63. 論者謂有治人無治法 吾以謂有治法而後有治人 自非法之法桎梏天下人之手足 即有能治之人 終不勝其牽挽嫌疑之顧盼 有所設施 亦就其分之所得 安於苟簡 而不能有度外之功名 使先王之法而在 莫不有法外之意存乎其間 其人是也 則可以無不行之意 其人非也 亦不至深刻羅網 反害天下 故曰有治法而後有治人(『明夷待訪錄』原法).

는 순자 철학을 바탕으로 삼으면서도 순자의 예를 법으로 강화했으므로, 법가의 성격을 갖는다.

황종희에 따르면, 법만으로 나라를 다스릴 수는 없으므로, 여러 가지 제도를 정비하여 제도적 장치를 통한 사회의 안정책을 추구해야 한다. 황종희는 재상이 이끄는 회의에서 정책을 결정하여 군주의 결재를 받아 시행했던 삼대의 재상 제도를 부활시켜야 한다고 주장했다. 그 외에 국방력을 강화하는 방안과 관리임용제도 등에 관해서도 언급했다. 황종희의 정치사회 사상은 순자 철학을 바탕으로 한 것이므로 황종희는 자기 철학의 정당성을 위해 양명학을 비판하지 않을 수 없었다. 양명학의 비판은 스승인 유종주에서 시작되었고 황종희에 이르러 강화되었다.

제4항 양명학 비판

천천문답에서 선도 없고 악도 없는 것은 마음의 주체이고, 선도 있고 악도 있는 것은 뜻이 움직일 때 비롯되는 것이며, 선을 알고 악을 아는 것은 양지이고, 선을 하고 악을 제거하는 것은 격물이라고 했고, 지금의 해설자들이 말하기를 "선도 없고 악도 없는 마음의 본체가 성인데, 이로 말미암아 선도 있게 하고 악도 있게 하는 마음의 움직임이 있게 되고, 이로 말미암아 선악을 알게 하는 지혜가 있게 되고, 이로 말미암아 선을 하고 악을 제거하는 격물공부가 있게 된다"라고 했다. 이는 겹겹이 안에서 시작하여 밖으로 나가는 것이니, 일체가 모두 조잡한 체계이다. [64]

양명학에서 추구하는 삶의 방법은 마음속에서 찾아낸 근본원리를 외부의 삶에 적용하는 방식이므로, 외부에서 삶의 원리를 찾는 황종희에게는 양명학이 수용될 수 없다.

명나라 말기에 일세를 풍미했던 양명학은 명나라가 멸망하게 되자 가장 먼저 비판받게 된다. 황종희가 양명학을 비판한 뒤로 양명학 비판이 유행처럼 번지기 시작했다.

제2절
고염무의 철학사상

고염무(顧炎武 1613~1682)의 자는 영인(寧人), 호는 정림(亭林)이며, 강소성 곤산에서 출생했다. 고염무는 명나라가 망한 뒤에 청나라에 저항하는 의용군에 가담했으나 실패했다. 그는 명나라가 멸망한 원인을 양명학의 공리공론 때문으로 판단하고, 경세치용(經世致用)의 실학을 수립하는 데 주력했다. 그의 실증적(實證的) 학풍은 청나라 고증학의 선구가 되었다. 경학·사학·문학에 걸쳐 많은 저서를 남겼으나, 대표작으로 『일지록(日知錄)』, 『천하군국이병서(天下郡國利病書)』, 『음학오서(音學五書)』 등이 있다.

---

64. 天泉問答 無善無惡者 心之體 有善有惡者 意之動 知善知惡是良知 爲善去惡是格物 今之解者曰 心體無善無惡是性 由是而發之爲有善有惡之意 由是而有分別其善惡之知 由是而有爲善去惡之格物 層層自內而之外 一切皆是粗機(『明儒學案』 권10, 姚江學案 黃氏案語).

제1항 양명학 비판

고염무의 학문은 명나라가 망한 원인을 양명학의 폐단에 기인함을 밝히는 데서 시작한다.

오랑캐가 중화를 어지럽힘이 청담을 논하는 폐단에 기인함은 사람마다 다 알지만, 지금의 청담이 전대보다 더 심하다는 것을 누가 알겠는가! 옛날의 청담은 노장을 말했는데, 지금의 청담은 공맹을 말하니, 본질을 얻지 못하고 껍질만 전하며, 근본을 연구하지 않고 말단만을 앞세워 말한다. 육예의 글을 익히지 않고, 백왕의 모범을 살피지 않으며, 당시의 일에 등한하다. 공자가 학문을 논하고 정치를 논한 큰 줄거리는 일체 불문하고, 오직 일관한다는 것을 말하고 무언을 말하며 마음을 밝혀 본성을 본다는 헛된 말로써 수기치인의 실학을 대신하니, 대신들이 게을러져 만사가 황폐해지고, 무관들이 없어져 온 나라가 어지러워졌으며, 중국이 무너지고 종묘사직이 폐허가 되었다.[65]

양명학에 대한 고염무의 비판은 당시의 시대상으로 보면 타당한 면이 없지 않다. 맹자의 말처럼 일이 잘못되는 것은 정책이 잘

65. 劉石亂華 本於淸談之流禍 人人知之 孰知今日之淸談 有甚於前代者 昔之淸談談老莊 今之淸談談孔孟 未得其精而已遺其粗 未究其本而先辭其末 不習六藝之文 不考百王之典 不綜當代之務 擧夫子論學論政之大端一切不問 而曰一貫 曰無言 而明心見性之空言 代修己治人之實學 股肱惰而萬事荒 爪牙亡而四國亂 神州蕩覆 宗社丘墟(『日知錄』).

고염무

못되었기 때문이고 정책이 잘못되는 것은 마음에 문제가 생겼기 때문이다. 명나라 말기에 양명학이 후계자들에게 이어지면서 폐단이 노출되어, 현실을 보지 못하고 민생을 챙기는 일에 등한했기 때문이다. 고염무는 처음에 양명학의 후학들을 비판하다가 급기야 왕양명을 직접 공격하는 데까지 나아간다.

그러나 사이비로 빠진 유래를 미루어보면, 감히 성현을 헐뜯어 무너뜨리고 자기의 종지를 표방한 것이 모두 다 양명·용계의 선오(禪悟)의 학에서 나왔기 때문이다.[66]

고염무는 자기의 양명학 비판에 힘을 싣기 위해, 양명에게 비판받았던 주자학까지 우군으로 끌어들인다.

제2항 주자학 긍정

오직 끊어진 학문이 먼저 정씨 형제에게서 밝혀졌지만, 오묘한 말의 내용은 주자에게서 크게 천명되었다. 단지 성인의 공업을 도왔을 뿐만 아니라 아울러 왕도를 밝혔으니, 백세의 미래를 열어준 선각자이고, 여러 유자(儒者)를 모아서 크게 이룬 분이시다.[67]

---

66. 然推其作俑之繇 所以敢於詆毁聖賢而自標宗旨者 皆出於陽明龍溪禪悟之學 (黃侃,『日知錄校記』世界書局本『日知錄集釋』卷末).
67. 惟絶學首明於伊洛 而微言大闡於考亭 不徒羽翼聖功 亦乃發揮王道 啓百世 之先覺 集諸儒之大成(『文集』권5 華陰縣朱子祠堂上樑文).

양명학이 명나라 후반에 등장하여 일세를 풍미했고, 그 유풍이 명나라 말기까지 이어졌으므로, 양명학을 공격하는 일은 간단하지 않았다. 강력한 세력을 공격하기 위해서는 그 세력에게 비판받은 세력과 합세하는 것이 유리하다. 고염무는 양명학 공격의 효율성을 높이기 위해 양명학자들에게 비판받은 주자학을 긍정한다. 또한 주자학 내면에는 형이하학적인 성격을 내포하고 있으므로 설득력이 있기도 했다.

제3항 실학의 선구적 역할

고염무는 당시의 청나라 정부에 협조하기 위해서가 아니라 언젠가 한족의 중국을 회복할 사람이 나타날 것에 대비하여 학술사상을 저술했다.

> 따로 『일지록』을 저술했으니, 상편은 경술이고 중편은 치도이며 하편은 박문이다. 도합 삼십여 권이니, 언젠가 왕업을 이룰 사람이 나타나 행사에 드러내기 위함이고, 이 세상을 잘 다스렸던 옛날의 융성한 상태로 올려놓기 위함이지, 지금 사람의 도리를 위한 것이 아니다.[68]

---

68. 別著日知錄 上篇經術 中篇治道 下篇博聞 共三十餘卷 有王者起 將以見諸行事 以躋斯世於治古之隆 而未敢爲今人道也(『文集』 권4, 與人書25).

훗날 한족의 중국을 회복하기 위해서는 방법이 먼저 확립되어야 하는데, 그런 방법은 글로 표현할 수밖에 없다. 제대로 된 방법을 표현한 글은 많을수록 이익이 된다. 고염무는 다음과 같이 말한다.

> 글을 천지 사이에서 없앨 수 없는 까닭은 도를 밝히는 것이고, 정사의 기강을 세우는 것이고, 백성의 실정을 살피는 것이고, 남의 선을 즐겨 말하는 것이기 때문이다. 이와 같은 것은 천하에 유익하고 장래에 유익하다. 글 하나가 많을수록 이익 또한 하나가 많아진다.[69]

문제가 일어나는 근본 원인은 마음이다. 마음에 탈이 나면 정치가 잘못되고 나라가 망한다. 그러므로 나라를 바로잡는 것 중에서 가장 시급한 것은 잘못된 마음을 바로잡는 것이다. 고염무가 마음을 바로잡는 방법으로 제시한 것은 학문과 청렴이었다.

> 지금 사람의 마음을 변화시키고 더러운 풍속을 씻어내기 위해서는 학문을 권하고 청렴함을 권장하는 두 가지보다 더 급한 것이 없다.[70]

---

69. 文之不可絶於天地間者 曰明道也 紀政事也 察民隱也 樂道人之善也 若此者 有益於天下 有益於將來 多一篇 多一篇之益矣(『日知錄』 권19, 〈文須有益於天下〉條).
70. 今日所以變化人心蕩滌汚俗者 莫急於勸學獎廉二事(『日知錄』 권13, 〈名敎〉條).

고염무가 생각하는 학문의 내용은 사람들에게 예의염치를 알게 하는 것이었다. 사람들이 청렴하지 않은 까닭은 예의염치를 잊었기 때문이다. 사람들이 예의염치를 알고 청렴하게 살면 나라가 망할 일이 없다. 명나라가 망한 원인이 사람들에게 예의염치를 아는 마음이 없어졌기 때문이라고 판단한 고염무는 한족의 중국을 광복하기 위해 사람들에게 시행해야 할 교육의 목표를 예의염치를 알게 하는 데 두었다. 고염무는 사람들이 예의염치를 모르게 된 원인으로 양명학의 폐단을 지목했다.

> 예의는 사람을 다스리는 큰 방법이고, 염치는 사람을 사람답게 만드는 큰 뼈대이다. 청렴하지 않으면 취하지 않는 것이 없고, 부끄러워함이 없으면 하지 않는 것이 없다. 사람이 이렇게 되면 화를 당하고, 낭패를 보고, 어지러워지고, 망하는 일이 이르지 않음이 없다.[71]

고염무가 한족의 중국을 광복하기 위해서 제시한 것은, 사람들에게 예의염치를 가르쳐서 청렴해지도록 하는 것이었다.

---

71. 禮義治人之大法 廉恥立人之大節 蓋不廉則無所不取 不恥則無所不爲 人而如此 則禍敗亂亡 亦無所不至 (『日知錄』 권13, 〈廉恥〉條).

제3절
왕부지의 철학사상

왕부지(王夫之: 1619~1692)는 호남성 형양현 사람이다. 자는 이농(而農)이고, 호는 강재(薑齋)이다. 왕부지는 명말 청초에 등장하여 물질주의 철학을 정리했다. 젊었을 때 악록서원(岳麓書院)에서 오도행(吳道行)에게 학문을 익혔다. 만년에 형산 아래에 있는 석선산(石船山)에서 은거했으므로, '선산선생(船山先生)'으로 일컬어진다. 왕부지는 이자성의 군대가 북경의 왕궁을 함락시켰을 때 비분시(悲憤詩)를 쓰고 대성통곡했다. 그 뒤 청나라 군대에 대항하여 싸웠는데, 그때 부친과 숙부와 둘째 형이 모두 전사했다. 그 뒤 남쪽 지방을 전전하다가 깊은 산에 들어가 은거했다. 왕부지는 천문·역법·수학·지학 등을 두루 연구했고, 경학·사학·문학에 조예가 깊었다. 『주역패소(周易稗疏)』, 『주역외전(周易外傳)』, 『노자연(老子衍)』, 『황서(黃書)』, 『상서인의(尙書引義)』, 『영력실록(永曆實錄)』, 『춘추세론(春秋世論)』, 『악몽(噩夢)』, 『속통감론(續通鑑論)』, 『송론(宋論)』 등을 저술했다. 1839년에 왕세전(王世全)과 등현학(鄧顯鶴)이 왕부지의 유서를 수집하여 『선산유서(船山遺書)』 1백50권을 판각했다. 1971년에 타이베이 선산학사에서 『선산유서전집(船山遺書全集)』을 간행했는데, 모두 22책(冊)에 이르렀다.

왕부지

제1항 양명학 비판

왕부지도 고염무와 마찬가지로 명나라가 멸망한 원인을 양명학에 두었기 때문에 양명학 비판에 철저했다. 양계초는 그의 저술인 『청대학술개론』에서 왕부지의 양명학 비판에 관한 내용을 다음과 같이 설명했다.

> 요강의 학[양명학]은 "성인의 말 가운데 근사하게 생각되는 것을 마음대로 집어내어 그중에서 또 한 구절 한 글자를 떼어내어 요결로 삼고, 선종으로 도망하여 들어간 것은 지극히 거리낌 없는 방자한 행위이다"라고 하고, 또 이르기를, "수 대를 전해 내려오면서 점점 형식만 따르고, 그 참된 내용은 잊어버리며, 혹은 문구를 검토하여 단락을 나누고 재배치하는 것을 경전 연구의 능사로 삼았으니, 겨우 과거장에서 답안을 쓰는 일에 도움이 될 뿐이다. 그중에서 편벽된 자는 억견으로 추측하여 거칠고 아득한 세계로 달려 들어가고 만다"라고 했다. 남아 있는 글 가운데 이러한 종류의 논의가 매우 많은데, 모두 양명학의 극심한 폐해에 자극되어 반동을 일으킨 것이다. 그는 명나라를 끌어다가 송나라에 돌려주려 했고, 장재의 『정몽』을 특히 추앙하여 숭상했다. 그의 학문연구 방법은 점점 과학연구의 정신으로 발전했다.[72]

---

72. 양계초, 이기동·최일범 함께 옮김, 『청대학술개론』(여강출판사, 1987), 33쪽 참조.

왕부지가 양명학을 비판한 까닭은 양명학자들이 현실을 제대로 파악하지 못하고, 눈에 보이지 않는 세계에 빠져들어 명나라를 멸망하게 했다는 것 때문이었다. 왕부지는 이러한 폐단을 극복하기 위해 직접 확인할 수 있는 물질세계를 기반으로 하는 물질주의 철학의 확립에 주력했다.

양명학은 마음의 본체를 중시하는 심학(心學)이다. 마음의 본체는 나무에 비유하면 뿌리에 해당하는 것이므로, 매우 중요하기는 하지만, 뿌리를 확인하는 방법이 어렵고 애매하므로, 사람들이 뿌리의 실체를 제대로 이해하지 못하고 제각각 멋대로 곡해함으로써 사회를 혼란하게 하는 위험성이 있는데, 그런 위험성이 명나라 말기에 노출되었고, 명나라는 그 때문에 멸망했다. 이를 간파한 왕부지는 마음의 본체를 부정하고 눈에 보이는 물질을 바탕으로 하는 물질주의를 주창하게 되었다.

제2항 기 중심의 물질주의

『주역』「계사전」에서는 천지만물이 도(道)와 기(器)의 두 요소로 구성되어 있다고 설명했다. 나무에 비유한다면 도는 뿌리에 해당하고, 기는 눈에 보이는 부분인 지엽, 즉 잎과 가지와 줄기에 해당하므로, 도가 근원적 존재이고, 기는 눈에 보이는 현상적 존재이다. 뿌리와 지엽은 하나로 이어져 있기는 하지만, 뿌리는 뿌리이고 지엽은 지엽이다. 이와 마찬가지로 도와 기는 떨어져 있지 않지만, 그렇다고 해서 같은 것은 아니다. 그렇지만 왕부지는 도를 중시한 데서 오는 폐단을 잘 알았기 때문에, 도 자체를 부정하고 도를 기의 한 속성으로 설명한다. 이는 나무의 뿌리가 지엽과 달리 지하에 따로 존재하는 것이 아니라 지엽의 한 속성으로 설명한 것이된다. 왕부지의 설명은 확실히 오류이지만, 당시 도를 중시한 데서오는 폐단이 너무 컸기 때문에 도를 부정하는 것을 사람들이 공감하게 된다.

> 천하에는 오직 기뿐이다. 도란 기의 도이다. 기를 도의 기라고하면 안 된다.[73]

『주역』「계사전」에서 말한 형이상을 왕부지는 형체를 초월해있는 본질로 이해하지 않는다. 물질적 존재임은 확실하지만, 형체로 드러나기 이전의 물질일 뿐이라는 것이다.

> 도가 숨어 있는 것은 없는 것이 아니다. 어찌 멀리 공의 세계에서 찾아가겠는가! 형이상이란 것은 숨어 있는 것이고, 형이하란드러난 것이다. 형이상이라고 말하면 이미 거기에 형(形)이라는글자가 있다. 형이라는 글자가 있는 것을 보면, 살필 수 있는 근거가 있고, 지목하여 이름 붙일 수 있는 구체적인 근거가 있는것이다.[74]

---

73. 天下惟器而已矣 道者 器之道 器者 不可謂之道之器也(『船山全集』제2책 『周易外傳』권5, 〈繫辭上傳〉제12장).
74. 道之隱者 非無在也 如何遙空索去 形而上者 隱也 形而下者 顯也 纔說個形而上 早已有一形字爲可按之跡 可指求之主名(『船山全集』제8책 〈讀四書大典說〉권2, 『中庸』제11장).

질그릇을 파는 상점에는 질그릇들이 진열되어 있다. 질그릇의 재료는 모두 흙이지만, 어디에도 흙의 모습은 보이지 않는다. 오직 질그릇의 재료로서만 존재한다. 왕부지가 말하는 도란 질그릇의 재료인 흙과 같은 것으로 이해하면 된다. 형체로 드러나기 이전의 존재인 흙은 보이지 않기 때문에 왕부지는 숨어 있는 것으로 설명한다. 흙은 형체로 드러나지 않지만 어디까지나 물질이다. 왕부지가 파악한 형이상(形而上)이란 형체로 드러나기 이전의 재료를 의미하는 것이므로 형체와 무관할 수 없다. 왕부지가 보기에 존재하는 모든 것의 기준은 형체이다. 형체를 기준으로 형체의 외형이 있고 형체가 되기 전의 재료가 있다. 어떤 것도 형체와 무관한 것은 없다.

위의 비유를 잘못 이해하면 오해할 수 있다. 질그릇의 재료인 흙을 도(道)로 이해할 경우, 흙이 보이지 말아야 하지만, 실지로 상점 밖에 나가보면 흙이 보이기 때문이다. 위의 비유가 설득력이 있으려면 질그릇 상점 바깥으로 나가지 않는 것을 전제해야 한다. 실지로도 흙은 형체로서 드러나 있지 않기 때문에 우리의 눈에 보이지 않는다. 보이는 것은 흙이 모양을 갖춘 것들이다. 흙으로 만들어진 산이 보이고 언덕이 보이고 마당이 보인다. 흙을 한 줌 손에 넣으면 주먹밥처럼 모양을 갖춘 흙이기 때문에 흙 그 자체는 우리 눈에 보이지 않는 것으로 이해할 때 위의 비유가 타당해진다.

흙과 질그릇의 비유에서 보면, 흙이 있고 난 뒤에 질그릇이 있는 것이지만, 왕부지는 현재 존재하는 질그릇을 기준으로 모든 것을 파악하므로, 질그릇과 질그릇의 재료인 흙은 선후가 없이 늘

함께 존재하는 것으로 이해해야 한다. 흙 그 자체도 물질이므로,
왕부지가 파악한 모든 존재는 물질이다.

왕부지는 하늘·도 등을 중시한 양명학의 폐단이 명나라가 망
한 원인으로 보았기 때문에, 하늘을 부정하고, 도의 의미를 물체
의 재료로 파악함으로써 물질주의 철학을 확립하여 중국의 부흥
을 위한 새로운 철학으로 자리매김하고, 물질주의 철학을 바탕으
로 교육이론과 정치이론을 전개했다.

그는 허황한 학설을 폐지하기 위해 교육을 개혁해야 하지만, 교
육개혁은 정치가 개혁되기 전에는 기대하기 어려우므로, 교육개혁
을 위해서라도 정치개혁을 해야 한다고 판단하고, 많은 저서를 통
해 이런 내용을 정리했다. 이외에도 안원(顏元)·이공(李塨)·왕원(王
源) 등이 비판철학을 전개했는데, 그들의 비판철학은 너무 과격하
여 대중성을 얻기 어려웠다.

제7장

■

명나라의 멸망과 중국의 행운

제1절
정신철학의 실종

맹자가 말한 것처럼 사건이 자꾸 복잡하게 꼬이는 것은 정책이 잘못되었기 때문이고, 정책이 잘못되는 것은 마음에 탈이 났기 때문이다. 마음을 안정시키는 것이 학문이고 교육이다. 학문이 망가지고 교육이 무너지면 마음을 안정시킬 수 없다. 개인의 마음이 분열되면 개인의 삶을 안정시킬 수 없고, 사람들의 마음에 모두가 공감하는 공통의 기준이 없으면 나라가 안정될 수 없다. 모두가 공감할 수 있는 윤리와 도덕이 마음의 기준으로 자리 잡아서, 그것을 바탕으로 정치를 하고 경영을 할 때 사회가 안정된다.

명나라 때의 철학의 흐름은 주자학에서 양명학으로 이어졌으나, 주자학과 양명학은 리(理)를 추구하는 리학(理學)의 체계를 가지고 있는 점에서는 같다. 주자학과 양명학은 사람들에게 많은 지지를 받아서 번성했지만, 주자학과 양명학이 정치이념이 된 뒤로 차츰 그 폐단이 노출되었다.

명나라는 건국 초기부터 주자학을 관학으로 삼고, 과거시험의 출제범위를 주자의 사서삼경(서경은 제자인 채침이 정리한 것임)으로 한정했다. 그로 인해 학문과 교육의 목적이 주자학 본래의 목적인 개인의 수양에서 벗어나 권력욕이나 명예욕을 채우는 수단으로 전락했다. 학자들의 관심이 욕심을 제거하고 본성을 회복하는 것에서 벗어나, 과거시험 답안을 작성하는 데 도움이 되는 주자학의 핵심 개념들인, 리(理)·기(氣)·성(性)·정(情) 등으로 옮겨갔다. 본래 욕심을 제거하고 본성을 회복하기 위한 목적으로 도출된 리(理)·기(氣)·성(性)·정(情) 등의 개념이 입신출세를 위한 목적으로 논의되면, 공리공론으로 변질한다. 특히 정치권력을 탐하는 사람들은 리(理)·기(氣)·성(性)·정(情) 등에 관한 논의를 권력 유지의 수단으로 왜곡시킨다. 주자학에서 가장 중요하게 여기는 개념이 리(理)이다. 리는 모든 존재의 본질인 하늘을 상징하기도 하고, 우주의 본질을 상징하기도 한다. 한 그루의 나무에 비유하면 리는 뿌리에 해당한다. 나무를 가꾸는 것 중에는 지엽을 가꾸는 것보다 뿌리를 가꾸는 것이 더 중요하다. 그러나 뿌리는 확인할 수 없고 증명할 수 없으므로, 권력을 가진 자가 자기의 방식이 뿌리를 가꾸는 방식이라고 우길 수 있듯이, 권력자들은 자기의 정치가 하늘의 뜻을 따르는 정치라고 우길 수 있다. 가장 좋은 정치는 하늘의 뜻에 따르는 것이므로, 권력을 가진 자가 저항하는 자들을 하늘의 뜻을 빙자하여 처단하면, 끔찍한 일을 저지를 수 있다. 하늘의 뜻이 리(理)이므로, 명나라 말기에는 권력자들이 리를 빙자하여 못 하는 일이 없었다. 리로 인해 사람들이 당할 수밖에 없었던 참상에 대해 대진의 설명을 빌리면 다음과 같다.

높은 자는 리를 가지고 낮은 자에게 추궁하고, 연장자는 리를 가지고 어린 자에게 추궁하며, 귀한 자는 리를 가지고 천한 자에게 추궁한다. 그들은 비록 실수해도 리를 따른 것이라 하지만, 낮은 자와 어린 자와 천한 자는 리를 가지고 싸워 아무리 타당하더라도 리를 어긴 것이 된다. 그리하여 아래에 있는 자는 온 세상 사람들과 같은 정을 가지고, 온 세상 사람들과 같은 소원을 하고서도 윗사람과 소통할 수 없다. 윗사람이 리를 가지고 아랫사람들에게 추궁하기 때문에, 아랫사람이 덮어쓰는 죄는 사람마다 이루 다 헤아릴 수 없다. 사람이 법에 걸려 죽게 되면 불쌍하게 여기는 자가 있지만, 리에 걸려 죽게 되면 누가 불쌍하게 여기겠는가![75]

하느님을 우상으로 만들어놓고, 하느님의 이름으로 사람을 탄압하면 못 할 일이 없는 것처럼, 리를 우상으로 만들어놓고 리를 가지고 사람을 탄압하면 아무리 끔찍한 일이라도 서슴지 않고 해낼 수 있다. 명나라 말기에 부패한 관리들은 동림당에 속하는 도덕군자들과 저항하는 농민군을 잔인하게 탄압했다. 사람들이 장시간에 걸쳐 무참하게 탄압을 당하면 정치지배자들에 저항하게 되고 급기야는 그들의 정치이념이었던 주자학과 양명학에 알레르기 반응을 일으키게 된다.

---

75. 尊者以理責卑 長者以理責幼 貴者以理責賤 雖失謂之順 卑者 幼者 賤者 以理爭之 雖得 謂之逆 於是下之人不能以天下之同情 天下所同欲 達之於上 上以理責其下 而在下之罪 人人不勝指數 人死於法 猶有憐之者 死於理 其誰憐之(『孟子字義疏證』卷上).

알레르기 반응을 일으킬 정도가 되면 합리적인 설명이 통하지 않는다. 이제 주자학과 양명학의 기반이었던 형상판의 수명이 다한 것이다. 불고기를 굽는 판이 새까맣게 타면 판을 갈면 된다. 그러나 사람들의 삶을 지탱하고 있는 철학의 판이 효력을 다했을 때, 새로운 판으로 판 갈이 하기는 참으로 어렵다.

사계절에서 보면 봄은 양으로 가는 판이고 가을은 음으로 가는 판이다. 양으로 가는 판에서는 자꾸 더워진다. 더워지다가 견디기 힘들 때가 되면 더위를 싫어하는 사람들의 반발과 더위에 익숙해져 있으면서 더위 덕에 권력을 잡은 사람들의 탄압이 팽팽하게 맞서 혼란이 일어난다. 그것이 여름이다. 여름은 양으로 가는 판에서 음으로 가는 판으로 판 갈이 하는 과정에서 나타나는 진통이다. 혼란이 지속되면서 많은 진통을 겪은 다음 판이 바뀐다. 겨울도 마찬가지다. 겨울은 음으로 가는 판에서 양으로 가는 판으로 판 갈이 하는 과정에서 나타나는 진통이다. 삼한사온의 진통을 한 동안 겪은 뒤에 양으로 가는 판으로 바뀐다.

판 갈이의 과정에서 빚어지는 혼란은 역사의 흐름에서도 나타난다. 명나라 말기에 이르러 사람들은 더는 형상판에서 살아가기가 어렵게 되었다. 이럴 때 가장 장기간에 걸친 격렬한 혼란이 일어난다. 춘추전국시대가 그랬고 위진남북조시대가 그랬다. 명나라 말기에 접어든 혼란은 형상판에서 형하판으로 판 갈이를 해야 하는 것에서 오는 진통이다.

제2절

청나라에 의한 멸망과 중국의 행운

명나라 말기에 이르러 가혹한 탄압에 견디지 못한 농민들의 무장투쟁이 전국 각지에서 동시다발적으로 일어났다. 그중에서 이자성(李自成)이 이끄는 무장투쟁이 가장 강렬했다. 이자성이 1644년 3월 19일에 북경의 황궁에 들어오자, 숭정황제는 궁궐 뒤에 있는 매산(煤山)에서 목을 매고 죽었다. 이로써 명나라는 실질적으로 멸망했다. 그 뒤 남쪽에서 복왕(福王)·당왕(唐王)·노왕(魯王)·계왕(桂王) 등이 이어가면서 연명했지만, 1661년에 완전히 사멸했다.

북경의 왕궁에 들어간 이자성이 황제로 즉위하여 황제 자리에 앉았으나, 정치이념으로 삼을 만한 이론이 남아 있지 않았으므로, 사람의 마음을 모을 수가 없었다. 마음이 모이지 않으면 힘이 분산되어 혼란이 뒤따른다. 중국에 특별한 상황이 일어나지 않았다면, 아마도 이자성은 다른 저항 세력에게 축출되었을 것이고, 이자성을 축출한 세력이 또 다른 저항 세력에게 축출되었을 것이다. 이런 일이 반복되어 명나라가 망한 뒤의 중국은 춘추전국시대나 위진남북조시대처럼 판 갈이로 인한 혼란이 장기간에 걸쳐 대규모로 일어났을 것이다. 대규모의 혼란은 형상판에서 형하판으로, 또는 형하판에서 형상판으로의 전환 과정에서 일어나는 혼란이다. 명나라가 멸망한 뒤의 혼란은 형상판에서 형하판으로의 판 갈이 과정에서 일어나는 혼란이었다. 명나라가 멸망한 뒤에도 여전히 주자학과 양명학을 따르는 사람들이 있고, 주자학과 양명학을 반대하여 새로 일어나기 시작한 실학을 따르는 사람들이 있어,

나라의 정신이 분열되었으므로 걷잡을 수 없는 혼란이 지속될 수밖에 없다. 명나라 말기에 시작된 혼란은 다수의 사람이 좋아하는 새로운 철학이 출현할 때까지 장기간에 걸쳐 진행될 것이었다. 장기간의 혼란을 거쳐 새로 출현한 철학에 많은 사람이 호응하게 될 때 비로소 순발력 있는 정치가가 그 새로운 철학으로 정치하게 되고, 긴 혼란은 그로 인해 끝날 것이었다.

그러나 혼란에 접어드는 상황에서 중국에 유사 이래 가장 큰 행운이 찾아왔다. 중국 동북 지방에 살고 있던 여진족이 중국을 점령하여, 그들의 힘으로 중국의 혼란을 막아주었을 뿐만 아니라, 나중에 중국 동북 지방의 땅 전체를 중국에 헌납했다. 그러나 명나라가 망할 당시에는 그것을 행운으로 받아들이는 사람들이 없었다. 당시 대다수 사람들은 명나라가 여진족에게 망해가는 것을 바라만 보았고, 더러는 환영하는 분위기까지도 있었다. 명나라가 멸망한 뒤에 여진족에 의해 사회가 안정되기는 했어도, 당시의 지식인 중에는 명나라가 멸망한 원인을 양명학을 위시한 정신주의 철학 때문이라고 판단하고, 중국인의 천하가 도래할 미래를 위해, 몸을 중심으로 하는 물질주의 철학의 확립에 주력하는 인물들이 등장했다. 정신주의 철학에서 물질주의 철학으로의 전환은 철학의 형상판에서 형하판으로의 전환을 의미하는 것이었으므로, 물질주의 철학이 확립되어 대중들에게 지지를 받게 될 정도가 되기까지는 많은 시간이 걸린다. 명말 청초에 물질주의 철학의 선구자 역할을 한 대표적인 인물이 등장했는데, 황종희·고염무·왕부지였다.

제 8 부

청나라의 중국 정복과
실학의 정착

제1장

■

청나라의 중국 정복과 정치이념

제1절
청나라의 중국 정복

명나라의 정치이념은 주자학과 양명학이었으나 주자학과 양명학의 폐단이 노출되어 명나라가 멸망하는 결과를 초래했다. 정치이념이 한계를 맞이하면 혼란의 시대로 접어든다. 사람들이 리(理)에 대해 반발하면서 마음을 중시하는 철학이 한계를 맞았다. 마음을 중시하는 시대란 사람들이 형상판의 철학을 바탕으로 사는 시대이다. 명나라가 망한 뒤에 중국은 철학의 판을 바꾸기 위해 장기간에 걸친 극심한 혼란에 빠지는 형국이 되었다.

　이자성이 명나라를 멸망시키고 황제의 자리에 앉았지만, 내세울 정치철학이 없었으므로, 왕위를 유지할 수 없었다. 산해관을 지키던 장수 오삼계(吳三桂)가 이자성에게 항복하고 북경으로 가던 중에 애첩 진원원(陳圓圓)이 유종민에게 붙잡혀 갔다는 소식을 듣고 화가 나 도로 산해관으로 돌아가 여진족이 세운 청나라에 도움을 청했다. 4월 23일 청의 섭정왕 도르곤이 병사를 이끌고 산해관 아래에 이르자, 오삼계는 관문을 열고 그를 영접했다. 두 사람이 협력하여 이자성의 군대를 공격했다. 5월 1일에 청군이 북경에 도착하자 명의 문무백관이 성 밖 5리가 되는 곳까지 나와 항복했다. 도르곤은 조양문을 통해 궁으로 들어갔고, 주민들은 남녀노소 할 것 없이 꿇어앉아 향을 피우며 그를 맞이했다. 10월 1일 당시 여섯 살인 세조가 북경으로 들어갔다. 소수의 군대를 가진 청나라의 세조가 명나라 대신들의 추대를 받아 하루아침에 중국을 통치하는 황제가 되었다.[1]

청나라는 중국을 지배하여 혼란을 막아주었을 뿐만 아니라, 300년 뒤에는 광활한 땅까지도 헌납하는 결과가 되었다. 1600년대에는 오늘의 동북 삼성이 중국 땅이 아니었다. 그 광활한 청나라의 땅을 청나라 스스로가 중국인에게 헌납한 결과가 된 것이다. 훗날 일본이 중국을 침략했을 때 중국의 지식인 중에는 일본에 항복하고 중국 땅을 일본에 내주자는 의견이 있었다는 이야기가 있다. 그렇게 하면 훗날 일본 땅이 중국 땅으로 바뀔 것으로 예측한 데서 비롯된 것이다. 역으로 여진족의 처지에서 보면 매우 슬픈 역사였다. 여진족은 동북 삼성을 중국에 내주었을 뿐만 아니라, 민족도 언어도 사라졌다. 이를 보면 먹을 수 있다고 해서 함부로 먹으면 뒤탈이 나는 경우가 있음을 알 수 있다.

---

1. 범문란, 박종일 옮김, 『중국통사 하』(인간사랑, 2009), 520쪽 참조. 명나라가 망하는 과정은 외부로부터의 침략에 의한 것이라기보다 자멸에 가깝기 때문에 참고가 되리라 생각하여 이를 참고하여 실었다.

제2절
청나라 조정의 실학 장려

청나라 조정에서는 다수를 차지하는 한족을 지배하는 방법의 모색에 심혈을 기울였다. 한족을 지배하기 위해서는 그들이 원하는 것을 들어주는 것이 가장 좋은 방법이다. 청나라는 중국의 전통 문화와 제도를 그대로 계승했다. 특히 철학이나 사상 방면에서 더욱 그러했다. 당시의 한족 지식인들은 양명학과 주자학에 대해 환멸을 느끼고 실학을 추구하는 분위기가 광범하게 퍼지고 있었기 때문에 그들을 회유하기 위해 실학을 장려했다. 청나라 조정에서는 그들의 연구 분위기에 맞춰, 그들이 다양하게 실학 연구의 실적을 쌓도록 분위기를 만들었다. 지식인들을 동원하여 강희 연간에는 『강희자전(康熙字典)』을 편찬하고, 옹정 연간에는 『고금도서집성(古今圖書集成)』을 편찬했으며, 건륭 연간에는 『사고전서(四庫全書)』를 편찬했다. 명대에 시작된 고증학(考證學)과 서양에서 들어온 과학적 지식을 결합하여 황여전람도(皇輿全覽圖)를 제작하기도 했다. 황여전람도는 1708년 강희제(康熙帝)의 명에 의해 1717년에 완성한 중국의 지도이다. 강희제 때에 제작된 것을 '강희황여전람도(康熙皇輿全覽圖)'라고 하고, 건륭제(乾隆帝) 때에 제작된 것을 '건륭황여전람도(乾隆皇輿全覽圖)'라고 부른다. 실측을 통해 600여 곳의 경도와 위도를 정하고 삼각측량법(三角測量法)과 천문측량법(天文測量法)으로 거리를 계산했다.

청대의 실학은 감각기관으로 느낄 수 있는 부분만을 인정하는 학풍이었는데, 그것은 나무에 비유하면 뿌리를 무시하고 잎과 가지와 줄기 부분만 연구하는 것과 같다. 주자학과 양명학에서는 연구의 관심이 뿌리에 치중했기 때문에, 상대적으로 잎과 줄기와 가지에 관한 연구가 소홀한 면이 있었다. 그에 비해 청대의 실학은 잎과 줄기와 가지에 관한 연구에 집중했기 때문에 다양한 분야의 연구가 이루어졌다. 잎과 줄기와 가지 하나하나를 연구 대상으로 삼으면 연구의 대상이 무한히 복잡하고 다양해진다. 청나라 학문을 통틀어 실학으로 일컬을 수 있는데, 고염무가 실학의 개조 역할을 한 이래로 실학의 내용 중에 고증학·사학·천문학·지리학·음운학·의학·약학·농학·법학·수학·소설·서예·회화·음악·건축·무기·문자학·금석학·경학 등등에 이르기까지 거의 모든 영역이 연구되었고, 무수히 많은 학자가 배출되었으므로, 일일이 다 거론할 수가 없다. 다만 학술사상의 흐름에서 보면 양명학의 비판에서 시작한 명나라 말기의 학풍이 주자학과 고문 경학 비판으로 이어지다가, 청나라 말기에 잠시 금문 경학을 통한 공맹 사상의 부활 운동이 전개되었으나, 대중적 공맹 비판이 확산하면서 마르크스 사상에 의한 공산 중국의 건국으로 귀결되었다.

제2장

■

청나라 학술계의 흐름

염약거와 호위의 문헌 비판

염약거(閻若璩: 1636~1704)는 자가 백시(百時)이고, 호가 잠구(潛邱)이며, 산서성 태원(太原)에서 태어났다. 20세 무렵 오경(五經)의 하나인 30년 동안 『상서(尙書)』를 연구하여 『상서고문소증(尙書古文疏證)』 여덟 권을 저술했는데, 이 책에서 염약거는 고문 25편 및 『상서공전(尙書孔傳)』이 동진(東晉) 사람의 위작(僞作)임을 실증적인 방법으로 논증했다. 고문은 한나라 후기에 공자의 집 벽 속에서 발견된 경전으로 알려진 것이었다. 고문 경전은 주자학에서 매우 중시되던 문헌이었으므로, 염약거의 연구는 주자학의 허구성을 드러내기 위한 목적의식이 있었던 것으로 짐작된다.

호위(胡渭: 1633~1714)는 경학과 지리학을 겸한 청나라의 학자이다. 호위는 그의 저서인 『역도명변(易圖明辨)』에서, 주자학자들이 『주역(周易)』의 성립 과정을 이해하기 위해 중시한 하도(河圖)와 낙서(洛書)를 송나라 때 소옹에게서 나온 것이라 하여, 복희·문왕·주공·공자와는 아무 관련도 없다는 것을 논증했다. 소옹은 하도와 낙서를 이지재(李之才)에게서 받았고, 이지재는 도사인 진박(陳搏)에게서 받은 것이라고 설명했다.

주자학에서 매우 중시되는 교과서인 『상서』와 『주역』의 문제점을 염약거와 호위가 지적한 것은 주자학의 문제점을 드러내는 결과가 된다. 이러한 분위기에서 대진은 고증학적 분석을 통해 주자학을 통렬하게 비판한다.

제2절
대진의 고증학과 주자학 비판

대진(戴震: 1723~1777)은 안휘성(安徽省) 휴녕(休寧) 사람으로 자가 동원(東原)이다. 강영(江永)을 사사했고, 음운과 훈고(訓詁)·지리·천문·산수·제도·명물(名物) 등 여러 분야에 통달했다. 그의 저서인 『맹자자의소증』(孟子字義疏證)에서 대진은 고증학의 방법으로 기철학을 완성하여 주자학을 신랄하게 비판했다. 대진은 주로 마음의 내용과 관련하여 주자학을 통렬하게 비판했다. 주자학의 핵심은 사람의 마음을 천심과 욕심으로 구분하고, 욕심을 극복하고 천심을 회복하는 것이었다. 주자학에 대한 대진의 비판도 이에 집중한다. 대진은 사람의 마음을 욕심으로 보았다. 사람의 욕심은 자기의 삶을 챙기는 것에 집중하는데, 그 욕심으로 자기의 삶을 챙기고 남의 삶도 챙기는 것을 인(仁)으로 정의하고, 남의 삶은 챙기지 않고 자기의 삶만 챙기는 것을 불인(不仁)으로 정의했다. 대진의 설명에 따르면, 인한 마음이 바른 마음이고 불인한 마음이 비뚤어진 마음이다.

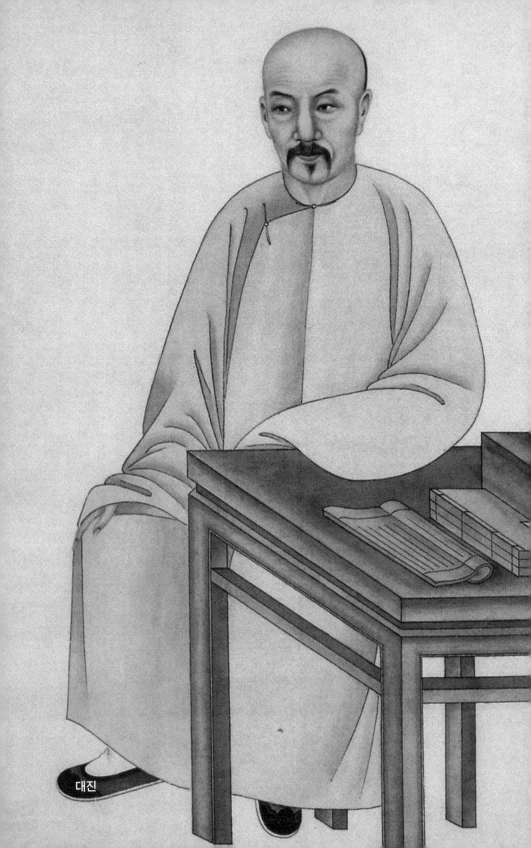
대진

대진은 욕심을 사람의 마음으로 고정한 뒤, 경전의 내용을 모두 거기에다 맞추었다. 대진은 사람의 마음을 욕심으로 본 근거로 『맹자』에 있는 "마음을 기르는 데는 욕심을 줄이는 것보다 더 좋은 것이 없다"라고 한 구절을 인용한다. 대진은 맹자가 '욕심을 없애야 한다고 말하지 않고, 줄여야 한다'라고 말한 것을 근거로 하여, 욕심은 없앨 수 없는 것이라고 설명한다. 맹자가 '욕심을 줄여야 한다'라고 말한 까닭은 욕심이 없는 상태에 도달하는 과정이었기 때문이다. 욕심은 줄인 만큼 없어진다. 욕심을 계속 줄여서 욕심이 없는 데까지 도달하는 것이 학문의 목표이다.

대진은 『맹자자의소증』에서 경전의 내용을 마음으로 이해하는 방법을 지양하고 글자의 뜻과 자구(字句)의 내용을 바탕으로 풀이하는 고증학적 방법으로 주자학을 비판했는데, 대진이 비판의 도구로 사용했던 고증학은 한나라 때 유행했던 훈고학의 방법을 계승한 것이었다. 대진은 한나라의 학문방법으로 주자학을 비판했다. 이는 황종희 등이 양명학을 비판하기 위해 주자학을 우군으로 삼은 것과 맥락이 통한다. 황종희는 양명학을 비판하기 위해 주자학을 끌어들였고, 대진은 주자학을 비판하기 위해 한나라의 훈고학을 이용했다.

제3절
강유위의 금문경학과 공자교

강유위(康有爲: 1858~1927)는 광동성 남해에서 태어났으므로 뒷날 문인으로부터 남해(南海) 선생으로 불렸다. 강유위는 처음에 주자학·양명학·불교·서양 근대사상 등을 두루 섭렵했으나, 결국 전한 시대의 금문 경학으로 회귀했다. 강유위가 금문 경학으로 회귀하게 된 시대적 배경으로 아편전쟁과 태평천국의 난이 있었다. 1840년에 영국과 벌인 아편전쟁에서 청나라가 참패하자, 중국인들의 자존심에 많은 상처를 입었다. 중국이 물질주의로 바뀔 때는 늘 중화사상이 등장하기 때문에, 상처가 더욱 클 수밖에 없다. 또 1851년에서 1864년에 걸쳐 일어난 태평천국의 난은 중국인들에게 심각한 충격을 안겼다. 기독교 구세주를 자청한 홍수전(洪秀全)이 1851년 지상천국의 건설을 목표로 태평천국을 세우고, 자신을 천왕이라 칭했다. 1853년에 남경을 점령하고 새로운 국가건설을 시작하여 정부군과 치열한 전쟁을 벌였는데, 사망자가 2천만에서 7천만 정도로 추산될 만큼 큰 피해를 입었다. 중국은 청나라 때부터 철학의 판이 형하판으로 판 갈이가 진행되고 있으므로 중국에서의 종교운동이 성공하기는 어렵다.

무력과 종교를 앞세운 서구의 압박에 자존심이 상한 중국인들은 중국을 지키기 위해 각성할 수밖에 없었는데, 그 선봉에 강유위가 있었다. 강유위는 제자인 양계초(梁啓超) 담사동(譚嗣同) 등과 함께 변법자강운동을 벌였는데, 그 내용은 정치, 교육, 법 등의 제도들을 개혁하여 중국을 부강하게 하려는 것이었다. 이를 무술변법이라고도 한다. 입헌군주제와 서양식학교의 설립을 추진하고 산업을 육성하는 목표를 정한 뒤, 신문을 발행하여 관료와 지식인들을 대상으로 계몽운동을 펼치는 것이 주 내용이었다.

강유위는 변법자강운동을 펼치면서, 다른 한편으로는 중국을 부

강유위

강하게 하는 근본 방법으로 공자를 중심으로 뭉치는 것을 최선으로 생각했다. 공자를 높여 신격화한 것이 전한의 금문 경학이었으므로, 강유위는 이에 착안하여 금문 경학의 연구를 바탕으로 신격화한 공자를 예수에 비견하여 기독교와 같은 형태의 공자교 설립을 추진하고 기독교의 천국에 해당하는 대동사회의 건설을 제창했다.

강유위는 1891년『신학위경고(新學僞經考)』14권을 출간하여, 고문경을 전한 말의 유흠의 위작이라 비판하고, 금문경만이 공자의 사상을 전한 것으로 정리했다. 전한의 금문 경학에서는 공자를 신격화하였으나, 고문 경학에서 공자를 역사적 인간으로 되돌려놓았기 때문이다. 강유위가 고문 경학을 비판하고 금문 경학으로 회귀한 것에는 공자를 높여 중국을 재건하려는 목적이 깔려 있었다. 1898년에는『공자개제고(孔子改制考)』21권(1898)을 저술하여 공자를 종교의 창시자로 한 공자교의 설립을 추진했다. 강유위는 『공자개제고』를 저술한 3년 전인 1895년에 일본에 패한 청나라의 조정이 굴욕적인 강화조약을 받아들인 것에 분개하여 1,200여 명의 서명을 모아 강화를 거부하는 뜻을 조정에 전달하기도 했다. 1897년에는 입헌군주제를 국시로 하도록 요구하여 광서제의 인정을 받았다. 이듬해 광서제의 참모가 되어 백일 유신의 계획을 입안했으나 보수파의 쿠데타로 진압되어, 담사동과 동생인 강관인 등 6명이 체포되어 처형되었다. 강유위는 일단 일본으로 망명했다가 세계 각지를 돌았다. 그 사이 1902년에는 오랫동안 구상해 온『대동서(大同書)』를 완성했다. 책의 이름을『대동서』라고 한 것은 유학에서 추구하는 이상사회가 대동사회인 것에서 유래한다.『대동서』의 내용은 국가·사유재산제·가족·남녀와 인종의

차별 등이 없는 완전한 이상사회를 건설하는 것이다. 1911년 신해
혁명이 일어난 뒤에 귀국하여, 공교회(孔敎會)를 조직하여 중국적
인 종교운동을 전개했지만, 실패하고 1927년 청도에서 병사했다.
강유위가 중국의 부강을 위해 선택한 것이 공자를 중심으로 한
종교화 운동이었으므로, 역시 형하판의 철학이 깔린 중국에서는
성공하기 어려울 수밖에 없었다.

제4절
신해혁명과 중화민국

의화단(義和團) 사건이 일어나면서 청나라의 무기력함이 극에 달
하고, 국민의 생활이 궁핍해지자, 청나라를 타도하고 입헌군주제
를 추진하려는 혁명 세력이 중국 각지에서 일어나는 분위기에서
1911년 10월 10일 쑨원(孫文)이 주도하는 신해혁명이 일어났다. 우
창에서 일어난 혁명은 전국에서 많은 호응을 받아 세력이 급격하
게 확장되었다. 12년 1월 1일 쑨원이 임시 대총통이 되어 난징(南
京)정부를 수립하고, 삼민주의(三民主義)를 지도이념으로 하는 중화
민국을 출범시켰다. 쑨원의 혁명을 진압하기 위해 등장한 위안스
카이(袁世凱)가 청나라의 정치 및 군사권을 장악했다. 쑨원과 협상
에 나선 위안스카이는 청을 물러나게 하고 공화정을 선포하는 조
건으로 총통 자리를 물려주겠다는 쑨원의 약속을 받고, 청 왕조
를 압박하자, 1912년 2월 12일 황제인 푸이(溥儀)를 대신해 융유
황태후가 퇴위 조서를 반포함으로써 청나라는 막을 내렸다. 3월

10일 위안스카이가 베이징[北京]에서 중화민국 제2대 임시 대총통으로 취임한 뒤, 약속을 어기고 전제군주가 되자 다시 위안스카이에 대항하는 2차 혁명이 일어났고, 위안스카이가 죽은 이후에도 북경의 군벌들에 대항하는 혁명이 계속되었는데, 중화민국의 완전한 건국은 쑨원 생전에는 이루어지지 않았다.

제5절
신문화운동과 공맹 유학 비판

1917년에서 1921년에 걸쳐 신문화운동이 일어났다. 서양 근세 사상, 그중에서도 특히 마르크스 사상에 많은 영향을 받은 천두슈(陳獨秀), 우위(吳虞), 후스(胡適), 루쉰(魯迅) 이따자오(李大釗) 등이 중심이 되어, 중국 전통문화와 제도에 대해 반대하고 서양 문화를 바탕으로 한 신문화 수립을 위한 근대화 운동을 벌인 것이다. 강유위의 변법자강운동은 청나라의 부강을 위해 공자를 중심으로 뭉치려는 운동이었으므로, 중국의 자존심을 지키는 선상에 있었지만, 신문화운동이 일어날 즈음에는, 중국인의 자존심이 남아 있지 않았다. 신문화운동의 내용은 중국의 전통과 문화가 부정되어야 중국의 미래가 있는 것으로 정리되었다. 중국문화 부정의 핵심은 공맹의 유학사상 부정이었다. 천두슈는 다음과 같이 말한다.

유교의 삼강 이론은 모든 도덕과 정치의 근본이다. 군위신강은 곧 백성은 임금의 부속품이라는 뜻이므로 백성은 독립적이고 자주적인 인격을 갖지 못함을 의미한다. 부위자강은 곧 자식은 아버지의 부속품이므로, 자식은 독립적이고 자주적인 인격을 갖지 못함을 의미하며, 부위처강은 곧 아내는 남편의 부속품이므로, 아내는 독립적이고 자주적인 인격을 갖지 못한다는 것을 말한다. 온 천하의 남녀들은 신하나 자식이나 아내이다. 따라서 아무도 독립적이고 자주적인 사람이 없다는 것이 바로 삼강 이론의 주장하는 바이다. 이로 인해서 금과옥조처럼 여겨졌던 도덕적 덕목인 충(忠)·효(孝)·절(節)이 자기를 미루어 남을 대하는 주인 도덕이 되지 않고 자신이 타인에게 종속되는 노예도덕이 되었다. 인간의 모든 행동에서 자아가 중심이 되는데, 이 자아를 상실한다면 다른 것을 어찌 더 말할 수 있겠는가?[2]

유교의 삼강이론은 공맹의 유학사상이 아니라, 한나라 때 동중서가 만들어낸 이론인데, 그 삼강이 유교 비판의 표적이 된 것이다. 유학을 비판해야 한다는 목적을 정해놓고 유학을 보면, 가장 비판하기 쉬운 것이 삼강(三綱)이다. 오랜전부터 삼강오륜이 유교 윤리의 핵심으로 알려져 왔으므로 삼강을 비판하기만 하면 그것이 바로 공맹의 유학 비판이 되었다. 엄밀히 말해서 삼강은 공맹의 사상이 아니지만, 이미 흥분한 일반 대중은 그런 것에 상관하지 않는다.

우위는 유교 윤리에 대해 다음과 같이 비판한다.

---

2. 「一九一六年」『獨秀文存』上; 송영배, 『중국사회사상사』(한길사, 1986), 306쪽.

공자는 존비귀천의 계급제도를 주장했다. 하늘은 높고 땅은 낮다는 데에서 연역하여, 군주는 높고 신하는 낮으며, 아버지는 높고 자식은 낮으며, 남편은 높고 아내는 낮으며, 관은 높고 민은 낮다고 한다. 높은 자와 낮은 자의 구별이 이미 엄연하므로 귀한 자와 천한 자는 역시 구별되어야 한다.[3]

공자 선생의 예교를 궁극적인 데까지 추구하면 반드시 사람을 죽이고 또 사람을 먹게 된다. 이것은 참으로 비참하고 잔혹한 일이다. 역사의 한 부분에서는 도덕을 강의하고 인의를 말하는 사람들이 기회가 되면 직접 간접으로 모두 인육을 먹기 시작한다. 현재의 사람 중에는 물론, 실지로 아직 인간을 먹지 않은 사람도 있다. 그러나 그들이 사람을 잡아먹고, 한 번이라도 남을 깨물어서 분풀이라도 해보려는 마음은 결코 깨끗하게 없어진 것이 아니다. 우리는 이에 분명히 자각해야 한다. 우리는 군주를 위해서 태어난 것이 아니다. 또한 우리는 강상예교(綱常禮敎)를 위해서 태어난 것도 아니다. 여기에 문절공이 무슨 소리이며 충렬공이 무슨 소린가! 이것들은 모두 저들 식인 자가 만들어놓은 올가미이다. 우리는 지금 분명히 깨달아야 한다. 사람을 잡아먹는 사람이 곧 예교를 말하는 사람이며, 예교를 말하는 사람이 곧 사람을 잡아먹는 자인 것이다.[4]

3.「家族制度爲專制主義之根據論」『吳虞文存』; 송영배, 『중국사회사상사』(한길사, 1986), 318쪽.
4.「吃人與禮敎」『吳虞文存』; 송영배, 『중국사회사상사』(한길사, 1986), 320쪽.

우위의 위의 글을 읽으면 공자에 대해서 혐오스러운 감정을 가지지 않을 수 없다. 이런 식의 공자 비판이 한 시대를 유행했기 때문에 공자의 유학에 대한 나쁜 이미지는 쉽게 떨쳐내기 어려울 것이다.

유교에 대한 비판자들 가운데서도 루쉰은 특히 그의 풍자적이고 재치가 풍부한 다양한 소설들과 논문들을 통해 유교를 신랄하게 비판했다. 루쉰은 당시 가장 영향력이 컸던 작가였다.

1918년 5월 『신청년』 잡지에, 최초로 성공한 구어체로 된 소설 『광인일기』가 발표되었다. 이 소설 속에서 루쉰의 유교 비판을 상징하는 '광인'은 다음과 같이 말하고 있다.

> 옛날에는 사람을 잡아먹는 것이 보통이었다고 내가 어디서 들은 것 같았으나, 분명하게는 알 수 없다. 역사책을 뒤져보니, 이 역사책에는 연대가 나와 있지는 않았고, 삐뚤삐뚤하게 페이지마다 '인의도덕'이라는 몇 글자가 씌어 있었다. 나는 도대체 잠을 잘 수가 없었기 때문에 한밤중까지 자세히 살펴보다가 비로소 글자와 글자 사이에 있는 글자들을 알아볼 수 있었다. 나는 온 책 가득히 다만 사람 잡아먹는다는 글자가 씌어 있음을 알았다.

루쉰은 또 말하고 있다.

> 4천 년의 식인 역사를 가진 내가, 비록 처음에는 몰랐다고 하지만, 지금 모든 것을 다 알고 난 이상 어떻게 참된 인간을 만날

수 있을 것인가!

끝으로 그는 다음과 같이 애절하게 호소하고 있다.

아마도 아직은 사람을 먹지 않은 아이들이 혹시 또 있을 것이
다. 그 아이들을 구해냅시다. 구해냅시다![5]

신문화운동 당시에는 지식인들에 의한 공자 비판이 크게 유행
했으므로, 많은 사람의 뇌리에 공자에 대한 부정적인 이미지가 깊
이 각인되었을 것이다. 사람들은 다급해지면 감정적으로 바뀌는
경향이 있다. 냉철하게 생각하지 못하고 합리적으로 판단하기도
어렵다. 감정적으로 바뀌면 선동적인 말에 넘어가기 쉽다. 청나라
말기에 비참해진 현실에 직면한 중국인들은 감정적으로 변할 수
밖에 없었다. 감정적으로 변한 사람은 이미 흥분상태가 되어 있
다. 그런 사람들에게는 감정을 자극하는 말만 하면 된다. 공자와
그 제자들이 인육을 먹는 사람으로 기술되고 있는 것에 이르러
공자 비판은 극에 달하고 있다. 이보다 더 모욕적이고 악의적인
비평은 없다. 그런데도 감정적으로 흥분하게 된 군중은 진위를 알
아보지도 않고 비판의 대열에 동참한다. 흥분상태에 빠진 군중들
에게는 정확한 이론을 전개하는 것이 의미가 없다. 신문화운동을
주도하던 지식인들의 공자 비판은 너무나 자극적이다. 마음이 안

5. 루쉰에 관한 내용은 모두 송영배, 『중국사회사상사』(한길사, 1986),
   321~322쪽.

정된 사람들에게 그런 말을 한다면 말 자체가 혐오스럽게 받아들여질 수 있을 것이다. 그러나 흥분상태에 있는 사람에게는 자극적인 말일수록 효과가 있다. 신문화운동은 중국인들을 감정적으로 거칠어지게 만드는 면이 일부 있었을 것이다.

공자 비판이 대중적 지지를 받게 되면 이제 중국의 전통에서 기대할 것은 아무것도 없다. 중국에서 기대할 것이 없어지면 중국인들의 삶을 지탱하는 사상은 유럽에서 수입하지 않으면 안 된다. 쑨원의 신해혁명을 이어받아 완전한 중화민국을 건립한 장제스와 공산당의 마오쩌둥 간의 각축이 벌어지게 되었다. 그들이 무기로 사용한 사상은 물론 서구 근세의 사상이었다.

제3장

■

장제스의 국민당 정부

1911년에 시작한 신해혁명은 쑨원의 생전에는 북쪽의 군벌을 다 제거하지 못했기 때문에 완전한 성공을 거둔 것이 아니었다. 쑨원은 1924년 1월에 중국 공산당과 합작하여 군벌에 대항했다. 국민혁명을 완성하기 위해 북벌군이 진격할 무렵인 1924년 10월에 봉천파 군벌 장쭤린(張作霖)과 직예파 군벌인 펑위샹(馮玉祥)이 연합하여 차오쿤(曹錕)을 대표로 하는 군벌 정부를 전복시키고, 쑨원에게 전문을 보내어 국정을 함께 논의할 것을 요청했다. 쑨원은 정치적으로 교섭할 필요성을 느끼고 요청을 받아들이기로 했다. 쑨원은 1925년 초 시국 수습을 위한 베이징에서 소집된 국민대표회의에 참석하기 위해 베이징으로 가던 도중에 간암으로 사망했다. 쑨원 사망 이듬해인 1926년 장제스(蔣介石)는 국민당을 장악하고 국민혁명군 총사령관이 되었다. 1926년 7월에 북벌(北伐)을 시작하여 1928년 10월에 북벌을 완성했다. 장제스는 난징을 수도로 정하여 중국을 대표하는 중화민국을 출범시키고, 스스로 주석 자리에 올랐다.

제1절
쑨원의 후계자 장제스

장제스는 다섯 차례 공산당을 토벌하기 위해 중국 공산당과 싸웠는데 그로 인해 중국은 분열되고 약화하였다. 중국의 분열을 기회로 여긴 일본이 1931년 만주를 점령한 뒤, 괴뢰정권인 만주국(滿洲國)을 세워놓고 중국 본토를 공격했다. 장제스는 중국 내의 공산당을 소멸한 뒤에 일본과 싸운다는 전략을 세우고 일본과의 싸움을 피했으나, 결국 여론에 밀려 중국 공산당과 합작하여 항일전을 전개했다. 그러나 일본이 패망한 뒤에 중국 공산당과의 내전에서 패배하여 1949년 12월 국민당 정부를 타이완으로 옮겼다. 타이완으로 이주한 뒤에 장제스는 중화민국 총통 겸 국민당 총재를 지내다가 1975년 4월 5일 향년 88세로 사망했다.

제2절
장제스의 실패와 그 원인

장제스가 마오쩌둥과의 내전에서 패한 근본 원인은 장제스의 정치이념에 기인하는 것으로 볼 수 있다. 장제스가 정치이념으로 받아들인 것은 쑨원이 제창한 삼민주의(三民主義)였다. 삼민(三民)은 민족(民族)·민권(民權)·민생(民生)이다. 민족은 여진족의 청 왕조를 축출하고 한족의 나라를 세우는 것을 말하고, 민권은 국민의 권리를 지키기 위해 공화정을 확립하는 것을 말하며, 민생은 국민의 풍족한 삶을 위해, 지주들의 불로소득을 억제하고 백성들이 토지를 골고루 소유할 수 있도록 하는 것을 의미한다.

물론 삼민주의는 유럽의 근대국가를 모델로 하여 만들어진 정치이념이다. 삼민주의는 제2차 국공합작 이래로 국민당과 중국 공산당을 연결하는 연합전선에서의 강령이 되었고, 타이완의 국민당에서도 계승하고 있지만, 중국 공산당에서도 그 정신을 배제하지는 않았다.

삼민주의는 중국 민족 전체가 골고루 잘 살기 위한 사상이었고, 삼민주의를 계승한 장제스에게는 유교를 옹호하는 분위기까지 있었다. 마르크스 사상으로 무장한 마오쩌둥은 노동자 대신 다수의 빈농을 혁명의 주체세력으로 삼았다. 당시 중국 국민의 대부분이 빈농의 신세였기 때문에 빈농 중심의 혁명이 훨씬 강력한 힘을 발휘할 수 있었다. 특히 청나라 이래로 중국 사람들의 삶을 지탱하는 것이 물질주의를 바탕으로 하는 형하판의 철학이었기 때문에 물질주의 철학 중에서 가장 강력한 마르크스 철학이 위력을 발휘할 수 있었다. 그뿐만 아니다. 신문화운동으로 많은 사람이 유교에 혐오감을 느끼게 된 것도 장제스가 패배하게 된 하나의 원인이 되기도 했다.

제 9 부

중화인민공화국의
현재와 미래

제1장

■

마오쩌둥의 중화인민공화국 건국

제1절
마오쩌둥의 승리

마오쩌둥(毛澤東: 1893~1976)이 장제스와의 내전에서 승리할 수 있었던 요인은 여러 가지가 있겠지만, 가장 근본적인 원인은 시대의 흐름과 분위기에 편승했기 때문이다. 중국은 청나라 때부터 형하판의 철학이 깔려 있었으므로, 서구의 사상 중에서 형하판의 철학에 걸맞은 사상은 자본주의와 사회주의이다. 서구의 기독교는 형하판에서는 걸맞지 않기 때문에 수입은 되어도 크게 성공하기는 어렵다.

같은 형하판이 깔렸던 한나라 때는 그 이전의 춘추전국시대에 약한 왕권 때문에 피폐해져 있었던 백성들이 순자의 왕권 강화론을 지지했으므로, 왕권을 강화하는 분위기가 되었지만, 청나라 때는 인민들이 강한 왕권 때문에 피폐해져 있었으므로, 왕정 폐기와 빈민해방을 갈구하는 분위기가 형성되어 있었다. 말하자면, 시대를 좌우하는 시대사조는 형하판의 철학이고, 분위기는 왕권을 폐지하는 것이었다. 이 두 요인을 동시에 충족시킬 수 있는 서

구사상 중에서는 마르크스 철학이 가장 적합했다. 마오쩌둥이 승리할 수 있었던 근본 원인은 이 때문이었다.

만약 청나라 때 형하판의 철학이 깔려 있지 않았더라도 마오쩌둥의 혁명은 성공하기 어려웠을 것이고, 왕정 폐기와 빈민해방을 갈구하는 분위기가 형성되어 있지 않았더라도 마오쩌둥의 혁명은 성공하기 어려웠을 것이다.

사람이 겪게 되는 모든 것에는 내부에 근본적인 원인이 있고, 외부에 직접적인 원인이 있다. 마오쩌둥이 시대의 흐름과 분위기에 편승한 것이 성공의 근본 원인이고 싸움에 이기기 위한 전략과 전술을 잘 짠 것이 직접적인 원인이다. 싸움에 이길 수 있는 강력한 방법은 일단 편을 가르고, 다음으로는 많은 사람을 자기 편으로 확보한 뒤에 자기 편 사람들에게 적에 대한 적개심으로 불타게 하는 것이다. 마르크스 철학을 수용한 마우쩌둥은 절대다수인 농민의 편에 서서 농민들에게 일본과 지배계급 사람들에 대한 적개심으로 불타오르게 하는 데 성공했다. 지배계급 사람들이 정치이념으로 삼고 있었던 것이 유교였으므로 신문화운동을 통해 공자와 공자의 추종자들을 식인종으로 묘사한 것도 그러한 이유였다.

제2절
공산 중국의 건국

1945년에 일본이 2차 세계대전에서 항복한 뒤, 중국에서는 국민당과 공산당의 각축이 본격적으로 시작되었다. 마오쩌둥의 공산군이 4년여의 전투 끝에 승리하여 1949년 1월 베이징에 입성했다. 4월에는 난징, 5월에는 상하이, 8월에는 창사를 손에 넣고, 10월 1일에 베이징 톈안먼 관망대에서 '중화인민공화국' 수립을 선포했다.

마오쩌둥이 장제스와의 전투에서 이기기 위해 임시방편적인 전략과 전술을 강력하게 사용했으므로, 전투에서 이긴 뒤에는 그로 인해 많은 부작용이 나타날 수밖에 없다. 공산 중국은 국가 수립 후 상당기간 침체의 늪에서 벗어나지 못하다가 덩샤오핑의 개방정책과 자본주의 시장경제의 채택에 의해 급격한 경제발전을 이루었다.

제2장

■

공산주의 철학과 시장경제의 병행

중국의 긴 역사에서는 언제나 마음을 중시하는 정신주의 철학과 물질을 중시하는 물질주의 철학이 공존해왔다. 어느 한 요소가 표면에 나서면 다른 요소는 이면에서 조용히 물밑작용을 한다. 동부 지역의 사상과 서부 지역의 사상의 관계가 그랬고, 맹자와 순자의 사상이 그랬다. 형상판의 철학이 시대를 주도하면 형하판의 철학은 물밑에서 역할을 했고, 형하판의 철학이 주도하면 형상판의 철학은 물밑에서 역할을 했다.

서로 다른 요소를 포용하는 중국의 문화 전통은 형하판 안에서 일어나는 다른 요소들에서도 통한다. 서구의 형하판에서는 언제나 두 요소가 대립한다. 좌파와 우파가 대립하고, 진보와 보수가 대립한다. 경제정책에서 보면 보수진영에서 추진하는 것이 시장경제이고, 진보진영에서 추진하는 것이 계획경제이다. 중국에는 서로 다른 두 요소가 공존하는 전통이 있으므로 마오쩌둥의 계획경제가 실패했을 때, 덩샤오핑에 의해 시장경제가 도입될 수 있었다.

중국의 역사에서 보면 형하판이 깔린 시대에서는 언제나 중화주의가 고개를 들고나온다. 형하판이 깔린 시대는 무인들이 주도한다. 무인들은 강자 중심의 질서를 구축한다. 중국은 긴 역사에서 강자로 군림해왔기 때문에 중국인들에게는 중국이 중심이 되어야 한다고 생각하는 전통이 있는데, 그러한 생각을 깔고 나타나는 것이 중화사상이다.

공산 중국에서 중화사상이 고개를 밀고나올 때 가장 걸림돌이 되는 것은 미국이다. 미국 중심으로 움직이는 지금의 세상에서 중국인들은 심기가 불편하다. 중국의 중화사상에서 보면 중국이 미국을 이겨야 중국인들이 만족할 수 있다. 중국이 미국과의 경쟁에서 이기기 위해서는 군사력과 경제력에서 미국을 앞서야 하지만, 군사력으로 앞서기에는 많은 시간이 걸리므로, 우선 경제력에 치중했다. 경제의 발전은 공산주의의 계획경제 방식으로는 기대하기 어렵다. 이런 문제점을 해결한 것이 시장경제의 도입이다. 중국은 공산주의의 정치체제와 자본주의의 시장경제를 병행하는 방법을 택한 것이다. 이는 쉽지 않은 일이지만, 오랜 역사 속에서 서로 다른 두 요소가 공존해왔기 때문에 가능한 일이었다.

제3장

■

공산 중국의 한계

제1절
마르크스 철학의 한계

마르크스 철학이 가진 본질적인 한계로 인해 대부분의 공산주의 국가들이 공산주의를 포기했다. 마르크스 철학의 한계는 다음의 몇 가지로 정리할 수 있다.

제1항 마르크스 철학의 출발

이 점은 자본주의 철학과도 일치한다. 중세기 말에 서구인들은 교회로부터 독립하여 신에 종속된 인간의 해방을 선언했다. 기독교로부터 등을 돌리면 하느님을 부정하기에 이른다. 하느님을 부정하면 많은 변화가 일어난다. 전에는 삶의 방식이 간단하고 단순했다. 나는 하느님의 아들이나 딸이다. 다른 사람들도 하느님의 아들이나 딸이므로, 우리는 모두 형제자매이다. 형제자매인 우리는 서로 사랑해야 하고 용서해야 한다. 그러나 하느님을 부정하면 바로 사람은 남남의 관계가 된다. 남남끼리는 사랑하는 관계가 아니라 투쟁하는 관계가 된다. 투쟁이 격화되면 죽이고 빼앗는 일이 곳곳에서 일어난다. 서구인들은 미주와 호주 등지에서 원주민을 거의 다 죽이고 그들의 것을 빼앗아 갔다. 이러한 행동의 바탕에는 약육강식을 자연법칙으로 여기는 이론이 깔려 있다. 약육강식의 자연법칙은 부분적으로 보면 옳은 것처럼 보이지만, 전체적으로 보면 옳지 않다. 전체적으로 보면 자연법칙은 큰 조화를 향해 가는 것이다. 사람이 잘못된 이론을 바탕으로 살게 되면 탈이 난다. 오늘날 인간성이 파괴되고 지구까지 사람이 살 수 없을 정도로 파괴되고 있는 근본 원인은 자연법칙을 잘못 이해한 데서 온다. 이점은 서구의 자유주의나 공산주의에 공통되는 문제점이다.

제2항 마르크스 철학과 인간의 욕심

마르크스의 가장 큰 실수는 사람의 욕심이 채울수록 커진다는 사실을 몰랐다는 데 있다. 마르크스 철학의 핵심은 노동자가 유산자를 제거하고 그들의 재물을 공평하게 나누어 가지는 것에 있다. 그러나 욕심을 바탕으로 한 공평한 분배는 불가능하다. 예를 들어서 생각해보자. 다섯 사람으로 구성된 갱단이 은행 돈 50억을 탈취한 뒤 그 돈을 공평하게 분배하기로 약속하고 은행을 털기로 약속했다고 가정해 보자. 그들은 목적을 달성하기 위해 목숨을 바치며 단합한다. 그러나 목적한 50억을 탈취한 뒤에는 새로운 문제가 생긴다. 처음에는 10억씩 나누어 가지는 것에 만족했지만, 50억을 탈취한 뒤에는 욕심이 커져 버리기 때문에, 각자가 50억을 다 가지기 위해 새로운 투쟁을 하게 된다. 돈을 탈취할 때까지는 목숨 걸고 단결하는 동지였지만, 돈을 탈취한 뒤에는 탈취한 돈을 다 가지기 위해 동지들끼리 다시 목숨 건 투쟁을 한다. 동지들끼리의 투쟁에서 승리한 자는 새로운 권력자가 되어 가진 자로 등장하지만, 패배한 자는 처참한 죽음을 맞이한다. 마르크스 철학의 가장 큰 문제점이 이러한 데 있다.

제3항 마르크스 철학의 목적의식

자유민주주의에서도 욕심을 바탕으로 하는 점은 마르크스 철학과 차이가 없으므로, 개인적으로는 커지는 욕심을 결코 다 채울 수 없어 불행의 늪에 빠지지만, 다만 경제 운용을 사람들의 자율에 맡김으로써 유연성을 발휘하기 때문에, 공산주의와의 경쟁에서 경제를 압도할 수 있다. 마르크스 철학의 또 다른 문제점은 목적의식이 강하다는 데 있다. 목적의식이 너무 강하면 목적을 달성하기 위해 못 할 것이 없으므로, 수단과 과정에 문제가 생긴다. 선거에 출마한 사람이 반드시 선거에서 이겨야 한다는 목적을 가지면 상대 후보에게 테러를 가하기도 하고, 부정을 저지르기도 한다. 그런 것들이 목적 달성에 도움이 된다면 못할 것이 없다. 유사 이래 지구상에 나타난 철학이나 사상들 가운데 참된 진리로 살아남은 것은 모두 자연스러운 것이다. 자연스럽지 않은 것은 진리가 아니다. 마르크스 철학은 강한 목적의식으로 인해 자연스러움을 상실했다. 자연스러움을 상실하면 경직된다. 경직되면 포용력이 없어진다. 공산주의자들끼리도 이론과 노선이 다르면 치열하게 투쟁하는 까닭은 포용력이 없어졌기 때문이다. 포용력이 없어지면 유연성이 없어져서 결국 사멸한다.

딱딱한 나무는 강하고 굳건하여, 작은 바람에 움직이지 않지만, 큰바람이 불면 부러지고 만다. 그러나 버드나무 가지는 유연성이 있어 작은 바람에도 흔들리지만, 큰바람에도 부러지지 않는다. 다양한 변화에 유연하게 대처하기 때문이다.

제4항 공산주의의 이상사회

공산주의가 추구하는 낙원은 공평한 사회이다. 그런데 욕심을 바탕으로 삼는 철학에서 추구하는 공평한 사회는 절대로 도래하지 않는다. 공평한 사회는 한마음을 회복한 상태에서만 도래할 수 있다. 한마음을 회복한 사람은 남을 남으로 여기지 않기 때문에 공평한 분배가 가능할 수 있다. 또 다소 불공평해도 불만이 없을 수 있다. 낙원을 건설하는 데 가장 중요한 요건은 사람에게 한마음을 회복하게 하는 것이다. 한마음이 되지 않은 상태에서는 아무리 공평한 사회가 되어도 사람들은 만족하지 못한다. 욕심은 채울수록 커지기 때문에, 욕심을 가진 상태에서는 결코 공평한 분배에 만족하지 못한다. 따라서 공산주의에서 추구하는 낙원은 절대로 도래할 수 없다.

제5항 마르크스 철학과 근본 문제

인간에게는 두 가지 해결해야 할 숙제가 있다. 하나는 남들과의 경쟁에서 살아남는 것이고, 다른 하나는 늙어 죽는 숙명적 고통을 해결하는 것이다. 마르크스 철학에서는 이 두 가지 근본 문제를 하나도 해결할 수 없다. 사람의 욕심이 커질수록 경쟁이 점점 더 치열해지므로 끝까지 살아남는다는 것은 거의 불가능하다. 마르크스 철학에서는 늙어 죽어야 하는 인간의 숙명적 고통을 전혀 해결할 수 없다. 마르크스 철학은 왜곡된 자연법칙에 바탕을 두고 있으므로, 모든 이론이 허구일 수밖에 없다. 이점은 자본주의 이론도 예외가 아니다.

제2절
중국의 딜레마

오늘날 중국은 공산주의 정치체제를 고수하고 있음으로써 직면하게 되는 문제점으로 인해 고통을 겪고 있다. 자본주의 체제는 무한경쟁 체제이다. 중국에서도 시장경제를 택하고는 있지만, 공산주의 정치체제가 이를 완전히 뒷받침할 수는 없다. 중국이 세계 제일의 경제 대국이 되는 것을 포기하면 될 것이지만, 중국의 중화사상은 그것을 용납하지 않는다. 현재의 중국이 국민을 하나로 묶는 것이 중화사상이기 때문에 더욱 그렇다. 중국의 중화사상은 중국이 중심이 되어 세계를 호령해야 한다는 내용을 가지고 있다. 그렇지만 중국은 현재 미국에 밀려 세계의 중심이 되지 못하고 있다. 중국이 세계 최고의 경제 대국이 되기 위해서는 공산주의를 포기해야 한다. 중국이 공산주의를 포기하면 저절로 자유민주주의를 택할 수밖에 없지만, 그것은 중국이 용인하지 않을 것이다. 중국이 자유민주주의를 택하는 순간 바로 대만·홍콩·신강·티베트 등의 독립이 추진될 것이다. 중국민들은 중국이 세계의 종주국이 되기 위한 목표로 단결하여 지금까지 공산주의 정치체제를 유지해 왔지만, 이제 한계에 도달하고 있다. 중국은 현재 공산주의를 유지하기도 어렵고 포기하기도 어려운 딜레마에 빠졌다. 중국은 과거 외래사상에 의해 딜레마에 빠졌을 때 유학이 나서서 해결한 경험이 있으므로 이번에도 유학을 통한 극복을 시도할 가능성이 있다.

제4장

■

중국 유학의 현재와 미래

제1절
중국의 선택

중국에는 옛날 외래의 사상으로서 중국에 들어와 많은 역할을 한 불교가 있었다. 그 때문에 중국인들은 불교에 대한 고마움을 가지고 있었지만, 당나라 말기에 이르러 불교가 너무 융성하여 폐해가 심각해지자 불교를 유지할 수도 없고, 포기할 수도 없는 딜레마에 빠진 적이 있었다. 그때 나서서 해결한 것이 유학이었다. 유학이 불교와 싸우기 위해서, 유학 중에서 맹자의 사상이 전면에 나서고 순자의 사상이 보조하면서 협공 작전을 펼쳤다. 맹자의 심오한 정신철학을 가지고 불교의 매력인 해탈의 철학을 극복했고, 순자의 실용주의로 불교의 단점을 지적했다. 특히 한유는 중화사상을 들고나와 석가모니를 오랑캐로 몰아붙였다.

공산주의의 정치체제로 인해 딜레마에 빠져 있는 지금의 중국은 유학을 통한 해결을 시도할 가능성이 있다. 근래에 공자의 동상을 크게 만들어 톈안먼 광장에 세워놓은 적이 있었다. 이는 유학적 해결을 위한 전초였다. 그러나 인민들의 반응이 좋지 않았으므로 시기상조임을 알고 다시 철수 했다. 인민들이 유학에 호응하게 하기 위해서는 교육이 필요했다. 중국은 고등학교 학생들에게 『논어』를 가르치기 시작했다. 과거 공자를 비판했을 때는 『논어』의 한 구절도 소개하지 않은 채 공자를 비판했었다. 사람들이 『논어』를 읽고 그 내용을 이해하게 되면 유학에 대한 태도에 변화가 오기 마련이다. 2007년에는 우단이 『논어심득』이라는 책을 출간하여 수백만 부가 팔리기도 했다.

시진핑 주석은 연설에서 『논어』의 구절을 많이 인용하고, 공자의 고향에 대규모의 공자연구원을 설립했으며, 전 세계에 공자학원을 개원했다. 지금은 공자대학교의 설립을 계획하고 있다. 이러한 일련의 움직임은 중국이 유학을 통한 공산주의의 극복을 모색하고 있는 증거로 보인다.

매력이 있으면서 문제가 많은 외래사상을 공격할 때의 중국인이 택했던 방법은, 외래사상의 매력은 유학에서 찾아 낸 매력으로 극복하고, 외래사상의 문제점은 유학에서 해결책을 찾아내어 해결하는 방법이었다.

중국이 택하는 공산주의 체제의 극복 방안도 이와 유사할 것이다. 공산주의 체제의 매력을 순자의 신만물일체사상으로 극복하고, 공산주의 체제의 문제점은 맹자의 사상으로 해결한 뒤에 공자의 중용철학을 통한 융합을 시도할 것으로 예측할 수 있다.

순자 철학을 통한 공산주의 체제의 극복

불교가 융성했던 당나라는 형상판이 깔려 있었던 시대이었으므로 불교의 매력을 극복하기 위해서는 형상판에서 주도할 수 있는 맹자의 정신철학이 무기가 되었고, 형하판의 철학인 순자 철학이 보조 수단이 되었지만, 지금의 중국에는 형하판의 철학이 깔려 있으므로, 공산주의의 매력을 극복하기 위해서는 형하판에서 주도할 수 있는 순자의 철학이 선봉에 나설 것이다. 순자 철학의 중화주의사상은 카를 마르크스를 오랑캐로 몰아붙이는 감정적인 비판을 할 것이다. 그리고 마르크스의 유물 철학이 추구한 지상낙원은 순자의 신만물일체사상으로 극복할 수 있을 것이다. 이렇게 추론해보면, 중국의 지식인들이 순자 철학에 관한 연구에 집중할 것으로 예측할 수 있다.

제3절
맹자 철학의 보조적 역할

마르크스의 철학은 물질주의를 바탕으로 하고 있으므로, 인간의 늙고 죽어야 하는 고통을 해결할 수 없다. 마르크스의 유물주의 철학에서 보면, 사람이 늙고 죽는 것은 피할 수 없는 숙명이므로, 숙명적인 문제를 해결하기 위한 노력 그 자체를 잘못된 것으로 판단한다. 그러므로 마르크스 철학에서는 종교의 가르침을 인정하

지 않는다. 물론 종교집단이 교주의 사상을 왜곡시킨 면이 없지
는 않다. 그렇다고 해서 교주의 사상 그 자체를 부정하는 것은 문
제가 있다. 공자·석가모니·예수 등의 사상을 부정하는 것은 술을
먹은 뒤에 많은 문제점이 생기는 것을 보고 술 자체를 부정하는
것과 같다.

공자·석가모니·예수 등의 가르침의 핵심 내용은 진리이다. 공
자는 아침에 진리를 얻으면 저녁에 죽어도 좋다고 가르쳤고, 석가
모니는 태어나지도 않고 죽지도 않는 진리를 얻도록 가르쳤으며,
예수는 진리를 얻으면 영원히 죽지 않을 것이라고 가르쳤다. 이런
심오한 정신철학의 결정체를 유학에서 찾으면 맹자의 사상이다.
맹자 철학의 연구를 통해 마르크스 철학에서 결핍된 종교적 갈증
을 해소할 수 있을 것이다. 중국에서의 맹자 연구는 이러한 목적
으로 추진될 것이다.

제4절
집대성을 통한 중용철학의 출현

당나라 말기에 불교를 공격하기 위해 맹자의 철학과 순자의 철학
으로 나누어 협공한 뒤에 불교에 대한 공격이 성공을 거두자 공
자의 중용철학으로 맹자의 철학과 순자의 철학을 하나의 체계로
융합하여 집대성하는 노력이 진행되었고, 그 결과 등장한 것이 주
자학이었다. 아마도 중국에서 연구된 유학으로 마르크스의 공산
주의 철학을 성공적으로 극복하고 난 뒤에는 공자의 중용철학을

가지고 하나의 체계로 집대성하는 새로운 유학을 탄생시키려 할 것이다. 주자학에서는 불교와 도가의 매력을 능가하는 이론을 구축했으므로, 공맹 시대의 유학과 달리 신유학이라는 명칭을 붙였다. 중국에서 미래에 출현할 유학은 마르크스 사상을 능가하는 새로운 유학일 것이므로 현대에 나온 새로운 유학이라는 의미에서 현대의 신유학일 것이다. 이미 중국에서는 현대 신유학이란 용어를 사용하고 있다.

현재 중국에서 일컬어지는 현대 신유학자들은 1920년에서 지금까지의 유학자 중에서 저명한 사람을 말한다. 그들은 미래에 있을 현대 신유학의 길잡이 역할을 하는 학자들로 보아야 할 것이다.

제5장

■

세계사의 흐름과 중국적 현실의 괴리

공자가 출현한 이래 동아시아 지역에서의 역사의 흐름을 주도한 것은 중국이었다. 동아시아 지역에서의 역사의 흐름은 중국이 중심이 되어 주도했다. 그러나 지금은 달라졌다. 지금은 세계 역사의 흐름이 하나의 흐름으로 통합되었다. 지금의 세계의 흐름을 주도하는 것은 유럽이다. 전 세계의 나라들은 유럽역사의 흐름에 합류하고 있다. 지금 세계의 흐름을 선도하고 있는 유럽의 흐름은 중세의 기독교를 부정하면서 출발했다. 지금 세계에 깔려 있는 철학의 판은 형하판이다. 그러나 지금은 유럽 중심의 형하판이 한계를 맞이하고 있다. 형하판에서의 물질주의적 삶이 한계를 맞이할 때 나타나는 특징들이 지금 곳곳에 나타나고 있다. 물질주의적 삶의 특징은 경쟁하고 투쟁하는 것이다. 지금 사람들에게는 진정한 친구가 없다. 사람들은 점점 외로워지고 우울해진다. 지금 사람들은 쌓여가는 스트레스를 감당하기 어렵다. 사람들은 욕심 채우는 방향으로 달려가다가 점점 욕구불만의 늪에서 헤어나기 어렵다. 욕심 채우는 삶을 추구하면 본래의 마음이 사라진다. 마음이 파괴되면 걷잡을 수 없는 일들이 일어난다. 마음이 파괴되면 정책이 잘못되고 정책이 잘못되면 사건이 계속 터진다. 전쟁이 쉽없이 발발하고, 사람들은 삶의 방향을 잃고 우왕좌왕한다. 사람들이 욕심 채우는 삶을 살면 욕심의 노예가 되고 물질의 노예가 된다. 지구가 파괴되어 사람이 살 수 없는 지경이 될지도 모른다. 이런 세상에서는 살 수 없다. 사람들이 이러한 사실들을 각성하면 형상판으로의 판 갈이를 시도할 것이다. 형상판으로 판 갈이가 시작되면, 형상판의 철학으로 사는 사람이 돋보이기 시작한다. 지금까지 줄곧 형상판의 철학으로 살아온 대표적인 사람이 한국인이다. 한국의 역사는 판 갈이를 하지 않았다. 한국인들은 줄곧 형상판의 철학으로 살아왔으므로, 형하판의 철학이 주도하는 시대에는 상당히 위축되었지만, 형상판으로 판 갈이를 시작하는 시대가 되면 능력을 발휘하기 시작한다. 지금 세상은 이미 형상판으로의 판 갈이가 시작된 것으로 보인다. 세상 사람들이 한국인을 인정하고, 한국문화에 매료되는 것도 판 갈이가 시작되었다는 신호로 보인다.

중국의 형하판은 청나라가 시작된 1616년부터 깔리기 시작했다. 아직 400년밖에 되지 않았다. 과거 중국에 형하판의 철학이 깔린 주·진·한의 세 왕조시대는 약 1300년 정도 지속되었다. 형상판의 철학이 깔린 수·당·송·원·명의 다섯 왕조는 약 1200년 정도 지속되었다. 현재의 중국에 형하판의 철학이 깔린 청나라 때부터 지금까지는 아직 400여 년밖에 되지 않았으므로, 아마도 형하판의 시대가 당분간 이어질 가능성이 크다. 만약 그렇다면 중국은 세계의 흐름에 적응하기 어려워진다. 생존의 일차적인 비결은 흐름과 분위기에 적응하는 것이다. 지금 중국이 역사의 흐름에 적응하지 못하고, 국제 세계에도 적응하지 못하면, 중국의 미래는 불투명해진다. 아마도 고난의 문으로 들어가게 될지도 모른다. 중국이 고난의 문으로 들어갈 때는 항상 분열하고 혼란했다. 춘추전국시대가 그랬고, 위진남북조시대가 그랬다. 중국은 지금 참으로 중요한 시기에 직면하고 있다. 흐름과 분위기를 잘 파악하여 현명한 선택을 해야만 하는 절체절명의 순간을 맞이한 것이다.

중국은 유학이 시작되던 오천 년 전에 동이족의 문화를 수용하여 문화를 일으켰듯이, 지금의 중국은 한국문화를 참고하는 것도 한 번쯤 고려해볼 필요가 있을 듯하다.

결어

유학의 미래

유학의 특징은 집대성에 있다. 집대성이란 각기 다른 악기들의 소리를 하나로 융합하여 조화를 이루는 오케스트라와 같다. 맹자는 공자를 집대성이라고 평했다. 공자의 철학은 그 이전에 있었던 철학을 받아들여 하나의 체계로 융합하여 조화를 이룬 중용철학이다. 공자 이후 중용철학을 추구한 철학자가 주자였지만, 주자는 자신의 편협성과 노장철학과 불교철학을 배척하는 시대적 요구에 편승했으므로, 원만한 중용철학을 만들어내지 못했다.

지금은 지구상의 모든 나라가 옛날의 한 나라처럼 가까워졌으나, 철학이 하나의 체계로 융합하지 못해 사람들이 정신적으로 분열하고 있다. 새로운 중용철학이 나오지 않으면 정신적 분열이 심화하여 사람들이 고통 받게 될 것이다. 이러한 의미에서 기존의 철학들을 하나의 체계로 융합하여 집대성하는 유학의 정신이 이제 큰 역할을 해야 할 때가 되었다. 나무의 가지와 잎들을 하나로 연결하기 위해서는 뿌리에서 출발해야 하는 것처럼, 지금까지의 철학을 하나의 체계로 융합하기 위해서는 각 철학사상의 원초적인 형태를 찾아보는 것이 좋을 것이다.

우리는 이미 유학의 원형을 찾는 과정에서 『천부경』과 『삼일신고』의 존재를 알았다. 『천부경』과 『삼일신고』에는 유학·불교·노장철학·기독교 등을 포괄할 수 있는 '하나사상'과 '한마음사상'이 들어 있다. '하나사상'과 '한마음사상'은 오늘날 다양하게 분류되는 여러 철학을 하나의 체계로 융합하는 바탕이 될 수 있을 것이다.

기존의 철학을 융합하기 위해서는 기존의 철학을 정리해야 한다. 기존의 철학은 긴 역사 속에서 각각 다양한 모습으로 발전해왔으므로, 매우 복잡하다. 이를 다 정리한다는 것은 불가능하다. 또한 기존의 철학은 발전 과정에서 변질된 것이 많으므로, 무엇보다 그 가운데서 핵심을 찾아내는 것이 중요하다. 예를 들면, 복잡하고 방대한 불교 전체를 이해할 것이 아니라 석가모니의 사상만 정확하게 이해하는 것이 중요하고, 기독교사상 역시 기독교 전체를 이해할 것이 아니라, 예수의 사상만 정확하게 이해하는 것이 중요하다. 각각의 사상과 철학의 핵심을 이해하면, 하나로 통하는 진리를 찾아내어 하나의 체계로 융합할 수 있다.

오늘날 학문의 가장 큰 문제점은 진리의 내용을 머리로 이해하는 것으로 일관한다는 것이다. 이런 방법으로는 진리를 얻을 수 없다. 진리란 머리로 이해한 내용을 몸으로 체득해야 도달할 수 있다.

진리는 참된 삶의 원리이다. 참된 삶은 자기의 본질을 얻어 본질에 따라서 사는 것이다. 사람은 몸과 마음의 두 요소가 있다. 마음의 본질은 한마음이고, 몸의 본질은 우주에 퍼져 있는 기(氣)이므로, 한마음을 가지고 우주의 기운으로 사는 것이 참된 삶이다. 사람에게 참된 삶을 회복하는 것보다 더 중요한 것은 없다. 먼저 참된 삶을 회복한 뒤에 정치를 해야 하고, 교육을 해야 하며, 경영을 해야 한다. 정치는 사람들에게 참된 삶을 살도록 인도하는 것이고, 교육은 사람들에게 참된 삶을 깨우치는 것이며, 경영은 참된 삶을 살도록 운영하는 것이다. 그 외 문화예술이나 과학도 예외가 아니다.

기존의 철학을 집대성한 새로운 유학은 유학이란 이름이어야 할 이유가 없다. 유학 또한 기존의 철학 가운데 하나로 이해되기 때문이다. 새로운 유학은 종교·철학·윤리·정치·교육·경제·과학·문화예술 전반을 하나의 체계로 포괄하는 학문일 것이다.

집필을 시작하고 나서부터 많은 시간이 흘렀다. 힘들어 스러질 정도가 되기도 했고, 보람을 느끼기도 했다. 그러나 탈고하고 나니, 미비한 점이 많아 아쉬움이 남는다. 수많은 원전을 직접 다 읽어내지 못하고 2차 자료를 다수 활용했다는 점이 그것이다. 『조선왕조실록』과 『한국문집총간』을 인용할 때는 번역본을 참고하기도 했다. 아마도 하나하나 다 밝히지 못하고 빠트린 부분이 더러 있으리라 생각한다. 일본의 유학에서도 더 다루어야 할 학자들이 많은데도 다 다루지 못한 아쉬움이 남는다. 특히 베트남의 유학에 관한 내용은 너무 소략하다. 베트남 학자들의 문집을 구해 원문을 하나하나 읽은 뒤에 정리했어야 했지만, 그렇지 못했다. 오늘날 유럽과 미국, 동남아 등지에서 연구되고 있는 연구현황에 대해서도 다루지 못했다. 아쉬움이 많지만, 연구 여건이 허락하지 않았다. 다만 전체적인 조망을 할 수 있었다는 것만으로 아쉬움을 달랜다. 부족한 부분은 미래의 학자들에게 기대해본다.

참고문헌

1. 경전

『노자(老子)』, 『논어(論語)』, 『대학(大學)』, 『맹자(孟子)』, 『묵자(墨子)』, 『서경 (書經)』, 『순자(荀子)』, 『시경(詩經)』, 『여씨춘추(呂氏春秋)』, 『예기(禮記)』, 『장 자(莊子)』, 『주역(周易)』, 『중용(中庸)』, 『춘추(春秋)』, 『한비자(韓非子)』, 『한위 총서(漢魏叢書)』, 『환단고기(桓檀古記)』

2. 국내 자료

국사편찬위원회, 『조선왕조실록』

김길락, 『상산학과 양명학』, 예문서원, 1995.

김상기, 『자유의 불꽃을 목숨으로 피운 윤봉길』, 역사공간, 2013.

김성범, 『베트남 사상으로의 초대』, 푸른사상, 2019.

김세진, 『요시다 쇼인(吉田松陰)』, 호밀밭, 2020.

김충렬, 『고려유학사』, 고려대학교출판부, 1984.

다지리 유이치로, 엄석인 옮김, 『야마자키 안사이(山崎闇齋)』, 성균관대학교출 판부, 2005.

라오스꽝, 정인재 옮김, 『중국철학사』, 탐구당, 1994.

라이기이치, 『일본의 근세』, 중앙공론사, 1993.

류승국, 『한국유학사』, 성균관대학교출판부, 2009.

모리타 겐지, 한원 옮김, 『정의로운 시장의 조건』, 매일경제신문사, 2020.

박상수 옮김, 『연평답문(延平答問)』, 수류화개, 2019.

송영배, 『중국사회사상사』, 한길사, 1986.

양계초, 이기동·최일범 옮김, 『청대학술개론』, 여강출판사, 1987.

윤사순, 『한국유학사』(상하), 지식산업사, 2013.

응웬 따이 트, 김성범 옮김, 『베트남 사상사』, 소명출판, 2018.

이덕일, 『조선선비당쟁사』, 인문서원, 2018.

이상익, 『한국성리학사론』(Ⅰ, Ⅱ), 심산, 2020.

이시다 바이간 저, 류영진 옮김, 『도비문답(都鄙問答)』, 호밀밭, 2020.

이시다 이치로, 『이토 진사이(伊藤仁齋)』, 길천홍문관, 1960.

이태룡, 『민족지도자 석주 이상룡』, 푸른솔나무, 2018.

이희복, 『요시다 쇼인』, 살림, 2019.

정일성, 『후쿠자와 유키치』, 지식산업사, 2001.

정혜선, 『한국인의 일본사』, 현암사, 2008.

조남욱, 『세종대왕의 정치철학』, 부산대학교출판부, 2001.

진래, 안재호 옮김, 『송명성리학』, 예문서원, 2011.

천인석, 『한국사상의 이해』, 대구한의대학교출판부, 2016.

최석기, 『조선선비의 마음공부-정좌』, 보고사, 2014.

최영성, 『한국유학통사』(상중하) 심산, 2006.

판원란, 박종일 옮김, 『중국통사』(상하), 인간사랑, 2009.

펑유란, 박성규 옮김, 『중국철학사』, 까치, 1999.

한국고전번역원, 『한국문집총간』

한국학중앙연구원 『한국민족대백과사전』

현상윤, 『조선유학사』, 민중서관, 1977.

호이트 틸만, 김병환 옮김, 『주희의 사유체계』, 교육과학사, 2010.

3. 중국 자료

『근사록(近思錄)』, 『맹자자의소증(孟子字義疏證)』, 『명이대방록(明夷待方錄)』, 『방언(方言)』, 『상산집(象山全集)』, 『서명(西銘)』, 『성리대전(性理大全)』, 『양명집(陽明集)』, 『이문공집(李文公集)』, 『이정전서(二程全書)』, 『전습록(傳習錄)』, 『정몽(正蒙)』, 『주자대전(朱子大全)』, 『주자어류(朱子語類)』, 『즙산문집(蕺山文集)』, 『태극도설(太極圖說)』, 『태현경(太玄經)』, 『통서(通書)』, 『한퇴지문집(韓退之文集)』

4. 일본 자료

『日本思想大系』(28, 29, 30, 31, 33, 36, 42), 岩波書店, 1973.

『日本倫理彙編』

平田雅彦, 『企業倫理とは何か』, PHP研究所, 2005.

5. 베트남 자료

『견문소록(見聞小錄)』

『黎貴惇的學術與思想』, 대만중앙연구원, 2012.

『黎貴惇的學術與思想』(中國文哲研究所), 『芸臺類語』, 『見聞小錄』, 『聖模賢範錄』(이상 黎貴惇 著, 필사본)

지은이

이기동

경북 청도 출생으로, 성균관대학교 유학과와 동대학원 동양철학과를 졸업하고, 일본 쓰쿠바대학에서 박사학위를 받았다. 성균관대학교 유학대학장과 대학원장을 역임했으며, 2017년 여름 정년을 맞아 명예교수가 되었다.

동양 철학 속에 담긴 삶의 지혜를 '강설'이라는 알기 쉬운 오늘날의 언어로 옮긴 끝에 '사서삼경강설' 시리즈(전6권)를 상재했으며,『동양 삼국의 주자학』,『이색−한국 성리학의 원천』,『이또오 진사이』,『공자』,『노자』,『장자』 등의 동양 사상서와『하늘의 뜻을 묻다−이기동 교수의 쉽게 풀어 쓴 주역』,『한마음의 나라 한국』,『장자, 진리를 찾아 가는 길』 등의 교양서를 비롯해 다수의 저·역서가 있다.

유학 오천 년(제2권)
중국 유학의 전개

1판 1쇄 인쇄 2022년 6월 15일
1판 1쇄 발행 2022년 6월 30일

지 은 이 이기동
펴 낸 이 신동렬
펴 낸 곳 성균관대학교출판부
등   록 1975년 5월 21일 제1975-9호
주   소 03063 서울특별시 종로구 성균관로 25-2
전   화 02)760-1252~4 팩스 02)762-7452
홈페이지 http://press.skku.edu

ISBN 979-11-5550-542-7 03150
     979-11-5550-540-3 세트

값 35,000원
*잘못된 책은 구입한 곳에서 교환해 드립니다.